D1694582

KAFKA-KOMMENTAR

ZU SÄMTLICHEN ERZÄHLUNGEN

von Hartmut Binder

WINKLER VERLAG MÜNCHEN

Auf der vierten Umschlagseite ist ein Stadtplan reproduziert, der Prag zu
Lebzeiten Kafkas darstellt.

3. Auflage 1982
Alle Rechte, einschließlich derjenigen des auszugsweisen Abdrucks, und der photomechanischen
Wiedergabe, vorbehalten.
© 1975 by Winkler Verlag München; für die unveröffentlichten Texte Kafkas: Schocken Books Inc.,
New York; die Rechte für die unveröffentlichten Texte Max Brods liegen bei Frau Ilse Ester Hoffe,
Tel-Aviv, der wir für die Abdruckgenehmigung danken.
Druck und Bindung: Wagner, Nördlingen
Printed in Germany
ISBN 3 538 07018 0

VORBEMERKUNG ZUR 3. AUFLAGE

Die Kafka-Philologie hat in den sechs Jahren seit Erscheinen dieses Kommentarbandes keinen solchen Aufschwung genommen, daß zum jetzigen Zeitpunkt eine grundlegende Neubearbeitung vorgenommen werden müßte. So mag es vorläufig genügen, hier die wenigen Untersuchungen nachzutragen, die inzwischen genetischen, biographischen und historischen Fragestellungen gewidmet worden sind:

C. Stölzl, Kafkas böses Böhmen. Zur Sozialgeschichte eines Prager Juden (München 1975).

F. Kafka, In der Strafkolonie. Eine Geschichte aus dem Jahre 1914. Mit Quellen, Abbildungen, Materialien aus der Arbeiter-Unfall-Versicherungsanstalt, Chronik und Anmerkungen von K. Wagenbach, Berlin (1975).

H. Binder, Kafkas Schaffensprozeß, mit besonderer Berücksichtigung des »Urteils«. Eine Analyse seiner Aussagen über das Schreiben mit Hilfe der Handschriften und auf Grund psychologischer Theoreme, in: *Euphorion* 70 (1976), S. 129–174.

ders., Kafkas Varianten, in: *Deutsche Vierteljahrsschrift für Literaturwissenschaft und Geistesgeschichte* 50 (1976), S. 683–719.

P. Cersowsky, »Die Geschichte vom schamhaften Langen und vom Unredlichen in seinem Herzen«. Zu Fremdeinflüssen, Originalität und Erzählhaltung beim jungen Kafka, in: *Sprachkunst* 7 (1976), S. 17–35.

A. Lange-Kirchheim, Franz Kafka »In der Strafkolonie« und Alfred Weber »Der Beamte«, in: *Germanisch-Romanische Monatsschrift* 27 (1977), S. 202–221.

B. Böschenstein, »Elf Söhne«, in: Franz Kafka. Themen und Probleme, hg. von C. David, Göttingen (1980), S. 136–151.

G. Neumann, Franz Kafka. »Das Urteil«. Text, Materialien, Kommentar (München 1981).

Im übrigen sei auf das von mir herausgegebene zweibändige *Kafka-Handbuch* (Stuttgart 1979) verwiesen, das über alle anstehenden Probleme zu Kafkas Erzählwelt umfassend informiert.

Ditzingen-Schökingen, im Frühjahr 1982   Hartmut Binder

INHALTSVERZEICHNIS

EINFÜHRUNG

Die Flut sogenannter Interpretationen, die Kafkas Werk hervorgerufen hat, verdeckt die bedenkliche Tatsache, wie unzureichend im Grunde seither seine Erzählungen (und Romane)
philologisch und literarhistorisch untersucht worden sind. So
liegen beispielsweise die schriftstellerischen Anfänge Kafkas,
formgeschichtlich betrachtet, ganz im dunkeln. Wie also die
Beschreibung eines Kampfes und die in der *Betrachtung* von
1912 vereinten kleinen Prosastücke in den Zusammenhang der
damals von Kafka aufgenommenen Literatur einzuordnen sind,
in welcher Weise etwa Peter Altenberg, W. Fred, Ernst Hardt,
Josef Popper-Lynkeus, Robert Walser, zeitgenössische Reiseskiz-
zen und Zeitungsfeuilletons auf den stilistisch unsicheren und
mit der abendländischen Dichtungsgeschichte wenig vertrauten
Jurastudenten formbildend einwirkten, entzieht sich jeder ge-
naueren Kenntnis. Das Desinteresse der Forschung an dieser
Frage, wie überhaupt an den realen Umständen und gesellschaftlichen Bedingungen seines Schaffens, wird auch nicht
durch gelegentlich vorgenommene Deutungsversuche auf marxi-
stischer Grundlage aufgewogen, denn diese beschränken sich
bisher auf die Herausstellung von Thesen und Postulaten, die
noch in keiner Weise durch Materialbelege und wissenschaftlich
bündige Beweisgänge abgesichert sind.
Eine der wichtigsten Ursachen für die Verdrängung der historischen Dimension aus der Mehrzahl der sich mit Kafkas Werk
beschäftigenden Untersuchungen ist eine bestimmte geschichts-
philosophische Spekulation, die Auffassung nämlich, Kafka
stelle als ein Hauptvertreter der literarischen Moderne gleichsam einen gewissen Endpunkt der europäischen Geistesgeschichte dar und müsse deswegen als schlechthin traditionslos
und allen empirischen Zusammenhängen entzogen vorgestellt
werden. Dabei konnte man sich sogar scheinbar auf Kafkas soziale Situation selbst berufen, die einem dreifachen Ghetto glich:
Als Prager war er auf dieser deutschen Sprachinsel vom lebendigen Strom seiner Muttersprache abgeschnitten, als Deutsch-
sprechender vom ihn umgebenden tschechischen Volkstum und
seiner Kultur isoliert und als Jude wiederum von den in dieser
Stadt lebenden nichtjüdischen Österreichern und ihrer Lebensart distanziert, die dort die Oberschicht bildeten.

Zum andern hat die textimmanente Interpretationsrichtung den gegenwärtigen Zustand der Kafka-Rezeption wesentlich mitverschuldet, weil sie, vorherrschend gerade in den Jahren, als man sich mit diesem Autor wissenschaftlich zu befassen begann, ihn zu einem Hauptexempel ihrer unhistorischen Verfahrensweise machte. Das Ergebnis war in diesem Falle um so gravierender, als das Wertsystem, der Bildungsstandard und die Moralvorstellungen der durch diese Methode repräsentierten deutschen Nachkriegsgesellschaft, die als Prämissen unbewußt in die Deutungen einflossen, einerseits auf Texte trafen, die der dadurch sich ergebenden manipulatorischen Verfälschung besonders wenig Widerstand entgegensetzen konnten, die aber andererseits ihre Entstehung und Thematik Voraussetzungen verdanken, die den Erkenntnisinteressen der sie ausdeutenden Betrachter höchst konträr waren: Erstens nämlich schien die hermetisch geschlossene Eigenwelt, die Kafka in seinen Erzählungen aufbaut, jede Bezugnahme auf konkrete Sozialverhältnisse von vornherein zu verweigern, zweitens aber bewirkte die besondere Art der von ihm verwendeten Perspektivgestaltung, die nur den unkommentierten, autonom ablaufenden Handlungsgang oder die parteiische Stellungnahme eines Ich-Erzählers kennt (beziehungsweise einer diesem gleichrangigen Randfigur des Geschehens), aber eine einzelne Erzählfiguren transzendierende Bewertung des Dargestellten vermeidet – diese scheinbar polyvalenten Textstrukturen ermöglichten es, seine Erzählungen als Exempla für jede Spielart der deutschen Bildungstradition und als Belege für die seit 1945 gängigen Ideologien einzusetzen. Andererseits zeigen nun aber Kafkas Lebenszeugnisse, daß er sich keineswegs als Deutscher fühlte, der Bewußtseinslage eines durch christliche Überlieferung und deren Zerfall geprägten Europäers fernstand und, obwohl Sohn eines wohlhabenden Kaufmanns, in äußerer Lebensform und geistiger Ausrichtung vollständig von den Gepflogenheiten des Prager Mittelstandes abwich. Die Aufgabe des vorliegenden Kommentars muß es demnach sein, ein möglichst genaues Bild der Lebensverhältnisse Kafkas zu vermitteln, weil deren Kenntnis als Verstehensvoraussetzung seiner Erzählungen unumgänglich ist.

Zunächst ist festzuhalten, daß nicht nur, wie allgemein bekannt, Kafkas Schaffen stoßweise erfolgte, d. h. daß arbeitsintensive Phasen mit solchen Zeitabschnitten wechselten, in denen, manchmal von ihm sogar gewollt, fast jede literarische Aktivität ruhte,

sondern auch, daß seine Inspiration offensichtlich durch lebensgeschichtliche Wendepunkte gesteuert wurde: Das *Urteil,* dessen
Niederschrift nach Jahren schaffensmäßiger Stagnation den
Durchbruch zum bedeutenden Schriftsteller einleitete, entstand
zwei Tage, nachdem Kafka den Brief weggeschickt hatte, der
den Jahre währenden Kampf um Felice Bauer, die zweimalige
Verlobte, eröffnete, und der *Verschollene* wurde nur drei Tage
später begonnen. Die über zwanzig Tage sich hinziehende Konzeption der *Verwandlung* folgt im Ansatz und in der sich erst
im Schreibvorgang selbst ergebenden Handlungsführung mit
seismographischer Genauigkeit den Bedingungen, unter denen
der Briefverkehr mit Felice in dieser Zeit stand. Die Arbeit am
Prozeß wurde Anfang August 1914 unter dem Eindruck des
»Gerichtshofs« aufgenommen, der vier Wochen zuvor im Hotel
»Askanischer Hof« in Berlin die Entlobung und vorläufige
Trennung von der Geliebten herbeigeführt hatte, und auch folgerichtig wieder aufgegeben, als eine Wiederbegegnung mit Felice
unmittelbar bevorstand, deren Ergebnis – Kafka, der sich von
Tag zu Tag älter und verknöcherter vorkam, fand sich endgültig mit einem Dasein als Junggeselle und Zimmerherr ab – dann
vierzehn Tage später in der *Blumfeld*-Erzählung literarisch reflektiert wird. Die produktive Phase von 1916/1917, wie die
meisten andern von einem Wohnungswechsel begleitet, fiel in
eine Zeit, in der keinerlei Verbindung mit der ehemaligen Braut
bestand; die des Jahres 1920 begann wenige Tage, nachdem
Kafka bei einer Zusammenkunft mit Milena in Gmünd festgestellt hatte, daß sein Anspruch auf ihre Liebe keine innere Berechtigung hatte und ihre Zuneigung im Mißverstehen seiner
Person begründet war.

Das *Schloß,* in dem das Milena-Erlebnis durch literarische Gestaltung objektiviert werden sollte, wurde demnach in einer Lebensphase begonnen, in der ihm bei letzten Zusammenkünften
mit der Geliebten klarwurde, daß die Beziehung keine Zukunft
mehr hatte. Die auf Juli 1922 zu datierenden *Forschungen eines
Hundes,* ein großangelegter biographischer Rückblick und
Rechtfertigungsversuch, sind offenbar konstelliert durch die am
Ersten dieses Monats vollzogene Pensionierung Kafkas, die ihm
endgültig verdeutlichte, daß sein höchstes Sehnen nach Verankerung in der menschlichen Gemeinschaft jetzt auch in äußerer,
beruflicher Hinsicht gescheitert war. Die in der mit Dora Diamant verbrachten Berliner Zeit entstandenen Erzählungen, die

abgesehen von der *Kleinen Frau* und dem *Bau* verloren sind, müssen aufgrund von Selbstaussagen Kafkas als Abwehr der inneren Angst angesehen werden, die seine lebenslang ersehnte und jetzt endlich errungene relative Selbständigkeit gegenüber dem Vater immer wieder in Frage stellte: Inflationsbedingte materielle Sorgen, ein schnell sich verschlechternder Gesundheitszustand, Geldmittel erfordernd, die Kafkas bescheidene Pension überstiegen, und ein durch finanzielle Unterstützung und mögliche Verwandtenbesuche drohendes Einwirken Prags sind es, was von ihm mehrfach unter dem Bild der ihn verfolgenden Dämonen veranschaulicht wird. *Josefine, die Sängerin, oder Das Volk der Mäuse* endlich, als Nachklang dieser Zeit nach der Mitte März 1924 erfolgten, immer befürchteten Rückkehr nach Prag konzipiert, in der Ahnung dazu, die tödliche Krankheit werde auf den Kehlkopf übergreifen, schließt den Reigen der vom Lebensgang abhängigen Werke, die wohl auch für die Frühzeit Kafkas vorauszusetzen sind, nur daß dort die Spärlichkeit der Zeugnisse derart exakte Zuordnungen gewöhnlich verunmöglicht. Immerhin ist einem der *Er*-Aphorismen zu entnehmen, daß der etwa 1898 anzusetzende ernsthafte Beginn der literarischen Arbeit mit einer Entwicklungskrise Kafkas zusammenfällt, die den Abschied von der Jugend und erstmalig die Einsicht in die nichtige Unwirklichkeit des eigenen Lebensmusters brachte, und für die Erstfassung der *Beschreibung eines Kampfes* lassen sich wenigstens zur Zeit der Niederschrift aktuelle Grundprobleme und Einzelerlebnisse Kafkas als allgemeiner Erzählhintergrund nachweisen.

Die im Anschluß an den folgenden »Lebensgang Franz Kafkas« gedruckte Zeittafel, die an vielen Stellen an Genauigkeit die entsprechenden Übersichten in den von Max Brod herausgegebenen *Gesammelten Werken* übertrifft, ist also nicht nur von autonom biographischem, sondern auch von eminent werkgeschichtlichem Interesse.

Es leuchtet ein, welche Bedeutung angesichts des dargestellten Sachverhalts einer exakten Chronologie der Erzählungen Kafkas zukommt, auf die demnach auch im vorliegenden Kommentar der allergrößte Wert gelegt wurde. In den vorhandenen Textausgaben treten die genetischen Zusammenhänge nicht deutlich zutage, weil dort – editorisch an sich durchaus unanfechtbar – einerseits die von Kafka selbst publizierten Stücke von den Nachlaßfragmenten getrennt sind, andererseits jedoch die von ihm in seinen Sammelpublikationen ohne Rücksicht auf ihre Entstehungszeit nach ästhetischen Kriterien aufgereihten Einzeltexte selbstverständlich in ihrer vom Autor verfügten Ordnung belassen werden mußten. (Die von Kafka in seinen Erzählsammlungen angewandten Ordnungsprinzipien lassen diese Veröffentlichungen als gesonderte schriftstellerische Leistungen erscheinen, die auch als solche gewürdigt werden müssen; sie werden in dieser Arbeit chronologisch unter dem Zeitpunkt eingeordnet, an dem der Autor sie für den Druck vorbereitete.)

Die hier zu leistende Aufgabe bestand also zunächst darin, die von Kafka selbst veröffentlichten Texte untereinander und mit den aus dem Nachlaß gedruckten in eine strenge zeitliche Abfolge zu bringen. Dies ist beim Frühwerk und bei den Prosastücken des *Landarzt*-Bandes deswegen so schwierig, weil hier die Arbeitshefte, die Kafka gewöhnlich benutzte, teils nicht mehr vorhanden, teils aber, bei dem Fehlen von Tagebüchern und einschlägigen Briefstellen gerade für diese Lebensabschnitte, schwer datierbar sind, so daß auch eine bloß relative Chronologie mit letzter Sicherheit oft nicht erstellt werden kann. Bei der Lösung dieses Problems war die erstmals 1964 publizierte »Datierung sämtlicher Texte Franz Kafkas« von M. Pasley und K. Wagenbach (jetzt in: Sy 55 ff.) hilfreich, aber inzwischen zur Verfügung stehende neue Quellen, bessere Auswertung und Kombination des vorhandenen Materials und die Berücksichtigung von Kafkas Arbeitsweise im Allgemeinen ermöglichten in vielen Fällen eine genauere zeitliche Fixierung der einzelnen Erzählungen. Doch sei nicht verschwiegen, daß die vorgenommenen Einordnungen (über den Standort des einzelnen Textes innerhalb des Kommentars orientiert neben dem Inhaltsverzeichnis ein Register am Schluß des Bandes) manchmal hypothetisch sind. Da der zur Datierung führende Argumentationsgang jedoch immer ausführlich in der Einleitung zu den jeweiligen Erzählungen dargestellt ist, mag der Leser selbst entscheiden, welche Entstehungsdaten er mit einem Fragezeichen versehen will.

Nicht nur der Schreibvorgang als solcher, sondern auch die Thematik des Geschaffenen ist Ausdruck der jeweiligen Lebensproblematik Kafkas. Wer das leugnet, übersieht, daß seine Literaturtheorie, die man sich allerdings aus gelegentlich geäußerten bildhaften Gedankensplittern zusammentragen muß, von einer engen Einheit zwischen Autor und Werk ausgeht, daß ihm sein

Schreiben Darstellung seiner traumhaften inneren Welt war, also die Beschreibung seines psychischen Apparats: Denn ob er nun ältere Autoren wie Gerhart Hauptmann, Grillparzer oder Hamsun würdigt oder Arbeiten seiner Freunde Franz Werfel, Ernst Weiß, Oskar Baum und Max Brod analysiert – immer versteht er Literatur als Gestaltung von ganz persönlichen Schwierigkeiten ihrer Verfasser bis hin zu der Extremposition, daß er befürchtet, eine von ästhetischen Gesichtspunkten her notwendig gewordene Problemlösung in einem Text könne, weil möglicherweise unsachgemäß im Blick auf den realen Lebensgang des Autors, der sie hervorbrachte, sogar schädlich sein, weil dieser sich dann in seinen eigenen Entscheidungen zu sehr davon beeinflussen lasse.

Dem entspricht das Wenige, was als Selbstaussage Kafkas zur Thematik seiner eigenen Produktion überliefert ist. Einerseits scheint sicher, daß die gestaltete und damit überschaubar gewordene Ordnung im Kunstwerk das Wissen um die persönlichen Lebenskonflikte erweitert und deren Bewältigung erleichtert, denn mehrfach veranschaulicht Kafka konkrete biographische Situationen mit Strukturen bereits vorliegender eigener Werke. Andererseits spricht er davon, er und sein reales Handeln sei dem Geschriebenen auffallend ähnlich oder sogar mit diesem im Kern identisch. Und in einem an Felice Bauer gerichteten Brief zählt er minutiös die Details eines eben fertiggestellten Abschnitts im *Verschollenen* auf, die durch seine Beziehung zur Korrespondenzpartnerin konstelliert seien.

In der bis zur Konzeption des *Urteils* reichenden Frühphase erscheinen Kafkas Lebensschwierigkeiten noch gleichsam in phänomenologischer Isolierung. Das gestörte Verhältnis zu andern, das in mangelndem Selbstwertgefühl und in einer neurotischen Haltung der Geschlechtlichkeit gegenüber gründet und Schmarotzertum und Isolation im Gefolge hat – dies das Persönlichkeitsbild des Ich-Erzählers in der *Beschreibung eines Kampfes* –, das krankhafte Zurückschrecken vor der Heirat, das Raban in den *Hochzeitsvorbereitungen auf dem Lande* bestimmt, und die Passivität, Gemeinschaftsferne, Lebensschwäche und das Junggesellentum in den Stücken der *Betrachtung* sind noch nicht auf die Familiensituation der den Autor repräsentierenden Figuren bezogen.

Der Generationenkonflikt als Wurzel derartiger Depravierungen konnte zunächst im *Urteil* und in der *Verwandlung* zur Darstellung gelangen, weil Kafka sich im Herbst 1911 und im darauf folgenden Winter unter dem Eindruck der in Prag damals gespielten jiddischen Theaterstücke überhaupt erstmals der seiner Situation zugrundeliegenden Gegebenheiten vollständig bewußt wurde. Der alle Kräfte absorbierende und die Gesundheit untergrabende Kampf um Felice, die Verzweiflung über die Anfang 1913 versiegende Schaffenskraft, die willensmäßig nicht beeinflußbar war, und ein immer reger werdendes Interesse an jüdischen Belangen, das ihn im Lauf der Zeit zu einem bewußten Nationaljuden werden ließ, bestimmten die Entwicklung der folgenden Jahre. Der künstlerische Neuansatz der *Landarzt*-Sammlung besteht nun einerseits darin, daß herkömmliche Darstellungsformen, wie sie, trotz fremdartiger Sujets und ungewöhnlicher Handlungsverläufe, den Erzählungen zwischen 1912 und 1915 noch eigen waren, zugunsten parabolischer Erzählweisen, episch ausgeführter Paradoxa und Bilder und paradigmatischer Modellvorstellungen aufgegeben werden. Auf der andern Seite werden die auftretenden Lebensprobleme, entsprechend dem fortgeschrittenen Stand der Selbstanalyse und besonders in Kenntnis soziologisch orientierter Arbeiten über die Lage des entwurzelten Westjudentums, als dessen extremster Exponent sich Kafka verstand, nicht mehr als Ausdruck bloß einer individuellen Familienkonstellation verstanden, sondern als eine Folge der gesellschaftlich bedingten Vereinzelung der Juden in den assimilatorisch gesinnten Kultusgemeinden der Städte, die nun allerdings bei Kafka in bezug auf Herkunft, Erziehung und Disposition auf einen besonders günstigen Nährboden traf.

Die Folgen sind Traditionsverlust (*Eine kaiserliche Botschaft*), Desorientiertheit (*Der neue Advokat*), Mißlingen (*Ein Landarzt*), Aggression und Chaos (*Ein Brudermord* und *Ein altes Blatt*) und ein Leben in Unfreiheit (*Ein Bericht für eine Akademie*), in dem Vater- und Sohnschaft höchstens ersatzweise als literarische Fiktion oder als zwischen Leben und Tod schwankende Existenzform möglich sind (*Elf Söhne* und *Die Sorge des Hausvaters*). Der Unterschied zu den Texten der Spätzeit liegt in der Tatsache, daß dort das Scheitern in menschlichen Beziehungen und die vergebliche Einordnung in die erstrebte Volksgemeinschaft schon zur Erzählvoraussetzung geworden sind (außer im *Schloß*). Das Problem besteht in dieser Lebensphase darin, wie das in menschenferner Isolation sich vollziehende oder als solches bloß angsttraumartig vorgestellte Leben, das dauernd den Einwirkungen der als feindlich empfundenen empirischen Welt ausgesetzt (*Der Bau*) und in ambivalenter Bewertung auf diese bezogen bleibt (*Ein Hungerkünstler*), durchgehalten (*Erstes Leid*) und die Entwicklung, die dazu geführt hat, gedeutet und gerechtfertigt werden kann (*Forschungen eines Hundes*).

Diese Erzählungen und *Josefine* als Werke zu bezeichnen, die die Problematik von Kafkas Künstlertum reflektieren, scheint in dreierlei Betracht unangemessen: Erstens entsprechen Handlungsgang und wichtige Einzelmotive dieser Stücke nicht den Gegebenheiten, unter denen Kafkas Schaffen in seiner Spätzeit betrachtet werden muß. Zweitens läßt sich zeigen, daß zwischen der Art und Weise, wie sich die Kunstfertigkeit, auch des Bauens und der Forschung, hier artikuliert, und den Bildvorstellungen, die Kafka, ganz allgemein und ohne auf sein Schaffen abzuzielen, zur Erläuterung seiner Lebenslage benützt, eine erstaunliche Strukturkongruenz besteht, obwohl diese Denkbilder ganz anderen Gegenstandsbereichen entnommen sind; man muß also davon ausgehen, daß die Erzählverläufe, die Kunstübungen literarischer Gestalten zum Gegenstand haben – das Wort im weitesten Sinn genommen–, nur Paradigmen einer Grundbefindlichkeit Kafkas sind, die sich in allen Daseinsbezügen zeigt, stofflich gesehen aber mit keinem Lebensbereich identifiziert werden kann. Und drittens schließlich ist zu bedenken, daß Kafka entgegen weitverbreiteter Auffassung nicht sein Schreiben an die Spitze seiner Werthierarchie stellte, sondern das alltägliche, nützliche Leben als Familienvater in einer lebendigen Volksgemeinschaft. Die literarische Produktion wird erst dann, wenn dieses hohe Ziel sich verschließt, weil Kafka nicht die Voraussetzungen dafür mitzubringen scheint, als Auswegslösung zu einem Absolutum, weil hier, und nur hier, eine Lebensleistung vorlag, die der Persönlichkeitsausstattung zu entsprechen und sein ungeheures Selbständigkeitsstreben wenigstens teilweise zu erfüllen schien.

Sofern es sich um ein Werk handelt, das von Kafka selbst veröffentlicht wurde, bringt der vorliegende Kommentar in der Einleitung zu den jeweiligen Titeln neben den Entstehungsdaten der Erzählung und Hinweisen zur Thematik eine Darstellung der Druckgeschichte; die Vorarbeiten von L. Dietz zu diesem Komplex (vgl. Sy 87 ff.) erleichterten die hier zu lösende Aufgabe. Um das Studium der Wirkungsgeschichte zu ermöglichen, wurde auch in allen Fällen die Erstpublikation angegeben; die diesbezüglichen Hinweise in der von P. Raabe betreuten Ausgabe der Erzählungen Kafkas (Frankfurt/M. 1970) sind in einigen Fällen ungenau oder falsch. Außerdem werden die Urteile verzeichnet, die Kafka über das betreffende Stück abgab (dies umfassender und gleichzeitig detaillierter als in der 1969 erschienenen Zusammenstellung von E. Heller und J. Beug, die Kafkas Aussagen über sein Werk dokumentarisch erfassen soll), und schließlich die Quellen, die er benutzte, wobei Nachweise zu bestimmten Textpartien bei den Einzelkommentaren zu finden sind. Der Befund, daß Kafka mehr als viele in Thematik, Motivik und Erzählablauf weniger originell sich gebende Autoren bis in einzelne Formulierungen hinein von Vorlagen abhängig ist, ja etwa gerade auch Darstellungszusammenhänge, deren Herkunft aus seiner Biographie evident ist, sich gleichwohl in ihrer Form und ihren Komponenten als Übernahmen aus Schriften von manchmal sogar recht zweifelhafter Qualität erweisen, überrascht vielleicht zunächst, wird aber, bedenkt man seine Grundsituation, leicht verständlich.

Wenn Kafka sich im *Brief an den Vater* als enterbten Sohn bezeichnet, wenn er im Tagebuch den Junggesellen – eine Metapher der eigenen Lage – als einen Besitzlosen beschreibt, der in jedem Augenblick und ohne sich jemals eine Pause zu gönnen (jede Unterbrechung dieser dauernden Anspannung würfe ihn endgültig aus dem Lebenszusammenhang hinaus) alle Bedingungen und Voraussetzungen des Lebens erst selbst erstellen muß, und wenn er Milena gegenüber den Westjuden mit einem Spaziergänger vergleicht, der alle zu seinem Vorhaben notwendigen Utensilien selber anfertigen muß, so wird darin ein Moment sichtbar, das auch auf sein Schaffen bezogen werden kann. Offenbar war ihm kein Gegenstand des Schreibens vorgegeben, keine Struktur überliefert und vorher im Bewußtsein gespeichert, weder eine sprachliche Formulierung noch ein Einzelmotiv verfügbar. So konnte jedes Element einer geplanten Erzählung nur als fremde Gestalt erscheinen, die allenfalls eigener Intention oder persönlichem Erleben parallelisierbar war und während des Schaffensvorgangs, der von Kafka selbst als weitläufiger Amalgamierungsprozeß verstanden wird, daraufhin überprüft werden mußte, ob es in Form und Tendenz als Eigenes erworben werden konnte.

Abschließend noch einige Bemerkungen zu den Einzelkommen-

taren: Anders als bei klassischen Autoren gibt es bei Kafka keine
kommentierten Ausgaben. Dies bedeutet einerseits, daß der Verfasser seine Erläuterungen nicht aus einem vorhandenen reichhaltigen Material einfach zusammenstellen konnte, sondern dieses in manchmal recht langwierigen und zeitraubenden Recherchen überhaupt erst erstellen mußte, wobei glücklicherweise
nicht nur Kafkas handschriftliche Hinterlassenschaft eingesehen,
sondern auch Max Brods Nachlaß benützt werden konnte. Die
Folge davon ist natürlich andererseits, daß der Leser die gegebenen Hinweise nicht als Resümee der gesamten Kafka-Forschung
mißverstehen darf, deren mehrheitlicher Konsens möglicherweise darin besteht, die Irrelevanz derartiger Erläuterungen
für die Deutung zu betonen. (Wo gelegentlich Vorgängern Erkenntnisse verdankt wurden, ist auf diese an den betreffenden
Stellen verwiesen.)
In Fällen, wo die Herausgeber der *Gesammelten Werke* durch
auffällige Texteingriffe die Intentionen Kafkas verfehlten oder
ihn schlimmbessernd mißverstanden, wurde manchmal die authentische Lesart mitgeteilt, darüber hinaus aber sollte der gelegentliche Hinweis auf Entstehungsvarianten und auf Lesarten
der unter Kafkas Mitwirkung zustande gekommenen Drucke
Tendenzen sichtbar machen, denen er bei der Herausgabe seiner
Werke folgte. Ferner wurde nicht nur auf die Vorlagen zu einzelnen Passagen verwiesen, sondern diese auch grundsätzlich im
Wortlaut angeführt. Der Leser sollte ohne umständliche Nachforschungen an bisweilen schwer zugänglichen Texten einen zureichenden Eindruck vom Umfang der Entlehnungen und von
der Art der Umformung gewinnen. Dazuhin finden sich gelegentlich Interpretationshilfen, besonders bei Stellen, die erfahrungsgemäß zu Mißverständnissen herausfordern, einzelne Literaturangaben zu speziellen Textproblemen, bei den Nachlaßerzählungen Hinweise, ob der in den *Gesammelten Werken* gewählte Titel vom Autor selbst stammt oder nicht, und vor
allem Sacherklärungen.
Im Hinblick auf Leser, denen Deutsch Fremdsprache ist, und in
realistischer Einschätzung der diesbezüglichen Kenntnisse deutscher Studenten wurde auch Wissen aufgenommen, das die Konversationslexika bieten. Besonders schien eine ausführliche Dokumentation der heute aus vielen Gründen schwer faßbaren
Prager Gegebenheiten wichtig, die vielfach in die Erzählungen
Eingang fanden. Daß Kafkas Werk auf der motivischen, bild-

lichen, begrifflichen und handlungsmäßigen Ebene von Realitätspartikeln durchsetzt ist, liegt nicht nur daran, daß sein Erzählen die eigene Person thematisiert, sondern auch und vorwiegend an einem besonderen Persönlichkeitsmerkmal, das schon von seinen Freunden stark herausgestrichen wurde, an der Tatsache nämlich, daß es für ihn keine adiaphora, keinen bedeutungslosen Alltag, nichts Unwichtiges gab. Vielmehr rezipierte er alles, was ihm auffiel (und auch die Geschichte), auf allerpersönlichste Weise, bezog es also, im Gegensatz zur wissenschaftlich-objektivierenden, aber auch zur künstlerisch-ästhetisierenden Welthaltung, als Zeichen für einen ihn betreffenden Sachverhalt auf sich selbst, deutete es als Beitrag zu den eigenen Lebensproblemen; oder umgekehrt formuliert: Er nahm nur wahr und auf, was in irgendeiner Weise mit seiner Problemlage in Beziehung stand. So haben eigentlich die in den Lebenszeugnissen überlieferten Sachverhalte alle schon das gleiche Medium der produktiven Einbildungskraft durchlaufen, das auch die dichterischen Texte hervorbringt, und so kommt es, daß die Plätze, Straßen und Bauwerke Prags, seine Brücken, Paläste und Statuen wie überhaupt seine Raumverhältnisse in gleicher Weise in Kafkas Werk eingingen wie die diese Stadt bevölkernden Menschen mit ihrem Idiom, ihren Leitbegriffen, Denkhaltungen und ihrem äußeren Habitus.

Ein letzter Punkt betrifft die vielen Querverweise innerhalb des Erzählwerks und die Hinweise auf Parallelstellen in Kafkas Tagebüchern und Briefen. Sollen diese gemäß dem hermeneutischen Grundsatz, daß der Autor der beste Interpret seiner selbst sei, teils Begriffe, Vorstellungszusammenhänge und Handlungseinheiten durch damit vergleichbare nichtpoetische Textpassagen verdeutlichen, teils auch auf die Prägung kleiner und kleinster Erzähleinheiten durch den Lebensgang Kafkas aufmerksam machen, so obliegt jenen die Aufgabe, das die Einzelerzählung übergreifende Motivgeflecht sichtbar zu machen, das ohne Rücksicht auf die Entstehungszeit Kafkas ganzes Schaffen durchzieht.

Dabei folgt jedesmal dem Namen der Parallelerzählung, deren Standort in der chronologischen Abfolge gegebenenfalls mithilfe des Inhaltsverzeichnisses festzustellen wäre, Sigle (Abkürzungsverzeichnis im Anschluß an die Zeittafel) und Seitenzahl des Bandes der *Gesammelten Werke,* in dem der Bezugstext gedruckt ist, sowie, durch Doppelpunkt eingeleitet, das kursiv gedruckte Einzelwort oder die Phrase, auf deren Erläuterung im Kommentar verwiesen wird. Wenn also beispielsweise zu den Bedenken Blumfelds, ein mit ihm möglicherweise zusammenlebender Hund könne Flöhe bekommen, bemerkt wird: »Vgl. *Die Verwandlung* E 71: *Ungeziefer*«, so darf der Leser nicht nur an der angegebenen Stelle in der *Verwandlung* eine Motivparallele erwarten, sondern vor allem innerhalb der ihr zugehörigen Einzelkommentierung eine Erklärung, die auch für das Verständnis des *Blumfeld*-Fragments von Bedeutung ist.

Da anders als bei klassischen Autoren und auch einigen zeitgenössischen im Falle Kafkas nur eine einzige Gesamtausgabe vorhanden ist, die noch auf viele Jahre hinaus unersetzbar ist, wurde den jeweils zu kommentierenden Begriffen oder Passagen immer die Seitenzahl vorangesetzt, auf der diese in den *Gesammelten Werken* zu finden sind. Dies ermöglicht Benutzern dieser Edition ein schnelles Auffinden einzelner Kommentierungen auch aus dem Zusammenhang heraus, ohne daß es die Handhabung für die Besitzer von Auswahlausgaben erschwert. Ausdrücklich sei darauf hingewiesen, daß sich der unterschiedliche Umfang der Kommentierung nicht nach der Bedeutung eines Textes richtet, sondern nach dem Stand seiner philologischen Erforschung, dem vorhandenen biographischen Material und vor allem nach den Realien, die er selber explizit enthält.

Auf eine Bibliographie wurde aus sachlichen Gründen und um Platz zu sparen verzichtet. Es hätte bei der in die Tausende gehenden Vielzahl der Titel ohnehin nur eine kleine, subjektive Auswahl geboten werden können. Was unter der Optik dieses Realienkommentars wichtig erschien, ist jeweils bei den einzelnen Erzählungen aufgeführt (bei der Erstzitierung mit vollständigen bibliographischen Angaben). Für die ältere Zeit steht die Bibliographie von H. Järv zur Verfügung, die von erwünschter Vollständigkeit ist. (»Die Kafka-Literatur«, Malmö 1961) Für die Jahre danach benütze man die periodischen Fachbibliographien. Eine gute Übersicht über die Hauptprobleme der Kafka-Forschung, die von ihr angewandten Interpretationsmethoden und den Diskussionsstand zu den wichtigeren Texten findet der an diesen Fragen interessierte Leser jetzt bei P. U. Beicken, Franz Kafka. Eine kritische Einführung in die Forschung, (Frankfurt/M. 1974).

Herzlich zu danken hat der Verfasser Frau Ilse Ester Hoffe

(Tel-Aviv), die es ermöglichte, aus dem in ihrem Besitz befindlichen ungedruckten Nachlaß Max Brods zu zitieren, und Ted
Schocken (New York), der die Auswertung unpublizierter Brief-
und Tagebuchstellen Kafkas erlaubte.

H. B.

Franz Kafka wurde am 3. Juli 1883 als ältestes Kind des Kaufmanns Hermann Kafka und seiner Frau Julie in Prag geboren. Der Vater, Sohn des Fleischhauers Jakob Kafka, entstammte armen Verhältnissen. Er mußte als Vierzehnjähriger seinen Heimatort Wossek bei Strakonitz verlassen, versuchte sich erfolgreich als Wanderhändler und übersiedelte nach absolviertem Militärdienst nach Prag, wo er 1882 ein Geschäft gründete und die Brauerstochter Julie Löwy heiratete. Die aus Poděbrad zugezogene Familie der Mutter gehörte zum gebildeten, vermögenden deutsch-jüdischen Bürgertum; in Julies Ahnenlinie finden sich fromme, zurückgezogen lebende Gelehrte, Ärzte, Junggesellen, Konvertiten, Sonderlinge und Einzelgänger. War Kafkas Mutter aufgrund ihres Erbteils zart, empfindlich, unruhig, zurückhaltend, geduldig, einfühlend, aufopfernd und gerecht, so war der Vater dagegen vital, jähzornig, streitsüchtig, zuversichtlich, selbstzufrieden, bedenkenlos und ignorantisch. Damit war die Ausgangslage gegeben, die Kafkas Entwicklung prägte.

Einmal fühlte er sich als »trübsinniges Musterbeispiel« für einen Erstgeborenen, dem die »Erkenntnisse, Erfahrungen, Erfindungen, Eroberungen« jüngerer Geschwister fehlen, die »in schon fertige Machtverhältnisse« hineingeboren werden, ungeheure »Vorteile, Belehrungen, Aufmunterungen« des »beziehungsreichen verwandtschaftlichen Lebens« genießen (F 193) und deswegen sich aus diesem umfangreichen »bereitliegenden Material ihr Urteil selbst bilden« können (H 192).

Verschärft wurde Kafkas Lage noch dadurch, daß die Mutter, die der Vater immer um sich haben mußte, ganztägig im Geschäft war, so daß der Heranwachsende »sehr lange allein« leben mußte, Ammen, Kindermädchen, Köchinnen und Gouvernanten überlassen war (F 193) und also offenbar nicht das für eine gesunde Persönlichkeitsentwicklung nötige Urvertrauen zu festen Bezugspersonen aufbauen konnte; verstärkt wurde die dadurch in Kafka entstehende Unsicherheit durch das Mißtrauen und die Kritiksucht des Vaters, die dieser seiner Umgebung entgegenbrachte. Dazu kommt, daß das im Wesen vor allem der Mutter ähnliche, also schwächliche, leichtverletzliche und seelisch differenzierte Kind den ersten, durch erkannte Fehler noch unbelehrten Erziehungsstoß des vor Lebenskraft strotzenden, andersartigen und unverständigen Vaters aushalten mußte, durch den er seine persönliche Eigenart vernichtet glaubte.

In dem Ende 1919 entstandenen *Brief an den Vater*, der erklärtermaßen das Verhältnis Hermann Kafkas zu seinen Kindern beschreiben will, wird das zuletzt genannte Moment als die entscheidende Komponente für die spätere ungünstige Lebensentwicklung angesehen: Die jähzornige Rechthaberei und Ironie, die Drohungen und Selbstbeklagungen des Vaters und die Vergewaltigung der kindlichen Persönlichkeit, die besser ermuntert und bestätigt worden wäre, hätten Kafkas Entscheidungskraft niedergehalten, Angst, Schuldgefühl und mangelndes Selbstvertrauen verursacht und schließlich sein Versagen in Familie und menschlicher Beziehung überhaupt zur Folge gehabt. Die Mutter habe ihrer Zwischenstellung wegen die unglückliche Beziehung zwischen Vater und Sohn nicht mildern können, sondern sogar noch verstärkt: Denn einerseits übernahm sie aus Liebe zu ihrem Mann dessen »Urteile und Verurteilungen hinsichtlich der Kinder« (H 189), so daß sie in der Familie, die durch das Judentum ohnehin schon patriarchalisch ausgerichtet war, gar keine selbständige geistige Macht darstellte. Andererseits aber bewirkte ihre Kindesliebe durch Güte, Rede und Fürbitte vor dem Vater, daß Kafkas Trotz und Haß gegen diesen nie so groß wurden, daß er den Bann der Familie verlassen und ihrer verhängnisvollen Einwirkung entgehen konnte.

Besonders instruktiv in diesem Zusammenhang ist ein traumatisches Kindheitserlebnis, das Kafka zu Veranschaulichungszwekken seinem Vater erzählt: Als er eines Nachts immer wieder nach Wasser »winselte«, trug ihn der Vater, nachdem einige »starke Drohungen« nichts geholfen hatten, auf den Balkon des Schlafzimmers und ließ ihn »dort allein vor der geschlossenen Tür ein Weilchen im Hemd stehn«. (H 167) Noch nach Jahren litt Kafka unter der quälenden Vorstellung, daß er ein solches Nichts für den übermächtigen und höchste Autorität verkörpernden Vater war, daß dieser ihn grundlos von der Familiengemeinschaft ausschloß. Man kann annehmen, daß das Motiv des Ein- und Ausgesperrtseins, das im Zentrum des *Verschollenen* und der *Verwandlung* steht, letztlich in diesem Ereignis oder ähnlich gelagerten Vorgängen der Biographie Kafkas gründet.

Am 16. September 1889 trat Kafka in die »Deutsche Knaben-

schule am Fleischmarkt« ein. Das Ausgestoßensein und die Ver-
achtung, die der Vater in seiner Jugend hatte erfahren müssen,
ließen ihm gesellschaftliche Anerkennung als höchstes Ziel erscheinen und veranlaßten ihn, sich der schmalen, schon andeu-
tungsweise durch den tschechischen Nationalismus gefährdeten
deutschen Oberschicht anzuschließen: Er ließ also seinen Kindern eine entsprechende Erziehung zuteil werden. Als Kafka
deswegen am 20. September 1893 ins »Altstädter Deutsche Gymnasium« überwechselte – es befand sich im Kinsky-Palais, wo
später auch das elterliche Geschäft untergebracht war –,
bezog er nicht nur eine deutsche Schule, sondern auch eine hu-
manistische, aus der die Monarchie ihren Beamtenbedarf rekru-
tierte. Mangelndes Selbstwertgefühl, innere Unsicherheit und
geistige Heimatlosigkeit kennzeichnen Kafkas Schulzeit: »Ich
hatte, seitdem ich denken kann, solche tiefste Sorgen der geistigen Existenzbehauptung, daß mir alles andere gleichgültig war.
Jüdische Gymnasiasten bei uns sind leicht merkwürdig, man
findet da das Unwahrscheinlichste, aber meine kalte, kaum ver-
hüllte, unzerstörbare, kindlich hilflose, bis ins Lächerliche gehende, tierisch selbstzufriedene Gleichgültigkeit eines für sich
genug, aber kalt phantastischen Kindes habe ich sonst nirgends
wieder gefunden, allerdings war sie hier auch der einzige Schutz
gegen die Nervenzerstörung durch Angst und Schuldbewußt-
sein.« (H 204)
Man sollte derartige selbstkritische Aussagen nicht nur als ad-
vokatorische Kniffe abtun, derer sich Kafka einmal Milena
gegenüber hinsichtlich des *Briefs an den Vater* anklagt, denn
trotz guter Schulleistungen, besonders in den humanistischen Fä-
chern, erwarb er sich doch nur mäßige Fremdsprachenkenntnisse
(außer im Tschechischen, das er aber vorwiegend außerhalb der
Schule erlernte), rezipierte nur sehr unvollkommen die Bildungs-
güter seiner Zeit – sein literarisches Wissen war sehr begrenzt –
und war auch außerhalb seines Berufs nie zu einer wissenschaft-
lich-distanzierten Betrachtung möglicher Erkenntnisobjekte imstande: »Ich habe kein Gedächtnis, weder für Gelerntes noch
für Gelesenes, weder für Erlebtes noch für Gehörtes, weder für
Menschen noch für Vorgänge, mir ist, als hätte ich nichts erlebt, als hätte ich nichts gelernt, ich weiß tatsächlich von den
meisten Dingen weniger als kleine Schulkinder, und was ich
weiß, weiß ich so oberflächlich, daß ich schon der zweiten
Frage nicht mehr entsprechen kann.« (F 400)

Kafka wurde in den letzten Gymnasialjahren überzeugter Darwinist, Nietzsche-Anhänger, wandte sich dem Sozialismus zu und verwarf den jüdischen Glauben. Bedenkt man seine spätere, in ganz anderen Bahnen verlaufende geistige Entwicklung, so erweist sich die genannte Ausrichtung als Ausdruck einer Persönlichkeitskrise, wie sie sich in der Regel im Gefolge der Pubertät einzustellen pflegt.

In diese Jahre der Reifung fällt auch die endgültige Entscheidung Kafkas für das Schreiben – er begann damit spielerisch schon in den ersten Gymnasialjahren –, die sich nach Kafkas Erinnerung angesichts der vor ihm liegenden Heimatstadt abzeichnete: »Ich saß einmal vor vielen Jahren, gewiß traurig genug, auf der Lehne des Laurenziberges. Ich prüfte die Wünsche, die ich für das Leben hatte. Als wichtigster oder als reizvollster ergab sich der Wunsch, eine Ansicht des Lebens zu gewinnen (und – das war allerdings notwendig verbunden – schriftlich die anderen von ihr überzeugen zu können), in der das Leben zwar sein natürliches schweres Fallen und Steigen bewahre, aber gleichzeitig mit nicht minderer Deutlichkeit als ein Nichts, als ein Traum, als ein Schweben erkannt werde.« Aber, so fährt Kafka in der distanzierteren Er-Form fort: »er konnte gar nicht so wünschen, denn sein Wunsch war kein Wunsch, er war nur eine Verteidigung, eine Verbürgerlichung des Nichts, ein Hauch von Munterkeit, den er dem Nichts geben wollte, in das er zwar damals kaum die ersten bewußten Schritte tat, das er aber schon als sein Element fühlte. Es war damals eine Art Abschied, den er von der Scheinwelt der Jugend nahm, sie hatte ihn übrigens niemals unmittelbar getäuscht, sondern nur durch die Reden aller Autoritäten ringsherum täuschen lassen. So hatte sich die Notwendigkeit des ›Wunsches‹ ergeben.« (B 293 f.)

Trotz dieser Vorbehalte wird die literarische Arbeit immer entschiedener als die spezifische Leistungsform der eigenen Persönlichkeit erkannt. Anfang 1912, also noch vor der Aufnahme der Beziehung zu Felice Bauer und der Niederschrift des *Urteils*, heißt es im Tagebuch: »Als es in meinem Organismus klar geworden war, daß das Schreiben die ergiebigste Richtung meines Wesens sei, drängte sich alles hin und ließ alle Fähigkeiten leer stehn, die sich auf die Freuden des Geschlechtes, des Essens, des Trinkens, des philosophischen Nachdenkens, der Musik zuallererst, richteten. Ich magerte nach allen diesen Richtungen ab. Das war notwendig, weil meine Kräfte in ihrer Gesamtheit so gering waren, daß sie nur gesammelt dem Zweck des Schreibens halbwegs dienen konnten.« (T 229)

Im Wintersemester 1901/1902 immatrikulierte sich Kafka an der »Deutschen Universität« in Prag. Nachdem er zunächst zwei Wochen lang Chemie belegt hatte, schwenkte er auf Jura über, studierte dann aber, weil ihn die als Studienbeginn vorgeschriebene Rechtsgeschichte anwiderte, im drauffolgenden Sommersemester Kunstgeschichte und Germanistik – er hatte in dieser Zeit den Plan, im Wintersemester 1902/1903 in München die zuletztgenannte Disziplin weiterzutreiben –, um dann schließlich doch bei der ungeliebten Rechtswissenschaft zu bleiben, in der er im Frühjahr 1906 den Doktorgrad erwarb: »Also eigentliche Freiheit der Berufswahl gab es für mich nicht, ich wußte: alles wird mir gegenüber der Hauptsache genau so gleichgültig sein, wie alle Lehrgegenstände im Gymnasium, es handelt sich also darum, einen Beruf zu finden, der mir, ohne meine Eitelkeit allzusehr zu verletzen, diese Gleichgültigkeit am ehesten erlaubt. Also war Jus das Selbstverständliche.« (H 207)

In diesen Studienjahren entsteht die erste Fassung der *Beschreibung eines Kampfes*. Wichtig ist auch, daß Kafka damals in Oskar Baum, Felix Weltsch und Max Brod ideale Freunde kennenlernte, die nicht nur seine drohende Isolation milderten und verzögerten, sondern auch sein Schaffen auf mancherlei Weise befruchteten: Man traf sich regelmäßig zu Diskussionen, las aus eigenen Werken, Baum stimulierte durch seine literarischen Erfolge, Weltsch befruchtete durch seine philosophische Schulung, Brod regte durch geschicktes Taktieren immer wieder Kafkas Schaffenskraft an und ermutigte ihn zur Publikation seiner Werke.

Das Jahr 1907 bringt zwei wichtige Ereignisse. Einmal die Liebesbeziehung zu Hedwig W., einer Studentin, die Kafka im Sommer dieses Jahres kennengelernt hatte, als er bei seinem Lieblingsonkel Siegfried Löwy, dem Landarzt in Triesch, zur Sommerfrische war. Über die Gründe, die zum Scheitern dieses nur wenige Monate dauernden Verhältnisses führten, ist nichts bekannt.

Folgenschwerer war der Eintritt ins Berufsleben, der im Oktober erfolgte. Die Tätigkeit in den »Assicurazioni Generali« befriedigte ihn so wenig, daß er schon im Juli 1908 in die halbstaatliche »Arbeiter-Unfall-Versicherungs-Anstalt« überwechselte. Neben der Betriebsatmosphäre, die dem Sensiblen mißfiel

– es wurde dauernd geschimpft –, war es vor allem die lange
Arbeitszeit, die ihn zermürbte: »Die Bureauzeit nämlich läßt
sich nicht zerteilen, noch in der letzten halben Stunde spürt
man den Druck der 8 Stunden wie in der ersten. Es ist oft wie
bei einer Eisenbahnfahrt durch Nacht und Tag, wenn man
schließlich, ganz furchtsam geworden, weder an die Arbeit der
Maschine des Zugführers, noch an das hügelige oder flache
Land mehr denkt, sondern alle Wirkung nur der Uhr zuschreibt,
die man immer vor sich in der Handfläche hält.« (Br 49 f.)
Verständlich daß Kafka in dieser Zeit die freien Stunden fraß
»wie ein Tier« (Br 48), daß er zum »Bummler« wurde (F 178),
mit andern nachts durch Prag zog und die Weinstuben, Kabaretts und, üblicher »sexuelle(r) Etikette« folgend (T 579), Bordelle besuchte.
Die neue Stelle brachte den ersehnten Dienst mit »einfacher
Frequenz«, also einer durchgehenden Arbeitszeit von 8 bis 14
Uhr, die Nachmittage und Abende für eigene, nach strengem
Zeitplan geregelte Verwendung freiließ. Gleichwohl waren natürlich die Sommerurlaube, die monatelang vorbereitet und zusammen mit Max Brod unternommen wurden, erlebnismäßige
Höhepunkte des Jahres. Im September 1909 fuhr man nach
Riva am Gardasee und von dort nach Brescia zu einem Flugmeeting, ein Ausflug, der in den *Aeroplanen von Brescia* seinen
Niederschlag fand; die Reise von 1911 führte nach Lugano,
Stresa, Mailand und Paris und gewann in *Richard und Samuel*
literarische Gestalt; 1912 besuchte man Weimar und Leipzig,
wo mit Ernst Rowohlt und Kurt Wolff die Herausgabe der *Betrachtung* abgesprochen wurde.
Eine lebensgeschichtliche Wende brachte der Herbst 1911 und
der sich anschließende Winter. Kafka besuchte häufig die Thea-
teraufführungen einer in Prag gastierenden ostjüdischen Schauspielertruppe und befreundete sich besonders mit Jizchak Löwy,
einem der Darsteller. In den operettenartigen Volksstücken waren Familienkonflikte und deren Auflösung auf der Grundlage
des traditionellen Judentums dargestellt. Da Kafka, bis zu diesem Zeitpunkt seinen Eltern passiv und verhältnismäßig unkri-
tisch gegenüberstehend und im Geistigen der Assimilation verhaftet, jetzt in den Konflikt mit seinem Vater eintritt, über die
Funktion einer jüdischen Mutter nachdenkt, seine Entfremdung
von der Familie auf seine Orientierung an der deutschen Kultur
zurückführt und vor allem sich als bewußter Jude zu begreifen

beginnt, darf angenommen werden, daß die Konfrontation mit dem andersartigen Judentum die Umorientierung auslöste. Das Tagebuch bietet dafür auch manche direkte Belege. So notiert sich Kafka zum Beispiel über das Auftreten einer der von ihm hochverehrten Schauspielerinnen: »Bei manchen Liedern, der Ansprache ›jüdische Kinderlach‹, manchem Anblick dieser Frau, die auf dem Podium, weil sie Jüdin ist, uns Zuhörer, weil wir Juden sind, an sich zieht, ohne Verlangen oder Neugier nach Christen, ging mir ein Zittern über die Wangen.« (T 81)

Von ähnlicher Bedeutsamkeit ist das erste Zusammentreffen mit Felice Bauer am 17. August 1912 in der Wohnung der Familie Brod. Kafka beginnt am 20. September dieses Jahres einen Briefwechsel mit dem in Berlin lebenden Mädchen, gesteht ihm im Verlauf des Winters seine Liebe, besucht es im Frühjahr 1913 zweimal in Berlin und bittet es dann brieflich Mitte Juni um seine Hand, ein Vorgang, der sich, weil Felice sich weigert, Anfang Januar 1914 wiederholt, nachdem Kafka im September des Vorjahres über Wien, Venedig und Verona nach Riva geflohen war, wo er in einem Sanatorium Linderung seiner Leiden suchte und eine Liebesbeziehung zu einer jungen Schweizerin einging, die ihm, anders als die Bindung an Felice, das Erlebnis inniger menschlicher Vertrautheit brachte. Nach erneutem Zurückschrecken der Berlinerin vor Kafkas Forderung kommt es aber doch an Ostern 1914 zu einer inoffiziellen und an Pfingsten zur offiziellen Verlobung. Jedoch findet dann am 12. Juli im Berliner Hotel »Askanischer Hof« eine Aussprache statt, die zur Entlobung führt. Grete Bloch, eine Freundin Felicens, die seit November 1913 zwischen den Liebenden vermittelte, hatte an sie gerichtete Briefe Kafkas vorgelegt, die ihn kompromittierten. Unmittelbar nach diesem Ereignis fuhr Kafka zusammen mit dem Schriftsteller Ernst Weiß für einige Tage in das dänische Ostseebad Marielyst zur Erholung. In den beiden folgenden Jahren nähern sich die beiden Partner allmählich wieder; bei bewußt spärlich gehaltener Korrespondenz trifft man sich mehrmals und verbringt im Juli 1916 gemeinsam einige Tage in Marienbad. Dort erkennen Kafka und Felice, daß sie die Sache in der Vergangenheit falsch angefangen haben und beschließen, es noch einmal miteinander zu versuchen; Anfang Juli 1917 verloben sie sich erneut.

Diese ganze Verlobungszeit war bestimmt durch Kafkas ambivalente Einstellung gegenüber der Ehe. Einerseits war er unter dem

Einfluß der jüdischen Tradition – als *Talmud*-Zitat wird im Tagebuch angeführt: »Ein Mann ohne Weib ist kein Mensch« (T 174) –, deren Repräsentant ihm in gewisser Weise der Vater war, von der Überzeugung durchdrungen, daß nur ein Leben in der Gemeinschaft (Beruf, Freundschaft, Ehe und Volkstum) menschenwürdig sei, und hielt deswegen eine Verbindung mit Felice für das Höchste und Erstrebenswerteste, was es auf Erden gebe. Andererseits jedoch hatte er die allergewichtigsten inneren Vorbehalte gegen diese Heirat, die teils unbewußt, teils auch ganz offen in der Korrespondenz mit der Braut und in seinem Verhalten ihr gegenüber durchbrachen; Felice wurde natürlich dadurch aufs äußerste verunsichert. Unselbständigkeit, Ich-Schwäche und ein äußerst zwiespältiges Verhältnis zur Sexualität machten Kafka Angst vor der Vereinigung und dem dauernden Zusammenleben mit einem andern Menschen, die eine allergrößte Öffnung gegenüber dem Partner bedeutet hätten, die Gefahr war für ihn also, die mühsam erworbene Kontur, die eigenartige Lebensform zu verlieren. So heißt es denn auch in einer »Zusammenstellung alles dessen, was für und gegen meine Heirat spricht« (T 310): »Die Angst vor der Verbindung, dem Hinüberfließen. Dann bin ich nie mehr allein.« (T 311) Damit verband sich die Angst, daß ein derartiges Zusammenleben sein Schreiben gefährden könne, weil ihm dieses nur in völliger Stille und Abgeschiedenheit möglich war und den Großteil seiner Zeit außerhalb der Bürostunden verschlang. Weil er aber gerade diese Arbeit als adäquateste, wenn auch fragwürdige Lebensäußerung seiner selbst erkannte, die ihm, wie er dem Vater auch ausdrücklich versicherte, ein Gefühl wenigstens relativer Selbständigkeit gab, hätte er nur darauf verzichten können, wenn er hätte ganz sicher sein können, daß die geplante Ehe, die in seinen Augen einen im Vergleich zur literarischen Produktion wesentlich höheren Grad von Unabhängigkeit dem Vater gegenüber bedeutet hätte, nicht scheitern würde, was nach Lage der Dinge niemals der Fall sein konnte. Max Brod gegenüber beschreibt Kafka den bei diesem Problem wirksam werdenden psychischen Mechanismus wie folgt: »... daß ich, wenn ich einmal, außer durch Schreiben und was mit ihm zusammenhing, glücklich gewesen sein sollte (ich weiß nicht genau, ob ich es war), ich dann gerade des Schreibens gar nicht fähig war, wodurch dann alles, es war noch kaum in der Fahrt, sofort umkippte, denn die Sehnsucht zu schreiben hat überall das Übergewicht. Woraus aber nicht auf grundlegende eingeborene ehrenhafte Schriftstellereigenschaft zu schließen ist.« (Br 392) Erschwert wird die Auseinandersetzung schließlich noch durch Kafkas Selbsthaß und seine Skrupelhaftigkeit, die seine Selbstaussagen ins Negative verzerrten und immer neue Einwände gegen die Ehe mit Felice hervorbrachten, die er sich und ihr zur Beurteilung vorlegte.

In dieser Zeitspanne verstärkt sich Kafkas Isolation von seiner Umwelt beträchtlich; indem seine Interessen einseitig auf den Briefverkehr mit Berlin ausgerichtet waren, vernachlässigte er seine sonstigen Neigungen und Beziehungen. Es fehlte auch die Zeit für den Besuch von Veranstaltungen oder für ausgedehnte Zusammenkünfte mit den Freunden, denn im Winter 1912/1913 schrieb er neben seiner literarischen, innerlich mit seinem Kampf um soziale Verwurzelung zusammenhängenden Arbeit fast täglich, manchmal sogar mehrmals, ausführliche Briefe nach Berlin. Und als er Anfang 1915 die elterliche Wohnung verließ und in einem eigenen Zimmer wohnte, reduzierten sich naturgemäß auch die familiären Kontakte beträchtlich, mit Ausnahme der Bindung an die jüngste Schwester. Ottla nämlich, seit vielen Jahren im elterlichen Geschäft tätig, sehnte sich wie der Bruder nach Selbständigkeit und wollte die durch die gesellschaftlichen Formen des verstädterten Westjudentums verursachten Mißlichkeiten durch eine erdverbundene, praktische Tätigkeit aufheben. Sie setzte im Lauf des Jahres 1916 durch, daß sie eine landwirtschaftliche Fachausbildung absolvieren durfte. Dieser selbstverständlich auch mit Kafkas Unterstützung zustande gekommene Entschluß bewirkte, daß dieser sich gerade in diesem Jahr besonders viel mit Ottla abgab, und als die Schwester im Herbst eines der kleinen, verwahrlosten Häuschen im »Alchimistengäßchen« mietete, um in ihrer Freizeit für sich und ihre Freundin gleichsam eine eigene Wohnung zu haben, stellte sie Ende November das hergerichtete Domizil Kafka zum Schreiben zur Verfügung. Hier entstanden dann in völliger Abgeschiedenheit im Winter und im folgenden Frühjahr die später im *Landarzt*-Band vereinigten Erzählungen; die Verbindung zu Felice war währenddessen vollständig unterbrochen.

Die Jahre während Auseinandersetzung mit der Verlobten hatte auch ungünstige Wirkungen auf Kafkas Gesundheitszustand. Seine Nerven wurden angegriffen, Kopfschmerzen und Schlaflosigkeit ließen die Büroarbeit fast unerträglich werden.

Und als Anfang September 1917 – er hatte im Vormonat einen
nächtlichen Blutsturz erlitten – bei Kafka endgültig Lungentuberkulose diagnostiziert wurde, verstand er diese Krankheit, für
die er schon fast zu alt war und für die er erblich in keiner Weise
prädisponiert war, als Ausdruck der zurückliegenden seelischen
Belastungen. An Ottla schrieb er schon am 29. August: »Ich
habe in der letzten Zeit wieder fürchterlich an dem alten Wahn
gelitten, übrigens war ja nur der letzte Winter die bisher größte
Unterbrechung dieses 5jährigen Leidens. Es ist der größte
Kampf, der mir auferlegt oder besser anvertraut worden ist und
ein Sieg (der sich z. B. in einer Heirat darstellen könnte, F. ist
vielleicht nur Representantin des wahrscheinlich guten Princips
in diesem Kampf) ich meine, ein Sieg mit halbweg erträglichem
Blutverlust hätte in meiner privaten Weltgeschichte etwas Na-
poleonisches gehabt. Nun scheint es daß ich den Kampf auf
diese Weise verlieren soll. Und tatsächlich, so als wäre abgeblasen worden, schlafe ich seit damals 4 Uhr nachts besser, wenn
auch nicht viel besser, vor allem aber hat der Kopfschmerz, vor
dem ich mir damals nicht mehr zu helfen wußte, gänzlich aufge-
hört. Die Beteiligung an dem Blutsturz denke ich mir so, daß die
unaufhörlichen Schlaflosigkeiten, Kopfschmerzen, fiebrigen Zustände, Spannungen mich so geschwächt haben, daß ich für
etwas Schwindsüchtiges empfänglich geworden bin.« (O 40) Als
äußerer, auslösender Faktor kam dabei die feuchte Wohnung im
Schönborn-Palais in Frage, die Kafka seit März neben Ottlas
Häuschen in Benutzung hatte, und zwar vor allem als Schlaf-
stätte.

Am 12. September 1917 trat Kafka einen Erholungsurlaub bei
Ottla an, die inzwischen in Zürau in Nordwestböhmen ein im
Familienbesitz befindliches Anwesen bewirtschaftete, um sich
auf diese Weise für eine landwirtschaftliche Schule vorzubereiten. In diesen Monaten des Landaufenthalts – Kafka nahm erst
Anfang Mai 1918 seine amtliche Tätigkeit wieder auf – enthielt
er sich bewußt jeder schriftstellerischen Betätigung, las nur autobiographische Werke und beschäftigte sich mit philosophischen
Fragen. Es reifte in ihm die Erkenntnis, in Zukunft jedes Engagement zu vermeiden, nicht über die ihm klar verfügbaren
Grenzen hinauszustreben, also auch jeden Kampf um Verankerung in der Sozietät zu unterlassen. Was das Äußere betrifft, so
versuchte er mehrfach, sich pensionieren zu lassen, und beabsichtigte, als Kleinbauer und Kurgast in ländlicher Abgeschiedenheit

zu leben. Die Lösung von Felice, für die nach außen hin Kafkas Krankheit angeführt wurde, mußte sich aus dieser Bewußtseinslage heraus zwangsläufig ergeben und erfolgte auch am 26. Dezember 1917, wo es in Prag zu einer letzten Aussprache kam.

Die Ereignisse der Folgezeit zeigen jedoch, daß der Dichter, trotz andauernd sich verschlechterndem Gesundheitszustand, noch dreimal seinen isolationistischen Grundsätzen untreu wird. Als er Ende Januar 1919, kaum von der Spanischen Grippe genesen, die damals als Kriegsfolge Europa überflutete, zur Erholung nach Schelesen fuhr, lernte er dort Julie Wohryzek kennen, die Tochter eines Schusters und Gemeindedieners einer Prager Synagoge. Der unter schärfsten Protesten des Vaters – die Braut war nicht standesgemäß – unternommene Versuch Kafkas, Julie im folgenden Herbst zu heiraten, scheiterte auf fast dramatische Weise. Kafka berichtet darüber an die Schwester Julies: »Das ganze war ein Wettrennen zwischen den äußeren Tatsachen und meiner inneren Schwäche. Es gab verschiedene Phasen, zuerst eine Verzögerung der ärztlichen Untersuchung ... dann kam die Möglichkeit einer erträglichen sofortigen Wohnung – das war nun schon ausgerechnet, eine kleine eilige Woche, das Aufgebot war gesichert, wir wären verheiratet gewesen. Aber Freitag zeigte sich dann daß wir, da die Wohnung uns entwischt war, Sonntag doch nicht heiraten konnten ... Das war damals der Wendepunkt, nachher war es nicht mehr aufzuhalten, die Frist, welche mir für diesmal gegeben war, war abgelaufen, was bisher von der Ferne gewarnt hatte, donnerte mir jetzt wirklich Tag und Nacht ins Ohr«. (Sy 51 f.)

Unmittelbar danach, und innerlich veranlaßt durch diese Vorgänge, schrieb Kafka den *Brief an den Vater,* in dem er sein Verhalten und überhaupt sein Lebensmuster zu rechtfertigen sucht.

Weil die Lungentuberkulose nicht zum Stillstand kommen wollte, fuhr Kafka Anfang April 1920 nach Meran und blieb dort bis Ende Juni. Diese Zeit stand ganz im Zeichen der Hinwendung zu Milena Jesenská, einer aus Prag stammenden, jetzt aber in Wien lebenden Journalistin, die Kafka Ende 1919 in einem Kaffeehauskreis kennengelernt hatte, in dem ihr Mann verkehrte. Da sie in diesem Winter den *Heizer* ins Tschechische übersetzte – später auch Teile der *Betrachtung* und den *Bericht für eine Akademie* –, schrieb sie Kafka mehrfach über diese Arbeit und erhielt auch noch aus Prag Antwort. Von Meran aus

richtete nun Kafka erneut einen Brief an sie. Es kam zu einer intensiven Korrespondenz, die, weil Milena offen von ihren Eheproblemen berichtete, schnell ins Allerpersönlichste ging und zu gegenseitiger gefühlsmäßiger Zuneigung führte. Bei der Rückreise fuhr Kafka über Wien, wo er vier glückliche Tage mit der Geliebten verlebte. Aber schon die zweite Zusammenkunft, die Mitte August in Gmünd erfolgte, der Eisenbahn-Grenzstation zwischen der Tschechoslowakei und Österreich, leitete die innere Distanzierung Kafkas ein, der sich der christlichen Tschechin als Jude unendlich unterlegen fühlte und Milena auch nicht veranlassen konnte, ihren Mann seinetwegen zu verlassen: »Du kannst, Milena, nicht genau verstehn, um was es sich handelt ... ich verstehe es ja selbst nicht, ich zittere nur unter dem Ausbruch, quäle mich bis an den Irrsinn heran, aber was es ist und was es in der Ferne will, weiß ich nicht. Nur was es in der Nähe will: Stille, Dunkel, Sich-Verkriechen, das weiß ich und muß folgen, kann nicht anders.« (M 225)
Im Sinne dieser Aussage verhielt sich Kafka, er suchte weitere Zusammenkünfte zu verhindern, bat Milena, den Briefwechsel abzubrechen, und begab sich im Dezember 1920 nach Matliary in der Hohen Tatra zur Erholung, wo er, der dort in Robert Klopstock einen Freund und medizinischen Betreuer fand, bis zum August des folgenden Jahres blieb. Äußerlich geschah in diesen Monaten so gut wie gar nichts: »ich kann mich z. B. nicht erinnern, in der ganzen Zeit ein eigentliches Buch gelesen zu haben, dagegen dürfte ich oft in einem vollständigen Dämmerzustand gelegen haben, ähnlich dem, wie ich ihn als Kind an meinen Großeltern angestaunt habe.« (Br 311) Da aber wieder keine grundlegende Besserung erreicht wurde, setzte Kafka nach seiner Rückkehr in Prag im kommenden Winter seine Heilkur fort. Während dieser Zeitspanne erfolgte die endgültige Lösung von Milena.
Die innere Erschütterung durch das Milena-Erlebnis führte dann Anfang 1922 zur Wiederaufnahme der schriftstellerischen Tätigkeit im großen Stil: Es entstanden der *Hungerkünstler* und das *Schloß,* dessen Niederschrift teilweise noch in Planá an der Luschnitz erfolgte, wo sich Kafka seit Ende Juni aufhielt, umsorgt von Ottla, die dort Sommerwohnung genommen hatte.
Im feuchtkalten Wetter des folgenden Herbstes und Winters wurde Kafkas Gesundheitszustand so schlecht, daß er monatelang das Bett kaum verlassen konnte. Gegen das Frühjahr zu

begann er intensiv Hebräisch zu lernen, um sich auf eine Übersiedlung nach Palästina vorzubereiten, von der er nicht nur
günstige Auswirkungen auf die Lunge, sondern vor allem eine
Besserung seiner sich unablässig verschlimmernden Neurasthenie
erhoffte. Da dieser Plan aus äußeren und inneren Gründen nicht
realisiert wurde, begab sich Kafka im Juli und August nach
Müritz an der Ostsee, begleitet von seiner ältesten Schwester
Elli, denn zu einer allein unternommenen Reise fehlten ihm
jetzt schon rein äußerlich die Kräfte; er hustete dauernd, hatte
Atem- und Herzbeschwerden und war auf 110 Pfund abgema-
gert. In Müritz lernte er Dora Diamant kennen und lieben, ein
junges ostjüdisches Mädchen, das in Berlin lebte, jetzt aber in
einer Ferienkolonie des »Berliner Jüdischen Volksheims« Kü-
chendienst tat. Nachdem er noch einige Wochen im September
bei Ottla in Schelesen verbracht hatte, fuhr er am 24. dieses Monats nach Berlin, um mit Dora zusammen in einer kleinen Wohnung in Steglitz ein neues, gemeinsames Leben zu beginnen:
»Innerhalb meiner Verhältnisse ist das eine Tollkühnheit, für
welche man etwas Vergleichbares nur finden kann, wenn man in
der Geschichte zurückblättert, etwa zu dem Zug Napoleons
nach Rußland. Vorläufig geht es äußerlich leidlich, so wie übrigens auch damals.« (Br 447) Freilich hielt dieser Zustand nicht
allzulange an. Nach einiger Zeit begannen ihn wie in Prag
innere Ängste zu quälen, von denen er sich durch literarische
Arbeit zu befreien suchte. Daneben hörte er Vorträge an der
»Hochschule für die Wissenschaft des Judentums« und las einen
hebräischen Roman. Die Teuerung in diesem Inflationswinter
und der sich jetzt rapide verschlechternde Gesundheitszustand
erzwangen Mitte März 1924 die Rückkehr nach Prag.
Kafka suchte Anfang April zunächst im Sanatorium »Wiener
Wald« in Niederösterreich Heilung, wurde aber zurückgewie-
sen, weil man Kehlkopftuberkulose diagnostizierte; eine Unter-
suchung in einer Wiener Klinik brachte kein anderes Ergebnis.
Da Kafka die Atmosphäre dort mißfiel, begab er sich nach
Kierling bei Klosterneuburg, wo er im Sanatorium des Dr.
Hoffmann eine Bleibe fand, die ihm die letzten Wochen seines
Lebens einigermaßen erträglich machte. Betreut von Dora Dia-
mant und Robert Klopstock, mit denen er sich nur noch schrift-
lich auf Zetteln verständigen konnte, starb er am 3. Juni und
wurde am 11. dieses Monats auf dem jüdischen Friedhof in
Prag-Straschnitz bestattet.

1883 3. Juli: Franz Kafka als ältestes Kind des Kaufmanns Hermann Kafka (1852–1931) und seiner Frau Julie geb. Löwy (1856–1934) geboren.

1889 ab 16. September: Besuch der »Deutschen Knabenschule« am Fleischmarkt. Wichtige Bezugspersonen der Kindheit: die französische Gouvernante Bailly, Fräulein Marie Werner, die Erzieherin, die nur tschechisch sprach, eine Köchin und der Lehrer Moritz Beck.
22. September: Schwester Elli geboren.

1890 25. September: Schwester Valli geboren.

1892 29. Oktober: Schwester Ottla geboren.

1893 20. September: Eintritt ins »Altstädter Deutsche Gymnasium« im Kinsky-Palais. Klassenlehrer Emil Gschwind.

1896 13. Juni: Bar-mizwah (Konfirmation).

1897 Freundschaft mit Rudolf Illowý.

1898 Freundschaft mit Hugo Bergmann (lebenslang), Ewald Felix Příbram (bis in die Universitätsjahre) und besonders Oskar Pollak (bis 1904). Einfluß von Darwin, Nietzsche, Sozialismus (unter dem Einfluß des Naturgeschichtslehrers Adolf Gottwald).

1900 Bis 1904 währender Einfluß des von Ferdinand Avenarius herausgegebenen *Kunstwart*.
Sommerferien in Roztok (Selma Kohn).

1901 Juli: Abitur.
August: Ferien auf Norderney und Helgoland.
Herbst: Beginn des Studiums an der Deutschen Universität in Prag, zwei Wochen Chemie, dann Jura, nebenbei kunstgeschichtliche Vorlesungen.

1902 Frühjahr: germanistisches Studium bei August Sauer.
Sommer: Ferien in Liboch und Triesch (Onkel Siegfried).
Oktober: Reise nach München, wo Kafka mit seinem Klassenkameraden Paul Kisch Germanistik studieren wollte. Im Wintersemester dann Jurastudium in Prag, erste Begegnung mit Max Brod.

1903 Juli: Rechtshistorische Staatsprüfung.

1904 Herbst/Winter bis ins folgende Frühjahr: 1. Fassung der *Beschreibung eines Kampfes*.

1905 Juli/August: im Sanatorium in Zuckmantel (Schlesien),

tiefgreifendes Liebeserlebnis. Anschließend in Strakonitz.
Herbst/Winter: die ersten regelmäßigen Zusammenkünfte
mit Oskar Baum, Max Brod und Felix Weltsch.

1906 16. März: Rigorosum.
April–September: Konzipient in der Prager Advokatur
Richard Löwys am Altstädter Ring.
13. Juni: Staatsprüfung.
18. Juni: Promotion zum Dr. jur. bei Alfred Weber.
August: Zuckmantel.
Oktober: Rechtspraxis bis September 1907, zuerst Land-
gericht, dann Strafgericht.

1907 Frühjahr 1907: *Hochzeitsvorbereitungen auf dem Lande.*
August: in Triesch, Bekanntschaft mit Hedwig W.
Oktober: Eintritt als Aushilfskraft in die Versicherungs-
anstalt »Assicurazioni Generali« (bis Juli 1908).

1908 Februar–Mai: Kurs für Arbeitsversicherung an der Pra-
ger Handelsakademie.
März: *Betrachtung* erscheint im *Hyperion.*
Ende Juli: Aushilfsbeamter bei der Prager »Arbeiter-Un-
fall-Versicherungs-Anstalt«.
In diesem Jahr Intensivierung der Freundschaft mit Max
Brod.

1909 4.–14. September: mit Max und Otto Brod in Riva am
Gardasee.
11. September: beim Flugmeeting in Brescia.
Zweite Septemberhälfte: *Die Aeroplane in Brescia.*

1910 Bekanntschaft mit Franz Werfel.
1. Mai: Beförderung zum Anstaltskonzipisten.
8.–17. Oktober: Paris-Reise.
3.–9. Dezember: Berlin-Reise (Theaterbesuche).

1911 30. Januar – ca. 12. Februar: Dienstreise nach Friedland.
Einsatz der Reisetagebücher.
Ende Februar: Dienstreise nach Nordböhmen, auf der
wieder Friedland berührt wird.
April/Mai: Dienstreise nach Warnsdorf (Zusammentreffen
mit dem Naturheilkundigen und Fabrikanten Schnitzer).
26. August – 13. September: Ferienreise mit Max Brod
nach Lugano, Stresa, Mailand und Paris. Anschließend
bleibt Kafka noch eine Woche im Naturheilsanatorium
in Erlenbach bei Zürich.
Herbst: Arbeit an *Richard und Samuel.*

4. Oktober: erster Besuch einer Veranstaltung der ostjüdischen Theatertruppe, die bis Januar 1912 in Prag ga-
stiert; in der Folgezeit Freundschaft mit Jizchak Löwy.

Winter: Arbeit an der 1. Fassung des *Verschollenen*, die
sich bis ins kommende Frühjahr hinzieht.

1912 18. Februar: Rezitationsabend von Jizchak Löwy, den
Kafka organisatorisch betreut.

28. Juni – 7. Juli: Ferienreise mit Max Brod nach Weimar,
Margarethe Kirchner.

8.–29. Juli: im Naturheilsanatorium »Just-Jungborn« bei
Stapelburg im Harz.

Erste Augusthälfte: *Betrachtung* druckfertig gemacht.

13. August: erstes Zusammentreffen mit Felice Bauer.

20. September: Eröffnung des Briefwechsels mit Felice.

22.–23. September: *Das Urteil* entsteht.

25. September: Beginn der Arbeit am *Verschollenen*.

14. Oktober: Otto Stoessl sucht Kafka in Prag auf.

17. November – 6./7. Dezember: *Die Verwandlung* entsteht.

4. Dezember: Kafka liest öffentlich das *Urteil* während
eines Autorenabends der Prager Herder-Vereinigung.

1913 18. Januar: Zusammentreffen mit Martin Buber in Prag.

24. Januar: vorl. Aufgabe d. Arbeit am *Verschollenen*.

1. März: Beförderung zum Vizesekretär.

23.–24. März: Zusammentreffen mit Felice in Berlin.

7. April: Beginn der Gärtnerarbeit in Troja bei Prag.

11.–12. Mai: in Berlin bei Felice.

2. Juni: Rezitationsabend Jizchak Löwys in Prag.

28. Juni: erste Begegnung mit Ernst Weiß in Prag.

6.–13. September: gemeinsame Reise mit Direktor Marsch-
ner nach Wien zum Internationalen Kongreß für Ret-
tungswesen und Unfallverhütung; Besuch des XI. Zioni-
sten-Kongresses; Zusammenkunft mit Albert Ehrenstein,
Lise Weltsch, Felix Stössinger und Ernst Weiß.

14. September: Reise über Triest nach Venedig.

15.–21. September: Venedig, Verona, Desenzano am Gardasee.

22. September – 13. Oktober: im Sanatorium Dr. v. Har-
tungen in Riva. Liebe zu G. W., der Schweizerin.

1. November: persönliche Bekanntschaft mit Grete Bloch,
Felicens Freundin.

8.–9. November: in Berlin bei Felice.

11. Dezember: Kafka liest öffentlich in der Toynbeehalle aus Kleists *Michael Kohlhaas*. Ende Dezember: Ernst Weiß in Prag.

1914 Februar: Robert Musil fordert Kafka zur Mitarbeit an der *Neuen Rundschau* auf.

28. Februar – 1. März: Zusammenkunft mit Felice in Berlin, die Einwände gegen eine Ehe mit Kafka hat. Besuch bei Martin Buber.

12.–13. April: inoffizielle Verlobung mit Felice in Berlin.

30. Mai: Reise nach Berlin in Begleitung des Vaters zur offiziellen Verlobungsfeier.

1. Juni: Empfangstag bei der Familie Bauer.

12. Juli: Aussprache im Hotel »Askanischer Hof« in Berlin in Gegenwart von Grete Bloch, Felicens Schwester Erna und Ernst Weiß; Lösung des Verlöbnisses.

13.–26. Juli: Urlaub, zuerst in Travemünde, dann gemeinsam mit Ernst Weiß und Rahel Sansara im dänischen Ostseebad Marielyst.

3. August: erstmalig allein in der Wohnung Vallis in der Bilek-Gasse.

Zweite Augustwoche: Beginn der Arbeit am *Prozeß*.

September: allein in der Wohnung Ellis in der Nerudagasse (wahrscheinlich bis Februar 1915).

5.–18. Oktober: Kafka nimmt Urlaub, um den *Prozeß* zu fördern; in dieser Zeit entsteht ein Kapitel des *Verschollenen* (*Das Naturtheater von Oklahoma*) und die Erzählung *In der Strafkolonie*.

Ende Oktober: Wiederaufnahme der Briefverbindung mit Felice.

18. Dezember: Arbeit am *Dorfschullehrer* begonnen.

Weihnachten 1914: mit Max Brod und seiner Frau in Kuttenberg.

1915 6. Januar: *Dorfschullehrer* abgebrochen.

17. Januar: Arbeit am *Prozeß* aufgegeben.

23.–24. Januar: Zusammentreffen mit Felice in Bodenbach.

8. Februar: Kafka beginnt an *Blumfeld, ein älterer Junggeselle* zu schreiben (die Arbeit zieht sich bis März/April hin).

10. Februar: eigenes Zimmer in der Bilek-Gasse.

1. März: eigenes Zimmer in der Langen Gasse im Haus »Zum goldenen Hecht«.

Ende April: Reise mit Elli zu ihrem Mann, der als Soldat im ungarischen Karpatengebiet stationiert ist.

23.–24. Mai: mit Felice und Grete Bloch in der Böhmischen Schweiz.

Juni: mit Felice in Karlsbad.

20.–31. Juli: Aufenthalt im Sanatorium Frankenstein bei Rumburg (Nordböhmen).

1916 14. April: Robert Musil besucht Kafka in Prag.

13.–15. Mai: Dienstreise nach Karlsbad und Marienbad.

3.–24. Juli: in Marienbad, bis 13. zusammen mit Felice.

Ende Juli: Kafka wird ein Lektorat im Kurt Wolff Verlag in Leipzig angeboten.

10.–12. November: mit Felice in München, Kafka trägt an einem der Abende für neue Literatur in der Galerie Goltz *In der Strafkolonie* vor; Begegnung mit Gottfried Kölwel, Max Pulver und Eugen Mondt.

26. November: Seit diesem Tag arbeitet Kafka in dem von Ottla gemieteten und hergerichteten kleinen Häuschen in der Alchimistengasse; bis Ende April 1917 entstehen Erzählungen, die im *Landarzt*-Band veröffentlicht sind.

1917 1. März: Bezug einer Zweizimmerwohnung im Schönborn-Palais in der Marktgasse, wo Kafka aber nur von der Berufsarbeit ausruht und schläft.

Frühjahr/Frühsommer: Kafka beginnt Hebräisch zu lernen.

Anfang Juli: zweite Verlobung mit Felice, die nach Prag kommt; gemeinsame Reise zu einer Schwester der Braut über Budapest nach Arad. Kafka kehrt allein über Wien zurück; Zusammentreffen mit Otto Groß, Anton Kuh und Rudolf Fuchs.

23. Juli: Kafka begeistert sich für einen Zeitschriftenplan von Otto Groß.

9./10. August: Blutsturz.

Ende August: Aufgabe des Häuschens in der Alchimistengasse und der Wohnung im Schönborn-Palais. Kafka lebt wieder bei den Eltern.

4. September: Prof. Friedel Pick stellt eine Lungentuberkulose fest.

12. September: Kafka fährt nach Zürau in Nordwest-

böhmen, wo Ottla ein in Familienbesitz befindliches land-
wirtschaftliches Gütchen bewirtschaftet. In der Folgezeit
Kierkegaard-Studien; Aphorismen.

20.–21. September: Felice in Zürau.

25.–27. Dezember: Besuch Felices in Prag, wo Kafka von
Weihnachten bis Anfang Januar 1918 weilt; Lösung des
Verlöbnisses.

1918 Anfang Januar: mit Oskar Baum in Zürau.

30. April: Rückkehr aus Zürau nach Prag.

2. Mai: Dienstantritt.

Sommer/Herbst: Dienstreisen nach Rumburg (Einrichtung
einer Krieger-Nervenheilanstalt in Frankenstein); Garten-
arbeit in Troja bei Prag.

2. Septemberhälfte: in Turnau zur Erholung.

14. Oktober – 18. November: schwere Krankheit (Spani-
sche Grippe).

23. November: erneute Erkrankung.

30. November: Abreise nach Schelesen in Begleitung der
Mutter.

Weihnachten – 21. Januar 1919: in Prag.

1919 22. Januar – Ende März: in Schelesen in der Pension
Stüdl; Zusammentreffen mit Julie Wohryzek.

12.–15. Mai: Krankheit.

Herbst: gescheiterter Versuch, Julie Wohryzek gegen den
Widerstand des Vaters zu heiraten. Milena Jesenská
schreibt zum erstenmal an Kafka.

November: in Schelesen mit Max Brod; Bekanntschaft
mit Minze Eisner; *Brief an den Vater*.

21. November: Dienstantritt.

22.–29. Dezember: dienstunfähig wegen Krankheit.

1920 1. Januar: Beförderung zum Anstaltssekretär.

6. Januar – 29. Februar: *Er*-Aphorismen.

21.–24. Februar 1920: dienstunfähig wegen Krankheit.

März: Bekanntschaft mit Gustav Janouch.

Anfang April: Abreise nach Meran zur Kur; Korrespondenz mit Milena.

29. Juni – 4. Juli: bei Milena in Wien.

7. Juli – 7. August: in Ellis Wohnung in der Nerudagasse.

14.–15. August: Zusammenkunft mit Milena in Gmünd,
dem Grenzort zwischen Österreich und der Tschechoslowakei.

Ende August: nach über dreijähriger Pause Neubeginn der literarischen Arbeit.

Herbst: innere Distanzierung von Milena.

8. November: Begegnung mit Albert Ehrenstein.

1921 18. Dezember – Ende August 1921: in Matliary in der Hohen Tatra zur Kur.

Januar: Milena schreibt eine Art Abschiedsbrief; in seiner Antwort bittet Kafka darum, die Korrespondenz aufzugeben und ein Wiedersehen zu verhindern.

Februar: Bekanntschaft mit Robert Klopstock.

April: Milena schreibt erneut an Kafka, obwohl sie Max Brod versprochen hat, dies zu unterlassen.

29. August: Wiederbeginn der Büroarbeit in Prag.

September: Zusammentreffen mit Ernst Weiß, Minze Eisner und Milena, die inzwischen nach Prag übersiedelt war.

Anfang Oktober: Zusammentreffen mit dem Rezitator Ludwig Hardt; Kafka übergibt Milena alle Tagebücher.

15. Oktober: Neueinsatz der Tagebücher.

24. Oktober: Zusammentreffen mit Albert Ehrenstein.

31. Oktober: Beginn der bis zur Pensionierung dauernden Beurlaubung vom Büro.

November: Kafka wird mehrmals von Milena besucht.

1922 27. Januar – 17. Februar: zur Erholung in Spindlermühle (Riesengebirge).

3. Februar: Beförderung zum Obersekretär.

Februar: *Der Hungerkünstler* entsteht.

Ende Februar: Beginn der Arbeit am *Schloß*.

Frühjahr: Kafka wird mehrmals von Milena besucht.

Ende Juni: Abreise nach Planá an der Luschnitz, wo Ottla ihre Sommerwohnung hat.

1. Juli: Pensionierung.

Juli: *Forschungen eines Hundes*.

Ende August: Arbeit am *Schloß* aufgegeben.

18. September: Rückkehr nach Prag.

3. Dezember: Ludwig Hardt rezitiert in Prag u. a. *Das nächste Dorf*.

1923 Winter/Frühjahr: Kafka meist bettlägrig; er nimmt Hebräischunterricht bei der jungen Palästinenserin Puah Bentovim.

Ende April: Zusammenkünfte mit Hugo Bergmann; Plan, Palästina zu besuchen.

Anfang – ca. 11. Mai: in Dobřichovice zur Erholung.

Juni: letzte Begegnung mit Milena.

Anfang Juli – 6. August: im Ostseebad Müritz. Liebe zu Dora Diamant.

Mitte August – 21. September: mit Ottla in ihrer Sommerwohnung in Schelesen.

23.–23. September: in Prag.

24. September: Übersiedlung zu Dora Diamant nach Berlin.

25. September – 14. November: Kafka wohnt in Steglitz, Miquelstraße 8; dort entstand *Eine kleine Frau*. Hebräischstudien.

November: bis zum Jahresende Besuche in der »Hochschule für die Wissenschaft des Judentums«.

1924 15. November 1923 – 31. Januar 1924: in Steglitz, Grunewaldstraße 13; der *Bau* entsteht.

1. Februar – 17. März: in Zehlendorf, Heidestraße 25 bis 26. Rapide Verschlechterung des Gesundheitszustandes.

17. März – Anfang April: in Prag; *Josefine, die Sängerin, oder Das Volk der Mäuse* entsteht. Kehlkopftuberkulose wird festgestellt.

2. Aprilwoche: Sanatorium Wiener Wald, Nieder-Österreich.

Mitte April: in der Universitätsklinik von Prof. M. Hajek in Wien.

19. April: Übersiedlung in Dr. Hoffmanns Sanatorium in Kierling bei Klosterneuburg. Neben Dora Diamant betreut Robert Klopstock Kafka.

3. Juni: Tod Kafkas.

11. Juni: Begräbnis auf dem jüdischen Friedhof in Prag-Straschnitz.

ABKÜRZUNGSVERZEICHNIS

A F. Kafka, Amerika. Roman (authentischer Titel: Der Verschollene), New York/(Frankfurt/M. 1953) (Gesammelte Werke, hg. v. Max Brod)

B F. Kafka, Beschreibung eines Kampfes. Novellen, Skizzen, Aphorismen aus dem Nachlaß, New York/(Frankfurt/M. 1954) (Gesammelte Werke, hg. v. Max Brod)

Be F. Kafka, Beschreibung eines Kampfes. Die zwei Fassungen. Parallelausgabe nach den Handschriften. Hg. v. Max Brod, Textedition v. Ludwig Dietz, (Frankfurt/M. 1969)

BK F. Kafka, Beschreibung eines Kampfes. Novellen, Skizzen, Aphorismen aus dem Nachlaß, Prag 1936 (Gesammelte Schriften, Band V, hg. v. Max Brod in Gemeinschaft mit Heinz Politzer)

BM F. Kafka, Beim Bau der Chinesischen Mauer. Ungedruckte Erzählungen und Prosa aus dem Nachlaß, hg. v. Max Brod u. Hans Joachim Schoeps, (Berlin 1931)

Br F. Kafka, Briefe 1902–1924, New York/(Frankfurt/M. 1958) (Gesammelte Werke, hg. v. Max Brod)

BV K. Wolff, Briefwechsel eines Verlegers 1911–1963, hg. v. Bernhard Zeller u. Ellen Otten, Frankfurt/M. (1966)

D (bzw. D1, D2, D3) Erstdruck (bzw. die unter Kafkas Mitwirkung entstandenen Drucke eines Werks in chronologischer Reihenfolge)

E F. Kafka, Erzählungen, New York/(Frankfurt/M. 1952) (Gesammelte Werke, hg. v. Max Brod)

F F. Kafka, Briefe an Felice und andere Korrespondenz aus der Verlobungszeit, hg. v. Erich Heller und Jürgen Born, (Frankfurt/M. 1967) (Gesammelte Werke, hg. v. Max Brod)

FK M. Brod, Über Franz Kafka: Franz Kafka. Eine Biographie. Franz Kafkas Glauben und Lehre. Verzweiflung und Erlösung im Werk Franz Kafkas, (Frankfurt/M. 1966)

H F. Kafka, Hochzeitsvorbereitungen auf dem Lande und andere Prosa aus dem Nachlaß, New York/(Frankfurt/M. 1953) (Gesammelte Werke, hg. v. Max Brod)

J G. Janouch, Gespräche mit Kafka. Aufzeichnungen und Erinnerungen. Erweiterte Ausgabe, (Frankfurt/M. 1968)

M F. Kafka, Briefe an Milena, hg. v. Willy Haas, New York/ (Frankfurt/M. 1952) (Gesammelte Werke, hg. v. Max Brod)

Ms Manuskript

O F. Kafka, Briefe an Ottla und die Familie, hg. v. Hartmut Binder und Klaus Wagenbach, (Frankfurt/M. 1974) (Gesammelte Werke)

P F. Kafka, Der Prozeß. Roman, New York/(Frankfurt/M. 1950) (Gesammelte Werke, hg. v. Max Brod)

S F. Kafka, Das Schloß. Roman, New York/(Frankfurt/M.

1960) (14.–16. Tsd.; die Seitenzählung dieser und der folgenden Auflagen unterscheidet sich von der von 1951) (Gesammelte Werke, hg. v. Max Brod)

Sy   J. Born, L. Dietz, M. Pasley, P. Raabe, K. Wagenbach, Kafka-
Symposion, Berlin (1965)

T   F. Kafka, Tagebücher 1910–1923, New York/ (Frankfurt/M.
1951) (Gesammelte Werke, hg. v. Max Brod)

W   K. Wagenbach, Franz Kafka. Eine Biographie seiner Jugend
1883–1912, Bern (1958)

(1) ... (2) ... (3) ... (4) ... (5)   Entstehungsvarianten werden durch
vorangestellte, eingeklammerte arabische Zahlen in die mut-
maßliche zeitliche Ordnung gebracht.

KOMMENTAR

BESCHREIBUNG EINES KAMPFES

(1. Fassung – 1904/1906)

Abgesehen von zwei Gedichten, die Kafka in Briefen vom 9. 11. 1903
(an Oskar Pollak) und 29. 8. 1907 (an Hedwig W.) zitiert (Br 21 f. u.
39 f., vgl. Be 8: *Und die Menschen gehn in Kleidern*), ist *Beschreibung eines Kampfes* die erste erhaltene Arbeit des Dichters, obwohl
dieser schon seit seinen ersten Gymnasialjahren schriftstellerisch tätig
war. Als Halbwüchsiger versuchte er sich in einem Amerika-Roman
(vgl. T 40 f.), und Ende 1903 lagen Bruchstücke eines *Das Kind und
die Stadt* betitelten Buches vor (Br 21, eines der Kapitel hieß wohl
Der Morgen, vgl. FK 58), die möglicherweise eine Vorform einiger
Dialogfragmente darstellen, die in den Tagebüchern der Jahre 1910
und 1911 überliefert sind und sich unter dem Thema Provinz und
Stadt zusammenfassen lassen.

Die erste der beiden überlieferten Fassungen (zu den beträchtlichen
Unterschieden vgl. J. Ryan, Die zwei Fassungen der »Beschreibung
eines Kampfes«. Zur Entwicklung von Kafkas Erzähltechnik, in: Jahrbuch der Deutschen Schillergesellschaft 14 [1970], S. 546 ff.) ist in sogenannter Kurrentschrift niedergeschrieben, die Kafka bis zum Jahre
1907 benützte (vgl. W 237, Faksimile Be 141); sie muß also spätestens
in diesem Jahre konzipiert worden sein. Wichtige Indizien ermöglichen
eine noch genauere zeitliche Festlegung. Einerseits weisen bestimmte
Handlungsmomente auf Erlebnisse des Autors in den Jahren 1902
und 1903: Die dreimal auftauchenden Erinnerungen des Ich-Erzählers
an das Strandhotel und die Uferregion eines Ferienortes (vgl. Be 24:
Erinnerungen, 52 u. 134) spiegeln Kafkas Aufenthalt in Liboch an der

Elbe im August 1902 (Br 13), und die im Text erwähnte Liebe eines Mädchens »in einem schönen weißen Kleid« (Be 36, vgl. 38) korrespondiert mit folgender Aussage des Dichters vom August 1904: »Am nächsten Tag zog sich ein Mädchen ein weißes Kleid an und verliebte sich dann in mich.« (Br 29)

Dazu kommen kleinere Übereinstimmungen. Der Ich-Erzähler – die Handlung spielt im Februar (Be 23) – wird beschrieben als »eine Stange in baumelnder Bewegung auf die ein gelbhäutiger und schwarzbehaarter Schädel ein wenig ungeschickt aufgespießt ist.« (Be 22) Offenbar ist ein Kostümball zur Faschingszeit Erzählvoraussetzung; in Übereinstimmung mit dieser Vorstellung spricht Kafka am 4. 2. 1904 metaphorisch davon, er und andere trügen »Maskenkleider mit Gesichtslarven« (Br 9), und schon Ende 1902 ist der Karneval Endpunkt eines längeren Entscheidungszeitraums (Br 14). Zu Beginn der *Belustigungen* wird eine steinige, stark ansteigende Landstraße erwähnt, auf der der Bekannte des Erzählers stolpert. (Be 44) In dem erwähnten Briefbericht vom 28. 8. 1904 – die Kafkas bezogen in der Ferienzeit eine Sommerwohnung in der ländlichen Umgebung Prags – schreibt Kafka, daß er »stolperte auf den Feldwegen, die hier sehr steigend sind.« (Br 30) Sogar das Orient-Motiv findet sich in diesem Schreiben in einer mit dem Befund der Erzählung vergleichbaren Ausprägung: »Man erwartet Orientalisch-Merkwürdiges und leugnet es wieder mit komischer Verbeugung und mit baumelnder Rede, welches bewegte Spiel behaglich und zitternd macht.« (Br 28, vgl. Be 60) Um nicht stumm zu bleiben, heißt es von der Hauptfigur der Erzählung, habe sie versucht, wie ein Posthorn zu blasen. (Be 18) Kafka wünscht sich ein Posthorn, um sich aus tränenvoller Trauer – der Hals des Ich-Erzählers ist »voll Tränen« – aufwecken zu können. (Br 18)

Vor allem jedoch muß man an die Thematik der Rahmenerzählung erinnern, wo der in erotischen und überhaupt gesellschaftlichen Bindungen stehende Begleiter der Hauptfigur dem gehemmten autistischen Erzähler gegenübergestellt ist: »mein Bekannter wurde für mich sehr wertvoll als einer, der mir vor den Menschen Wert gibt, ohne daß ich ihn erst erwerben muß!« (Be 20, vgl. 12, 14, 18 u. 26) In ähnlichem Sinne schrieb Kafka am 9. November 1903 an Oskar Pollak: »Du warst, neben vielem andern, auch etwas wie ein Fenster für mich, durch das ich auf die Gassen sehen konnte. Allein konnte ich das nicht«. (Br 20) Der Bekannte beschwert sich über die kalte Hand, die ihm der Ich-Erzähler reicht (Be 21), Kafka schreibt, wahrscheinlich im Sommer 1903, an Pollak, er hätte ihm eigentlich dafür die Hände küssen müssen, daß jener mit ihm gegangen sei, und im Januar 1904 bekennt er dem gleichen Adressaten gegenüber, es tue ihm gut, wenn ihm jemand die kühle Hand reiche (Br 17 u. 26).

Diese Problematik artikuliert sich besonders im Bereich des Geschlechtlichen: Ist die Perspektivfigur auch einerseits stolz auf das Glück, das ihr Bekannter bei Mädchen hat, weil dadurch gewissermaßen auch ein Anteil auf sie selbst falle, so sollen diese jenen doch nicht entführen, denn »dann stehlen sie mir ihn« (Be 23, vgl. 22). Briefäußerungen Kafkas stehen in einer gewissen Analogie dazu. Einmal bemerkt er, daß die Mädchen ihn und Pollak »oben halten«, und deswegen müsse man ihn lieben und geliebt werden (Br 23), dann aber ist er auch wieder so »eitel«, sich zu freuen, daß der Freund »am Ende nur dem Mädchen weggefahren« ist, als er Prag verließ (Br 20).

Nimmt man hinzu, daß nächtliche Spaziergänge auf das linke Moldauufer hinüber und Hausbälle zu den Besonderheiten von Kafkas Studienzeit gehörten (vgl. Be 151) und daß der modische »Schwulst« der Jahre, in denen Kafka zu schreiben begann – er bekennt über diese Zeit: »ich war so vertollt in die großen Worte« (FK 58) –, noch in der vom *Kunstwart* beeinflußten Stilgebung der ersten Fassung von *Beschreibung eines Kampfes* (vgl. W 103 ff.) zu spüren ist, so wird man zusammenfassend sagen können, daß die Elemente der Rahmenhandlung die innere und äußere Situation des Autors ungefähr während der ersten sechs Studiensemester reflektieren.

Trotzdem ist die Niederschrift der ersten Fassung wahrscheinlich etwas später erfolgt. In dem schon angeführten Brief vom 28. 8. 1904 wird eine Episode berichtet, die fast wörtlich in die Erzählung Eingang fand. (Vgl. Be 90: *Ich jause im Grünen* und 94) Dieser Teil des Textes kann erst nach diesem Zeitpunkt, also etwa im folgenden Herbst und Winter, konzipiert worden sein. Ein späterer Termin ist aus folgenden Gründen äußerst unwahrscheinlich: Kafka datiert indirekt die Erstfassung selber, wenn er am 11. 12. 1912 unter gleichzeitiger Übersendung der *Betrachtung* an Felice schreibt: »Ob Du wohl erkennst, wie sich die einzelnen Stückchen im Alter voneinander unterscheiden. Eines ist z. B. darunter, das ist gewiß 8–10 Jahre alt.« (F 175) Wenn man davon ausgeht, daß die ältesten Texte der Buchveröffentlichung der ersten Fassung der *Beschreibung eines Kampfes* entstammen (beweisen läßt sich das aufgrund der schlechten Quellenlage in der Frühzeit Kafkas allerdings nicht), so entsteht die Schwierigkeit, daß doch zwei Texte von hier in die *Betrachtung* eingingen, nämlich *Die Bäume* (E 44, vgl. Be 122: »Wir sind nämlich ... scheinbar«) und *Kleider* (E 40 f., vgl. Be 130 f.: »Oft wenn ich ... tragbar«). Daß Kafka nur ein Stück erwähnt, hat wohl weniger in einer Gedächtnistäuschung seinen Grund, sondern dürfte vielmehr in der Tatsache begründet sein, daß *Die Bäume* im Jahr 1909/1910 etwas umgearbeitet und in die zweite Fassung aufgenommen wurden, also eigentlich zum Zeitpunkt der Veröffentlichung dem Autor innerlich noch nicht so fern standen wie *Die Kleider*, die bei der späteren Bearbeitung ersatzlos gestrichen wurden; dieser Text also ist in der Briefstelle gemeint. Seine Entstehung fällt nach Kafkas Erinnerung zwischen die Jahre 1903–1905. Darf man dieser Aussage aber trauen, da doch bekannt ist, wie unzuverlässig Kafkas Gedächtnis bei derartigen chronologischen Fixierungen war? (Vgl. z. B. F 151 u. Br 506, Anm. 2) Die Frage muß bejaht werden. In einem nur einen Tag jüngeren Schreiben bezeichnet er die Zeit seiner Promotion – Frühjahr und Frühsommer 1906 – als sechs Jahre zurückliegend (F 174), und in einem Brief vom Mai 1913 erwähnt er das in den August des Jahres 1905 fallende Liebeserlebnis in Zuckmantel (vgl. Br 32, T 460 u. 505) als sieben oder acht Jahre zurückliegend (F 384). Von diesen Fixpunkten einer relativen Zeitgliederung aus, wo sich für die fragliche Lebensphase höchstens Abweichungen bis zu einem Jahr ergeben, kann die ungefähr gleichzeitige Festlegung »8–10 Jahre alt« nur ein Datum vor 1906 meinen, das heißt, es war Kafka klar, daß die Erzählung vor den einschneidenden Ereignissen dieser Jahre (Liebes-Erlebnis und Staatsprüfung) verfaßt wurde. Da Kafka im Sommer viel weniger arbeitete als in den übrigen Jahreszeiten (F 408, 412, 451 u. Br 18 [6. 9. 1903]: »ich habe das letzte halbe Jahr fast gar nichts geschrieben«), da die akademische Abschlußprüfung sich über einige Monate hin erstreckte und Kafka ganz in Anspruch nahm (vgl. M 180 u. H 207: »Das bedeutete, daß ich mich in den paar Monaten vor den Prüfungen unter reichlicher Mitnahme der Nerven geistig förmlich von Holzmehl nährte), und da er seinem Freund Max Brod diese Erzählung als erste von seinen Werken zu lesen gab, *Hochzeitsvorbereitungen auf dem Lande* Brod aber vor Juni 1907 bekannt wurde (vgl. W 237 f.), ist das Winterhalbjahr 1904/ 1905 tatsächlich der wahrscheinlichste Entstehungstermin.

In anderer Weise deutet L. Dietz die Zeugnisse: Er nimmt für Kafkas Studienzeit ein Konvolut »Kleine Prosa« an, aus dem 1906/1907 Material in die Erstfassung der *Beschreibung eines Kampfes* übernommen worden sei, die er sich erst zu diesem Zeitpunkt entstanden denkt; auch scheint es Dietz plausibel, daß die in der 1908 gedruckten *Betrachtung* vereinten Stücke aus dieser Sammelmappe für die Publikation vorbereitet worden sein könnten. (L. Dietz, Die Datierung von Kafkas »Beschreibung eines Kampfes« und ihrer vollständigen Handschrift A, in: Jahrbuch der Deutschen Schillergesellschaft 17 [1973], S. 490 ff.) Insgesamt vermag aber eine derartige Spätdatierung nicht zu überzeugen: Mag das Verhältnis der in Kafkas Brief vom 28. August 1904 mitgeteilten Szene zu ihrer erzählerischen Repräsentation in beiden Fassungen (vgl. Be 90: *Ich jause im Grünen*) auch in der Weise deutbar sein – eine zwingende Notwendigkeit zu einer solchen Auffassung besteht aber nicht –, daß eine weitere, gesonderte Niederschrift dieses Sommererlebnisses angenommen wird, etwa in einem der für diese Zeit sicher vorauszusetzenden Notizhefte, die neben literarischen Arbeiten auch Autobiographisches enthielten, so läßt sich doch daraus keineswegs auf die Existenz eines Konvoluts in der angegebenen Bedeutung schließen, für die es keinerlei Indizien gibt und die allen bekannten Schaffensbedingungen Kafkas diametral entgegengesetzt wäre. Vor allem aber läßt sich beweisen, daß Kafka bei der Drucklegung des Stücks *Kleider* keineswegs ein Konvolut benützte: Die Tatsache nämlich, daß die Erstpublikation gegenüber der zeitlich früheren Überlieferung in der *Beschreibung eines Kampfes* sechs Varianten im Wortbestand, ein zusätzliches Satzzeichen und eine Abschnittsgliederung aufweist – Unterschiede, die ausnahmslos als Verbesserungen interpretiert werden müssen –, macht es unmöglich, daß beide Texte auf eine gemeinsame Fassung zurückgehen. Da andererseits in diesen Überlieferungsträgern übereinstimmend zwei Kommata fehlen, die, den üblichen Zeichenregeln entsprechend, in der Buchausgabe vorhanden sind, ist offensichtlich, daß die *Beschreibung eines Kampfes* als Druckvorlage für den *Hyperion* diente und diese Veröffentlichung wiederum als Ausgangspunkt für die *Betrachtung* von 1912.

Der Beweisgang von Dietz ist auch insofern fragwürdig, als er Max Brods Erinnerungen hinsichtlich der Entstehungszeit der Novelle vollständig unberücksichtigt läßt, obwohl diese auf frühen Notizen beruhen. Für den unvoreingenommenen Betrachter ist nämlich offensichtlich, daß die hier vorhandenen Diskrepanzen dadurch verursacht sind, daß Brod in späterer Zeit nicht mehr um die zweite, Jahre später konzipierte Fassung wußte, auf die sich eine seiner Tagebuchnotizen bezieht (vgl. die Einleitung zur Zweitfassung), so daß er sich genötigt sah, die ihm unverständlichen Befunde in einer Weise zu harmonisieren, die den heutigen Betrachter natürlich nicht mehr befriedigen kann. Schließlich übersieht Dietz die vielen schon angeführten Motivparallelen zwischen der Erstfassung und den ganz frühen Briefen, die ein allgemeines Indiz dafür darstellen, die Entstehungszeit des Textes eher nach vorne als in eine spätere Zeit zu setzen. Immerhin könnte aus bestimmten Indizien, die Dietz diskutiert, der vorsichtige Schluß gezogen werden, daß Kafka mit der Niederschrift erst Anfang 1905 begann und daß die vorliegende Handschrift, die man wegen ihrer »Reinschriftlichkeit« (Dietz) und wegen der differenzierten und umfangreichen Vielgliedrigkeit des hier Dargestellten nicht für eine erste Niederschrift zu halten geneigt ist, als eine Art verbesserter Abschrift auch noch in der ersten Hälfte des Jahres 1906 entstanden sein könnte. Dann wäre, wie auch sonst bei Kafka (vgl. *Die Verwandlung* E 72: *Aufregungen*), eine Altersangabe im Text (vgl. Be 108: *dreiundzwanzig*), kryptographisch, also als versteckter Hinweis auf Kafkas Alter zur Zeit der Abfassung zu verstehen.

In seine erste Publikation im ersten Heft der Zeitschrift *Hyperion* (Januar/Februar 1908) nahm Kafka unter dem Obertitel *Betrachtung* die beiden erwähnten, später in dem gleichnamigen Buch wieder reproduzierten Stücke der Erstfassung auf (vgl. unten *Betrachtung* 1907 u. 1912). Als *Gespräch mit dem Beter* und *Gespräch mit dem Betrunkenen* (E 9–22) sind dann im achten Heft des *Hyperion* (März/April 1909) zwei längere Passagen dieser Fassung veröffentlicht (Be 76–96 u. 106–114).

Kafka stand der *Beschreibung eines Kampfes* und den daraus gedruckten Stücken später sehr skeptisch gegenüber. An Max Brod, der

sich das Manuskript ausgebeten hatte (Be 153), schrieb er im März
1910: »An der Novelle ... freut mich am meisten, daß ich sie aus dem
Haus habe.« (Br 80) Die beiden Gespräche im *Hyperion* widerten
ihn schon im Juli 1912 an. (Br 99) Anläßlich der Korrektur der *Betrachtung* betont er die »kleinen Winkelzüge« des Geschaffenen (F 83),
und beim Erscheinen des Büchleins mißfallen ihm die »alte(n) Sachen«, die seiner gegenwärtigen Verfassung nicht mehr entsprächen
(F 218).
Die zweite Fassung ist, entsprechend ihrer Entstehung im Jahr 1909/
1910, chronologisch an dieser Stelle eingeordnet.
D: Be

Be 8   *Und die Menschen gehn in Kleidern:* Als Motto verwendet
        Kafka hier die zweite Strophe eines Gedichts, das er in einem
        auf den 29. 8. 1907 datierten Brief an Hedwig W. als vor Jah-
        ren geschrieben ganz zitiert, um auszudrücken, er sei kein
        guter Mensch und habe nicht einmal jenes bescheidene Inter-
        esse an anderen, das die Adressatin des Briefes verlange.

        1. Strophe: In der abendlichen Sonne
                sitzen wir gebeugten Rückens
                auf den Bänken in dem Grünen.
                Unsere Arme hängen nieder,
                unsere Augen blinzeln traurig.

        Das Gedicht spiegelt Ausflüge des Dichters auf die unter der
        Franzensbrücke liegende Schützeninsel wieder, die damals we-
        gen ihrer schattigen Kieswege und ihres Restaurationsbetriebs
        ein beliebtes Ziel der Prager Bürger war; ihr Baumwuchs
        ist von der Karlsbrücke aus moldauaufwärts zu sehen. (Vgl.
        T 63, 95, M 181, P. Wiegler, Das Haus an der Moldau, Wedel
        [1948], S. 16 u. den »Illustrierten Führer durch die königliche
        Landeshauptstadt Prag, und Umgebung«, hg. v. L. Woerl, 17.
        A., Leipzig [1911], S. 70; auch die etwas südlicher liegende
        Sofieninsel war beliebt, vgl. FK 149)
Be 10   *Vorzimmer:* So hieß der zimmerartig möblierte Wohnungsflur
        in Prag. – *mein neuer Bekannter:* Diese Figur trägt nach Max
        Brod Züge von Kafkas Klassenkameraden Ewald Felix Pří-
        bram (geb. 11. 1. 1883), mit dem der Dichter während der
        letzten Gymnasialzeit, als Student und in den ersten Berufs-
        jahren gut befreundet war (Br 30, 63, 65, 77, 497 u. B 151).
        Přibram, der aus der Religionsgemeinschaft ausgetreten war,
        hatte »fast über alles außer Kunst« einen »vernünftigen Über-
        blick« (Br 24, vgl. W 60 u. 242) und »ohne besonders für zar-
        tere Eindrücke empfänglich zu sein, ja sogar ohne musikalisches
        Gefühl zu haben«, eine so außerordentliche Liebe zu Blumen,
        daß er dann, verwandelt, »tönender« sprach trotz des kleinen

Sprachfehlers, den er hatte (F 333). Die Personenkonstellation
der Rahmenhandlung erinnert aber, worauf in der Einleitung
schon verwiesen wurde, an Kafkas Beziehung zu seinem Jugendfreund Oskar Pollak. – *Benediktiner:* schwerflüssiger,
safrangelber, 43%iger Kräuterlikör französischer Herkunft.

Be 12 *Laurenziberg:* Er bildet den östlichen Ausläufer des Weißen
Berges; der Name nach einer kleinen, barocken St.-Lauren-
tiuskirche: Vom Aussichtsturm (1891 errichtet, 10 m hoch) in
öffentlicher Parkanlage genießt man einen prachtvollen Ausblick auf den Hradschin, Kleinseite und Prager Altstadt. Eine
auf den 15. 2. 1920 datierte Eintragung Kafkas dokumentiert,
daß der L. der Ort war, wo er von der Jugend Abschied nahm
und sein zukünftiges Lebensgesetz sich erstmalig abzuzeich-
nen begann. (B 293 ff., vgl. W 219, Anm. 455) – *wir werden
uns verabschieden:* Der strenge Gebrauch des Futurs ist ein
Pragismus.

Be 14 *ein großer Mond in einem … ausgebreitetem Himmel:* Beides
gehört in gewisser Weise zur spezifischen Prager Topographie:
»Jeder Prager braucht nur an den die ganze Stadt teilenden
Quai zu treten, um sehr viel Himmel geradeaus gegenüber vor
sich zu haben; in vielen andern Großstädten kann man den
Himmel nur sehen, wenn man den Kopf waagrecht aufwärts-
dreht – und das tut man doch nie.« (M. Brod, Stefan Rott
oder Das Jahr der Entscheidung, Berlin, Wien, Leipzig 1931,
S. 117 f.) Kafka liebte den »Mondschein mit seiner Natürlich-
keit und Ruhe, die keinem anderen Licht gegeben ist« und
dazu führt, daß man »jede Kleinigkeit auf dem Boden ge-
nauer als bei Tag« wahrnehmen kann. (P 270 u. H 380, vgl.
T 108, Br 64, A 75, 78, 111, 256, 265, 291, 293 u. Ch. Bezzel,
Natur bei Kafka. Studien zur Ästhetik des poetischen Zeichens,
Nürnberg 1964, S. 52 ff.) – *große Munterkeit:* teils Wirkung
des Alkohols, teils Freude, daß es gelungen ist, die erotischen
Bekenntnisse des Bekannten vor der Gesellschaft zu verhindern. – *Gasse:* Die Prager Verwendungsart des Wortes schließt
den Begriff der Straße mit ein.

Be 16 *Ferdinandstraße:* heute Narodní třída, führt vom Wenzelsplatz zum Moldauquai, der in Höhe der Franzensbrücke erreicht wird. – *Melodie:* die zweite Fassung gibt als Herkunft
die *Dollarprinzessin* an. (Be 17) Aus dieser 1907 erstaufge-
führten Operette Leo Falls (1873–1925) war und ist das volks-
liedhaft schelmische Duett *Wir tanzen Ringelreihn einmal hin
und her* am bekanntesten geworden. (Vgl. A 126 u. P. Wiegler,
Das Haus an der Moldau, S. 21: »Die Kapelle hastete, bevor
sie die Instrumente einpackte, die ›Dollarprinzess‹ herunter.«) – *in eine Seitengasse:* Die in nördlicher Richtung von
der Ferdinandstraße abgehenden Gassen führten tatsächlich

zu Kafkas damaliger Wohnung in der Nähe des Altstädter Rings (Zeltnergasse 3, seit 1896).

Be 22 *ein gelbhäutiger und schwarzbehaarter Schädel:* also ein Faschingskostüm (die zweite Fassung [Be 23] gibt Februar als die Zeit der Handlung an), dessen Machart auf die orientalische Motivik späterer Teile des Textes vorausdeutet. – *vergaß ich an dich:* Pragismus.

Be 24 *Quai:* Franzensquai, das rechte Moldauufer zwischen Franzens- und Karlsbrücke. (Vgl. M 10) – *die Stadtviertel am andern Ufer:* die Prager Kleinseite unterhalb des Hradschin, die damals von Tschechen und Adligen bevölkert war. – *Erinnerungen:* Hier sind Reminiszenzen an Kafkas Sommeraufenthalte in dem nördlich von Prag an der Elbe gelegenen Liboch eingeflossen (zuletzt im August 1902, vgl. W 101 u. Br 13; die zweite Fassung [Be 27] nennt »L.« als Ort des Geschehens). Tatsächlich verläuft die Eisenbahnlinie dort auf beiden Elbufern. Im Norden und Osten ist L. von »den Fluß begleitenden Anhöhen« begrenzt (F 245), die im Wratner (506 m) ihre höchste Erhebung haben, südwestlich des Orts liegt der 459 m hohe Řip.

Be 26 *meine lange Gestalt:* Kafka war 1,82 m groß. (Vgl. W 141)

Be 28 *es kommt mir zu schwer an, meinen Körper aufrecht zu erhalten:* Vgl. T 171: »Mein Körper ist zu lang für seine Schwäche« u. H 205: »ich wuchs lang in die Höhe, wußte damit aber nichts anzufangen, die Last war zu schwer, der Rücken wurde krumm«. – *Sie tanzten sogar oder nicht? Nein?:* Kafka hielt nichts von dieser Art der Unterhaltung. (Vgl. Br 30, 35, T 227, F 189 u. H 198) – *Mühlenthurmes:* der 1884 restaurierte Zwiebelturm der Altstädter Mühlen (vgl. P. Wiegler, Das Haus an der Moldau, S. 113, 195 u. G. Wachmeier, Prag. Kunst- und Reiseführer, Stuttgart, Berlin, Köln, Mainz [1970], S. 208), die mit dem durch Wehre gestauten Wasser der Moldau betrieben wurden; sie liegen am Kreuzherrenplatz, dem Altstädter Brückenturm im Süden (gegen den Franzensquai hin) benachbart.

Be 32 *Karlsbrücke:* unter Karl IV. (Grundsteinlegung 1357) von Peter Parler erbaute steinerne Brücke, an der im Gegensatz zu allen andern Moldauübergängen kein Brückenzoll (Maut) erhoben wurde. – *Karlsgasse:* führt vom Kreuzherrenplatz zum Altstädter Ring. – *noch offen:* Die Weinstuben schlossen um ein Uhr (Zeitangabe der 2. Fassung [Be 31]: $^3/_4$ 1). – *Bogen am Ende des Quais:* heute noch vorhandener enger Durchlaß zwischen Franzensquai und Kreuzherrenplatz. – *Kirche:* durch die 2. Fassung als Seminarkirche (Be 3) identifiziert. Es handelt sich um St. Salvator (Grundsteinlegung 1578), die erste Jesuitenkirche Prags, dem Altstädter Brückenturm gegenüber

an der Ecke Karlsgasse-Kreuzherrenplatz. Die Stufe der kleinen Tür, über die der Ich-Erzähler stolpert, gehört zum mar-
mornen Portal der Kirche, das den Zugang direkt von der
Karlsgasse aus ermöglicht (entstanden 1580).

Be 34   *meine niedrige Stirn:* Als leptosomen Konstitutionstyp zeich-
nete Kafka, wie Photographien von ihm zeigen, eine dichte,
in Stirn und Schläfen hereinwachsende Kopfbehaarung aus,
die Stirnpartie wirkt dadurch niedriger. (Vgl. J 31) – *unter
den Lauben dieser Kirche:* die dreibogige Vorhalle (von 1653)
der gegen den Kreuzherrenplatz gerichteten Fassade von St.
Salvator.

Be 36   *Kreuzherrenkirche:* barocker Kuppelbau (1679–1689) an der
Nordseite des gleichnamigen Platzes (also zwischen Moldau
und Klementinum gelegen). – *Standbild Karls des Vierten:*
Das 1848 errichtete Denkmal zwischen Kreuzherrenkirche und
Altstädter Brückenturm zeigt den Universitätsgründer (1348).
– *Wölbung des Brückenthurmes:* der Altstädter B., ein unter
Karl IV. (1346–1378) u. Wenzel IV. (1378–1419) von Peter
Parler auf einem Brückenpfeiler der Karlsbrücke erbautes Be-
festigungswerk mit torartiger sehr hoher und breiter Durch-
fahrt.

Be 38   *Heiligenstatue:* Die beidseitig die Steingeländer der Karlsbrücke säumende Plastik beeindruckte Kafka sehr (vgl. Br 21,
T 501 u. J 161 f.; zur Frage der Wirkung, die derartige Mo-
numente auf Kafka ausübten, auch meinen Aufsatz »Kafka
und die Skulpturen«, in: Jahrbuch der Dt. Schillergesellschaft
16 [1972], S. 623 ff.). Die fünfte Statue auf der linken Seite,
vom Altstädter Brückenturm aus gesehen, stellt den hl. Fran-
ziskus Xaverius dar (geschaffen von Ferdinand Maximilian
Brokoff im Jahr 1711).

Be 40   *Statue der heiligen Ludmila:* das achte Standbild auf derselben Seite (um 1720, aus der Werkstatt von Matthias Braun);
es wird von zwei Engeln flankiert, wobei die eine Hand der
links von Ludmila befindlichen Figur derart gestaltet ist, daß
sich Daumen und kleiner Finger berühren; dadurch entsteht
eine besonders merkwürdige Greifhaltung der drei mittleren
Finger.

Be 46   *Geier:* Vgl. die gleichnamige Erzählung.

Be 48   *die Arme hinter dem Kopf verschränkt:* Vgl. T 561: »Mein
geistiger Niedergang begann mit kindischem, allerdings kin-
disch-bewußtem Spiel. Ich ließ zum Beispiel Gesichtsmuskeln
künstlich zusammenzucken, ich ging mit hinter dem Kopf ge-
kreuzten Armen über den Graben.« – *Fichtenwälder:* Vgl.
F 641, 672 u. T 506.

Be 58   *Ich gab die Hände . . .:* Pragismus.

Be 60   *Der Dicke:* »Kapitel 3a ist von einem alten japanischen Holzschnitt (Hiroshige) inspiriert, der zu jener Zeit als Ansichtskarte verbreitet war und meinem Freund außerordentlich gefiel.« (M. Brod, B 347) Vgl. auch die gegenüber W 113 reproduzierte Zeichnung aus Kafkas Universitätszeit. – *wie Kettenbrücken bei zorniger Strömung:* eine sehr naheliegende Assoziation Kafkas: Von 1865–1914 führte südlich vom Rudolfinum, also in Verlängerung der Karpfengasse, eine Hängebrücke über die Moldau, die nur für Fußgänger und leichte Handwagen bestimmt war, der Kettensteg (vgl. T 358, Abb. in: Franz Kafka 1883–1924, Manuskripte, Erstdrucke, Dokumente, Photographien, [Berlin] 1966, S. 60, ganz links im Bild), der dann durch die heutige Mánes-Brücke (Kafka nennt sie T 501 »neue Brücke«) ersetzt wurde. E. E. Kisch schrieb in einem *Schwimmschule* betitelten Feuilleton: »... auch du schaukelst nicht mehr den Schritt der Passanten, o Kettensteg!« (*Deutsche Zeitung Bohemia* 90, Nr. 185 [8. 7. 1917], S. 6, zitiert nach K. Krolop, Zu den Erinnerungen Anna Lichtensterns an Franz Kafka, in: Germanistica Pragensia 5 [1968], S. 29) Außerdem war von 1833–1901 die heutige Brücke des 1. Mai (zu Kafkas Zeit Elisabethbrücke, vgl. T 191 u. 265) eine Hängebrücke, die Kaiser-Franzens-Kettenbrücke hieß: »die Elemente der tragenden ›Kette‹ wurden mitsamt ihren an beiden Enden befindlichen Augen aus einzelnen Stahlplatten herausgeschnitten. Mehrere solcher Elemente bildeten ein Kettenglied; diese Glieder wurden mittels Bolzen zu den beiden tragenden Gelenkketten verbunden.« (F. Machaczek, Elf Brücken spannen den Weg ..., in: Prager Nachrichten 4, Nr. 10 [1953], S. 13) In der letzten Zeit ihres Bestehens zeigte die Kettenbrücke Alterserscheinungen: »sie ächzte und schwankte unter den ihr zugemuteten Lasten und Erschütterungen.« (F. Machaczek, Elf Brücken spannen den Weg ..., in: Prager Nachrichten 4, Nr. 11/12 [1953], S. 6)

Be 66 *Sänfte:* Vgl. Br 54: »Ich habe bisher, wenn auch in Pausen, doch rechtmäßig gelebt, denn es ist in gewöhnlicher Zeit nicht zu schwer, sich eine Sänfte zu konstruieren, die man von guten Geistern über die Straße getragen werden fühlt. Bricht dann ... aber ein Hölzchen, gar bei schlechterem Wetter, so steht man auf der Landstraße, kann nichts mehr zusammenbringen und ist noch weit von der gespenstischen Stadt, in die man wollte.«

Be 76 *Es gab eine Zeit:* bis »wenn man sie wiederriefe« (Be 96) als *Gespräch mit dem Beter* im 8. Heft des *Hyperion* (März/April 1909) gedruckt. Vgl. die 2. Fassung Be 79: *bete.*

Be 88 *Seekrankheit:* Vgl. P 91 u. F 465. – *zufällige Namen:* Diese Stelle wird gewöhnlich im Sinne erkenntnistheoretischer Schwierigkeiten Kafkas gedeutet, hat aber wohl einen ganz andern Hintergrund. In Octave Mirbeaus Werk *Der Garten der Qualen*, das zur Zeit der Entstehung der *Beschreibung eines Kampfes* in heute verschollenen deutschen Übersetzungen vorlag, von denen Kafka eine gekannt haben muß (sie bildet nämlich die Hauptquelle der Erzählung *In der Strafkolonie*, auch befanden sich in seiner Bibliothek andere Schriften dieses Autors in ähnlicher Aufmachung – vgl. W 258), wird aus orientalischer Sicht Kritik an der europäischen Art der Pflanzenbenennung geübt, die die Schönheit der Gewächse zerstöre. Es seien Verirrungen des Verstandes, eine Blume etwa »Triumpf des Präsidenten Felix Faure« zu taufen, denn die Blumen unterscheiden sich voneinander, hätten »des analogies gracieuses, des images de rêve, des noms de pureté ou de volupté qui perpétuent et harmonisent dans notre esprit les sensations de charme doux ou de violente ivresse qu'elles nous apportent«. (*Le Jardin des Supplices*, Paris 1925, S. 190) Vorgeschlagen werden Namen wie: »Das unter dem Mond schlafende Wasser« oder »Die Sonne im Wald«. (S. 191, vgl. 186 ff.) Vergleichbare Aussetzungen und skurrile Benennungen finden sich in Kafkas Text, wobei als Parallele noch besonders ins Gewicht fällt, daß Kafka selber keine Beziehung zu Blumen hatte, sein Freund Přibram aber, der in der Figur des Bekannten der Rahmenerzählung verkörpert scheint (vgl. Be 10: *mein neuer Bekannter*), durch sie geradezu verwandelt wurde. Vgl. auch Be 110: *Panoptikum* und 138: *Baumgarten*. – *Thurm von Babel:* erster Beleg dieser für Kafka wichtigen Bildvorstellung (vgl. die Einleitung zum *Stadtwappen*).

Be 90   *nur in so hinfälligen Vorstellungen:* beschreibt die besondere Denkweise des Autors, vgl. z. B. F 275: »Meine Denkkraft hat unglaublich enge Grenzen, in den Ergebnissen die Entwicklung fühlen, kann ich; aus der Entwicklung zu den Ergebnissen steigen oder aus den Ergebnissen Schritt für Schritt hinabzugehn, das ist mir nicht gegeben. Es ist, als fiele ich auf die Dinge herab und erblickte sie nur in der Verwirrung des Falles.« Vgl. *Forschungen eines Hundes* B 259: *wenig gelernt.* – *Ich jause im Grünen:* Diese Episode erzählt Kafka als eigenes Erlebnis in einem an Max Brod gerichteten Brief vom 28. 8. 1904. Dort lautet ihr Schlußsatz: »Da staunte ich über die Festigkeit, mit der die Menschen das Leben zu tragen wissen.« (Br 29) Die sprachliche Gestalt der Passage in der Zweitfassung steht der Briefstelle näher als die einige Jahre ältere Darstellung hier. Vgl. Be 94 u. 122.

Be 94   *einen großen Platz:* Gemeint ist der Altstädter Ring, der natürliche Mittelpunkt der Prager Altstadt, wo Kafka auch seit November 1913 wohnte. Der Turm des in der Südwestecke stehenden Rathauses stammt von 1364. – *Steingeländer:* Die Zwangsvorstellung, freie weite Flächen nicht durchschreiten zu können (Platzangst, Agoraphobie), unterscheidet sich insofern von einer klassischen Angstneurose, als sie nicht auf verdrängte Vorstellungsinhalte rückführbar ist. Als Ursachen der meist bei überempfindlich-psychasthenischen und gewissenhaft-ängstlichen Persönlichkeiten auftretenden Zustände kommen in Frage die Besorgnis, den außerfamiliären und altersgemäßen Daseinsforderungen nicht gewachsen zu sein (etwa die Unfähigkeit, sich bei erotischen Konflikten klar für das Leben zu entscheiden), und die Angst, Richtung und Standort zu verlieren. Die genannten Momente sind in Kafkas Persönlichkeitsbild und in den Aussagen über den Ich-Erzähler verifizierbar. – *Der Mantel der heiligen Maria:* Die Steinplastik – ein hoher Säulenschaft trug die Figur der Immaculata – bildete von 1650–1918 den Mittelpunkt des Altstädter Rings. Eine zeitgenössische Photographie des Platzes findet sich im »Illustrierten Führer durch die königliche Landeshauptstadt Prag«, S. 39. (Kafka interessierte sich für dieses Monument, vgl. T 153, 283 u. Br 56)

Be 96 *Halsbinde:* Kafka trug als Student hohe Krägen. (Vgl. F 150 u. Br 15: »englische Halsbinden«)

Be 100 *Kasten:* in Prag Kleiderschrank.

Be 102 *als zeichne er:* Zu Form und Funktion der in dieser Erzählung öfters belegten Als-ob-Sätze wie überhaupt zum Gebrauch dieser Vergleichssätze bei Kafka vgl. meine Arbeit »Kafka in neuer Sicht«, Stuttgart (1976), S. 194 ff.

Be 104 *Citronenlimonade:* Kafka trank in der Regel keinen Alkohol (F 80), sondern Fruchtsäfte (T 229).

Be 106 *Aber als ich:* bis »damit er sich einhänge« (Be 114) als *Gespräch mit dem Betrunkenen* im 8. Heft des *Hyperion* gedruckt (März/April 1909). – *Kirche:* die Teynkirche am Altstädter Ring (die hochragenden Türme wurden 1511 fertiggestellt), die Kafkas Wohnung derart benachbart war, daß man von hier aus durch ein Fenster direkt in das Kirchenschiff hinabsehen konnte (vgl. die Abb. in J. Bauer/I. Pollak/J. Schneider, Kafka und Prag, [Stuttgart 1971], S. 64 ff.).

Be 108 *Haus der Feuerwehr:* An der Nordseite des Altstädter Rings wurden im Jahr 1900 drei nach dem Brand des Jahres 1689 erbaute Häuser abgerissen und an ihrer Stelle das Palais der früheren »Prager Städtischen Versicherungsanstalt« errichtet. Der Bau wurde von O. Polívka entworfen (Neubarock und Jugendstil). Am Portal im Erdgeschoß sind Feuer und Wasser als Allegorien dargestellt (Sandsteinbüsten v. L. Šaloun). Am Giebel des Hauses sind Reliefs von B. Schnirch angebracht, allegorische Kindergestalten, die Wasser, Blitz, Hagel, Sturm,

Feueralarm und Feuerlöschen vorstellen. Sie sind wohl der
Anlaß für Kafkas witzige Bezeichnung des Gebäudes gewesen. – *Gitterwerk des Brunnens:* Wer vom Altstädter Ring in
Richtung Karlsgasse geht, kommt über den Kleinen Ring,
einen dreieckigen Platz, auf dem ein Renaissance-Brunnen
steht (das eindrucksvolle Gitter von 1550). – *dreiundzwanzig:* Kafka erreichte dieses Alter am 3. 7. 1906.

Be 110 *Panoptikum:* Sammlung von Andenken (Kleidung und Waf-
fen) berühmter Persönlichkeiten und Darstellungen der Personen selbst in Wachs und Lebensgröße bei peinlicher Porträt-
treue. Aus einer Tagebuchstelle (T 634) läßt sich erschließen,
daß Kafka an das 1882 eröffnete Musée Grévin denkt (auf
dem Boulevard Montmartre in Paris), wo sich besonders solche
geschichtlichen Szenen finden, die ins Bewußtsein der Massen
Eingang fanden oder deren schaudernde Neugier hervorrufen.
Für das Jahr 1907 sind beispielsweise folgende Tableaus belegt: »Der Kaiser und die Kaiserin von Rußland mit der
Prinzessin Olga«, »Die Katakomben« und »Napoleon auf dem
Totenbett«. Kafka, der vielleicht 1910 oder 1911 dieses
Wachsfigurenkabinett besuchte, verband damit auch ganz
feste Vorstellungen. So schreibt er über eine Parade, »nicht
der alte, aus einem (deutschen) Panoptikum entsprungene
Franzose in roter Hose, blauem Rock, der vor einer Abteilung
marschiert«, habe etwas Großartiges gehabt, sondern die dabei spürbar werdende Manifestation von Kräften. (M 105)
Die skurrile Aussage im Text, die in der Realität keinen An-
halt hat, ist vielleicht durch die Kenntnis des Prager botani-
schen Gartens mitveranlaßt. (Vgl. Be 138: *Baumgarten*) – *Un-
fall:* Nach seiner Rückkehr aus Paris im September 1911 hat
Kafka in der fragmentarisch gebliebenen »Automobilge-
schichte« (T 141) einen solchen Vorgang zu gestalten gesucht.
(Vgl. T 645 ff.)

Be 114 *Wenzelsplatz:* von Karl IV. angelegter, 680 m langer und
60 m breiter Platz, der sich zwischen dem Nationalmuseum
und dem Graben, der nordöstlichen Fortsetzung der Ferdinandstraße, erstreckt. Sonntagspromenade der Prager, vgl.
Br 20: »Heute ist Sonntag, da kommen immer die Handelsan-
gestellten den Wenzelsplatz hinunter über den Graben und
schreien nach Sonntagsruhe.«

Be 122 *Wir sind nämlich so wie Baumstämme ... bloß scheinbar:* als
Die Bäume in *Betrachtung* (1912) gedruckt.

Be 124 *Trotzdem:* Pragismus.

Be 126 *Untergang des Dicken:* Vgl. W 220, Anm. 462. Übernahme des
Motivs vom Tode Li-Tai-Pes, der nach der Tradition im Fluß
ertrank. (Vgl. »Chinesische Lyrik vom 12. Jahrhundert bis
zur Gegenwart.« In deutscher Übersetzung, mit Einleitung u.

Anmerkungen v. H. Heilmann, München und Leipzig [1905], S. XXXIX f.; vgl. *Beim Bau der Chinesischen Mauer* B 69: *oberste Prüfung*)

Be 128 *auf einem Wege des Laurenziberges:* Während der *Belustigungen* sind die beiden nächtlichen Spaziergänger also vom Westende der Karlsbrücke zum Laurenziberg gewandert. Der übliche Weg führte durch die Marktgasse, Wälsche Gasse zur Stufengasse, einer steingepflasterten Stiege mit sehr breiten Treppenabsätzen und einem uralten Eisengeländer. Rechter Hand lagen die Gärten des Strahower Stifts, links dieser von Mauern begrenzten Gasse die Lobkowitzschen Gärten. (Vgl. M. Brod, Stefan Rott oder Das Jahr der Entscheidung, S. 272 ff.)

Be 130 *Seefahrt:* Im August 1901 war Kafka für einige Wochen nach Norderney und Helgoland gefahren. (W 99, vgl. Be 88) – *Oft wenn ich Kleider:* bis »kaum mehr tragbar« (Be 132) unter dem Titel *Kleider* in *Betrachtung* (1912) gedruckt.

Be 134 *in diesem Winter:* Vgl. *Die Abweisung:* »du trägst ein Taffetkleid mit plissierten Falten, wie es im vorigen Herbste uns durchaus allen Freude machte«. (E 42)

Be 138 *Baumgarten:* Dort waren mehr als hundert verschiedene Baumgattungen, Laub- und Nadelholz, mit lateinischen, tschechischen und deutschen Namen auf Täfelchen bezeichnet. Es handelt sich um eine parkartige Anlage. (Vgl. P. Wiegler, Das Haus an der Moldau, S. 29: »Indes sie dem Talgrund des Baumgartens sich näherte, der Landschaft der blassen Hängeweiden, Birken und Lärchen, dem Schwanenteich und seinen Stegen, dem Rosarium ...«) Kafka war gern an diesem Ort. (Vgl. T 539, F 558 u. 571: »treibe mich am liebsten in Parks und auf den Gassen herum«) Die spielerische Verbindung von Baumnamen im Sinne blumig-orientalischer Bezeichnungspraxis und der im Baumgarten üblichen Betäfelung mochten sich zu der skurrilen Vorstellung verbinden, in dem erwähnten Pariser Panoptikum stünden bloß Bäume mit Namensschildern berühmter historischer Persönlichkeiten. (Vgl. Be 88 u. 110)

DIE ABWEISUNG

(Ende 1906)

Aus einem an Hedwig W. gerichteten Brief, der wahrscheinlich auf November 1907 zu datieren ist, läßt sich als Entstehungszeit des Textes Ende 1906 erschließen. (Br 50) Er trug ursprünglich den Titel *Be-*

gegnung und wurde dann ohne Überschrift zusammen mit sieben andern Prosastücken im 1. Heft (Januar/Februar) des *Hyperion* erstmals gedruckt, das Anfang März 1908 erschien. (S. 94, vgl. die *Betrachtung* von 1907) Die Thematik des Textes antizipiert in spielerischer Form Kafkas späteres Grunderlebnis, mit dem anderen Geschlecht nicht kommunizieren zu können, vgl. T 573: »Die abweisende Gestalt, die ich immer traf, war nicht die, welche sagt: ›Ich liebe dich nicht‹, sondern welche sagt: ›Du kannst mich nicht lieben ...‹« und ein an Max Brod gerichtetes Schreiben vom 23. 3. 1909 (vgl. W 217, Anm. 439): »so werden alle, die ich gerne habe, auf mich böse werden außer der einen, die mich aber sowieso nicht gerne hat.« (FK 68)

E 41   *Seen:* die fünf großen Seen an der amerikanisch-kanadischen Grenze; Kafka war ein »Liebhaber der Geographie« (Br 35). – *Taffetkleid mit plissierten Falten:* gefälteltes Seidengewebe.

DAS GASSENFENSTER

(Winter 1906/1907)

Obwohl das Stück nicht in den Sammlungen kleiner Prosa erscheint, die Kafka im März 1908 und 1910 publizierte, sondern erst in der *Betrachtung* von 1912 gedruckt wurde (Leipzig 1913, S. 75 f.), läßt sich aus dieser Tatsache kein Hinweis auf spätere Entstehung ableiten, denn inhaltlich ist es eine Motivparallele zum *Zerstreuten Hinausschaun,* das in beide Veröffentlichungen aufgenommen wurde. Das *Gassenfenster* hätte im Kontext der wenigen andern kurzen Stücke als ästhetisch unbefriedigende Dublette gewirkt.

Geht man von einer engen Bindung des Textes an reale Gegebenheiten aus, muß man seine Entstehung in die Zeit verlegen, da Kafka in der Zeltnergasse 3 wohnte, ihn also vor Juli 1907 ansetzen. Nur bis zu diesem Zeitpunkt kann im strengen Wortsinn gelten, daß Kafka ein »Gassenfenster« sein eigen nennen konnte, daß also die Wohnfront der Familie auf eine Straße hin orientiert war, denn von seinem Zimmer in der Niklasstraße aus hatte er einen sehr weiten Ausblick auf einen Platz, die Moldau, eine sie überquerende Brücke und das jenseitige Flußufer (vgl. den *Kaufmann* E 37: *die Aussicht des Fensters,* das *Unglück des Junggesellen* E 34: *krank zu sein* u. das *Urteil* E 53: *Fenster),* während die Lage der älteren Wohnung innerhalb der Häuserfront der Zeltnergasse nur den Blick auf diese und die gegenüberliegenden Bauwerke erlaubte.

Andere Indizien im Text des *Gassenfensters* stützen diese Zuordnung; da außerdem sein Gesamttenor und Motivgeflecht besonders gut zu Kafkas Lage im Winter 1906/1907 passen, ist die Erzählung möglicherweise in diesem Zeitabschnitt konzipiert worden: Der Universitätsbauplatz an der Nordseite des Hauses Niklasstraße 36 gehörte nicht zum Prager Straßennetz, die Zeltnergasse dagegen war eine belebte Geschäftsstraße, besonders wenn man im ersten Obergeschoß wohnte wie die Kafkas (die Wohnung in der Niklasstraße lag im vierten Obergeschoß, vgl. K. Krolop, Zu den Erinnerungen Anna Lichtensterns an Franz Kafka, in: Germanistica Pragensia 5 [1968], S. 37, Anm. 51 u. S. 51 f.); nur in solcher Straßennähe ergibt das »Gefolge von Wagen und Lärm« (E 44) einen Sinn. Bezeichnenderweise taucht dieses Erzählelement auch in den *Hochzeitsvorbereitungen auf dem Lande* auf (vgl. H 7 ff.), die ebenfalls in diese Zeit gehören und den Verkehr in der Zeltnergasse spiegeln. Auf die Fenster dieser Wohnung trifft es zu, daß die von ihnen aus Beobachtenden nur die Alternative zwischen Publikum und Himmel haben und letzteren wegen der verhältnismäßig nahen gegenüberliegenden Häuserfront nur mit zurückgeneigtem Kopf wahrnehmen können, während für den weiten, freien Ausblick aus Kafkas Zimmer in der Niklasstraße derartige Einschränkungen ganz uncharakteristisch waren.

Die im Stück erwähnten Veränderungen der Tageszeit und Witterung verweisen auf das wahrscheinlich etwas jüngere *Zerstreute Hinausschaun* und die als Untergrund stets fühlbare unglückliche seelische Gestimmtheit auf eine seit Ende 1906 belegte analoge Verfassung des Autors. (In einem Brief vom Dezember 1908 heißt es: »ich bin ... seit zwei Jahren verzweifelt und nur die größere oder kleinere Begrenzung dieser Verzweiflung bestimmt die Art der gegenwärtigen Laune.«) Sich ändernde Berufsverhältnisse sind gerade für den fraglichen Zeitraum besonders virulent: Von April bis September 1906 war Kafka als »Concipient« in der Advokatur eines Prager Rechtsanwalts, ab Oktober dieses Jahres bis zum folgenden September absolvierte er, zuerst beim Landes-, dann beim Strafgericht, seine Rechtspraxis, der er sich nicht gewachsen fühlte (vgl. Br 37). Während dieser Periode war er beruflich noch nicht festgelegt. (vgl. Br 45)

Der Wunsch, sich anzuschließen, einen stützenden Arm ergreifen zu können und das Fenster als Vehikel der Kommunikation weisen auf Kafkas Studienzeit und die *Beschreibung eines Kampfes* zurück. (Vgl. die folgende Einzelkommentierung) Demnach ist der für die Entstehung ins Auge gefaßte Winter der einzige Zeitraum, wo alle den Text konstituierenden Momente gleichzeitig in Geltung stehen konnten.

Der Standort am Fenster als Ausdruck für Lebensschwierigkeiten ist ein Motiv, das im literarischen Werk Kafkas eine wichtige Rolle spielt (vgl. dazu meine Arbeit »Kafka in neuer Sicht«, Stuttgart [1976], S. 559 ff.) und von ihm auch als solches reflektiert wurde: »Überkommt mich Lust zu Vorwürfen, schaue ich aus dem Fenster«, heißt es in einem autobiographisch gefärbten Text aus dem Jahr 1910. (T 690) Von Interesse für den vorliegenden Zusammenhang ist auch, was der Autor zur Vorgeschichte des *Urteils* mitzuteilen weiß.

Nach einem »zum Schreien unglücklichen Sonntag« wollte er einen
Krieg beschreiben, »ein junger Mann sollte aus seinem Fenster eine
Menschenmenge über die Brücke herankommen sehn«. (F 394) Und
als sich in seiner Isolation sein Verlangen nach Felice noch intensi-
vierte, schrieb er an die Geliebte: »da überkam mich irgendwie der
Gedanke an Dich so stark, daß ich zum Fenster treten mußte, um
wenigstens in dem grauen Himmel Trost zu suchen.« (F 353) So ist
verständlich, daß er es 1914 als alten unerfüllbaren Wunsch bezeichnet, bei einem großen Fenster zu sitzen und eine weite Gegend vor
sich zu haben, die unbeirrtes, ruhiges Atmen ermöglicht. (F 574)

E 43   *Wer verlassen lebt:* Kafka in einem Brief am 6. 9. 1903: »ich
        war viel unter Menschen, ich kann mit Frauen reden ... Ein-
        siedelei ist widerlich, man lege seine Eier ehrlich vor aller
        Welt«. (Br 17) – *anschließen:* »mein Bekannter wurde für
        mich sehr wertvoll als einer, der mir vor den Menschen Wert
        gibt, ohne daß ich ihn erst erwerben muß!« (Be 20) – *Ver-
        änderungen der Tageszeit, der Witterung:* Vgl. *Zerstreutes
        Hinausschaun:* »Heute früh war der Himmel grau, geht man
        aber jetzt zum Fenster, so ist man überrascht«. (E 37) –
        sich halten: Kafka in einem Brief vom 6. 9. 1903: »ich hätte
        Dir die Hände küssen müssen dafür, daß Du mit mir gingst«.
        (Br 17) Und im Januar des folgenden Jahres: »Mir tut es gut,
        wenn mir einer eine kühle Hand reicht«. (Br 26) – *Gassen-
        fenster:* Am 9. 11. 1903 schrieb Kafka an Oskar Pollak: »Du
        warst, neben vielem andern, auch etwas wie ein Fenster für
        mich, durch das ich auf die Gassen sehen konnte. Allein
        konnte ich das nicht«. (Br 20)

ZERSTREUTES HINAUSSCHAUN

(Frühjahr 1907)

Das Stück wurde ohne Überschrift im 1. Heft des *Hyperion* (erschie-
nen März 1908) zuerst gedruckt (S. 92, vgl. die *Betrachtung* von
1907), muß also spätestens Ende 1907 entstanden sein. Am 27. März
1910 wurde es dann in der *Deutschen Zeitung Bohemia* (83. Jg., Nr. 86,
Morgen-Ausgabe, S. 39) erneut veröffentlicht, jetzt aber unter dem
Titel *Am Fenster* (vgl. *Betrachtungen* 1910). Der jetzige Titel nur in
Betrachtung 1912 (s. dort).
Nimmt man die jahreszeitliche Angabe ernst, müßte der Text in einem

Frühjahr der vor 1908 liegenden Jahre entstanden sein, also noch in
der Wohnung in der Zeltnergasse, die man im Juni 1907 aufgab. Denn
die erwähnten Beobachtungen entsprechen in besonderer Weise der
Art des Ausblicks, der von den Fenstern dieser Wohnung möglich ist:
Während die Kafkas in der Niklasstraße (Juni 1907 – Oktober 1913)
nach heutiger Zählung im vierten Obergeschoß lebten, wodurch sich
ein großer räumlicher Abstand zu den unten vorbeigehenden Straßen-
passanten ergab, wohnte der Dichter in der Zeltnergasse im ersten
Stock (vgl. K. Krolop, Zu den Erinnerungen Anna Lichtensterns an
Franz Kafka, in: Germanistica Pragensia 5 [1968], S. 37, Anm. 51 u.
S. 51 f.); nur eine solche Nähe zum Beobachtungsobjekt ermöglicht die
Wahrnehmung der im Text erwähnten Lichtreflexe. Da die Zeltnergasse genau in Ost-West-Richtung verläuft, trifft das im Text Berichtete im Frühjahr genau dann zu, wenn eine Person vom Altstädter
Ring aus in Richtung Pulverturm geht und sich dabei umdreht.
Die nähere Festlegung auf das Frühjahr 1907 ist zugegebenermaßen
etwas spekulativ; sie beruht nur darauf, daß eine genaue Motivparallele zum *Gassenfenster* vorliegt (vgl. E 37: *jetzt*), diese letztere wahrscheinlich vom Winter 1906/1907 stammende Erzählung insgesamt thematisch eng mit der vorliegenden verbunden ist und Kafka im Frühjahr 1906, wo er ausschließlich mit Examensvorbereitungen beschäftigt war (H 207 u. Br 33 f.), wohl kaum die Eingangsfrage in der
jetzigen Form gestellt hätte.

E 37 *in diesen Frühlingstagen:* Im April 1909 schrieb Kafka an
      Hedwig W.: »Wenn man so im Winter schon nach dem Essen
      die Lampe anzünden mußte, die Vorhänge heruntergab, bedin-
      gungslos sich zum Tisch setzte, von Unglück schwarz durch
      und durch, doch aufstand, schreien mußte und als Signal zum
      Wegfliegen stehend noch die Arme hob. Mein Gott. Damit
      einem ja nichts entging, kam dann noch ein gutgelaunter Be-
      kannter, vom Eisplatz meinetwegen, erzählte ein bißchen, und
      als er einen ließ, machte sich die Türe zehnmal zu. Im Früh-
      jahr und Sommer ist es doch anders, Fenster und Türen sind
      offen und die gleiche Sonne und Luft ist in dem Zimmer, in
      dem man lernt und in dem Garten, wo andere Tennis spielen,
      man fliegt nicht mehr in seinem Zimmer mit den vier Wänden
      in der Hölle herum, sondern beschäftigt sich als lebendiger
      Mensch zwischen zwei Wänden. Das ist ein großer Unter-
      schied ...« (Br 67) – *jetzt:* Vgl. das *Gassenfenster:* »wer mit
      Rücksicht auf die Veränderungen der Tageszeit, der Witterung,
      der Berufsverhältnisse und dergleichen ohne weiteres irgend-
      einen beliebigen Arm sehen will ...« (E 43) – *lehnt die Wange
      an die Klinke des Fensters:* Vgl. folgende Stelle aus dem
      Schloß: »Da schloß Frieda eilig das äußere Fenster, blieb aber
      dahinter, die Hand auf der Klinke, mit zur Seite geneigtem

Kopf, großen Augen und einem starren Lächeln. Wußte sie,
daß sie den Gehilfen damit mehr lockte, als abschreckte?«
(S 236)

HOCHZEITSVORBEREITUNGEN AUF DEM LANDE

(Frühjahr 1907)

Die Fassung A dieses titellosen Manuskripts – Kafka benützte jedoch
nach Max Brods »klarer Erinnerung« gesprächsweise den heutigen
Titel (vgl. H 435) – wurde in Kurrentschrift mit Bleistift auf lose,
heute nicht mehr vollständig vorhandene Oktavblätter geschrieben,
die von Kafka selbst zunächst mit Nr. 1–58 und dann mit Nr. 1–16
paginiert wurden, was der von Brod gewählten Kapiteleinteilung entspricht (da die letzte Seite vollständig beschrieben ist und mitten im
Satz abbricht, war das zweite Kapitel ursprünglich wohl vollständig). Weil Kafka seit 1908 nur noch Lateinbuchstaben verwendet, da
er weiterhin das erste Kapitel Brod noch in der Zeltnergasse vorlas (er
wohnte dort bis Juni 1907) und in einem Brief zum 23. Geburtstag des
Freundes, also zum 27. Mai 1907, auf den Text anspielt – »Sag, warum
ärgerst Du mich immerfort mit den zwei Kapiteln? Sei mit mir glücklich, daß Du unbegreifliche Sachen schreibst, und laß das andere Zeug
in Ruh« (Br 36) –, liegt es nahe, sich diese Textstufe im Frühjahr
1907 (eventuell im vorhergehenden Winterhalbjahr) entstanden zu
denken.
Auch die Thematik führt auf diesen Zeitpunkt. Auf einem auf den
20. 6. 1924 datierten Zettel Max Brods ist (offenbar doch als Erinnerung an Gespräche mit Kafka) festgehalten: »›Hochzeitsvorbereitungen auf dem Lande.‹ Ein Roman. Beängstigungen eines, der heiraten
will.« (W 238) Entsprechend schwerwiegende erotische Erfahrungen
Kafkas, die offenbar in das Erzählgeschehen eingingen, fallen nun gerade in die Jahre 1905 und 1906, mochten also den schaffenspsycholo-
gischen Anlaß für die Abfassung des Romanfragments gebildet haben.
Wahrscheinlich im August 1905 (vielleicht aber auch im Sommer des
folgenden Jahres) erlebte Kafka zum erstenmal erotische Vertrautheit
mit einer viel älteren Frau (vgl. T 505, W 238, Br 32, 34, 139, F 385
und die Tatsache, daß von Rabans Braut Betty als einem »ältlichen
hübschen Mädchen« gesprochen wird – H 31), im Frühjahr 1906
machte er seine ersten intimen sexuellen Erfahrungen, auch mit Dir-
nen, und im anschließenden Sommerurlaub verliebte er sich erneut
(vgl. Br 33 u. M 180 f.). Eine dauerhaftere Bindung war also in den
Bereich des Möglichen gerückt und bildete den Hintergrund des in
der Folgezeit konzipierten Romans.

Alle Handlungszüge der Hauptfigur sind von diesem Ansatz her zu verstehen. Raban schreckt unbewußt vor der menschlichen Gemeinschaft zurück, die sich in der Gestalt der Braut verkörpert. Dauernd versucht er Argumente für seine Haltung zu finden, er rationalisiert also, um sein Verhalten nachträglich zu rechtfertigen: Seine Müdigkeit, seine Bedenken wegen des Klimas an seinem Reiseziel, die Unbequemlichkeiten, die er in der Provinz befürchtet, seine Kritik am Äußeren der Braut, seine Angst, sich gefühlsmäßig exponieren zu müssen, und seine dauernden Versuche, durch Zeitüberschreitungen seine Reise zu verzögern und zu sabotieren – all das veranschaulicht seinen inneren Widerstand gegen Betty.

Die künstlerische Konzeption des Romanbruchstücks ist, stärker als bei irgendeinem anderen Werk Kafkas, von Flaubert beeinflußt. Die Rezeption des Franzosen vollzog sich bei Kafka und Max Brod in zwei Stufen. In der ersten, bis ungefähr 1907 reichenden Phase sind es nur die literarischen Werke und die Darstellungstechnik Flauberts, die fesseln. Man las während des Studiums und in den folgenden Jahren zusammen die *Versuchung des heiligen Antonius* im Original (vgl. Br 63, 75 u. FK 54), und über die *Éducation sentimentale* äußert Kafka im November 1912: »Die ›Education sentimentale‹ aber ist ein Buch, das mir durch viele Jahre nahegestanden ist, wie kaum zwei oder drei Menschen; wann und wo ich es aufgeschlagen habe, hat es mich aufgeschreckt und völlig hingenommen, und ich habe mich dann immer als ein geistiges Kind dieses Schriftstellers gefühlt, wenn auch als ein armes und unbeholfenes.« (F 95 f.) Felix Braun berichtet über Brods Position im Jahr 1907: »Flaubert war sein geliebter Dichter. Ihm wollte er es gleichtun in Präzision des Blicks und des Worts, in der Vollständigkeit der Aufzeichnung. Er hatte sich vorgenommen, mit einem Notizbuch durch die Straßen zu gehen, um nichts, auch nicht das Geringste, das ihm begegnete, zu versäumen oder zu vergessen.« (»Das Licht der Welt. Geschichte eines Versuches als Dichter zu leben«, Wien [1949], S. 658) Schon 1904 muß diese Auffassung bestanden haben, denn Kafka zitiert in einem aus diesem Jahr stammenden (oder wenig älteren) Brief folgende Aussage des Freundes: »Hier im Flaubert sind lauter Einfälle über Tatsachen ... kein Gemütsschwefel«. (Br 25)

Aber schon 1908, nachdem einige der Biographie Flauberts gewidmete Arbeiten erschienen waren, erfolgt eine Erweiterung des Blickpunkts. Brod betont in einem in diesem Jahr veröffentlichten Aufsatz, daß sein bisheriges Flaubert-Bild einseitig gewesen sei, weil er die Persönlichkeit des Autors noch nicht habe mitberücksichtigen können. (M. Brod, Metamorphose, in: *Morgen* 2 [1908], S. 1712 f.) Kafkas spätere Beschäftigung mit Flaubert wird durch diese Erkenntnis entscheidend bestimmt.

In den *Hochzeitsvorbereitungen auf dem Lande* geht es dagegen nur um die Nachahmung der Exaktheit in der Wahrnehmung und um die

Beschreibung des äußeren Details, das, anders als in den Werken der Reifezeit, noch nicht als direkter Ausdruck des Seelischen fungiert; die Innenwelt des Helden wird vielmehr in inneren Monologen blockartig seinen Außenbeobachtungen entgegengestellt. Flauberts Einfluß erstreckt sich dabei sogar auf die verwendeten Motive und deren Arrangement. (Ein Beispiel H 13: *Da fuhr ein offener Wagen*) Aus einem an Max Brod gerichteten Brief vom Juli 1909 geht hervor, daß Kafka dieses Werk nicht hoch einschätzte, daß es schon zu diesem Zeitpunkt Überlieferungslücken gab und daß es sich hier um eine eminent autobiographische Thematik handelt: »Der Roman, den ich Dir gegeben habe, ist mein Fleisch, wie ich sehe; was soll ich machen. Wenn einige Blätter fehlen, was ich ja wußte, so ist doch alles in Ordnung und es wirkungsvoller, als wenn ich ihn zerrissen hätte. Sei doch vernünftig. Dieses Fräulein ist doch kein Beweis. Solange sie Deinen Arm um Hüften, Rücken oder Genick hat, wird ihr in der Hitze je nachdem alles mit dem einheitlichsten Ruck sehr gefallen oder gar nicht. Was hat das zu bedeuten gegenüber dem mir sehr gut bekannten Zentrum des Romans, das ich in sehr unglücklichen Stunden noch irgendwo in mir spüre. Und jetzt nichts mehr darüber, darin sind wir einig.« (Br 70)

Die Fassungen B (mit vorwiegend stilistischen Veränderungen) und C (Brod teilt nur eine Variante des Beginns mit, die inhaltlich sehr von A und B abweicht) sind mit lateinischen Buchstaben geschrieben, die große Ähnlichkeit mit dem Schriftbild der Briefe von 1908 haben; die gehören also wohl in dieses Jahr (vgl. H 435).

D: Die Fassungen A und B in der *Neuen Rundschau* 62 (1951), S. 1–17, das Textstück aus der Fassung C ebendort S. 19 f.

H 7   *Raban:* Kryptogramm für den Namen Kafka, dem das Wort in der Anzahl der Buchstaben, im Vokalismus (vgl. *Das Urteil* E 53: *Bendemann*) und in der Bedeutung ähnelt (Kafka bedeutet im tschechischen Dohle, und dieses zu den Rabenvögeln [mhd. raben] gehörige Tier war das Geschäftsemblem Hermann Kafkas, vgl. W 19 u. den *Jäger Gracchus* B 101: *Gracchus*). – *Öffnung des Tores:* des Hauses Zeltnergasse 3, einer Geschäftsstraße, wo die Kafkas von 1896–1907 wohnten. Vgl. den *Plötzlichen Spaziergang* E 32: *Haustor gesperrt.*

H 8   *Amt:* Über seine bevorstehende juristische Tätigkeit schrieb Kafka im August 1907, also zu einer Zeit, als er die vorgeschriebene einjährige Rechtspraxis beim Land- und beim Strafgericht in Prag beinahe beendet hatte: »ein Beruf ist machtlos, sobald man ihm gewachsen ist, ich würde mich unaufhörlich während der Arbeitsstunden ... blamieren«. (Br 37)

H 9   *der doch kurz ist:* ca. 1 km zum Franz-Josefs-Bahnhof, von wo die Züge nach dem später im Text (H 23) genannten Jungbunzlau abgingen. – *noch sehr kühl:* Das schon sehr von den Ländern im Osten bestimmte Klima Böhmens ist rauher als dasjenige Deutschlands (vgl. M 11 Z. 21). – *Teiche:* Kafka über einen Aufenthalt in Triesch im August 1907 (er war dort auch in früheren Jahren öfters bei Verwandten, vgl. Br 13): »ich liege lange nackt im Gras am Teiche«. (Br 37) – *ich bin nie gereist:* Außer während Reisen nach Norderney und Helgoland im August 1901 (vgl. W 100) und nach München im Oktober 1902 (vgl. J. Bauer/I. Pollak/J. Schneider, Kafka und Prag, [Stuttgart 1971], S. 62) hatte Kafka Böhmen und Mähren noch nicht verlassen.

H 10   *Gelächter:* Vgl. *Gibs auf!* B 115: *wandte.*

H 11   *eine Uhr auf einem nahen Platz:* Anspielung auf den aus dem Jahr 1364 stammenden Turm des Altstädter Rathauses, der von der Zeltnergasse aus gesehen tatsächlich im Hintergrund des Altstädter Rings steht; vgl. E 136 u. F 93: »Jetzt schlägt es also 1 vom Turm genau nach der Prager Zeit.« – *wie Gemsen im Gebirge:* Diese Tiere bevölkern tatsächlich die böhmischen Mittelgebirge.

H 12   *die Gestalt eines großen Käfers:* Vorwegnahme der Zentralvorstellung der *Verwandlung.* (Vgl. E 71: *Ungeziefer*) – *Auslage:* Gemeint ist das Hutgeschäft Heß in der Zeltnergasse. (Vgl. T 254) – *ein freistehendes, sich rundwölbendes Tor:* offenbar der Durchlaß des 1475 begonnenen, 1875–1896 restaurierten Pulverturms an der Einmündung der Zeltnergasse in den Graben. – *Denkmal:* Auf dem Josefsplatz östlich des Pulverturms, wo Elisabethstraße (bzw. Poričer Straße), Hibernagasse und der Graben zusammentreffen (vgl. H 14 Z. 17 f.), stand damals kein derartiges Monument. Kafka hat wohl das Standbild Josef Jungmanns, des Begründers der neutschechischen Poesie- und Literatursprache (1773–1847), das auf einer platzartigen Erweiterung der Jungmannstraße direkt bei der Einmündung in die Ferdinandstraße steht und diesen sitzend zeigt, auf den benachbarten Platz verlegt.

H 13   *bei einer Laternenstange – einer Haltestelle:* eine Abbildung dieser Gegebenheiten (mit dem Haus Zeltnergasse 3 als Hintergrund) in: Franz Kafka 1883–1924. Manuskripte. Erstdrucke. Dokumente. Photographien, (Berlin) 1966, S. 24. – *Da fuhr ein offener Wagen:* eine Stelle, die offensichtlich von einer beschreibenden Passage in G. Flauberts *Éducation sentimentale* abhängig ist, die Kafka (nach Auskunft Max Brods an den Verfasser) besonders liebte: »Des femmes, nonchalament assises dans des calèches, et dont les voiles flottaient au vent, défilaient près de lui, au pas ferme de leurs chevaux, avec un balancement insensible qui faisait craquer les cuirs vernis. Les voitures devenaient plus nombreuses, et, se ralentissant à partir du Rond-Point, elles occupaient toute la voie. Les crinières étaient près des crinières, les lanternes près des lanternes; les étriers d'acier, les gourmettes d'argent, les boucles de cuivre, jetaient çà et là des points lumineux entre les culottes courtes, les gants blancs, et les fourrures qui retombaient sur le blason des portières ... Les cochers baissaient le menton dans leurs cravates, les roues se mettaient à tourner plus vite, le macadam grinçait; et tous les équipages descendaient au grand trot la longue avenue, en se frôlant, se dépassant, s'écartant les uns des autres, puis, sur la place de la Concorde, se dispersaient.« (*L'Éducation sentimentale. Histoire d'un jeune homme,* Paris 1910, S. 33; Kafka benützte diese Ausgabe in späteren Jahren, vgl. F 95 u. 252) Die Kalesche, die Frauen, ihre Schleier, das Leder und die Laternen sind bei Flaubert genau so vorgebildet wie das Gedränge der einander überholenden Wagen (H 8), die Haltung der Kutscher (H 9) und die Wirkung der Wagenräder auf das Pflaster (H 10), die Kafka an früheren Stellen erwähnt.

H 15   *ihre Augen sind schön:* Vgl. H 17: »Ich habe Augen niemals schön gefunden.«

H 16   *Kondukteur:* süddeutsch für Schaffner.

H 17   *einen ziemlich dunklen Platz:* Da Raban nicht die Straßenbahn benützt, die ihn über die Hibernagasse zum Franz-Josefs-Bahnhof gebracht hätte, muß er jetzt durch die Heuwagsgasse (vgl. H 18 Z. 6) zum Havliček-Platz gehen, dessen nördliche Häuserfront (die man, wird er von der genannten Gasse aus betreten, zuerst erreicht) tatsächlich eher beginnt, weil gegenüber Straßen einmünden und die Nordwestecke des Platzes im spitzen Winkel vorspringt. Auch daß die beiden begrenzenden Häuserreihen sich in der Ferne zu vereinigen scheinen, entspricht insofern den Tatsachen, als der Platz sehr schmal ist und sich am Ostende zur Straßenbreite verengt. Die hier stehenden Häuser sind allerdings mehrstöckig und bestehen teilweise in hervorstechenden Bauten; wahrscheinlich liegt also eine Kontamination mit dem grundrißmäßig vergleichbaren Petersplatz vor, für dessen Ränder kleine Häuser kennzeichnend sind, die damals allerdings auch schon von palastartigen Neubauten unterbrochen wurden.

F. Middelhauve weist darauf hin, daß die Sonne im Juni erst gegen 20 Uhr untergeht, so daß es zwei Stunden vorher, auch bei Regenwetter, noch nicht eigentlich dunkel gewesen sein kann. (»Ich und Welt im Frühwerk Franz Kafkas«, Freiburg 1957 [Masch. Diss.], S. 323)

H 21   *Parkteich:* Gemeint ist der sich parallel vor dem Bahnhof hinziehende Stadtpark mit Baumgruppen, Grasflächen, Blumenbeeten, einer Allee und einem Teich mit einer Insel, den Raban über die Jerusalemgasse betritt und, um abzukürzen, durchquert. Kafka ging gerne dort spazieren. (Vgl. T 488 u. FK 101)

H 23 *Zephirhemden:* Sie bestehen aus einem besonders zarten Baumwollgewebe. – *Jungbunzlau:* Wer von Prag in östlicher Richtung über Kolin (wo Kafka Verwandte hatte, vgl. F 623) nach Jungbunzlau fährt und von dort entlang der Elbe und dem Stillen Adler weiterreist, erreicht nach längerer Fahrt Freiwaldau oder Hennersdorf an der schlesischen Grenze; hier muß aussteigen, wer das nicht an der Bahnlinie liegende Zuckmantel erreichen will (vgl. H 16: »die Fahrt ist lang« und die Tatsache, daß Raban mit einem Omnibus an seinem Reiseziel anlangt).

H 24 *Bild des Kaisers:* Auf zeitgenössischen Münzen wurde Franz Joseph I. (1848–1916) häufig auf die beschriebene Weise dargestellt. Vielleicht handelt es sich um eine zeichenhafte Handlung mit Ausdruckswert: »Wie kühl war ich dagegen als Kind! Ich wünschte mir oft, dem Kaiser entgegengestellt zu werden, um ihm seine Wirkungslosigkeit zu zeigen. Und das war nicht Mut, nur Kühle.« (T 158, vgl. F 237) – *Brücke:* Wer von dem unmittelbar neben dem Franz-Josefs-Bahnhof gelegenen sogenannten Staatsbahnhof über Aussig nach Bodenbach gelangen wollte (Grenzstation zum Deutschen Reich), fuhr unmittelbar nach Beginn der Reise über ein 1111 m langes Bauwerk, das den Stadtteil Karolinenthal als Viadukt und die Moldau als Brücke überquerte: »Es ist eine zweigleisige, aus Sandsteinquadern gemauerte Eisenbahnbrücke, deren Tragwerke Halbkreisbogen und bei der Überbrückung breiterer Straßen auch Segmentbogen sind.« (F. Machaczek, Elf Brücken spannen den Weg . . ., in: Prager Nachrichten 4, Nr. 10 [1953], S. 13, vgl. T 162, über Prag: »Mauern durchfahrener Viadukte«)

H 26 *Omnibus:* Pferdefuhrwerk, motorgetriebene Fahrzeuge hießen Autoomnibus (vgl. E 67).

H 30 *Adjunkt:* Amtsgehilfe, stellvertretender Beamter.

DER KAUFMANN

(1907, zweite Jahreshälfte)

Da einerseits einzelne Stellen schon die Lage der Wohnung in der Niklasstraße vorauszusetzen scheinen (vgl. E 36: *Lifttür* u. *Glastüren,* 37: *die Aussicht des Fensters*), die Ende Juni 1907 bezogen wurde, das Stück aber andererseits im 1. Heft des *Hyperion* gedruckt wurde, das Anfang März 1908 ausgegeben wurde (dort ohne Titel S. 91 f., vgl.

68

68 KOMMENTAR

Sy 87, die *Betrachtung* v. 1907 u. 1912, wo der jetzige Titel erscheint),
mag es zwischen September 1907 (im August war Kafka in Triesch,
vgl. Br 37) und dem Ende dieses Jahres entstanden sein.
Als Milena diesen Text mit fünf anderen zusammen ins Tschechische
übersetzte, veröffentlichte und den Autor um eine Stellungnahme bat,
schrieb Kafka zum *Kaufmann:* »Offenbar vermutest Du dort Fehler,
weil Du Dir nicht vorstellen kannst, daß der deutsche Text wirklich
so hilflos schlecht ist, wie er vor Dir liegt.« (Unveröffentlicht, gehört
hinter M 240 Z. 8; Z. 4–8 ist ihrerseits nach M 238 Z. 3 einzurücken;
Milenas Übersetzung in: *Kmen* 4, Nr. 26 [9. 9. 1920], S. 309) Was er
im Einzelnen zu dieser Übertragung bemerkte, wird in der folgenden
Kommentierung angeführt.

E 35   *innen an:* Milena hatte übersetzt »innen in« (uvnitř v), aber
Kafka findet »uvnitř na« (»innen an« oder »auf«) »oder ähnlich« besser, »es ist nämlich daran gedacht, daß so wie Krallen
außen an der Stirn arbeiten können, dies auch von innen geschehen kann«. Vgl.F 726 f. u. 737. – *unzugänglichen Bevöl-
kerungen:* »Hermann Kafkas Engrosgeschäft führte Galan-
teriewaren, die an Wiederverkäufer in Dörfern und Land-
städten geliefert wurden.« (FK 16)

E 36   *gesperrt wird:* Ursprünglich hatte Kafka keine Aversion
gegen das elterliche Geschäft: »An und für sich besonders in
der Kinderzeit, solange es ein Gassengeschäft war, hätte es
mich sehr freuen müssen, es war so lebendig, abends beleuch-
tet, man sah, man hörte viel, konnte hie und da helfen ...«
(H 185) So ist zufällig in einem Brief vom 29. August 1907
belegt, daß Kafka an diesem Tag das Geschäft »aufgemacht«
hatte. (Br 39) Daß dieser Bereich, besonders in der Ausprägung, wie ihn der *Kaufmann* verkörpert (Kleinheit des Betriebs, Gassengeschäft und junggesellenhafter Besitzer, der nur
mit niederem Dienstpersonal Kontakt hat), auf Kafka eine
große Faszination ausübte, zeigt ein Brief vom Februar 1913,
in dem er einen Bekannten beschreibt, dessen Lebensform ihm
offenbar folgerichtiger Ausdruck von Anlagen war, die er
selber in sich fühlte und bekämpfen zu müssen glaubte: »Er
war niemals selbständig, sondern sitzt, seitdem er die Schule
verlassen hat, also ein kleines Menschenalter, in dem winzigen
Geschäft, in dem kaum für einen Menschen Arbeit ist, staubt
mit Hilfe eines Dieners die ausgehängten Gebettücher ab, steht
bei warmem Wetter in der offenen Ladentür ... wenn es
kalt ist, steht er hinter der mit Büchern besteckten Tür und
schaut durch die Lücken zwischen diesen meist unanständigen
Büchern auf die Gasse. Er ... geht nun wahrscheinlich jeden
Abend, nachdem das Geschäft geschlossen ist und er genacht-
mahlt hat, in das ›Deutsche Haus‹ ... Begreifst Du nun,

Liebste, kannst Du es begreifen *(sag es mir!)*, warum ich diesem Mann geradezu lüstern durch die Zeltnergasse folgte, hinter ihm auf den Graben einbog und mit unendlichem Genuß ihn im Tor des ›Deutschen Hauses‹ verschwinden sah?«
(F 313) – *Lifttür:* Das Haus »Zum Schiff« Niklasstraße 36, ein Neubau, in dem die Kafkas von Juni 1907 bis November 1913 wohnten, besaß im Gegensatz zum vorhergehenden winklig-uralten Domizil (vgl. FK 16) einen Fahrstuhl (vgl. K. Krolop, Zu den Erinnerungen Anna Lichtensterns an Franz Kafka, in: Germanistica Pragensia 5 [1968], S. 22 ff.). – *über Treppen:* Vgl. den *Nachhauseweg* E 38: *während des Treppensteigens.* – *bis:* Pragismus, vgl. Br 169: »Wegen F. habe ich eine bibliothekarische Bitte. Du kennst unsern alten ›bis‹-Streit. Nun habe ich sie mißverstanden. Sie meint, ›bis‹ könne zwar als Konjunktion verwendet werden, aber nur in der Bedeutung ›solange bis‹. Man könne deshalb z. B. nicht sagen: ›Bis Du herkommst, werde ich Dir fünfhundert Kilogramm Mehl geben‹ . . . Willst Du bitte nach dem Grimm (ich habe die Beispiele schon vergessen) oder nach andern Büchern entscheiden, ob F. recht hat. Die Sache ist nicht unwichtig zur Charakterisierung meiner Doppelstellung ihr gegenüber als eines Erd- und Höllenhundes.« (Vgl. auch Br 180) – *Glastüren:* Die sich gegen das Vorzimmer öffnenden Türen der Zimmer in der Wohnung Niklasstraße 36 hatten, wie vielfach in Prag üblich (vgl. T 50), Glasscheiben, um die Lichtversorgung des Flures zu verbessern. (Vgl. T 79) – *Draperien:* Stoffdekorationen. Vgl. E 173. – *Laubengewölbe:* loggiaartige, überwölbte Bogengänge, wie sie z. B. in Prag am Altstädter Ring vorkommen. Auch das Haus Niklasstraße 36 war im Erdgeschoß mit diesem Bauelement versehen. (Vgl. die Abb. in: Franz Kafka, Manuskripte. Erstdrucke. Dokumente. Photographien, [Berlin] 1966, S. 60) Außerdem könnten die Durchlässe oder Durchhäuser zwischen verschiedenen Gebäudekomplexen gemeint sein, die in der Prager Altstadt besonders zahlreich sind.

E 37   *die Aussicht des Fensters:* Von seinem Zimmerfenster aus an der Nordseite des Hauses »Zum Schiff« hatte Kafka einen freien Blick auf den vor ihm liegenden Universitätsbauplatz am Ufer der Moldau. Hier münden von Osten und Westen her Quais ein, dazu von Süden die *Niklasstraße,* deren Schlußteil vor der Brücke Kafka sehen konnte (T 279, vgl. K. Krolop, Zu den Erinnerungen Anna Lichtensterns an Franz Kafka, S. 29). Die Angaben im Text (vgl. dazu auch H 14, wo eine ähnliche Konstellation belegt ist) entsprechen also der topographischen Lage der neuen Wohnung. Gerade seit dem Umzug im Juni 1907 erwähnt Kafka in Briefen auffällig die neue Perspektive, die sich für ihn beim Schauen aus dem Fenster ergab. Er verbringt den Sommer dieses Jahres »im kleinen Balkon über dem Fluß« und sieht nachts »die Sterne des offenen Fensters« vor sich. (Br 39) In einem etwas jüngeren Schreiben erwähnt er die Fensterbrüstung und die Tatsache, daß er vom Bett aus ohne sich aufzurichten das gegenüberliegende Moldauufer sehe. (Br 43) Das alles wirkte so nachhaltig auf ihn, daß er später beim Zimmersuchen auf einen weiten Ausblick besonderen Wert legte. Im März 1915 schrieb er an Felice: »Ohne freiere Aussicht, ohne die Möglichkeit, ein großes Stück Himmel aus dem Fenster zu sehn und etwa einen Turm in der Ferne, wenn es schon nicht freies Land sein kann, ohne dieses bin ich ein elender, gedrückter Mensch«. (F 630 f.) Vgl. das *Unglück des Junggesellen* E 34: *krank zu sein* u. das *Urteil* E 53: *Fenster.* – *durcheinandergehn:* Kafka fragt Milena, ob die von ihr gewählte Übersetzung (potírajíce se) »heiß durcheinandergehen« und »einander durchkreuzen« bedeute. – *freien Platz:* Milena übersetzte wörtlich und richtig »volné místo« (also im Sinn von »unbebauter, menschenleerer Ort«); Kafka hätte lieber das Wort »náměstí« genommen, was »piazza« oder »Ringplatz« meint. – *Verfolget nur:* In der tschechischen Übersetzung steht für »nur« das Wort »jen«, das aber nicht bloß »kein anderer« bedeutet, sondern auch adhortatives Füllwort sein kann. Kafka moniert: »ich weiß nicht ob ›nur‹ hier ›jen‹ ist, dieses ›nur‹ ist nämlich nur ein prager-jüdisches nur, bedeutet eine Aufforderung, etwa ›ihr könnt es ruhig machen‹«. – *die Hände in den Taschen:* Vgl. T 253: »Männer suchten sich noch mehr abzuschließen, indem sie die Hände in die Taschen steckten. Das war kleinliche Narrheit.« – *auf ihren Pferden:* in Prag damals üblich, vgl. M 240 f. – *an der Türglocke läuten:* Milena hatte übersetzt: ». . . an der Türglocke läuten; das Mädchen öffnet die Tür, und ich gehe hinein.« Kafka kommentiert: »die Schlußworte sind nicht wörtlich übersetzt. Du trennst das Dienstmädchen und den Mann, während sie im Deutschen in einander übergehen.«

DER NACHHAUSEWEG

(1907, zweite Jahreshälfte)

Da der Text einerseits an zwei Stellen (vgl. Einzelkommentierung) auf die Wohnung der Kafkas in der Niklasstraße verweist, die Ende Juni 1907 bezogen wurde, andererseits aber im März des folgenden Jahres im ersten Heft der Zeitschrift *Hyperion* erstmals gedruckt wurde, und zwar ohne Titel (S. 92, vgl. *Betrachtung* 1907, als *Nach-hauseweg* erst in der *Betrachtung* von 1912), muß er zwischen Juli und dem Ende des Jahres 1907 entstanden sein. Hält man das in der Er-zählung vorausgesetzte sommerliche Wetter – neben dem Gewitter sind vor allem die Musik im Garten und die geöffneten Fenster zu beachten, vgl. Br 67, T 63, 374 u. 404 – für eine direkte Entsprechung zu der Jahreszeit, in der sie konzipiert wurde, wäre die Niederschrift im Sommer 1907 erfolgt. Das Stück könnte älter als der *Kaufmann* sein, wird aber hier, weil Indizien fehlen, die eine relative Chronolo-gie der beiden Texte ermöglichten, wie im Erstdruck nach diesem ein-geordnet.

E 38   *in den Gerüsten der Neubauten, in dunklen Gassen:* Die Ni-klasstraße war der zentrale Bezugspunkt eines Straßensystems, nach dem das Assanierungsgebiet der ehemaligen Judenstadt, des »Fünften Viertels« in Prag, neu bebaut wurde. Genau an der Stelle, wo die sterbende Judenstadt mit ihren zahlreichen Bordellen und Spelunken (vgl. W 13) an die Zeile der protzi-gen Großstadtbauten grenzte, stand das Haus Niklasstraße 36. Da Abbruch und Wiederaufbau 1907 noch nicht abgeschlos-sen waren, hatte Kafka, wenn er, vom Stadtkern kommend, auf der rechten Straßenseite heimkehrte, wo sich das Haus »Zum Schiff« befand, tatsächlich die im Text beschriebene Mischung aus alt und neu vor sich; rechter Hand aber die Altstadt, deren »Tempo« insofern das der genannten »Gassen-seite« war, als diese die Grenze zur Judenstadt bildete. (Vgl. K. Krolop, Zu den Erinnerungen Anna Lichtensterns an Franz Kafka, in: Germanistica Pragensia 5 [1968], S. 25 ff.) Ja-nouch überliefert folgende Aussage Kafkas: »Wir gehen durch die breiten Straßen der neuerbauten Stadt. Doch unsere Schritte und Blicke sind unsicher. Innerlich zittern wir noch so wie in den alten Gassen des Elends … Die ungesunde alte Judenstadt in uns ist viel wirklicher als die hygienische neue Stadt um uns.« (J 116) – *Ottomanen:* breite, niedrige und ge-polsterte Liegemöbel mit oder ohne Rückenlehne. Kafka be-suchte gelegentlich Bordelle. (Vgl. Br 33, 59, T 70 u. 72) – *kann keiner von beiden den Vorzug geben:* Vgl. T 22: »Was die Zukunft an Umfang voraus hat, ersetzt die Vergangenheit an Gewicht und an ihrem Ende sind ja die beiden nicht mehr zu unterscheiden, früheste Jugend wird später hell, wie die Zukunft ist, und das Ende der Zukunft ist mit allen unsern Seufzern eigentlich schon erfahren und Vergangenheit. So schließt sich fast dieser Kreis, an dessen Rand wir entlang gehn.« – *während des Treppensteigens:* Die Wohnung im Haus »Zum Schiff« lag im vierten Obergeschoß, vgl. E 36 u. F 45: »Wenn ich auf der Stiege oben bin, weiß ich noch immer

nicht, in welchem Zustand ich sein werde, wenn ich in die
Wohnung trete.« – *Musik:* Kafka sah von seinem Zimmer in
der Niklasstraße aus die »Gärten« am gegenüberliegenden
Moldauufer. (Br 55) Einen Ausschnitt des nächtlichen Ausblicks (zur Tageszeit vgl. »in ihren Betten« und »die Musik
noch spielt«), den Kafka von hier aus hatte, wurde von P.
Wiegler beschrieben: »Die Wipfel des Rudolfsparks über-
wuchsen die Straße unter dem Belvedere. Soldaten von der
Bruska-Kaserne, eine rotgelbe Veranda in einer Gartenwirt-
schaft, ein Wagen, hinter dem eine Kette rasselnd schleifte,
der glühende Punkt einer Zigarette«. (*Das Haus an der Moldau,* Berlin 1934, S. 149)

DIE VORÜBERLAUFENDEN

(vor 1908)

Das Stück wurde ohne Überschrift im ersten Heft der Zeitschrift
Hyperion, also Anfang März 1908, erstmals gedruckt (S. 92 f. u. *Be-
trachtung* 1907) und am 27. März 1910 in der *Deutschen Zeitung
Bohemia* erneut veröffentlicht, jetzt unter dem Titel *In der Nacht*
(vgl. *Betrachtungen* 1910); als *Die Vorüberlaufenden* erst in der *Be-
trachtung* von 1912.
Nähere Hinweise auf die genaue Entstehungszeit fehlen. So wird der
Text hier hinter dem *Nachhauseweg* eingefügt, weil Kafka in der
Erstpublikation diese Reihenfolge, die freilich keinerlei Rückschlüsse
auf das Alter der so vereinten Erzählungen zuläßt, gewählt hat.

E 39   *in der Nacht:* Kafka ging sehr gern nachts spazieren. In einem
        Brief vom September 1907 heißt es, er sei »bei Sternenlicht in
        den Gassen herumgelaufen«. (Br 43, vgl. die *Entlarvung eines
        Bauernfängers* E 29: *zehn Uhr*) – *Nachtwandler:* Vgl. die wit-
        zige Zeichnung Kafkas zu diesem Thema. (FK 398) – *viel Wein
        getrunken:* Über seine Berufstätigkeit vom Oktober 1907 bis
        Juli 1908 berichtet Kafka Ende 1912: »wenn ich auch früher
        (besonders in dem Jahr, in dem ich in einer privaten Versi-
        cherungsgesellschaft war) ein Bummler war, wie Du es aus-
        drückst, so war ich gewiß kein begeisterter, eher ein trauriger,
        der dem zweifellosen Unglück des nächsten Tages durch Ver-
        schlafenheit und eindeutige Reue die Schärfe nehmen wollte.«
        (F 178)

DER FAHRGAST

(vor 1908)

Das Stück wurde ohne Titel im ersten Heft der Zeitschrift *Hyperion*, das Anfang März 1908 erschien, erstmals gedruckt (S. 93 f., vgl. *Betrachtung* 1907) und am 27. 3. 1910 vom Autor in der *Deutschen Zeitung Bohemia* unter dem heutigen Titel erneut veröffentlicht (83. Jg., Nr. 86, Morgen-Ausgabe, S. 39, vgl. *Betrachtungen* 1910); schließlich wurde es in die *Betrachtung* von 1912 aufgenommen.
Da nähere Hinweise zur Entstehung fehlen, wird der Text hier nach den *Vorüberlaufenden* eingereiht, weil diese Erzählung im Erstdruck dem *Fahrgast* mittelbar vorausgeht (dazwischen stehen die *Kleider*). Chronologische Erwägungen dürfen aber aus diesem Arrangement Kafkas nicht abgeleitet werden.

E 39   *unsicher:* Kafkas Grundproblem während seines ganzen Lebens, vgl. Br 194 f.: »Ich habe in der Stadt, in der Familie, dem Beruf, der Gesellschaft, der Liebesbeziehung ... der bestehenden oder zu erstrebenden Volksgemeinschaft, in dem allen habe ich mich nicht bewährt und dies in solcher Weise, wie es – hier habe ich scharf beobachtet – niemandem rings um mich geschehen ist«. Und T 546: »Alles ist Phantasie, die Familie, das Bureau, die Freunde, die Straße, alles Phantasie, fernere oder nähere, die Frau; die nächste Wahrheit aber ist nur, daß du den Kopf gegen die Wand einer fenster- und türlosen Zelle drückst.« S. auch F 89, 204, 254, 321 u. 412.

E 40   *schwach gepreßt:* verweist wohl auf jüdische Gesichtsbildung, vgl. M 119: »Ein wahrscheinlich schönes melancholisches Judengesicht, gepreßte Nase, schwere Augen«.

BETRACHTUNG

(Ende 1907)

Im Einvernehmen mit Kafka sandte dessen Freund Max Brod, der schon im Februar 1907 in der *Gegenwart* auf das neue Talent verwiesen hatte und es zu Publikationen anregen wollte (FK 60), Ende 1907 oder Anfang 1908 (der erste Termin ist wahrscheinlicher, weil das 1. Heft der neuen Zeitschrift zu Anfang des Jahres 1908 erscheinen sollte, der Redaktionsschluß also einige Zeit vorher liegen mußte) acht Prosastücke an Franz Blei, der zusammen mit Carl Sternheim den *Hyperion* herausbringen wollte. (Vgl. Be 149) Sie wurden im März 1908 im 1. Heft, dessen Niveau sich in Beiträgen von H. v.

Hofmannsthal, R. M. Rilke, H. Mann, C. Sternheim spiegelt, unter dem von Kafka gewählten Gesamttitel *Betrachtung* veröffentlicht. (S. 91–94) Die titellosen Texte, die mit römischen Zahlen durchnumeriert sind, wurden für die Publikation (doch wohl von Kafka) wie folgt geordnet (die Titel in runden Klammern wählte Kafka dann als Überschriften, als er die Stücke 1912 mit zehn weiteren als Buch herausbrachte):

I   (*Der Kaufmann*, 1907, zweite Jahreshälfte)
II   (*Zerstreutes Hinausschaun*, Frühjahr 1907)
III   (*Der Nachhauseweg*, 1907, zweite Jahreshälfte)
IV   (*Die Vorüberlaufenden*, vor 1908)
V   (*Kleider*, aus der 1. Fassung der *Beschreibung eines Kampfes*)
VI   (*Der Fahrgast*, vor 1908)
VII   (*Die Abweisung*, Ende 1906)
VIII   (*Die Bäume*, aus der 1. Fassung der *Beschreibung eines Kampfes*).

(Vgl. auch die *Betrachtungen* von 1910, die *Betrachtung* von 1912, L. Dietz, Franz Kafka und die Zweimonatsschrift ›Hyperion‹. Ein Beitrag zur Biographie, Bibliographie und Datierung seiner frühen Prosa, in: Deutsche Vierteljahrsschrift für Literaturwissenschaft u. Geistesgeschichte 37 [1963], S. 463 ff., u. P. Raabe, Franz Kafka und Franz Blei. Samt einer wiederentdeckten Buchbesprechung Kafkas, in: Sy 7 ff. u. Be 148 ff.)

Man erkennt sofort, daß die Reihenfolge nicht durch die Entstehungszeiten der Texte bestimmt ist. Da Kafka in seiner ersten Buchveröffentlichung auf die Abfolge der dort zusammengestellten Stücke größten Wert legte (Br 102, vgl. auch den Kommentar zum *Landarzt*-Band und zur *Hungerkünstler*-Sammlung von 1924), dürfen auch hier bewußte Anordnungsprinzipien vermutet werden. Die ersten vier Texte schließen sich näher durch das Moment zusammen, daß die jeweiligen Hauptfiguren (in der ganzen *Betrachtung* nur Ich- oder Wir-Erzähler) sich bewegen (Nachhauseweg, das Gehen zum Fenster, Marschieren durch eine Gasse und Spazierengehen); dabei ergibt sich die Reihenfolge durch die fortschreitende Tageszeit: In I ist es Abend (Geschäftsschluß), in II sinkt die Sonne, in III ist es später Abend (die Liebespaare in den Betten und die noch in einem Gartenrestaurant spielende Musik) und in IV späte Nacht. Dazu kommen Motivbeziehungen zwischen den einzelnen Nummern. In I und IV sind Heimwege beschrieben (»dürfen wir nicht müde sein«) und Verbrechen erwähnt (I: »Verfolgt nur ... beraubt«, IV: »unschuldig verfolgt« und »morden«). Die drei ersten Stücke sind durch den Blick aus dem Fenster miteinander verbunden, III und IV durch das Motiv des Schlafens (»Liebespaare in ihren Betten« und »auf eigene Verantwortung in sein Bett«). Die vier restlichen Betrachtungen sind mehr statischer Natur (V:

»sehe«, VI: »stehe«, VII: »begegne« und VIII: »sind« und »liegen«). Diese Minderung der Dynamik wird aber durch die Tatsache mehr als ausgeglichen, daß in V–VIII der soziale Bezug der Berichtenden gegenüber den vorhergehenden Texten wesentlich gesteigert ist. Werden dort andere nur von ferne beobachtet und näherer Kontakt gemieden (IV!) – Diener und Dienstmädchen sind ja keine Partner –, so kommt es hier zu konkreten Konfrontationen, die sich dadurch, daß jeweils Mädchen das Gegenüber vorstellen, enger zusammenfinden. Dabei ist die Abfolge der Texte durch den wachsenden Intensitätsgrad der Begegnungen festgelegt: In V ist ein Kollektiv Partner, das sich gar nicht in einem Einzelzusammentreffen, sondern nur in der Abstraktion wiederholt stattgehabter Beobachtung artikuliert, in VI wird immerhin schon eine situative Erzählszene mit Detailschilderung eines einzelnen Mädchens gestaltet, das in Tastnähe erscheint, und in VII kommt es zu einem Dialog mit einem solchen. Nr. VIII, mit nur drei Druckzeilen am kürzesten und so dem einleitenden *Kaufmann*, der am umfangreichsten ist, polar zugeordnet, schließt als parabolisches Resümee die Textfolge ab.

DIE AEROPLANE IN BRESCIA

(September 1909)

Am 9. September 1909 lasen Franz Kafka, Max Brod und dessen Bruder Otto, die sich seit 4. dieses Monats in Riva am Gardasee aufhielten, in der Zeitung *La Sentinella Bresciana* von einer in Brescia stattfindenden und an diesem Tage eröffneten Flugwoche, die bis 20. September dauern sollte. Trotz Geldknappheit entschlossen sich die Freunde sofort, diese Veranstaltung zu besuchen. Gleich am nächsten Tag fuhren sie mit dem Liniendampfer nach Desenzano, dort vom Hafen mit Zweigbahn oder Omnibus zum Hauptbahnhof, wo sie die Bahnlinie Verona-Mailand erreichten. Vom Bahnhof in Brescia begaben sie sich zum Sitz des Organisationskomitees der Veranstaltung, wo sie sich einen Gasthof anweisen ließen. (FK 92 f.: »Da wir sehr sparen mußten, übernachteten wir schließlich in einem Zimmer, das wir für eine Räuberhöhle hielten und in dessen Fußbodenmitte ... ein kreisrundes Loch in die darunter liegende Wirtsstube blicken ließ.«) Abends besichtigte man die Stadt. Am nächsten Morgen, also am 11., fuhren Kafka und seine Begleiter mit der nach Mantua führenden Lokalbahn nach dem eine knappe Stunde entfernt liegenden Montichiari, wo das Flugfeld lag. Sie verließen das Meeting gegen sieben Uhr am Abend und übernachteten in Desenzano, wurden aber »von den unter Hunderten von Heiligenbildern lauernden Wanzen auf die

Straße getrieben, fröstelten auf den Bänken am Quai des Sees dem
Morgen entgegen«. (FK 93) Zwei Tage später kehrten sie nach Prag
zurück.

Nachdem Louis Blériot (1872–1936), der sich 1903 dem Bau von Flug-
maschinen zugewandt hatte, am 25. Juli 1909 die spektakuläre Kanal-
überquerung gelungen war, entstand ein verstärktes Interesse der Öffentlichkeit an derartigen Veranstaltungen. Die »Flugwoche von
Brescia« war eine der weniger bedeutsamen, die zeitlich zwischen den
stärker beachteten Veranstaltungen von Reims in der zweiten Augusthälfte und Berlin (26. 9.–3. 10. 1909) liegt.

Der Flugtag am 11. September verlief laut zeitgenössischen Zeitungs-
berichten wie folgt:

11.00: Blériot läßt seinen Aeroplan aus dem Hangar führen und
unternimmt gegen Mittag einen vergeblichen Flugversuch; der
Apparat hebt nicht vom Boden ab.

12.20: Henri Rougier macht sich und die Maschine flugfertig, prüft
aber nur die Motoren.

14.00: Beginn des offiziellen Wettfluges. Das elegante Publikum trifft
ein.

15.37: Rougier startet und fliegt in 10 Meter Höhe über den Platz.

15.40: Blériot unternimmt einen kleinen Versuchsflug mit seinem
Monoplan Nr. 8.

16.24: Rougier fliegt einen Kilometer, geht dann aber wieder zu Boden; Blériot legt inzwischen fünf Kilometer zurück.

17.15: Blériot schiebt seinen Monoplan Nr. 23 aus dem Hangar. Er
nimmt zusammen mit seinem Gehilfen Alfred Leblanc Platz,
aber das Flugzeug erhebt sich nur fünf Meter über den Boden
und fällt dann zurück.

17.34: Blériot unternimmt allein mit Nr. 23 einen neuen, erfolgreich
verlaufenden Versuch; unter dem Jubel des Publikums dreht
er zwei Platzrunden.
Dann fliegt Glenn Curtiss um den »Großen Preis von Brescia«:
er legt 50 Kilometer in 49 Minuten und 24 Sekunden zurück.

18.30: Blériot steigt mit seinem Monoplan Nr. 8 40 Meter hoch auf.

18.32: Rougier hebt mit seinem Doppeldecker vom Boden ab und erreicht seinen Konkurrenten. In sehr ruhigem, sicherem Flug
schraubt er sich auf 117 Meter Höhe.

Um Kafkas schriftstellerische Arbeit, die schon monatelang stagnierte,
wieder in Fluß zu bringen, wollte sein Freund Max Brod ihm beweisen, daß es nur der Konzentration und Willensanstrengung bedürfe,
um der widerborstigen Inspiration aufzuhelfen: »Ich verlangte von
Franz, er möge all das, was er beobachten würde, sofort niederschrei-
ben und in einem Artikel zusammenfassen. Durch die Idee eines sport-
lichen Zweikampfs zwischen ihm und mir machte ich ihm diese Idee

schmackhaft. Auch ich wollte einen Artikel schreiben, und wir würden feststellen, wem die treffenderen Bemerkungen gelungen seien. Solche spielerische, fast kindliche Zielsetzungen verfehlten meist ihre Wirkung auf Kafka nicht. Namentlich machte es ihm ungeheuren Spaß, daß wir während des Ausflugs uns große Mühe gaben, unsere Aperçus voreinander zu verstecken, nichts von unserer Einstellung zu all dem, was wir sahen, zu verraten.« (FK 93)

Der Plan gelang. Denn schon bald nach der Rückkehr konnte Max Brod Paul Wiegler, dem Feuilletonredakteur bei der *Deutschen Zeitung Bohemia*, das fertige Manuskript Kafkas übergeben, der es am 28. September 1909 in stark gekürzter Form veröffentlichte (82. Jg., Nr. 269, Morgen-Ausgabe, S. 1–3). Im Erstdruck fehlen die sieben einleitenden Abschnitte (also von »La Sentinella Bresciana ...« bis »... in die Automobile läuft«) sowie zwei auf Blériot bezügliche (von »Auf dieser Kleinigkeit ...« bis »... diese Haltung«). Da der Beitrag für ein übliches Feuilleton von vornherein zu lang war und Kafka am 20. 4. 1914 diese Druckfassung Felice Bauer gegenüber als erträglich bezeichnete (vgl. F 559), gehen die Kürzungen wohl auf ihn selbst zurück.

Die vollständige Fassung, zuerst in der ersten Auflage von Max Brods Kafka-Biographie erschienen (Franz Kafka. Erinnerungen und Dokumente, Prag 1937, S. 269–280), wollte Brod dann in sein Buch *Über die Schönheit häßlicher Bilder* aufnehmen, was Kafka aber nicht recht war – »Alles Gute in mir wehrt sich dagegen« (T 154, am 11. 11. 1911) – und schließlich daran scheiterte, daß der geplante Sammelband zu umfangreich geworden wäre (FK 94).

Brods Paralleltext erschien in: *März* 3 (1909), Bd. IV (Okt.-Dez.), S. 219–226 unter dem Titel *Flugwoche in Brescia* (= F. i. B.).

Kafkas Feuilleton ist heute leicht zugänglich in: FK 359–367.

FK 359 *Schmerz:* Kafka ertrug Schmutz nicht; (vgl. F 626 f.) sein späterer Fanatismus in diesen Belangen war wohl auch Ausdruck seiner Meinung, innerlich zutiefst schmutzig zu sein. (Vgl. *Jäger Gracchus* B 100: *Unrat*) – *circuito aereo:* Aerodrom (Analogiebildung zu Hippodrom), auch »Flugfeld« (S. 360) oder »Rennplatz« (F. i. B., S. 219).

FK 360 *Gabriele d'Annunzio:* it. Schriftsteller (1863–1938), lebte damals in Salò am Gardasee. Brod beschreibt ihn so: »Er trägt gelbe Schuhe mit weißen Lackspitzen. Aber sicherlich, weil er so sorgfältig aussieht und diese majestätische Kravatte hat, bemerkte ich einen kleinen, kreisrunden Kotspritzer auf der linken Hose und einen blauen Faden an der rechten Schulter. Doch nein, er ist schön, klein, und mit seiner süßen Stimme, seinen lebhaft zuckenden Bewegungen könnte er frauenhaft allen Sinnen sich einschmeicheln ...« (F. i. B., S. 222) – *Montechiari:* richtig Montichiari.

FK 361 *Kavallerie:* »Es ist eine Abteilung der mailänder Lanzenreiter, sie kreuzen hin und wieder, eben reitet auch von uns aus ein Trupp quer hinüber, die roten Bummerln am Hut. Von jedem Pferdehuf für sich geht der weiße Staub empor . . .« (F. i. B., S. 220) – *Otto, energischer als wir zwei andern:* Otto Brod machte, weil er schon im Vorjahr in Riva weilte, den Cicerone. Eine Charakterbeschreibung, die Kafkas Aussage entspricht, findet man in Max Brods Roman *Der Sommer, den man zurückwünscht* (Zürich 1952). – *Hangars:* die Flugzeughallen: »Geheimnisvolle Hütten, vor denen sich Vorhänge schließen, ähnlich den Bootshäusern eines großen Ruderklubs, aber auf festem Land.« (F. i. B., S. 220) – *Trikolore:* Außer dem Amerikaner Glenn Curtiss waren fünf Franzosen und acht Italiener am Start. Eine instruktive Abbildung dieser Giebel findet sich im »Buch des Fluges«, hg. v. H. Hoernes, Bd III, Wien 1912, S. 185, Abb. 3.

FK 362 *Cobianchi:* Mario C., einer der führenden italienischen Aviatiker. Er startete mit einem Doppeldecker, dessen Motor dreimal so stark war wie derjenige von Curtiss. – *Cagno:* Umberto C. benützte ebenfalls einen Biplan. – *Rougier:* Henri R. gewann am 20. September mit seinem 40 PS starken Doppeldecker »Voisin« den »Premio Internazionale di Altezza«; er erreichte 198 Meter Höhe. – *Curtiss:* Glenn H. C. (1878–1930) war auch ein bedeutender Flugzeugkonstrukteur. – *Moucher:* richtig Guido Moncher, benützte ebenfalls einen Biplan. – *Anzani:* Alessandro A. wurde bes. durch die von ihm konstruierten, auch von Blériot verwendeten Flugmotoren bekannt. Photographien von den im Text genannten für Italien startenden Piloten in: »L'illustratione italiana« 1909, S. 254. – *mit auffallender Nase:* Eine Photographie im »Buch des Fluges«, hg. v. H. Hoernes, Bd II, Wien 1911, S. 475 zeigt eine ungewöhnlich große, im Mittelteil gehökerte und unten etwas plattgedrückte, dazuhin weit nach unten gezogene Nase. (Abb. 494) – *in Hemdärmeln:* »da kommt Rougier im Hemd, die Ärmel aufgeschlagen, in Kniehosen, heraus, nicht ohne einen ängstlichen Blick hinter sich zu lassen«. Statt Rougiers Frau beschreibt Brod eine reizende Französin, die ein Spielzeugflugzeug in Händen hält. – *Zielstange:* hoher Mast, an dem die erreichten Geschwindigkeiten und Zeiten gemessen wurden. – *Signalmast:* Durch Wimpeln, Fahnen und Ballone wurden dem Publikum gemäß einem im offiziellen Führer erläuterten System Informationen übermittelt. – *Startkatapult:* »Einmal wurde der Wrightsche Startkatapult von einem Fleck des Feldes auf den andern geräumt. ›Calderara fliegt‹ beglückwünscht einer den andern, ›unser Leutnant Calderara‹. Und obwohl man gelesen hat, daß sein Apparat ganz

verdorben ist, erzählt man einander, daß nur Calderara den
Katapult benützt, daß nur er es sein kann, der jetzt fliegt,
man bezieht gewaltsam alle Signale auf ihn. Erst dann erfährt
man, daß ein Amerikaner, der jetzt drankommt, das Gestell
aus dem Weg geräumt haben wollte.« (F. i. B., S. 224) – *Ko-
miteeautomobil:* »da laufen Automobile des Komitees, gelbe
Fähnlein voran, über die Fläche, zum Signalmast.« (F. i. B.,
S. 221) Eine ähnliche Szene ist auf einer Photographie zu
sehen, die sich von dieser Flugveranstaltung erhalten hat; vgl.
»Buch des Fluges«, hg. v. H. Hoernes, Bd III, Wien 1912,
S. 185, Abb. 1.

FK 363 *Leblanc:* Alfred L. war seit Dezember 1909 auch selbständiger
Aviatiker. Eine Photographie findet sich in J. Mortane, Les
Héros de l'air, Paris 1930, S. 61. – *den Kopf fest auf dem
Halse:* Eine zeitgenössische Photographie zeigt Blériot mit
kompaktem, gedrungenem Körper, auf dem, fast halslos, ein
runder Kopf mit anliegender Mütze und Schnurrbart sitzt.
(Buch des Fluges, hg. v. H. Hoernes, Bd II, S. 446, Abb.
459)

FK 364 *Frau Blériot:* In einem zeitgenössischen Bericht über die erste
Berliner Flugwoche heißt es: »Blériot in den weitbauschigen,
blauen Monteurhosen, kommt mit seiner Gattin, dem ausge-
sprochenen Typus einer Französin«. (»Illustrierte aeronau-
tische Mitteilungen« 13, Heft 20 [6. 10. 1909], S. 866) – *Man
begrüßt einander:* »... die stürmischen Küsse und Umarmun-
gen, wenn zwei Freundinnen einander begegnen, sie wollen
einander beweisen, daß sie zwei sind.« (F. i. B., S. 222) –
Laetitia Savoia Bonaparte: (1866–1926), Tochter von Giro-
lamo Napoleone Bonaparte und Clotilde di Savoia, seit 1888
mit Amadeo di Savoia, dem Herzog von Aosta, vermählt. –
Principessa Borghese: Gräfin Ilona Apponyi (1848–1914),
Tochter des Grafen Rudolf Apponyi von Nagy, der beim
Tode seines Vaters den Titel eines Fürsten Borghese annahm. –
Contessa Morosini: vielleicht Annina M., eine Hofdame der
Königin. – *Marcello Borghese:* (1887–1968), Sohn Giuseppe
B.s, Bruder des Fürsten Paolo B. (gest. 1920). – *Conte Oldo-
fredi:* Gerolamo O. (1840–1919), Bildhauer und Direktor der
Accademia Albertina von Turin; er war für die Organisation
der Veranstaltung verantwortlich. – *Puccinis:* Giacomo P.
(1858–1924), italienischer Opernkomponist. »Im Restaurant
sitzt Puccini. Da möchte ich weinen, denn den liebe ich, seine
Erfindungen haben mich oft gerettet wie eine göttliche Hilfe.
Um den Menschen also gehe ich im Bogen, um den Athleten
mit der großen, auch dicken Nase, den geröteten Backen, mit
den Gamaschen und robusten Hosen aus home-spun.« (F. i. B.,
S. 222) – *die langen Damen:* »Alle haben ... die gleichen ho-

hen Gestalten«. (F. i. B., S. 221) – *sitzt es sich nicht gut:*
»diese kleinen, gebrochenen Falten unten am Saum der langen
Jacken, eckige Schatten, winziges Licht, geknittert durch langes Sitzen im Automobil.« (F. i. B., S. 221) – *asiatisch ver-
schleiert:* »da gibt es schwarze Augen und unter Schleiern,
die mit phantastischen Blumen das Gesicht besetzt halten ...
Alle haben diese wehenden Schleier, deren Größe man nicht
begreift«. (F. i. B., S. 221) – *Das am Oberkörper lose Kleid:*
»die gleichen großartigen Mieder, die den Unterkörper tief
hinab bis ans Knie vielleicht umpanzern und den Oberkörper
weich lassen«. (F. i. B., S. 221)

FK 365 *der Apparat Leblancs:* unrichtig, denn Leblancs Apparat kam
an diesem Tag nicht zum Einsatz. Kafka hat aus ästhetischen
Gründen Startvorbereitungen und das zweimalige Abheben
mit dem Zweisitzer Nr. 23 (35 PS-Motor) fast ganz unter-
schlagen, dieser Teil der Veranstaltung spiegelt sich nur noch
in dem von ihm beschriebenen Austausch der Flugapparate.
Die »Kleinigkeit« (S. 363), mit der Blériot seine Flugversuche
an diesem Tag begann und auch abschloß, nämlich der Monoplan Nr. 8 (25 PS-Motor), ist typengleich mit dem Apparat,
mit dem er den Kanal überquerte (es war dies Nr. 11), aber
nicht identisch. Leblancs Aeroplan gehörte ebenfalls diesem
Bautyp an. Dadurch erklären sich die beiden Verwechslungen
Kafkas. – *alle wissen es:* »Franz unterscheidet von weitem
Blériots Kanalapparat, den glorreichen, von seinen andern.
Wir geben Auskunft an jedermann«. (F. i. B., S. 225) – *über
den Flügeln:* Dies war eine spezielle Eigenart dieses Bautyps.
Außerdem war der Rumpf dieses Eindeckers, dessen Aussehen
modernen Flugzeugen sehr ähnlich ist, hinten unverkleidet,
besaß Seiten- und Höhensteuer, und die vorderen, horizontal
ausgerichteten Haupttragflächen waren verziehbar. Diese Elemente bediente man mit Steuerknüppel und Pedalen. Die Sta-
bilisierung bei Wind war schwierig (vgl. »... wie der Monoplan schwankt«). – *eine kleine Runde:* »Und nun steigt er
höher, in die klare Luft, Stöße halten ihn in regelmäßigster
Bewegung, er wendet, man sieht den Erfinder drin ganz nah
vorbeikommen, ruhig sitzt er, vorgebeugt, aufmerksam ...
und nun wird er entschiedener, steigt auf, sodaß ein Strich
Himmel unter seinen Flügeln zittert ... da scheint er uns
emporgetragen von dem wachsenden Murmeln der Tausende,
das sich verstärkt, von unsrer plötzlich ausbrechenden Begeisterung.« (F. i. B., S. 224) – *schon fliegt er von uns weg:*
»Glatt steigt er auf, zierliche gelbe Bambusstäbe, glänzende
Vernickelungen, die Schraube wie ein Ventilator im schnell-
sten Drehen blitzend. Er nimmt die Diagonale des Feldes, an
den ausgestreckten Fahnen rasch vorbei, kilometerweit, man

sieht ihn nicht mehr. Aber wie er hinten über dem Wald wendet, streckt sich der Apparat und wird wieder deutlich.« (F. i. B., S. 226) – *Biplan:* Curtiss benützte einen Doppeldecker mit parallelen Tragflächen, die das Gerät besonders leicht abheben lassen. Der hinten liegende Propeller ist direkt auf die Motorwelle montiert. Der Steuermechanismus sitzt teilweise vor der Maschine. – *arbeitet:* Lieblingsverb Kafkas, vgl. A 135, 164 u. 344. – *Calderara:* Mario C., Schiffsleutnant der it. Marine, wurde nach Frankreich entsandt, um dort die Konstruktion von Flugzeugen zu studieren, 1909 Schüler Wilbur Wrights, dessen Konstruktionsprinzipien er übernahm (Katapultstart, Kufen statt Räder). – *Voisinflieger:* Doppeldecker eckiger Konstruktion, vertikale Seitenflächen sollen vor Seitenwind schützen, Hinterzelle ebenfalls mit vertikalen Seitenflügeln, Schraube nach hinten; sehr unökonomische Gestaltung.

FK 366 *Zodiac:* Er sollte von E. De la Vaulx für Frankreich gesteuert werden. Er startete erstmalig am 15. September. – *deutlich zu sehen:* danach in D neuer Absatz. – *in Prag:* Tatsächlich fand eine solche Veranstaltung auch statt, die dann, neben den Erlebnissen in Brescia, in Brods 1912 erschienenen Roman *Arnold Beer* einging. – *Wright:* Am 4. September 1909 begann Orville Wright, der auf Einladung des *Berliner Lokalanzeigers* nach Deutschland gekommen war, seine Schauflüge, bei denen Tausende auf das Tempelhofer Feld strömten.

BESCHREIBUNG EINES KAMPFES

(2. Fassung – Winter 1909/1910)

Da die beiden Bruchstücke der Erzählung, die Kafka im Frühjahr 1909 im achten Heft des *Hyperion* publizierte (*Gespräch mit dem Beter* und *Gespräch mit dem Betrunkenen*), noch die (freilich revidierte) erste Fassung repräsentieren, muß die Überarbeitung Kafkas jünger sein. Wenn es nun in einer an Max Brod gerichteten Postkarte vom 18. 3. 1910 im Hinblick auf die *Beschreibung eines Kampfes* heißt: »An der Novelle, lieber Max, freut mich am meisten, daß ich sie aus dem Haus habe« (Br 80), so darf das wohl so gedeutet werden, daß in den vorhergehenden Monaten (das Sommerhalbjahr 1909 kommt deshalb nicht in Frage, weil Kafkas Schaffen nach der Erinnerung des Freundes damals völlig stagnierte, vgl. FK 93 f.) die zweite Fassung entstand und das nicht mehr benötigte Manuskript der ersten Fassung verschenkt werden konnte (denn dieser Vorgang verbirgt sich, nach Brods Kommentar zu der eben zitierten Briefstelle, hinter Kafkas

abschätziger Bemerkung). Nur wenn man die Entstehungszeit in dieser
Weise festlegt, wird Brods Hinweis verständlich, Kafka habe ihm am
14. März 1910 diese Novelle vorgelesen (FK 60; daß alles bis zu diesem Zeitpunkt Vorliegende vorgetragen wurde, darf man füglich be-
zweifeln, denn auch hinsichtlich der *Verwandlung* erinnert sich der
Freund an eine Gesamtlesung, während absolut sicher ist, daß es sich
nur um den 1. Teil gehandelt haben kann, vgl. F 122 mit FK 113),
denn derartige Rezitationen erfolgten in aller Regel zu einem Zeitpunkt, an dem eine Arbeit schon erheblich fortgeschritten, aber doch
noch nicht beendet war. Im Verlauf des Umformungsprozesses hatte
sich Kafka so weit von der Erstfassung entfernt, daß diese auch bei der
sicher geplanten Weiterführung eher lästig als hilfreich war. (So L.
Dietz, Max Brods Hand in Kafkas Manuskripten der ›Beschreibung
eines Kampfes‹ und seine Kontamination dieser Novelle. Ein Beitrag
zur Textgeschichte und Textkritik, in: Germanisch-Romanische Monatsschrift N. F. 23, Heft 2 [1973], S. 194)
Die Umarbeitung bringt eine erhebliche stilistische Bearbeitung des ursprünglichen Textes, den Wegfall größerer Teile des *Spaziergangs*, der
ganzen *Ansprache an die Landschaft*, der *Geschichte des Beters* und
des Teils III, der in der ersten Fassung den zweiten, abschließenden
Teil der Rahmenerzählung bildet; da das letzte Blatt der Neufassung
bis unten hin beschrieben ist, darf vermutet werden, daß einiges verloren ging.
An Neuem enthält die zweite Fassung u. a. die Stücke *Kinder auf der
Landstraße* (Be 69–77) und den *Ausflug ins Gebirge* (Be 47 Z. 4–18),
die beide in den Band *Betrachtung* von 1912 eingingen. Außerdem
wurde der Aufbau in perspektivtechnischer Hinsicht grundlegend verändert. Zu den Einzelheiten vgl. J. Ryan, Die zwei Fassungen der
›Beschreibung eines Kampfes‹. Zur Entwicklung von Kafkas Erzähltechnik, in: Jahrbuch der Dt. Schillergesellschaft 14 (1970), S. 547 ff.
Eine Beschreibung der Manuskripte bei L. Dietz, Zwei frühe Handschriften Kafkas, in: Philobiblion 13 (1969), S. 209 ff., vgl. ergänzend
L. Dietz, Kafkas Randstriche in Manuskript B der ›Beschreibung eines
Kampfes‹ und ihre Deutung. Eine Ergänzung zur Edition der zweiten
Fassung, in: Jahrbuch der Dt. Schillergesellschaft 16 (1972), S. 648 ff.
Dietz deutet die Randstriche als Hervorhebungen besonders ge-
glückter Formulierungen, die das von Kafka später bevorzugte Stil-
mittel einer zu dramatischer Bedeutsamkeit gesteigerten Gebärde in
außergewöhnlichem Maße zeigten und, im Zusammenhang gesehen,
schon das epische Grundgerüst der späteren *Verwandlung* präfigurier-
ten, so daß denkbar erscheint, »daß die Randmarkierungen Stellen bezeichnen, mit deren Hilfe eine weitere Bearbeitung oder Umgestal-
tung, wenn nicht eben Ansatz und Gerüst für eine dritte Fassung, ge-
leistet sein sollte.« (S. 657) Die Anstreichungen sind im Folgenden jeweils vermerkt.
D: Be.

Be 23 *Postgasse:* Verbindung zwischen Ferdinandstraße und Kreuzherrenplatz in Prag.

Be 27 *Das Schlimmste:* Randstriche bis zum Schluß des Abschnitts.

Be 29 *Aber mit plötzlicher Wendung:* Randstriche bis ».... noch
nicht«. – *Das muß ich aber sagen:* Randstriche bis ».....
Schluß.« – *Schon stand ich:* Randstriche bis zum Schluß des
Abschnitts.

Be 31 *weniger brauche:* Randstriche bis zum Schluß des Abschnitts.
– *Jetzt kam:* Randstriche bis ».... führen«.

Be 33 *besser wegzulaufen:* Randstriche bis zum Schluß des Abschnitts. – *Suchen von Gründen:* Vgl. das Schlußkapitel des
Prozeß-Romans, wo dieses Motiv thematisiert wird.

Be 35 *Als ich aufzustehn:* Randstriche bis ».... Schmerz«. – *Hyäne:*
»Und alle Schakale ringsum ... senkten die Köpfe zwischen
die Vorderbeine und putzten sie mit den Pfoten«. (E 162)

Be 37 *über die leere:* Randstriche bis ».... erinnerte er«. – *Natürlich:* Randstriche bis-».... noch immer«. – *Mein Kopf:* Randstriche bis ».... daß ich einmal«.

Be 41 *Für mich aber:* Randstriche bis ».... werfen«. – *in Brocken:*
Auffällige Übereinstimmung mit der Zweitfassung des *Jäger
Gracchus*, wo der Kaufmann zum Titelhelden sagt: »aber nun
wüßte ich gerne etwas im Zusammenhang über dich.« (B 337)
Kafka selber klagt sich an, nie ein »großes, zusammenhängen-
des« Gespräch geführt zu haben. (F 401)

Be 47 *Ich weiß nicht:* bis ».... daß wir nicht singen« als *Der Ausflug
ins Gebirge* im Band *Betrachtung* von 1912.

Be 69 *Ich hörte:* bis ».... müde werden« (Be 77) als *Kinder auf der
Landstraße* im Band *Betrachtung* von 1912.

Be 71 *Feuer im Mund:* Vgl. den *Hungerkünstler* E 268: »Glut aus
seinem Rachen«. – *Kurassiere:* seit dem 18. Jahrhundert Bezeichnung für schwere Reiter mit Brustharnisch (Küraß); im
dt.-franz. Krieg 1870/71 als nicht mehr zweckmäßig erwiesen.

Be 73 *Wie müßtet Ihr aussehn:* Kafka am 14. 8. 1912 an Max Brod:
»Nur dieses: ›Wie müßtet ihr aussehn?‹ in der Kinderge-
schichte streich und hinter dem vier Worte vorhergehenden
›wirklich‹ mach ein Fragezeichen.« (Br 103) – *Postwagen:*
Pferdekutsche; als Erinnerung an frühere Sommerferien in
Liboch weiß Kafka am 24. 8. 1902 zu berichten (an Oskar
Pollak): »Damit Du weißt, wie ich zu dem Leben stehe, das
da draußen über die Steine stolpert, wie die arme Postkutsche,
die von Liboch nach Dauba humpelt.« (Br 13)

Be 79 *bete:* Vgl. T 19: »Dieser Junggeselle mit seinen dünnen Kleidern, seiner Betkunst, seinen ausdauernden Beinen, seiner ge-
fürchteten Mietswohnung, seinem sonstigen gestückelten, diesmal nach langer Zeit wieder hervorgerufenen Wesen ...« –
In den nächsten Tagen: Randstriche bis ».... welches auf«.

Be 83 *sonst angesprochen:* Randstriche bis zum Schluß des Abschnitts.

Be 93 *Seht doch nur:* Randstriche bis »... Uneigennützigkeit«.

Be 115 *lachte ich:* Vgl. *Gibs auf!* B 115: *wandte.*

Be 117 *ausgemalt:* damals häufig in Prag; M. Brod schreibt über das
Haus am Altstädter Ring, in dem die Kafkas seit November
1913 wohnten: »... an der Treppenwende die billigen Gips-
engel mit den beschädigten schwarzen Nasenspitzen«. (*Zauberreich der Liebe,* Berlin, Wien, Leipzig 1928, S. 92)

Be 123 *Gesellschaft:* Die Thematik der letzten anderthalb Seiten
erinnert an das Stück *Entlarvung eines Bauernfängers* (E
29 ff.).

ZUM NACHDENKEN FÜR HERRENREITER

(Winter 1909/1910)

Da das Stück zusammen mit vier der schon im 1. Heft des *Hyperion*
publizierten acht Texte am 27. 3. 1910 in der *Deutschen Zeitung
Bohemia* erstmals gedruckt wurde (Jg. 83, Nr. 86, Morgen-Ausgabe,
S. 39) – vgl. auch *Betrachtungen* 1910 –, ist wohl anzunehmen, daß
es zwischen April 1908 und Februar 1910 entstanden ist. Da Kafka
im Jahr 1909 ein eifriger Besucher der Prager Pferderennen war und
im folgenden Winter auch selbst gut reiten lernte (FK 49, Br 500 u.
79), ist die Niederschrift, besonders auch angesichts der Schaffenskrise
im Sommer 1909 (FK 93 f.), im Winter 1909/1910 am wahrscheinlichsten.
Daß das hier thematisierte Motiv für Kafka bedeutsam war, zeigt
zunächst eine Zeichnung des Dichters, die einen auf sein sich aufbäu-
mendes Pferd einpeitschenden Jockey darstellt (Abb. in: FK 395).
Sie veranschaulicht gleichsam eine Tagebucheintragung vom 21. 7.
1913, die das psychische System des Schreibenden aus der Bedrängnis
zu führen sucht, die durch den Versuch entstand, gegen innere Instan-
zen Felice Bauer heiraten zu wollen: »Nur das Pferd ordentlich peitschen! Ihm die Sporen langsam einbohren, dann mit einem Ruck sie
herausziehn, jetzt aber mit aller Kraft sie ins Fleisch hineinfahren
lassen.« (T 312)
Weiterhin werden laufende Pferde und Wettrennen als Metapher für
freie, keinen Zwängen oder Einschränkungen unterliegende Persön-
lichkeitsentfaltung mehrfach erwähnt. (T 279, E 45, 145, A 330 u.
FK 362) Umgekehrt wird das eigene Lebensgesetz des Autors in drei
zeitlich weit auseinanderliegenden Aussagen – ein Beweis für die
Konstanz der zugrunde liegenden Vorstellung – im Bild eines sich den
Renngesetzen versagenden Pferdes und Reiters (bzw. Läufers) vorge-

stellt, ein Sachverhalt, der offenbar im vorliegenden Stück in ironi-
scher Verfremdung umspielt wird: »Bleibt man aber einmal in einem
Marsch zurück, so holt man den allgemeinen Marsch niemals mehr ein,
selbstverständlich, doch auch der verlassene Schritt bekommt ein Aussehen, daß man wetten möchte, es sei kein menschlicher Schritt, aber
man würde verlieren. Denken Sie doch, der Blick vom rennenden
Pferde in der Bahn, wenn man seine Augen behalten kann, der Blick
von einem über die Hürde springenden Pferde zeigt einem sicher
allein das äußerste, gegenwärtige, ganz wahrhaftige Wesen des Renn-
betriebs. Die Einheit der Tribünen, die Einheit des lebenden Publikums, die Einheit der umliegenden Gegend in der bestimmten Jahreszeit usw., auch den letzten Walzer des Orchesters und wie man ihn
heute zu spielen liebt. Wendet sich aber mein Pferd zurück und will es
nicht springen und umgeht die Hürde oder bricht aus und begeistert
sich im Innenraum oder wirft mich gar ab, natürlich hat der Gesamt-
blick scheinbar sehr gewonnen. Im Publikum sind Lücken, die einen
fliegen, andere fallen, die Hände wehen hin und her wie bei jedem
möglichen Wind, ein Regen flüchtiger Relationen fällt auf mich und
sehr leicht möglich, daß einige Zuschauer ihn fühlen und mir zustim-
men während ich auf dem Grase liege wie ein Wurm. Sollte das etwas
beweisen?« (Br 76) Am 15. August 1911 heißt es im Tagebuch: »Wie
spät hole ich jetzt mit achtundzwanzig Jahren meine Erziehung nach,
einen verspäteten Start würde man das bei einem Wettlaufen nennen.
Und der Schaden eines solchen Unglücks besteht nicht vielleicht darin,
daß man nicht siegt; dieses letzte ist ja nur der noch sichtbare, klare
gesunde Kern des weiterhin verschwimmenden grenzenlos werdenden
Unglücks, das einen, der man doch den Kreis umlaufen sollte, in das
Innere des Kreises treibt.« (T 59) Und im Jahr 1919: »es fällt mir
ein Wettrennen ein, bei dem, wie es auch richtig ist, jeder Teilnehmer
überzeugt ist, daß er gewinnen wird, und das wäre auch möglich bei
dem Reichtum des Lebens. Warum geschieht es nicht, trotzdem doch
scheinbar jeder den Glauben hat? Weil sich der Nichtglauben nicht im
›Glauben‹ äußert, sondern in der angewendeten ›Rennmethode‹. So
wie wenn etwa jemand fest davon überzeugt wäre, daß er gewinnen
wird, aber daß er nur dadurch gewinnen wird, daß er vor der ersten
Hürde ausbricht und nicht mehr zurückkehrt. Dem Schiedsrichter ist
klar, daß der Mann nicht gewinnen wird, wenigstens auf dieser Ebene nicht, und es muß sehr lehrreich sein, zuzusehn, wie der Mann von
allem Anfang an alles darauf anlegt auszubrechen und alles mit
tiefem Ernst.« (Br 253)
An allen Stellen dient der fragliche Vorstellungszusammenhang mehr
oder weniger direkt dazu, als Bildebene Kafkas Ausnahmestellung
innerhalb seines Freundeskreises und seiner Generation zu beleuchten.

F. 42   *beim Losgehn:* D »im ersten Krawall«. – *Schaltern:* an den
        Häuschen der Wettbüros.

BETRACHTUNGEN

(März 1910)

Unter diesem Titel erschienen in der *Deutschen Zeitung Bohemia* (83. Jg., Nr. 86, Morgen-Ausgabe, S. 39) am 27. 3. 1910 fünf Prosastücke Kafkas mit folgenden Einzeltiteln:

Am Fenster (= *Zerstreutes Hinausschaun*, entstanden im Frühjahr 1907)

In der Nacht (= *Die Vorüberlaufenden*, vor 1908)

Kleider (aus der 1. Fassung der *Beschreibung eines Kampfes* von 1904/1905)

Der Fahrgast (vor 1908)

Zum Nachdenken für Herrenreiter (Winter 1909/1910)

Die ersten vier Stücke waren schon unter dem Sammeltitel *Betrachtung* (also ohne eigene Überschriften) im März 1908 im 1. Heft des *Hyperion* erschienen. (Vgl. den Kommentar zu der von Kafka Ende 1907 redigierten *Betrachtung*) Über den Druck der *Betrachtungen* von 1910 schreibt Max Brod: »Paul Wiegler, der eine Zeitlang Feuilletonredakteur der ›Bohemia‹ (Prag) war und dem ich 1910 andere, diesmal einzeln betitelte Prosastücke aus dem gleichen Zyklus Kafkas einreichte, glaubte den Gesamttitel dem allgemeinen Sprachgebrauch anpassen und in den Plural ›Betrachtungen‹ ändern zu müssen. Ich entsinne mich noch genau, wie Kafka diese Eigenmächtigkeit gesprächsweise übel vermerkte.« (Be 149 f.)

Die Stücke sind nach wachsendem Umfang geordnet, außerdem erhöht sich der soziale Kontext des Ich- bzw. (im ersten und letzten Text) Wir-Erzählers immer mehr: Der Weg führt gleichsam von der distanzierten und statischen Beobachtung auf Distanz im *Fenster* und der bewußten Isolation vom andern in der *Nacht* zur neugierigen Wahrnehmung der Nähe des Partners im *Fahrgast* (die durch die Überlegungen im dritten Textstück vorbereitet wurde) und von da zur bewußten Teilnahme am von allen beachteten Geschehen. Der unsichere Betrachter, der eingangs fragt, was er tun soll, in der *Nacht* ernsthaft keine Antworten auf seine den Nächsten betreffenden Fragen sucht, im *Fahrgast* sich und sein Gegenüber in Frage stellt, thematisiert im *Nachdenken für Herrenreiter* explizit sein Unbehagen an den Lebensgesetzen der Gemeinschaft.

Außerdem sind die beiden ersten Stücke durch einen kontinuierlichen Zeitablauf zusammengeschlossen, der Morgen, Abend und Nacht umfaßt. Das sich anschließende Textpaar ist durch das Motiv des beobachteten Mädchens als solches kenntlich, wobei sich die verallgemeinernden, auch über viele Partnerinnen gemachten Ausführungen im *Fahrgast* situativ und zugespitzt auf ein einziges weibliches Gegenüber konzentrieren; Kafka behielt diese Zuordnung auch in der *Betrachtung* von 1912 bei.

Über die innere Lage, in der die Zusammenstellung vorgenommen wurde, unterrichtet am besten eine Tagebuchnotiz Kafkas vom 15. 12. 1910, in der der Schreiber seinen nun schon fast ein Jahr dauernden unbefriedigenden Zustand mit folgenden Worten zusammenfaßt: »Ich bin ja wie aus Stein, wie mein eigenes Grabdenkmal bin ich, da ist keine Lücke für Zweifel oder für Glauben, für Liebe oder für Widerwillen, für Mut oder Angst im besonderen oder allgemeinen, nur eine vage Hoffnung lebt ... Wenn ich mich zum Schreibtisch setze, ist mir nicht wohler als einem, der mitten im Verkehr der Place de l'Opéra fällt und beide Beine bricht ... Das viele Leben schmerzt ihn, denn er ist ja ein Verkehrshindernis, aber die Leere ist nicht weniger arg, denn sie macht seinen eigentlichen Schmerz los.« (T 27 f.)

UNGLÜCKLICHSEIN

(August/Oktober 1910)

Mit dieser Erzählung beginnt im Manuskript, das wenige Zeilen vor Schluß abbricht (vgl. Sy 60) und ohne Titel ist (T 695), das zweite Tagebuchheft, dessen erste datierte Eintragung die vom 6. 11. 1910 ist. Die zeitlich früher liegenden Notizen des ersten Quarthefts sind auf Mai und Juli dieses Jahres zu fixieren (vgl. T 14 u. 724), so daß der Text zwischen den beiden genannten Zeitmarken entstanden sein muß. Der mögliche Zeitraum wird noch etwas weiter dadurch eingeschränkt, daß Kafka im August einige Zeit in der Sommerfrische war (Br 81) und vom 8. bis 17. Oktober eine Reise nach Paris unternahm (W 168), in dieser Zeit also gewiß nicht zum Arbeiten kam. Wäre die im Stück angegebene fiktive jahreszeitliche Einordnung – November (E 44) – wie in der *Verwandlung* (vgl. die Einleitung zu dieser Erzählung) als direktes Äquivalent der Entstehungszeit zu bewerten, könnte es auch erst Anfang November entstanden sein. Wie aus einem unveröffentlichten Tagebuchexzerpt Max Brods hervorgeht, las Kafka *Unglücklichsein* am 3. März 1911 vor.
Der Freund muß sich positiv zu diesem Text geäußert haben, denn eine am 5. 3. 1911 gestempelte, an Brod gerichtete Postkarte Kafkas beginnt mit folgenden Worten: »Danke, mein lieber Max. Was das Zeug wert ist, weiß ich. Es ist ja wie immer. Seine Fehler stecken tiefer in meinem Fleisch als sein Gutes.« (Br 89) Vgl. auch T 344.
D: F. Kafka, Betrachtung, Leipzig 1913 (recte 1912), S. 80–99.

E 44   *Rennbahn:* Vgl. das Stück *Zum Nachdenken für Herrenreiter.* – *Anblick:* Kafka über das abendliche Dunkel in seinem Zimmer: »Die von dem elektrischen Licht auf der Straße und Brücke unten auf die Wände und die Decke geworfenen Lichter und Schatten sind ungeordnet, zum Teil verdorben, einander überdeckend und schwer zu überprüfen.« (T 78)

E 45   *wildgewordene Pferde:* Vgl. die Einleitung zum *Neuen Advokaten.*

E 46   *wohne im dritten Stock:* Nach der von üblicher Benennung abweichenden amtlichen Sprachregelung wohnte Kafka tatsächlich in der Niklasstraße 36 im dritten Stock (1907–1913); so trug auch sein Vater den Sachverhalt in einen amtlichen Fragebogen ein. (Vgl. K. Krolop, Zu den Erinnerungen Anna Lichtensterns an Franz Kafka, in: Germanistica Pragensia 5 [1968], S. 24, Anm. 4 u. S. 52 Z. 17)

DIE STÄDTISCHE WELT

(März 1911)

Das unter diesem Titel im Tagebuch (2. Quartheft) überlieferte Erzählfragment steht zwischen Eintragungen vom 21. Februar und 26. März 1911. Da Kafka Ende Februar noch auf einer Dienstreise in Nordböhmen weilte (Br 87 f.), ist die Entstehung des Textes im März dieses Jahres am wahrscheinlichsten. Das Erzählbruchstück ist – abgesehen von dem in insgesamt sechs ähnlichen Ansätzen vorliegenden Fragment des *Kleinen Ruinenbewohners* (vgl. T 695 u. *The Diaries of Franz Kafka 1910–1913,* ed. by M. Brod, London 1948, S. 47 ff.) vom Sommer 1910, wo eine Erziehungskritik vorgetragen wird, die sich allerdings keineswegs auf die Eltern des Erzählers beschränkt oder konzentriert – der erste Beleg überhaupt für Kafkas Auseinandersetzungen mit seiner Familie, die dann seit Herbst 1911 auch auf der biographischen Ebene ausgetragen werden.
So stellt die *Städtische Welt,* auch nach der ausdrücklichen Auffassung des Autors selbst, thematisch eine Vorform des *Urteils* dar (T 294), mit dem sie den Ausgangspunkt (der Sohn will einen gefaßten Entschluß seinem Vater mitteilen), die Grundproblematik (Vater-Sohn-Verhältnis), die Personenkonstellation (Rolle der Mutter und des Freundes) und die Doppelgesichtigkeit des Vaters (harmloser alter Mann und Schreckbild) gemeinsam hat (vgl. dazu auch meine Arbeit »Motiv und Gestaltung bei Franz Kafka«, Bonn 1966, S. 369 f.).
D: The Diaries of Franz Kafka 1910–1913, S. 47–54; deutsch: T 45–52.

T 45   *schwerem Fleischgesicht:* Kafkas Vater, der Sohn eines Fleischers, war von beträchtlichem Körpergewicht. (Vgl. Br 396 u. F 219) – *ein Fenster verdeckte:* Vgl. *Das Urteil:* »Mein Vater ist noch immer ein Riese‹, sagte sich Georg.« (E 59, s.

dort: *Riese*) – *Lotterleben:* »mein Sohn ging im Jubel durch
die Welt ... überpurzelte sich vor Vergnügen und ging vor
seinem Vater mit dem verschlossenen Gesicht eines Ehren-
mannes davon!« (E 65) Vgl. H 162. – *Trost des Alters:*
»Glaubst du, ich hätte dich nicht geliebt, ich, von dem du
ausgingst?« (E 65) – *Faulheit:* Nach Kafkas Meinung dachte
sein Vater über ihn so: »Ottla habe ich in ihrem Eigensinn
unterstützt und während ich für Dich keinen Finger rühre ...
tue ich für Freunde alles. Faßt Du Dein Urteil über mich zusammen, so ergibt sich, daß Du mir zwar etwas geradezu Un-
anständiges oder Böses vorwirfst (mit Ausnahme vielleicht meiner letzten Heiratsabsicht), aber Kälte, Fremdheit,
Undankbarkeit.« (H 163) – *warum soll ich:* Der Satz in
Klammern wurde von Kafka im Manuskript gestrichen.

T 46   *ein guter Sohn:* »›Liebe Eltern, ich habe euch doch immer
geliebt‹«. (E 68) – *zu dir habe, Oskar:* im Manuskript dahinter, von Kafka gestrichen: »Auch Deine gute Mutter hat es
nicht mehr.«

T 47   *Dissertation:* Während für den juristischen Doktorgrad, den
Kafka 1906 erwarb, keine schriftliche Arbeit erforderlich
war, mußte eine solche beispielsweise in den philologischen
Disziplinen angefertigt werden (vgl. etwa T 279). – *Kasten:*
Bücherschrank.

T 48   *mit großen Augen:* Vgl. im *Urteil:* »er sah die Pupillen in
den müden Augen des Vaters übergroß in den Winkeln der
Augen auf sich gerichtet.« (E 61) Unmittelbar danach heißt
es im Manuskript, aber von Kafka wieder gestrichen: »trotzdem möchte ich von dir nicht mißverstanden sein. Ich habe
kein Vertrauen zu dir, sagte ich, aber das heißt nicht, daß
ich dich für einen Lügner halte. Wenn du z. B. mir sagst, daß
du drüben aus der Trafik das Abendblatt holen wirst, so
glaube ich dir, daß du das tust, doch werde ich von dieser
Handlung, da mir das Vertrauen zu Dir von Grund auf fehlt,
keine andere Freude haben, als die am Abendblatt«. (Vgl. *Die
Verwandlung* E 95: *nachmittags* u. B 129) – *gelungen:* danach
im Manuskript, von Kafka wieder gestrichen: »in einer plötzlich ihn überkommenden Beweglichkeit salutierte er ein wenig
und wandte sich zur Tür.« Vgl. den *Brief an den Vater:* »Du
muntertest mich zum Beispiel auf, wenn ich gut salutierte und
marschierte, aber ich war kein künftiger Soldat«. (H 187 f.
u. die *Erste lange Eisenbahnfahrt* E 299: *Militär*)

T 49   *von deinen Ideen:* danach im Manuskript, von Kafka gestrichen: »Verschone sie damit«. – *nicht mein Vater:* Vgl. im *Urteil:* »Georg sah zum Schreckbild seines Vaters auf.« (E 64)
Und: »es klang schon hinter Gregor gar nicht mehr wie die
Stimme bloß eines einzigen Vaters«. (E 93) – *gelegt hatte:* da-

hinter im Manuskript, von Kafka gestrichen: »Mein wirklicher Vater hätte mich belobt, er hätte mir die Wangen gestreichelt und mich zur Mutter geführt.« Vgl. *Brief an den Vater:* »ich kann nicht glauben, daß ein freundliches Wort, ein stilles Bei-der-Hand-Nehmen, ein guter Blick mir nicht alles hätten abfordern können, was man wollte.« (H 166)

T 50   *Vorzimmer:* in Prag der wohnlich eingerichtete Flur. – *Glastür:* häufig in Prager Wohnungen zur besseren Beleuchtung des Gangs, vgl. T 78: »Wirkt auf die Glastür (sc. meines Zimmers) von außerhalb das Licht des Vorzimmers und jenes der Küche gleichzeitig ...« – *Lederkanapee:* mit Lehnen versehenes, gepolstertes Sitzmöbel, auf dem Kafka gerne zu ruhen pflegte (vgl. z. B. T 69, 78 u. 170).

DIE ERSTE LANGE EISENBAHNFAHRT

(September–Anfang Dezember 1911)

Es handelt sich bei diesem Text um das erste Kapitel des Romans *Richard und Samuel,* den Kafka und Max Brod zusammen schreiben wollten; Vorbehalte des ersteren, der von seinem Freund »wenigstens eine Zeitlang bei der Stange gehalten« wurde (FK 111), verhinderten, daß weitere Teile – am zweiten Kapitel arbeitete man noch um den Jahreswechsel 1911/12 (T 221 u. 228) – druckreif wurden. Kafka an Max Brod am 22. 7. 1912: »An unserer gemeinsamen Geschichte hat mich außer Einzelheiten nur das Nebendirsitzen an den Sonntagen gefreut (die Verzweiflungsanfälle natürlich abgerechnet) und diese Freude würde mich sofort verlocken, die Arbeit fortzusetzen.« (Br 101) Und vier Jahre später: »Für ›Richard und Samuel‹ hast Du immer eine Vorliebe gehabt, ich weiß. Es waren wunderbare Zeiten, warum muß es gute Literatur gewesen sein?« (Br 141) Zu den Voraussetzungen des Projekts gehörte einmal, daß Max Brod damals »überhaupt zu gemeinsamen, freundschaftlich unterbauten Arbeiten« tendierte (M. Brod, Streitbares Leben 1884–1968, München, Berlin, Wien [1969], S. 35) – er übersetzte zusammen mit Franz Blei J. Laforgues *Pierrot, der Spaßvogel* (1909) und verfaßte mit seinem Freund Felix Weltsch ein philosophisches Werk (1913) –, und Kafka in dieser Zeit sich mehr als je zuvor und danach freundschaftlich Brod gegenüber öffnete: »Lieber Max, es ist wahr, ich schreibe nichts, aber nicht deshalb ... weil ich nicht nach einer vertrauten Stunde mit Dir verlangen würde, einer Stunde, wie wir sie, so scheint es mir manchmal, seit den oberitalienischen Seen nicht mehr gehabt haben.« (Br 452) Und ganz entsprechend äußert sich Kafka über seine Beziehung zu Brod Felice Bauer gegen-

über: »Niemals waren wir einander so nahe wie auf Reisen«. (F 559)
Brod seinerseits empfand nicht anders. (Vgl. FK 90)
Begünstigt wurde der Plan auch dadurch, daß die Freunde schon während ihres Besuchs in Brescia im September 1909 (vgl. *Die Aeroplane in Brescia*) sich Reiseeindrücke notiert hatten und daß man auch für die Ferienreise des Jahres 1911 wieder das Tagebuchführen beschloß. Brod schreibt: »Ich erinnere mich, wie wir auf einem Dampfer des Vierwaldstättersees jene Reisenden bemitleideten, die ›nur‹ Photoapparate mitführten und von der höheren Kunst der Reiseerinnerung mit Hilfe eines Tagebuchs offenbar keine Ahnung hatten.« (FK 106) Entsprechend notierte sich Kafka am 5. 9. 1911 in Mailand: »Unverantwortlich, ohne Notizen zu reisen, selbst zu leben.« (T 616) Über den Wert derartiger Eintragungen hatte sich Brod schon vorher in einem Feuilleton Gedanken gemacht und sich folgendem Typ zugeordnet: »Die andere Gruppe dagegen geht auf gar nichts aus, läßt sich spielend von einem Detail zum andern locken und bleibt sich stets bewußt, daß der Reisende doch nur einen kleinen zufälligen Ausschnitt, bestenfalls eine Übertreibung, niemals aber einen Extrakt des bereisten Landes zu sehen und zu studieren bekommt. Die Reisenden dieser Art (sie scheinen die oberflächlicheren, sind aber die gründlicheren) wollen nur starke Eindrücke haben, sind zu bescheiden, um gleich Erkenntnisse zu wünschen, und zu vorsichtig, um sich sie einreden zu lassen.« (M. Brod, Der Wert der Reiseeindrücke, in: Frankfurter Zeitung 55, Nr. 85 [26. 3. 1911], 4. Morgenblatt, S. 2)
Die unter solcher Optik angelegten Reisetagebücher vom Sommer 1911 waren es nun, die das stoffliche Substrat der *Ersten langen Eisenbahnfahrt* bildeten. Am 26. August 1911, dem Abreisetag, vermerkt Brod in seinem Tagebuch: »Kafkas Vorschlag einer gemeinsamen Reisearbeit. Unvollkommen erklärt. Gleichzeitige Beschreibung der Reise, indem man die Stellung des andern zu den Dingen beschreibt.« (Vgl. FK 340) Kafka verwarf diesen Einfall aber, wie der Paralleltext seines Tagebuchs zeigt, zunächst wieder: »Die schlechte Idee: Gleichzeitig Beschreibung der Reise und der innerlichen Stellungnahme zueinander die Reise betreffend. Ihre Unmöglichkeit durch einen vorüberfahrenden Wagen mit Bäuerinnen erwiesen.« (T 597) Erst in Lugano (29. 8.–4. 9. 1911) nahm der Plan eines gemeinsamen Buches dann endgültige Gestalt an. (FK 106) In Kafkas Tagebüchern findet sich der erste konkrete Hinweis innerhalb der Eintragungen vom 8. September in Paris: »Robert, Samuel.« (T 618; die Namensform Richard taucht erstmals am 14. November in den Tagebüchern auf) Nach seiner Rückkehr nach Prag Ende September schrieb Kafka eine Art Vorfassung der Erzählung, die wie folgt beginnt: »Es war schon eine Gewohnheit der vier Freunde Robert, Samuel, Max und Franz geworden, jeden Sommer oder Herbst ihre kleinen Ferien zu einer gemeinsamen Reise zu verwenden.« (T 61) Eine weitere Ausführung verzögerte sich aber beträchtlich, erstens weil Kafka im Oktober über-

haupt erst seine Pariser Reisenotizen vervollkommnen mußte. (T 93 u.
104) Der Grund für diese nachträgliche Fixierung ist einer Aussage
des Dichters zu entnehmen, die Max Brod überliefert: »Durch allzu
fleißiges Notizenmachen kommt man um viele Notizen. Es ist ein
Augenschließen. Man muß das Sehn immer wieder von vorn anfangen. — Wenn man sich aber dessen bewußt bleibt, kann vielleicht
das Notizenschreiben nicht so stark schaden.« (FK 340) Ferner war
Kafka durch das Erlebnis der ostjüdischen Schauspieltruppe, die damals in Prag gastierte, innerlich aufgewühlt, fast ganz absorbiert, auch
zeitlich gesehen. (Vgl. T 79 ff. u. 103 [17. 10. 1911]: »Nichts bringe
ich fertig, weil ich keine Zeit habe und es in mir so drängt.«) Als Folge
davon fühlte sich Kafka fast ganz unter dem Einfluß Brods; eine
vergleichbar stagnierende Wirkung auf seine Produktion hatte aber
überdies die Tatsache, daß ihm gelungene Arbeiten der Freunde starke
Zweifel an seinen eigenen Fähigkeiten weckten. (Vgl. T 119, 142,
129 f. u. 139) So erklärte er am 28. Oktober Max Brod, aus *Robert
und Samuel* könne nichts werden. Brod schrieb zu diesem Vorgang
in sein Tagebuch: »Kafka auf dem Heimwege eröffnet mir die Wert-
losigkeit unserer Reisenotizen. Große Wut! Am nächsten Tag ist er
›milder‹.« Am 4. November, einem Samstag, wo sich die Freunde gewöhnlich zur Rezitation eigener Arbeiten trafen, war Kafka immer
noch unentschlossen: »Abends bei Baum. Kafkas Notizen vorgelesen,
was er verabscheut, dann aber billigt.« (Dieses und das vorhergehende
Zitat aus Max Brods unveröffentlichten Tagebuchexzerpten)
Erst am 14. November fühlte sich Kafka gefestigt genug, eine »Skizze
zur Einleitung« des Romans zu versuchen, die eine differenzierte Per-
sönlichkeitsanalyse der beiden Titelfiguren enthält. (T 161 u. H 429
bis 432) Den Hauptteil des ersten Kapitels schrieben dann die Freunde
zusammen an den beiden folgenden Sonntagen, also am 19. und 26. November (T 167 u. 175), während Kafka den Schluß, nämlich die letzte,
Richard zugeordnete Passage (E 308 Z. 3 — E 312), allein verfaßte.
Eine Tagebuchnotiz vom 8. Dezember lautet nämlich: »Freitag, lange
nicht geschrieben, nur war es diesmal doch halbwegs aus Zufriedenheit, da ich das erste Kapitel von ›Richard und Samuel‹ selbst beendet habe und besonders die anfängliche Beschreibung des Schlafes
im Coupé als gelungen ansehe. Noch mehr, ich glaube, daß sich an mir
etwas vollzieht, das jener Schillerschen Umbildung des Affekts in
Charakter sehr nahesteht. Über alles Wehren meines Innern muß ich
das aufschreiben.« (T 181) Tatsächlich enthält der fragliche Zusammenhang im ersten Teil eine ausführliche Schilderung von Richards
Schlaf im Eisenbahnwagen. Daß die ganzen viereinhalb Druckseiten
allein von Kafka konzipiert wurden, wird auch durch eine Kritik
Brods an diesem Kapitelschluß nahegelegt, der seinen Freund »vor
dem Schreiben so langer Stellen warnte«. (T 182 f.)
Von diesem Sonderfall abgesehen ist es recht schwierig, die Anteile
Kafkas und Brods an der Arbeit säuberlich zu trennen, denn der Text

stellt sich als Gemeinschaftsleistung dar: »So kam es, daß das Ganze nicht aus Teilen besteht, die A oder B ausgearbeitet hat, sondern an der *ganzen* Arbeit sind beide, A und B, ununterscheidbar beteiligt.« (M. Brod, Zusammenarbeit mit Franz Kafka, in: Herder-Blätter. Faksimile-Ausgabe zum 70. Geburtstag v. Willy Haas, Hamburg 1962, S. VIII u. M. Brod, Der Prager Kreis, Stuttgart, Berlin, Köln, Mainz [1966], S. 110, wo betont ist, daß man viele gemeinsame Sitzungen zur Koordinierung der unterschiedlichen Auffassungen gebraucht hatte) Wenn man in diesem Punkt weiterkommen will, muß man ganz streng die sprachliche Ausarbeitung der jeweils Richard oder Samuel zugehörigen Teile von dem quellenmäßigen Anteil unterscheiden, den jeder der beiden Autoren durch ihre Tagebuchnotizen beisteuerte, und diese Frage ist wiederum von dem Problem zu trennen, wie die fiktiven Figuren als Persönlichkeiten autobiographisch Kafka und Brod zuzuordnen sind.

Daß man bei der Niederschrift des Hauptteils gemeinsam Satz für Satz erstellte, schließt natürlich nicht aus, daß hinsichtlich des Erzählgangs bei einzelnen Abschnitten einer der beiden Freunde dominierte. Ein bemerkenswertes Zeugnis, das eine solche Vermutung stützt, hat sich erhalten. Auf der Rückseite des 1. Blattes von Brods Reisetagebuch findet sich von seiner Hand folgende flüchtig hingeworfene und bisher unpublizierte Zusammenstellung (bis auf das Wort »Abrud« sind alle Sinneinheiten nachträglich durchstrichen, also für die Erzählung verwendet worden; von »Speisewagen« führt ein Pfeil zu »Gespräch über Ferien«, einer Wendung, die nachträglich hinzugesetzt wurde; beides sollte also hintereinander folgen):

> Richard: Im Büro sitzen
> – Eisen – Naturheil –
> Froh, daß nicht neben ihm
> – S.⟨amuel⟩ intim mit ihr – Abrud
> intim in ein anderes Coupée –
> Speisewagen – ein Mädchen,
> das zur Miete wohnt –
> Gespräch über Ferien

Das ist deutlich der erste Entwurf einer Richard zugeordneten Erzähleinheit. (E 299 Z. 16 »Dora L. hat runde Wangen ...« bis E 302 Z. 12 »... eine Familie aus uns.«) Allerdings ist dann die Reihenfolge der einzelnen Elemente bei der Ausführung verändert worden, worin sich wohl der Einfluß Kafkas geltend machte.

Während die einzelnen Beobachtungen und Motive, die Kafka und Brod aus ihren Notizen und Erinnerungen zum Text beisteuerten, aus dem folgenden Einzelkommentar ersichtlich sind, wo auch Max Brods unveröffentlichtes Paralleltagebuch berücksichtigt wurde, bedarf die Identifizierung der Charaktere Richards und Samuels mit den beiden Autoren einer gesonderten Betrachtung. Max Brod selbst schreibt zu diesem Punkt: »Die Freunde waren selbstverständlich nicht nach der

Natur gezeichnet, vor allem Samuel nicht, der praktisch, reich und unabhängig sein sollte, – doch machte es uns viel Spaß, für Richard vorzugsweise die Eigenheiten und Reisenotizen Kafkas, für Samuel die meinen (manchmal aber auch umgekehrt) zu verwenden.« (FK 111)
Für die These, daß Richard nach »Eigenheiten« Kafkas, Samuel nach Brods Vorbild gestaltet ist, gibt es in der *Vorbemerkung*, die Kafka und Brod der *Ersten langen Eisenbahnfahrt* im Druck vorhergehen ließen, und besonders in Kafkas *Entwurf zu »Richard und Samuel«* überzeugende Belege, während sich Beispiele für die umgekehrte Zuordnung, die weniger die grundsätzliche Anlage der Persönlichkeit, sondern vielmehr einzelne Züge betrifft, vorwiegend im Text des Romanfragments selber finden.

Samuels »unbewußter Grundsatz ist, daß das, was man am Freund zum Beispiel bewundert, nicht eigentlich am Freund, sondern am Mitmenschen bewundert werde und die Freundschaft also schon dort tief unten unter allen Unterschieden anfangen müsse.« (H 429) Sehr ähnlich äußert sich Kafka über Max Brod in einem vom Februar 1913 stammenden Brief an Felice: »Weil eben die Freundschaft, die er für mich fühlt, im Menschlichsten, noch weit unter dem Beginn der Literatur, ihre Wurzeln hat und daher schon mächtig ist, ehe die Literatur nur zu Atem kommt, überschätzt er mich in einer solchen Weise, die mich beschämt und eitel und hochmütig macht« (F 301); dementsprechend wieder ergibt sich für Richard als eine Folgeerscheinung der fragliche Vorteil, »sich über Samuel zu erheben, ihn klein werden zu sehn« (H 430).

Richard seinerseits, »trotz seines langsameren Denkens, eingebettet in die Fülle seiner Unsicherheit«, beurteilt Samuel eigentlich richtiger – »er ist der bewußtere in der Freundschaft« (H 431) – als Samuel ihn, weil er »in seinem Urteil auf dem kürzesten Weg ihn am sichersten zu fangen glaubt und nicht wartet, bis er sich zu seiner wahren Gestalt beruhigt.« (H 430)

Kafka, der sich im Denken als »kalt und langsam« bezeichnet (unveröffentlicht, gehört hinter M 76 Z. 6) und seine unsichere Stellung in der menschlichen Gemeinschaft für symptomatisch hält (Br 187 u. 402), schreibt über seinen Freund, der »überhaupt die Gewohnheit hat, vielerlei, was mit ihm gar nicht eigentlich zusammenhängt, ohne Bedenken und dauerndes Verantwortlichkeitsgefühl zu sagen«, daß der Schwerpunkt dieser unwandelbaren Freundschaft allein in ihm, Kafka, liege, so daß er allein wisse, wenn sie schwanke. (F 273) Und weiter: »Ich bin Max unklar und wo ich ihm klar bin, irrt er sich.« (F 559)
Mit diesem zuletzt zitierten Urteil kann wieder in Verbindung gebracht werden, daß Samuel sich »schon von kleinen, wenigstens nicht vollständig erwarteten Unregelmäßigkeiten in den Äußerungen Richards überraschen« läßt und nachdenklich wird. (H 429)
Als Konsequenz ergibt sich ferner, daß Brod in seiner Schuldlosigkeit gar nicht fühlt, wenn eine gewisse Distanziertheit Kafkas eintritt:

»Darum ist Samuel auch der eigentliche Beiseitesprecher und der Zu-
rückweichende in diesem Verhältnis. Er nimmt in der Freundschaft
scheinbar immer mehr weg, Richard trägt dagegen von seiner Seite
immer mehr zu«, obwohl er, der oft »Lust« hat, über den Freund zu
sprechen, nur damit anfangen könnte, wenn er die Erlaubnis voraus-
sähe, »niemals damit aufhören zu müssen«. (H 430, vgl. T 220 Z. 23 f.)
Demgemäß geschieht es, daß Richard »auf der Reise immer tiefer in
sich hinein« kommt und von Samuel »oft förmlich« getragen werden
muß. (H 431) Dazu paßt, daß Kafka Felice Bauer gegenüber gesteht,
er werde, auch und gerade Brod gegenüber, immer verschlossener und
könne, »trotz dem inneren Drängen der Geschwätzigkeit und selbst
einer berechtigten Lust zur Mitteilung« nicht aus sich heraus. (F 559)
Und über den Beginn des Pariser Aufenthalts von 1911 bemerkt er,
er habe es verstanden, so vor Müdigkeit in sich »zurückgefallen« zu
sein, daß ihn der Einfluß des Freundes, dessen zur Situation passende
Vitalität ihm nicht verborgen blieb, nicht mehr erreichen konnte.
(T 631) Schließlich war das Vollkommenheitsstreben, das in Richards
Bedingung liegt, sich im Gespräch zu öffnen, auch Kafka eigen, der
nicht imstande war, über »hunderttausend falsche Gefühle«, die in ihm
waren, Brod gegenüber eine Aussage zu machen. (FK 343, vgl. Br
295 f.) Kafkas Skizze endet mit dem Hinweis, daß Samuel nur das
Französische, dieses aber sehr gut, beherrsche, während Richard auch
noch Italienisch könne, beide Fremdsprachen aber nur unvollkommen
spreche. (H 431 f.) Das korrespondiert gut mit der Tatsache, daß Brod,
wie erwähnt, als Übersetzer aus dem Französischen damals schon aufgetreten war und Kafka, der sich mit Fremdsprachen schwer tat, zu
dieser Zeit schon Italienischkenntnisse besaß. (Vgl. Br 48, T 64 f., FK
53 f., 67 und 107)
Reich und unabhängig sollte Samuel nach der *Vorbemerkung* sein,
während in dem zeitlich vorhergehenden *Entwurf zu »Richard und
Samuel«* von Kafkas Hand noch umgekehrt von einem Bedürfnis Samuels nach dem Gelde Richards die Rede ist. (Vgl. E 295 mit H 430)
Die Änderung mag teils damit erklärt werden, daß finanzielle Unabhängigkeit gut zur postulierten Weltläufigkeit Samuels paßte, teils
auch damit, daß Max Brod mehr Geld und mehr Einkünfte hatte als
Kafka (F 431) und daß er, unglücklich wie sein Freund im Brotberuf,
der künstlerische Betätigung nur unvollkommen zuließ (FK 343), auf
Kafkas Einfluß hin länger als nötig seine Absicht, als freier Schriftsteller zu leben, nicht ausführte (FK 73).
Was Zuordnungen zwischen Richard und Max Brod betrifft, so sind
vor allem zwei Dinge hervorzuheben. Das »große Bedürfnis nach Musik und nach Frauen«, das Kafka seiner Romanfigur unterlegt (H 431),
war in Wirklichkeit Brod eigen, der im extremen Gegensatz zu dem
unmusikalischen Kafka selber ausübender Musiker und Komponist
war und auch darauf drängte, daß auf der Reise von 1911 die anrüchi-
gen Etablissements in Mailand und Paris besucht wurden (vgl. T 614 f.,

FK 341 u. die von Kafka stammende Vorfassung zu *Richard und Samuel*, in der es heißt: »Weibergeschichten wurden dagegen selten vorgenommen, denn wenn auch Samuel für seine Person an ihnen Geschmack gefunden hätte, so hütete er sich, zu verlangen, daß sich die Unterhaltung nach seinen Bedürfnissen einrichte« – T 62). Die Übertragung auf Richard ist wohl dadurch bedingt, daß diese Gegebenheiten besser als zu einem ernsten, sachlichen Weltmann, der Samuel laut *Vorbemerkung* sein sollte, zu einer Persönlichkeit passen, die sich von ihren Gefühlen treiben läßt. Es mag auch mitgespielt haben, daß Kafka an der musikfreundlichen Reisebekanntschaft Alice R., die als Dora Lippert im Romanfragment repräsentiert ist, ein besonders starkes Interesse nahm. Richards Insichgekehrtheit, die Samuel-Brods Extraversion polar entgegengesetzt ist (H 431: »Samuel ... kann und muß aus einem wahren Innern heraus«; FK 64, Brod über den Freund: »Meine Initiative und Energie, – das waren wohl die Eigenschaften, die ihm an mir besonders gefielen«), war wohl auch die Ursache dafür, daß Brods Fähigkeit, auf Bahnfahrten zu schlafen (T 598), sehr pointiert auf Richard übertragen wurde.

Interessant ist, daß jeder der beiden Autoren mit der Arbeit des andern unzufrieden war: »Ich und Max müssen doch grundverschieden sein. Sosehr ich seine Schriften bewundere, wenn sie als meinem Eingriff und jedem andern unzugängliches Ganze vor mir liegen ... so ist doch jeder Satz, den er für ›Richard und Samuel‹ schreibt, mit einer widerwilligen Konzession von meiner Seite verbunden, die ich schmerzlich bis in meine Tiefe fühle.« (T 167) »Max haben die letzten von mir geschriebenen Partien nicht gefallen, jedenfalls deshalb, weil er sie für das Ganze als nicht passend ansieht, möglicherweise aber auch an und für sich für schlecht hält. Dieses ist sehr wahrscheinlich, weil er mich vor dem Schreiben so langer Stellen warnte und den Effekt solchen Schreibens als etwas Gallertartiges ansieht.« (T 182 f.)

M. Brod schreibt über die Druckgeschichte (das Manuskript wurde spätestens Anfang April 1912 Willy Haas übergeben, vgl. T 275): »Die Einladung unseres jungen Freundes Willy Haas, einen Beitrag zu den ›Herder-Blättern‹ zu liefern, nahmen wir gern an; wir schätzten diese Zeitschrift, die zum erstenmal dem, was dann später ›die Prager Schule‹ hieß, einen klaren Ausdruck gab.« (M. Brod, Der Prager Kreis, S. 110) Vgl. auch K. Krolop, »Herder-Blätter«, in: Philologica Pragensia 6, Nr. 2 (1963), S. 211 f. u. ders., Zur Geschichte und Vorgeschichte der Prager deutschen Literatur des »expressionistischen Jahrzehnts«, in: Weltfreunde. Konferenz über die Prager deutsche Literatur, hg. v. E. Goldstücker, (Prag 1967), S. 58 f.

D: in: *Herderblätter* 1, Nr. 3 (Mai 1912), S. 15–25.

E 295 *weltläufiger:* Schon die Themen seiner Essays und Bücher und die Art der von ihm zur Rezension ausgewählten Bücher zeigen Brods umfassende Bildung; mit vielen expressionistischen Autoren war er in persönlichem Kontakt. Vgl. auch die Einleitung. – *Kunst:* Kafka über Max Brod: »bei seiner Kunsterfahrung und eigenen Kraft«. (F 300) – *Schwäche:* »Ich bin niemals ein Mensch gewesen, der etwas um jeden Preis durchsetzt.« (Br 100) – *engen:* »Als es in meinem Organismus klar geworden war, daß das Schreiben die ergiebigste Richtung meines Wesens sei, drängte sich alles hin und ließ alle Fähigkeiten leer stehn, die sich auf die Freuden des Geschlechtes, des Essens, des Trinkens, des philosophischen Nachdenkens, der Musik zuallererst, richteten. Ich magerte nach allen diesen Richtungen ab.« (T 229) – *zufälligen:* »ich wußte: alles wird mir gegenüber der Hauptsache genau so gleichgültig sein, wie alle Lehrgegenstände im Gymnasium, es handelt sich also darum, einen Beruf zu finden, der mir, ohne meine Eitelkeit allzusehr zu verletzen, diese Gleichgültigkeit erlaubt.« (H 207) – *Intensität und naive Selbständigkeit:* M. Brod über den Freund: »Wie fern von seiner Betrachtungsweise war all das, was man ›Niveau‹, ›literarische Marke‹, ›Rangunterschied‹ nennt. Überall stieß er auf das Wesentliche. Er konnte von einer Redewendung in einem Feuilleton entzückt sein, er stellte mit leidenschaftlicher Begeisterung die Lebensfülle, die Szenenfreude aus dem Roman irgendeines Autors dar, den man im allgemeinen als Kitschautor zu verwerfen pflegt ... Das Erquicklichste: daß er vollständig unparadox, ja antiparadox war. Sein Urteil hatte etwas elementar Einfaches, Nützliches, auf der Hand Liegendes. Es war leicht und sicher ...« (FK 51) – *schrullenhafter Komik:* Brod über die Reise von 1911: »Wir wurden zu fröhlichen Kindern, wir kamen auf die absonderlichsten hübschesten Witze, – es war ein großes Glück, in Kafkas Nähe zu leben und seine lebhaft hervorsprudelnden Gedanken (selbst seine Hypochondrie noch war einfallsreich und unterhaltend) aus erster Hand zu genießen.« (FK 90) Und: »Auf solch einer Grenzlinie zwischen Ernst und Scherz balancierte Franz besonders gern und mit hoher Virtuosität. Man konnte oft nicht wissen, ob er etwas schwer oder spaßhaft meinte«. (FK 107, vgl. meinen Aufsatz »Kafkas Briefscherze. Sein Verhältnis zu Josef David«, in: Jahrbuch der Dt. Schillergesellschaft 13 [1969], S. 536 u. E 280 f.) – *Sekretär:* In Kafkas Vorfassung ist Franz »Beamter in einem Bankgeschäft«, Samuel »Angestellter eines kommerziellen Bureaus«, Robert aber »Sekretär« (T 62), »der in seinem durch ihn sich verjüngenden Kunstverein viel arbeitete und gleichzeitig in dem alten die komischesten Dinge bemerkte, mit denen er seine Freunde unterhielt« (T 63). – *Schulkollegen:* Kafka und Brod waren Studienfreunde. Samuel äußert in der Vorfassung: »ich bedaure es nur immer, daß wir nicht schon auf der Schule

beisammen waren.« (T 63) – *Mailand und Paris:* Über den geplanten Fortgang des Romans läßt sich dies sagen: Er sollte
zeigen, daß eine Freundschaft ebensolchen Schwankungen und
Komplikationen ausgesetzt ist wie eine Liebe. (FK 111) In der
Beziehung zwischen Richard und Samuel sollte es zunächst in
Stresa am Lago Maggiore, wo die Freunde zwischen dem 5.
u. 7. September 1911 weilten, zu einer Krise kommen, wo deren Gegensätzlichkeit sich zum Streit profilieren sollte. Als
realer Anknüpfungspunkt konnte ein »Böswerden« Kafkas am
6. September dienen. (T 617) Bei Brod heißt es darüber unter
demselben Datum: »Vormittag gebadet. Mit Steinen beworfen.
Trick mit Kafkas ruiniertem Stiefel. Er ist bös auf mich und
bittet Nachmittag ab.« (Unveröffentlicht) Gleich nach der
Ankunft der Freunde in dieser Stadt empfand Kafka den
dortigen Aufenthalt als Wendepunkt der Reise: »ausgestiegen
in Stresa. Damit bekommt die Reise zum erstenmal einen guten Rückblick und Vorblick, sie ist ausgewachsen und wird
deshalb um die Taille gefaßt.« (T 614) Dann sollte »die gemeinsame Choleragefahr in dem dumpfen überheißen Mailand«, wo Brod Kafka durch die Bitte fast zu Tränen rührte,
er möge ihn, wenn er in der Fremde sterbe, nicht ohne Herz-
stich begraben lassen, die alte gegenseitige Zuneigung wieder
hervorbrechen. (FK 111) Wahrscheinlich handelt es sich hier
um eine etwas verkürzte Erinnerung Brods (oder um eine der
diskutierten Fortsetzungsmöglichkeiten), die, wohl, auch weil
die Freunde zuerst Mailand und dann Stresa besuchten, so zu
deuten ist, daß in Mailand zwar schon vorübergehend eine
kritische Stimmung vorhanden sein, aber wieder abflauen und
erst in Stresa dann voll zum Durchbruch kommen sollte. Für
diese Auffassung spricht auch, was Brod selbst im »Prager
Kreis« über die geplante Fortführung zu berichten weiß: »Zu
ergänzen wäre etwa noch, daß der ›Konflikt‹, der das Freund-
schaftsverhältnis von Richard und Samuel vorübergehend trüben sollte, das Auftreten der Cholera in Mailand war (geheim geflüstert, in der Presse abgeleugnet). Die Freunde reagie-
ren entgegengesetzt. Daraus entstehen Spannungen, die sich erst
in Paris lösen. Ein Mehr an Handlung wollten wir nicht. Wir
waren schon damals Vorkämpfer des Romans ohne Handlung
und ohne äußerliche Exotik.« (S. 111) Tatsächlich belegt Kafkas Tagebuch, daß man wegen der grassierenden Seuche in
Mailand verschiedene Möglichkeiten diskutierte, den Urlaub
fortzusetzen (T 613 f.), ein Vorgang, der wohl die autobiographische Vorlage für die unterschiedliche Stellung der Freunde zur gesundheitlichen Bedrohung in Italien darstellt.
Diese Auffassung, die von einer bloß vorübergehenden Trü-
bung der Beziehung in Mailand ausgeht, ist sowohl mit Brods

andernorts geäußerten These vereinbar, in Stresa, also dem nächsten Aufenthaltsort auf der Reise von 1911, sei es zu einer »ernste(n)« Krise gekommen (H 455), als auch mit dem Text der *Vorbemerkung,* der ja vom gefährlichen Boden in Mailand und Paris spricht, und den Reisetagebüchern selbst. Denn sowohl Kafka als auch Brod berichten, daß gleich bei der Ankunft in der französischen Hauptstadt ein ziemliches Zerwürfnis zwischen ihnen statthatte, so daß Kafka sich für sein Verhalten entschuldigen mußte. (T 630 f. u. FK 341) – In seinem Entwurf hat Kafka den Sachverhalt mit folgenden Worten beschrieben: Die Freundschaft der beiden rückt zunächst immer weiter, »bis sie in Stresa haltmacht, wo Richard vor lauter Wohlbefinden müde ist, Samuel dagegen so stark ist, daß er alles kann und Richard sogar umzingelt, bis dann in Paris der letzte von Samuel vorgesehene, von Richard gar nicht mehr erwartete, daher mit Todeswünschen erlittene Stoß kommt, der die Freundschaft zur endlichen Ruhe bringt«. (H 430 f.) – *Kunstunternehmen:* Brod berichtet: »... ein Plan, der an Verrücktheit grenzte, von uns beiden aber mit Beharrlichkeit und immer neuen Späßen ausgesponnen wurde. Es war uns der Einfall gekommen, einen neuen Typ von Reiseführern zu schaffen. Er sollte ›Billig‹ heißen. Also etwa ›Billig durch die Schweiz‹, ›Billig in Paris‹ und so fort. Franz war unermüdlich und hatte eine kindische Freude daran, die Prinzipien dieses Typs, der uns zu Millionären machen und vor allem der scheußlichen Amtsarbeit entreißen sollte, bis in alle Feinheiten auszubauen. Ich habe dann allen Ernstes mit Verlegern über unsere ›Reform der Reisehandbücher‹ Korrespondenz gepflogen.« (FK 106 f.) – *Frische und Bedeutung:* »Gerade dadurch, daß diese Beobachter von vornherein auf jeden ethnographischen und gelehrten Anstrich verzichten, gewinnen sie den Mut, ihre zufälligen Erfahrungen ungeziert, gleichsam ohne Verantwortung vorzubringen ... Die Seelenstimmung des Reisenden, der nicht wie zu Hause zu strengen Urteilen genötigt wird, sondern in einer Art von Milde und Halbheit schwebt, projiziert sich leicht in die Umgebung, die er beobachten will. Alles ist nun sorglos heiter, kindlich, spitzbübisch beinahe, jedenfalls spaßhaft.« (M. Brod, Der Wert der Reiseeindrücke, S. 3)

E 296   *1 Uhr 2 Min.:* »Abfahrt Samstag 1 Uhr 2 Min. – 26. August.« (Brod, Paralleltagebuch) – *Taschenkalender:* Brod benützte auf seinen Reisen als Tagebuch einen kleinen Abreißblock, der 1911 ungefähr die Größe 10 × 15 cm hatte. – *Füllfeder:* Kafka benützte nur Federhalter als Schreibgerät (vgl. F 201, 324 u. T 549); auf der ersten Seite des Brodschen Paralleltagebuchs ist nachträglich vermerkt: »Roberts Feder-

haltung«. – *Bäuerinnen:* »Die heroische Bäuerin (delphische Sibylle). Einer lachenden schläft im Schoß eine, die aufwachend
winkt. Durch die Beschreibung von Maxens Gruß wäre falsche
Feindschaft in die Beschreibung gekommen.« (T 597) »Ein vor-
beifahrender Zug mit Bäuerinnen. Eine wird von der andern
geweckt, um uns zu sehn. Sie winkt: ›Komm‹, nur halb wach. –
Im Nebenkoupee eine dunkle heroische, ganz unbeweglich.«
(Brod, Paralleltagebuch) – *Sibylle:* Die Sibylle (eine Frau, die
ohne die bei Orakeln übliche Anfrage und von Gott ergriffen
in Ekstase meist Unheil weissagt) von Delphi war im alten
Griechenland besonders angesehen.

E 297   *Kaffee bestellen:* »Der während der Fahrt bestellte Kaffee
wird für den Restaurateur durch grüne kleine Zettel, die an
die Fenster geklebt werden, angezeigt. Man muß ihn aber mit
Zettel nicht nehmen und bekommt ihn auch ohne.« (T 597)
»Wie üblich trinke ich meinen Kaffee in Pilsen. Ein grüner
Zettel wird vom Kondukteur ans Koupeefenster geklebt, so
wie in Misdroy der ferne Dampfer durch Wimpel die Zahl
der Boote, die zum Ausbooten benötigt wurden, anzeigt. –
Welch ein altertümlicher Vergleich, da jetzt schon seit Jahren
kein Landungssteg dort ist.« (Brod, Paralleltagebuch) (Vgl.
T 214 Z. 25 ff. u. 263 Z. 14 f.) Brod verbrachte seit seiner
Schulzeit die Sommerferien öfters im Ostseebad Misdroy
östlich von Swinemünde. (Vgl. M. Brod, Der Sommer, den
man zurückwünscht, [Zürich 1952] u. Br 404 f.) – *Perron:*
»In Pilsen steigt eine Dame ein. Zuerst beobachtet vom
Perron aus.« (Brod, Paralleltagebuch) – *Dora Lippert:* Am
11. Oktober 1911 sah Kafka in Prag die Reisebekanntschaft wieder, die als Dora Lippert in das Romanfragment
einging: »... die in ihrem Herbstkostüm dicke warme R.,
die wir nur in ihrer Sommerbluse und dem dünnen blauen
Sommerjäckchen gekannt haben, in denen ein Mädchen mit
nicht ganz fehlerlosem Aussehn schließlich ärger als nackt ist.
Da hatte man erst ihre starke Nase in dem blutleeren Gesicht
gesehn, in dessen Wangen man lange die Hände hätte drücken
können, ehe sich eine Rötung gezeigt hätte, den starken blon-
den Flaum, der sich auf der Wange und der Oberlippe häufte,
den Eisenbahnstaub, der sich zwischen Nase und Wange ver-
flogen hatte, und das schwächliche Weiß im Blusenausschnitt.«
(T 93 f.) Wie sehr Kafka dieses Zusammentreffen beschäftigte,
zeigt eine Tagebuchnotiz vom folgenden Tag: »Die Beschreibung der R. hielt ich nicht für gelungen, sie muß aber doch
besser gewesen sein, als ich glaubte, oder mein vorgestriger
Eindruck von der R. muß so unvollständig gewesen sein, daß
ihm die Beschreibung entsprach oder ihn gar überholte. Denn
als ich gestern abend nach Hause ging, fiel mir augenblicks-

weise die Beschreibung ein, ersetzte unbemerkt den ursprünglichen Eindruck und ich glaubte, die R. erst gestern gesehen zu
haben, und zwar ohne Max, so daß ich mich vorbereitete, ihm
von ihr zu erzählen, gerade so wie ich sie mir hier beschrieben
habe.« (T 94, vgl. 476 f.) – *gemeinschaftliche Tatsache:* »An-
knüpfung dadurch, daß mir ihr großer eingepackter Hut leicht
auf den Kopf herabfällt oder herabschwebt.« (Brod, Paralleltagebuch) »Erste gemeinschaftliche Tatsache: Ihr eingepackter
Hut fliegt auf Max hinunter. So kommen Hüte schwer durch
die Waggontüren herein und leicht durch die großen Fenster
wieder hinaus. – Max zerstört wahrscheinlich die Möglichkeit
einer späteren Beschreibung, indem er als Ehemann, um der
Erscheinung die Gefährlichkeit zu nehmen, etwas sagen muß,
dabei das Wichtigste ausläßt, das Lehrhafte hervorhebt und
ein wenig verhäßlicht.« (T 597)

E 298   *Nesthäkchen:* »Nesthäkchen im Bureau«. (T 597) – *Hüte:*
»Verwechseln der Hüte im Bureau, Annageln der Kipfel«.
(T 597) – *Kipfel:* süddeutsch für gebackene Hörnchen. –
Gummiarabicum: Gummi arabicum oder Akaziengummi,
Klebstoff, der als Etiketten- und Photokleber dient, wurde
früher auch für Appreturen verwendet. – *Witz:* »unser Witz
mit der Karte, die sie in München schreiben wird, die wir von
Zürich an ihr Bureau schicken werden und in der es heißt:
›Das Vorausgesagte ist leider eingetroffen ... falscher Zug
... jetzt in Zürich ... zwei Tage vom Ausflug verloren.‹ Ihre
Freude. Sie erwartet aber von uns als Ehrenmännern, daß wir
nichts zuschreiben.« (T 598) – *Kurz:* wohl die Wiener Sopra-
nistin Selma Kurz (1874–1933). – *Isolde:* Gemeint ist eine
der Titelfiguren in Richard Wagners Musikdrama *Tristan und
Isolde* (Uraufführung 1865). – *Briefwechsel:* »Richard Wagner an Mathilde Wesendonk. Tagebuchblätter und Briefe
1853–1971«, 37. Aufl., Berlin 1910.

E 299   *Schokoladenpapier:* »Sammelt Schokoladenpapier.« (Brod,
Paralleltagebuch) Der Kontext dieser Stelle ist ebenfalls entscheidend durch Brods Aufzeichnungen geprägt. – *Fürther
Bahnhof:* Die Fahrt der beiden Freunde führte über Pilsen,
die Grenzstation Furth im Wald, die hier gemeint sein muß
(18 Minuten Aufenthalt), Cham (vgl. T 599 Z. 15), dann
wahrscheinlich Schwandorf, wo sie in den über Regensburg
(vgl. E 304 Z. 19) fahrenden D-Zug nach München umsteigen
mußten. – *Militär:* Kafka, der als Kind von seinem Vater zum
Salutieren ermuntert worden war (H 167 f.), spielte während
des Ersten Weltkriegs dauernd mit dem Gedanken, sich als
Freiwilliger zu melden (T 511 u. F 640); die Militärzeit seiner
Figuren Gregor Samsa (vgl. *Die Verwandlung* E 87: *Militärzeit*) und K. (S 28) erscheint deswegen auch in günstigem Licht.

Vgl. auch *Die städtische Welt* T 48: *gelungen. – Lieblingsaus-drücke:* »›Tadellos‹, ›herausfeuern‹, ›Null komma fünf Be-schleunigung‹, ›prompt‹«. (T 597) – *blondem Flaum:* Vgl. E 297: *Dora Lippert. – Froh bin ich:* »Zuerst kann ich sie nicht sehen, weil sie neben mir sitzt.« (T 597) Dieser und die folgen-den Abschnitte (bis E 302 Z. 12 »... eine Familie aus uns«) beruhten vorwiegend auf Notizen Max Brods (vgl. auch die Einleitung).

E 301 *naturgemäße Behandlung:* Kafka war damals schon ein über-zeugter Anhänger der Naturheilkunde. (Vgl. FK 97)

E 302 *halbstündigen Aufenthalt:* Laut Fahrplan kam der D-Zug 9.43 Uhr abends in München an; der D-Zug München–Zürich fuhr 11.10 Uhr weiter. Man hat also eine erhebliche Verspä-tung vorauszusetzen. – *Kinematographenstück:* Kafka, der zu-zeiten ein begeisterter Kinogänger war, muß diesen Film sehr geschätzt haben, denn er erwähnt ihn noch einmal in einem Schreiben vom 25. 2. 1911: »ich bin mit einer Frau gefahren, die der Sklavenhändlerin aus ›die weiße Sklavin‹ sehr ähnlich gesehen hat.« (Br 88) Der 603 m lange Film mit Ellen Dietrich in der Titelrolle entstand 1910 und hat folgenden Inhalt: »Ein Mädchen aus armer, kleinbürgerlicher Familie bewirbt sich um eine annoncierte Stellung als Gouvernante ins Aus-land. Am vermeintlichen Ziel findet sie sich in den Händen einer Mädchenhändlerbande. Da sie sich sträubt, sperrt man sie in ein Bordell. Die Befreiung durch den heimlich benach-richtigten Bräutigam gelingt schließlich nach einer Reihe dra-matischer Fehlschläge, wobei Automobile mehrfach beteiligt sind.« (W. Jahn, Kafkas Roman »Der Verschollene« (»Ame-rika«), Stuttgart [1965], S. 64) – *Nacht:* »Nacht und Regen. Wir sehn von allen Gebäuden nur den ersten Stock, da der große Schirm des Autos uns die Aussicht nimmt«. (Brod, Paralleltagebuch) – *Kellerwohnung:* »Kellerwohnungsperspek-tive«. (T 598)

E 303 *Sehenswürdigkeiten:* »Führer ruft die Namen der unsicht-baren Sehenswürdigkeiten aus«. (T 598) – *Pneumatik:* »die Pneumatiks rauschen auf dem nassen Asphalt wie der Apparat im Kinematographen« (T 598); gemeint sind Autoreifen, vgl. E 302: *Kinematographenstück. – Vier Jahreszeiten:* »die un-verhängten Fenster der ›Vier Jahreszeiten‹«. (T 598) Das heute noch bestehende Lokal befindet sich in der Maximilian-straße Nr 4. – *Denkmal:* ein auf die musikalischen Neigungen der Reisebekanntschaft (Brod im Paralleltagebuch: »Wagneria-nerin«) bezüglicher Scherz der beiden Freunde, denn das Richard Wagner-Monument am Prinzregentenplatz wurde erst am 21. 5. 1913 enthüllt; die Idee kam ihnen wohl, weil sie aus Pressemitteilungen wußten, daß ein solches Denkmal

schon in Arbeit war, oder weil Wagners Freundschaft zum
Bayernkönig Ludwig II. das Vorhandensein eines derartigen
Monuments besonders glaubhaft erscheinen ließ. Wahrscheinlich handelt es sich in Wirklichkeit um eine der auf dem sog.
Forum in der Maximilianstraße aufgestellten Erzstatuen, die
bedeutende Deutsche darstellen. – *Freiheitsmonument:* das
Friedensdenkmal an der Luitpold- oder Prinzregentenbrücke,
das 1899 aus Anlaß der 25jährigen Wiederkehr des Friedens-
schlusses nach dem deutsch-französischen Krieg von 1870/71
aufgestellt wurde. Vier quadratische Eckpfeiler und je zwei
Karyatiden tragen ein in ionischer Manier gegliedertes Gebälk. Über dem Dach dieser Halle erhebt sich eine über
20 m hohe girlandengeschmückte Säule, die von einem 6 m
hohen Friedensengel gekrönt wird. – Gegenüber dem Ausgang
der Brücke befindet sich eine große steinerne Terrasse, von
der in Grottenform aus einer Nische die Quellwasser der
Maximilians-Anlagen herabrieseln. Den Platz zwischen dem
Brückenende und der Terrasse ziert eine Fontäne, die auf vier
von Putten gerittene, wasserspeiende Delphine herabbrauscht. –
Brücke: die 1901 fertiggestellte Prinzregenten- oder Luitpold-
brücke, die die Maximilians-Anlagen und das Friedensdenkmal
mit der Prinzregentenstraße verbindet.

E 304   *Villen:* Es handelt sich um die an der Westseite des Englischen
Gartens, dem von Kurfürst Karl Theodor 1799–1803 im englischen Stil angelegten großen Naturpark, auf das Westende
der Prinzregentenstraße zuführende Königinstraße, deren damalige Villen heute teilweise zerstört, teilweise verbaut sind. –
Ludwigstraße: benannt nach König Ludwig I. (1786–1868),
der hier viele große Prachtbauten errichten ließ; die Straße
wird im Süden durch die Feldherrnhalle abgeschlossen. – *Theatinerkirche:* aus Dankbarkeit für die glückliche Geburt des
langersehnten Thronerben Max Emanuel vom Kurfürsten Ferdinand Maria und dessen Gemahlin Henriette Adelheid von
Savoyen 1663–75 durch A. Barelli aus Bologna errichtet und
für das Kloster der von der Kurfürstin aus Italien gerufenen
Theatinermönche gestiftet. Die Kirche liegt neben der Feldherrnhalle. – *Feldherrnhalle:* 1841–44 im Auftrag und auf Kosten König Ludwigs I. zu Ehren des bayerischen Heeres am
Südende der Ludwigstraße erbaut: »Die *eigentliche Halle* ist
nach 3 Seiten hin offen, 20 m hoch, in 3 kühn aufsteigenden
Rundbogen von gewaltiger Spannung gegen die Ludwigstraße
geöffnet und mit einem kräftigen Rundbogengesims mit Balu-
strade gekrönt.« (F. P. Zauner, München in Kunst und Geschichte. Eine Beschreibung von über 500 geschichtlich und
kunsthistorisch bedeutsamen Gebäuden und Denkmälern aus
alter und neuer Zeit, München 1914, S. 76. Diesem Werk wur-

den auch die Informationen über die anderen bisher erwähnten
Münchener Bauwerke entnommen.) – *Pschorrbräu:* die künstlerisch ausgestalteten Bierhallen in der Neuhauserstraße. Vgl.
Br 73 (»abend ein Liter Pschorr«) u. FK 180 u. 183. – *erkenne
nichts wieder:* Kafka am 3. 1. 1917 über München: »Ich war
hingekommen ... in eine Stadt, die mich außer als Zusammen-
kunftsort und als trostlose Jugenderinnerung gar nichts an-
ging«. (Br 153) Neben dem Aufenthalt vom 10.–12. 11. 1916
(er trug damals *In der Strafkolonie* vor) war er in der zweiten
Oktoberhälfte 1902 in München, wo er die Bedingungen für
sein geplantes Germanistikstudium erkunden wollte. (Vgl.
J. Bauer/I. Pollak/J. Schneider, Kafka und Prag, [Stuttgart
1971], S. 62) – *Sendlinger Tor:* seit dem 14. Jahrhundert ur-
kundlich erwähntes Stadttor. Die beiden achteckigen Seiten-
türme stammen noch aus dieser Zeit. – *Bahnhof:* Die von diesem Startpunkt aus durchgeführte Rundfahrt wäre also ungefähr wie folgt zu rekonstruieren: Zentralbahnhof – Karlsplatz –
Promenadeplatz – Maximilianstraße – Widenmayerstraße –
Prinzregentenbrücke mit Friedensdenkmal – Prinzregentenstraße – Königinstraße – Veterinärstraße – Ludwigstraße –
Theatinerkirche und Feldherrnhalle – Theatinerstraße – Wein-
straße – Kaufingerstraße – Neuhauserstraße – Zentralbahnhof. – *zwanzig Minuten:* »rasche Fahrt (zwanzig Minuten)«.
(T 598)

E 305   *Richards Herzklopfen:* »Koffer im Waggon gelassen.« (T 598)
»Unser Gepäck war indessen (zu meinem Herzklopfen) im
Koupée geblieben.« (Brod, Paralleltagebuch) Dieses Moment
paßte besser zum unsicheren Richard als zum weltläufigen
Samuel. – *Havelock:* Radmantel, vgl. T 598: »Max im Bal-
dachin seines Havelocks.« – *schläft:* »Maxens Schlaf im
Coupé.« (T 598) Der vorhergehende Passus beruht also auf
Erinnerungen Kafkas im Zusammenhang mit dieser Notiz. –
Schlaflosigkeit: Vgl. E 308: *gut geschlafen – zwei junge Franzosen:* »Die beiden jungen Franzosen.« (Brod, Paralleltagebuch) »Die zwei Franzosen, der eine dunkle lacht immerfort, einmal darüber, daß ihn Max kaum sitzen läßt (so streckt
er sich aus), dann darüber, daß er einen Augenblick benützt
und Max nicht liegen läßt ... Die Zigaretten des andern
mächtigern Franzosen.« (T 598) – *Blechbüchse:* »Essen in
der Nacht.« (T 598)

E 306   *sie sagen »Lendo«:* »Sie sagen ›Lendó‹«. (Brod, Paralleltagebuch) – *lachen sie herzlich:* »Ihr Gelächter über den österreichischen Kondukteur in Lindau.« (Brod, Paralleltagebuch) –
komisch: »Kommt man über die Grenze, so scheinen einem
die fremden Soldaten und Beamten in ihren Uniformen wie
in Maskenkostümen zu schlottern, man denkt eher an die

Operetten, als an einen ernsten Drill. Daß in dem Eisenbahn-
wesen eine Disziplin steckt, glaubt man nur vom Hörensagen,
und sosehr ist man geneigt, alle diese fremden Maschinen,
Warnungszeichen, seltsamen Einrichtungen für Spielerei zu
halten, daß man sich beinahe zutraut, mit der bloßen Hand so
eine Est-Lokomotive in voller Fahrt aufhalten zu können.«
(M. Brod, Der Wert der Reiseeindrücke, S. 3) – *Fürth:* Vgl.
E 299: *Fürther Bahnhof.* – *Aussicht:* »Rätselhafte kurze Aussicht auf den Bodensee. Nacht.« (Brod, Paralleltagebuch) »Bodensee. Leichtsinnig wie vom Quai aus gesehen.« (T 598) – *ein
altes Schulgedicht:* »Erinnerung an das Gedicht ›Der Reiter
über den Bodensee‹.« (Brod, Paralleltagebuch, die Ballade
stammt von Gustav Schwab) Vgl. M. Brod, Streitbares Leben,
S. 285. – *Schweizer:* »Eindringen dreier Schweizer. Einer
raucht. Einer, der dann auch nach dem Aussteigen der andern
zwei zurückbleibt, ist zuerst unwesentlich, klärt sich erst gegen
Morgen auf.« (T 598) – *alleinstehenden:* Der Eindruck auf-
rechter, selbständiger Häuser in St. Gallen ohne Gassenbil-
dung.« (T 599) »St. Gallen sehe ich nicht.« (Brod, Paralleltagebuch) Für Böhmen ist charakteristisch, daß die einzelnen
Häuser in Dörfern und Städten, aber auch in der Prager
Altstadt, alle aneinandergebaut sind, so daß ein starker per-
spektivischer Eindruck einer kontinuierlichen Straßenflucht
entsteht.

E 307   *R. Walsers Roman:* Kafka hatte Robert Walser (1878–1956),
der seit 1907 kleine Erzählskizzen in der *Neuen Rundschau*
veröffentlichte, für sich und Brod entdeckt. (FK 294) *Der Ge-
hülfe* erschien 1907. Kafka fühlte sich dem in Biel geborenen
Autor innerlich verwandt. (Vgl. Br 75 f.) – *alles schläft:* »Es
ist *Sonntag, 5 Uhr* früh, alle Fenster noch gesperrt, alles
schläft. 27. August«. (Brod, Paralleltagebuch) – *erbleicht:*
»Erbleichen der Matten bei steigender Sonne.« (T 599) –
Nadelästen: »Schwere große Nadeläste.« (Brod, Paralleltagebuch) – *auf der saubern Straße:* »Eindruck starker Reinlich-
keit. Eine Mutter mit ihren Kindern beginnt auf der Straße
ihren Sonntagsausflug. – Erinnerung an Gottfried Keller,
der von seiner Mutter erzogen wurde.« (Brod, Paralleltagebuch) In einem auf den 17. 9. 1911 zu datierenden Brief Kafkas aus dem Sanatorium Erlenbach bei Zürich schreibt er an
Brod, man sehe hier doch mehr vom Land, als sie bei ihrer
Reise »vom Waggonfenster aus« gesehen hätten: »Um es vorläufig kurz zu sagen, würde ich mich bei der Beurteilung der
Schweiz lieber als an Keller oder Walser, an Meyer halten.«
(Br 91) – *Wiesenland:* »Im Wiesenland überall die sorgfäl-
tigsten Zäune, durch Drähte und gelegte und gestellte Holz-
stangen. – Andre sind aus grauen, wie Bleistifte zugespitzten

Stämmen gebaut ... Ich habe solche Zäune noch nie gesehn.
So bietet jedes Land Neues im Alltäglichen.« (Brod, Paralleltagebuch)

E 308   *das Seltene:* »Vielmehr wird die Route häufig in ganz Zu-
fälliges und Ungewöhnliches hineinplatzen, wie ein nicht ein-
geladener Gast, und dieses Zufällige, das für die Einheimischen nicht minder wie für den Reisenden merkwürdig ist,
wird manchmal die anderen Merkwürdigkeiten, die nur für
den Reisenden Sinn haben, für die Einheimischen aber das
tägliche Leben vorstellen, überwiegen. Es entsteht ein zufälli-
ges, vorübergehendes Bild ...« (M. Brod, Der Wert der Reiseeindrücke, S. 3) – *sich selbst überlassen:* »Die Schweiz während der ersten Morgenstunden sich selbst überlassen. Ich
wecke Max beim Anblick einer [Zeichnung einer Brücke]
derartigen Brücke und verschaffe mir dadurch den ersten
starken Eindruck von der Schweiz, trotzdem ich sie schon
lange aus innerer in äußerer Dämmerung anschaue.« (T 599) –
gut geschlafen: »In der Nacht schlafe ich sehr gut. Es scheint
wirklich, als könnte ich nur noch im Koupée gut schlafen.«
(Brod, Paralleltagebuch)

E 309   *Lärm:* Kafka war außerordentlich lärmempfindlich, vgl. das
Stück *Großer Lärm*, das am 5. 11. 1911 entstand (T 141), u.
den *Bau* B 197: *Zischen. – Konstanz:* Die Fahrtroute führte
über Kempten, Lindau, Bregenz, Rorschach, St. Gallen und
Winterthur nach Zürich. Konstanz und Romanshorn wurden
dabei natürlich nicht berührt.

E 310   *im Württembergischen:* Um 2.00 Uhr in der Nacht passierte
man die bayrische Stadt Immenstadt, die im Regierungsbezirk
Schwaben liegt. Vgl. T 599: »Mann in der beleuchteten Villa
in Württemberg, der um zwei Uhr in der Nacht auf der
Veranda sich über das Geländer beugt. Tür ins Schreibzimmer
geöffnet.« – *In Lindau:* »Viel Gesang in Lindau auf dem
Bahnhof in der Nacht.« (T 599)

E 311   *nicht richtig beurteilt:* »... daß Richard ... Samuel eigentlich richtiger beurteilt, als Samuel ihn«. (H 430)

E 312   *Kopf an seiner Brust:* »Richard ... ist oft sehr ernst, aber
durchaus nicht aus Langweile, ja nicht einmal aus dem Verlangen, einmal von Samuel auf die Wange geklopft zu werden, hat großes Bedürfnis nach Musik und nach Frauen.«
(H 431)

GROSSER LÄRM

(5. November 1911)

Die erste Niederschrift des Stücks findet sich in den Tagebüchern
unter dem Datum vom 5. 11. 1911. (T 141)
Am 11. 11. 1912 schrieb Kafka an Felice Bauer: »Nein, ganz zurückgezogen von meiner Familie lebe ich nicht. Das beweist die beiliegende
Darstellung der akustischen Verhältnisse unserer Wohnung, die zur
wenig schmerzlichen öffentlichen Züchtigung meiner Familie gerade
in einer kleinen Prager Zeitschrift erschienen ist.« (F 87)
D: in *Herder-Blätter* 1, Nr. 4/5 (Oktober 1912), S. 44.

T 141   *Ich sitze in meinem Zimmer:* Die Druckfassung beginnt mit
diesen Worten. Über die im Text vorausgesetzte Lage von
Kafkas Zimmer innerhalb der elterlichen Wohnung, vgl. die
Verwandlung E 74: *Tür am Kopfende.* – *Alle Türen:* Kafka
am 17. 12. 1910: »Wenn links der Frühstückslärm aufhört,
fängt rechts der Mittagslärm an, Türen werden jetzt überall
aufgemacht, wie wenn die Wände aufgebrochen würden. Vor
allem aber die Mitte alles Unglücks bleibt. Ich kann nicht
schreiben«. (Br 85) – *durchbricht die Türen:* »mein Zimmer
ist ein Durchgangszimmer oder besser eine Verbindungsstraße
zwischen dem Wohnzimmer und dem Schlafzimmer der Eltern«.
(F 111, vgl. 330) Schon am 23. 3. 1909 schrieb Kafka an Max
Brod: »die Familie lebt in meinem Zimmer wie in einem
Zigeunerwagen«. (FK 68, vgl. W 217, Anm. 439) – *Ofen:*
Vgl. T 47. – *ins Unbestimmte:* Diese Passage bis »rufend«
lautet in D: »durch das Vorzimmer Wort für Wort rufend«. –
Vorzimmer: in Prag der wohnlich eingerichtete Flur. – *Pariser
Gasse:* Der Vergleich ist angeregt durch Kafkas Paris-Aufent-
halt im September 1911. (Vgl. T 632: »Das Rufen einer Frau
mit einem kleinen Bücherhandwagen am Abend auf dem Boulevard Poissonière.«) – *ob denn des Vaters Hut:* »denn« fehlt
in D. Der 5. November 1911 war ein Sonntag, so daß Kafkas
Vater entsprechend gekleidet aus dem Hause ging. – *ein Zischen:* Von den drei Schwestern Kafkas war im November
1911 nur Elli verheiratet und damit außer Haus. Während
Valli, die mittlere Schwester (geb. 1890), der Mutter am
nächsten stand und sich auch dem Vater »ohne viel Mühe und
Schaden« fügte (H 190; es ist also kein Zufall, daß sie sich
um Vaters Hut kümmert), war Ottla, die Jüngste (geb. 1892),
Kafkas Vertraute (vgl. F 87); sie ist hier wohl gemeint. –
erhebt: in D dahinter »noch«, hinter »schließt sich« das Wort
»endlich«, auch heißt es dort »Wohnungstüre«; andererseits
fehlt vor »Singen« das Adjektiv und vor »von neuem« das

»aber« – *Kanarienvögeln:* Vgl. F 258: »über allen aber singt der
Kanarienvogel, der ganz jung ist, der Valli gehört, vorläufig
bei uns lebt und noch Tag und Nacht nicht unterscheiden
kann.« – *Fräulein:* Gemeint ist das Dienstmädchen oder wahrscheinlicher Marie Werner, die ehemalige Erzieherin der Kinder, die auch später im Haus blieb. (Vgl. F 125 u. T 47) –
Ruhe: Die Lärmempfindlichkeit Kafkas kommt an vielen
Stellen in seinen Lebenszeugnissen zum Ausdruck. (Vgl. z. B.
T 240 f., 268, 273 f., 275 u. 288, wo er ihm unangenehme Ge-
räusche registriert, oder F 311, Br 163, 388 f., wo er darüber
klagt, sein Zimmer sei zu laut, u. die *Erste lange Eisenbahnfahrt* E 309: *Lärm*)

DAS UNGLÜCK DES JUNGGESELLEN

(14. November 1911)

Erste Niederschrift im Tagebuch unter dem Datum des 14. 11. 1911.
Für Kafka war der Junggeselle ein Bild eigener Existenzprobleme, das
von 1910 an in seiner Vorstellungswelt fest verankert ist. Der Unverheiratete nämlich steht »außerhalb unserer Menschheit, immerfort ist
er ausgehungert, ihm gehört nur der Augenblick, der immer fortgesetzte Augenblick der Plage, dem kein Funken eines Augenblicks der
Erholung folgt ... er hat nur so viel Boden, als seine zwei Füße brauchen« (T 21); er »bescheidet sich aus scheinbar eigenem Willen schon
mitten im Leben auf einen immer kleineren Raum, und stirbt er, ist
ihm der Sarg gerade recht.« (T 181) Bemerkenswert ist auch die Aussage: »Sisyphus war ein Junggeselle.« (T 555)
Solche Vorstellungszusammenhänge werden von Kafka auch direkt
auf sich selber appliziert (vgl. M 247 f.): So spricht er beispielsweise
von seinem leeren, irrsinnigen, junggesellenhaften Leben (T 422), worin er eine Art Neuverkörperung seines ledigen Onkels Siegfried
Löwy in Triesch sah (vgl. F 435), bei dem er als Gymnasiast und Student mehrfach seine Sommerferien verbracht hatte (W 101 f.). Den
»unmenschlichen dünnen, junggesellenmäßigen, aus verengter Kehle
kommenden, vogelartigen Witz« dieses von ihm sehr verehrten Onkels hebt er besonders hervor: Es handle sich um einen rauschenden
Irrsinn, der zufrieden mache, weil man ihn für die Melodie des Lebens halte. (Br 164)
Interessant ist in diesem Zusammenhang auch, was Kafka Felice über
eine Besprechung der *Betrachtung* schrieb, in der das *Unglück des
Junggesellen* erstmals gedruckt wurde (Leipzig 1913 [recte 1912], S.
39–41, vgl. P. Friedrich, Gleichnisse und Betrachtungen, in: *Das lite-*

rarische Echo 15, Heft 22 [15. 8. 1913], S. 1547 ff.): »Sie ist sehr lie-
benswürdig, aber an sich nicht weiter bemerkenswert. Nur eine Stelle
ist auffallend, es heißt dort im Verlauf der Besprechung: ›Kafkas
Junggesellenkunst . . .‹ Was sagst Du dazu, Felice?« (F 445)
In den Jahren, wo Kafka um Felice kämpfte und zwischen Ehe und
selbstgewählter Isolation als Lebensmöglichkeit hin und her gerissen
wurde, wird der Junggeselle in den *Erinnerungen an die Kaldabahn*
und in *Blumfeld, ein älterer Junggeselle* thematisiert.

E 34   *zu bleiben:* T 160 »zu sein«. – *krank zu sein:* Die Stelle (bis
        »anzusehn«) lautet in der Erstfassung: »kranksein und nur
        den Trost der Aussicht aus seinem Fenster haben, wenn man
        sich aufsetzen kann« (T 160); vgl. *Verwandlung:* »Erinnerung
        an das Befreiende, das früher für ihn darin gelegen war, aus
        dem Fenster zu schauen« (E 104), Br 43 (September 1907):
        »ohne mich aufrechtzusetzen sehe ich vom Bett aus das Bel-
        vedere, grüne Abhänge«, T 467: »Ich bin von der Aussicht so
        abhängig«, das *Gassenfenster,* den *Kaufmann* E 37: *die Aus-
        sicht des Fensters* u. das *Urteil* E 53: *Fenster.* In D erscheinen
        also Leid und Einschränkung des Junggesellen verschärft. –
        das leere Zimmer: Brod spricht von Kafkas einfacher, fast
        karger Zimmereinrichtung, die den Charakter des Provisori-
        schen getragen habe und wegen des Fehlens von konventionel-
        lem Schmuck und Wohnluxus auf den unbeteiligten Betrachter
        seltsam gewirkt habe. (FK 54) Kafka selbst spricht im Sep-
        tember 1907 von seinem »leeren Zimmer«. (Br 43, vgl. B 103
        u. *Blumfeld, ein älterer Junggeselle* B 141: *leeren*)

E 34 f. *sein Nachtmahl in einer Hand nach Hause zu tragen:* Über
        die einzige Möglichkeit eines Junggesellen auf der Gasse heißt
        es in einem Erzählfragment vom Sommer 1910: »Dieser ist ja
        schon zufrieden, wenn er . . . seine paar Mahlzeiten schützt . . .
        Sein Wesen ist . . . ein selbstmörderisches, es hat nur Zähne
        für das eigene Fleisch und Fleisch nur für die eigenen Zähne
        . . . Dieser Junggeselle mit . . . seiner gefürchteten Mietswoh-
        nung, seinem sonstigen gestückelten . . . Wesen, hält alles dies
        mit beiden Armen beisammen und muß immer zwei seiner
        Sachen verlieren, wenn er irgendeine geringe aufs Geratewohl
        fängt.« (T 19, vgl. F 751: »ich trage mir das Abendessen hin-
        auf«) Anstelle des fraglichen Passus im Erstdruck steht im
        Tagebuch: »die Fremdheit seiner Verwandten zu spüren be-
        kommen, mit denen man nur durch das Mittel der Ehe be-
        freundet bleiben kann, zuerst durch die Ehe seiner Eltern,
        dann, wenn deren Wirkung vergeht, durch die eigene« (T 160).
        Kafka am 15. 8. 1913 zu seiner Mutter: »ihr seid mir alle
        fremd, nur die Blutnähe besteht, aber sie äußert sich nicht.«
        (T 316)

E 35   *Kinder:* Kafka am 9. 8. 1915 an Felice über die Problematik
seines Verhältnisses zu ihr nach der ersten Entlobung: »Ich
muß (es ist sogar schon gedruckt) fremder Leute Kinder bewundern.« (F 642) – *ich habe keine:* Fortsetzung in der Erstfassung: »da keine Familie mit einem wächst, ein unveränder-
liches Altersgefühl haben« (T 160), vgl. T 559 (Kafka über sich
selbst): »ohne Entwicklung jung bis zum Ende, richtiger als
jung ist der Ausdruck konserviert« u. T 216. – *Jugenderin-
nerungen:* Vgl. T 558 (22. 1. 1922): »Die Bemerkung hinsichtlich des ›Junggesellen der Erinnerung‹ war hellseherisch, allerdings Hellseherei unter sehr günstigen Voraussetzungen.« Es
folgt, eingeleitet durch die Worte: »Die Ähnlichkeit mit O. R.
ist aber noch darüber hinaus verblüffend«, ein sehr detaillierter
Vergleich des Schreibers mit seinem Onkel Rudolf Löwy, der
Buchhalter am Kósíŕer Bräuhaus war und sich zu »einem un-
enträtselbaren, überfreundlichen, überbescheidenen, einsamen
und dabei fast geschwätzigen Menschen« entwickelte (Br 361).
Die Analyse endet mit den Worten: »Er war in Einzelheiten
eine Karikatur von mir, im wesentlichen aber bin ich seine
Karikatur.« (T 559)
Das Zitierte beweist, daß im *Unglück eines Junggesellen* eine
Selbstdeutung vorliegt, die durch Beobachtung von unverhei-
rateten Onkeln angeregt wurde. Neben Rudolf Löwy und
seinem Bruder Siegfried, der einleitend schon erwähnt wurde,
kommt als Vorbild vor allem noch der in Madrid lebende
ledige Onkel Alfred Löwy in Betracht, von dem Kafka bekennt, er sei ihm »der nächste Verwandte, viel näher als die
Eltern, aber natürlich auch nur in einem ganz bestimmten
Sinn.« (F 435) Daß Kafka das leere, junggesellenhafte Leben
des Eisenbahndirektors meint, geht aus einer Tagebuchnotiz
hervor. (T 287 f.) – *So wird es sein:* dafür (bis »in Wirklichkeit«) in der Erstfassung: »Das alles ist wahr, nur begeht man
leicht dabei den Fehler, die künftigen Leiden so sehr vor sich
auszubreiten, daß der Blick weit über sie hinweggehn muß
und nicht mehr zurückkommt, während man doch in Wirklichkeit«. (T 161) – *um mit der Hand:* Mit ihrer Übersetzung des Stücks, heißt es in einer unpublizierten Passage eines
an Milena gerichteten Briefes, sei er natürlich ganz einverstanden, nur verhalte sie sich zum Text wie Frank (so nannte
Milena den Dichter, vgl. FK 196 ff.) zu Franz, und wenn der
Junggeselle so kräftig sei, ein Zimmer »zu haben« (E 34), und
die Energie aufbringe, um sich an die Stirn zu schlagen,
hätte es doch überhaupt nicht so weit kommen müssen, und er
hätte doch eigentlich auch heiraten können. Vgl. auch F 101.

DER PLÖTZLICHE SPAZIERGANG

(5. Januar 1912)

Erste Niederschrift unter dem Datum vom 5. 1. 1912 im Tagebuch
(T 232 f.)
D: in F. Kafka, Betrachtung, Leipzig 1913 (recte 1912), S. 27–31.

E 32   *Spiel:* Kafkas Eltern spielten abends regelmäßig Karten, er
selbst beteiligte sich daran höchstens als stiller Zuschauer.
(Vgl. F 125, 258, 364, 509 u. B 147) – *allgemeines Erstaunen:*
dafür in der Erstfassung: »nicht nur väterlichen Ärger, sondern allgemeines Staunen«. (T 232, zur Sache vgl. Br 47 Z. 5
u. J 46) – *Haustor gesperrt:* Brod erinnert sich, Kafka habe
abends nach zehn Uhr erklärt, »er gehe nun nicht mehr aus,
um das ›Sperrsechserl‹ für den Hausmeister zu ersparen.«
(FK 296) Jedes größere Haus in Prag hatte einen Hausmeister,
der im Sommer um 10 Uhr, im Winter schon um 9 die Tür
(in Prag: Haustor) schloß und für nächtliches Wiederöffnen
20 Heller beanspruchen konnte. (Vgl. F 126, 216, 326 u. K.
Krolop, Zu den Erinnerungen Anna Lichtensterns an Franz
Kafka, in: Germanistica Pragensia 5 [1968], S. 47, Anm. 91) –
zuschlägt: danach in der Erstfassung: »und damit die allge-
meine Besprechung des Fortgehens abschneidet«. (T 232) –
beantworten: Erstfassung: »belohnen«. (T 233)
Entschluß: Vgl. das Stück *Entschlüsse* (E 33), das sich in der
Betrachtung von 1912 unmittelbar anschließt. – *gesammelt:*
Erstfassung »aufgeregt«. (T 233, vgl. 106 Z. 4 ff.) – *und wenn
man so die langen Gassen hinläuft:* Vgl. Notiz vom 4. 2. 1912:
»Geschichte: Die Abendspaziergänge. Erfindung des raschen
Gehns. Einleitendes schönes dunkles Zimmer.« (T 245) In der
Erstfassung steht statt dieser Passage: »daß man mit sich
allein gelassen in Verstand und Ruhe und in deren Genusse
wächst«. (T 233) – *die ins Wesenlose abschwenkt:* T 233: »wie
man es durchdringender durch die entferntesten Reisen nicht
erreichen könnte und man hat ein Erlebnis gehabt, das man
wegen seiner für Europa äußersten Einsamkeit nur russisch
nennen kann.« Die Neufassung dieser Kafka widerlichen Passage (vgl. Br 105) gestaltete sich so schwierig, daß sie erst zwei
Wochen nach der Übersendung des druckfertigen Manuskripts
an den Verlag gelang. (Br 110) Vgl. auch die Aussage, die im
Urteil über Georg Bendemanns Petersburger Freund gemacht
ist: »Wie er erzählte, hatte er keine rechte Verbindung mit
der dortigen Kolonie seiner Landsleute, aber auch fast keinen
gesellschaftlichen Verkehr mit einheimischen Familien und

richtete sich so für ein endgültiges Junggesellentum ein.«
(E 53, vgl. 54: *in der Fremde*)

E 33   *wahren Gestalt erhebt:* danach in D Absatz, vgl. auch H 430.

ENTSCHLÜSSE

(5. Februar 1912)

Die erste Niederschrift ist im Tagebuch unter dem Datum vom 5. 2.
1912 überliefert (vgl. T 246 u. 702).
D: in F. Kafka, Betrachtung, Leipzig 1913 (recte 1912), S. 32–35.

E 33   *dulde:* Vgl. den *Bau* B 190: *peinlich. – im Kreise zurück-*
         drehen: Zum Begriff des Umlaufens vgl. meinen Aufsatz
         »Kafka und die Skulpturen«, in: Jahrbuch der Dt. Schiller-
         gesellschaft 16 (1972), S. 634 f. – *alles hinzunehmen:* In
         einem Brief aus Zürau vom November 1917 beschreibt Kafka
         als Ausweg aus seinen Lebensschwierigkeiten die Möglichkeit,
         sich offen durch sein Verhalten einzugestehen, daß er sich
         nicht bewähren könne: »Ich muß ja zu diesem Zweck nichts
         anderes tun, als die Umrisse meines bisherigen Lebens mit
         voller Entschiedenheit nachziehn. Die nächste Folge würde
         dann sein, daß ich mich zusammenhalte, mich nicht in Sinn-
         losem verzettle, den Blick freihalte.« (Br 195 f.) – *fortgebla-*
         sen: An Max Brod schreibt Kafka über seinen inneren Zu-
         stand: »ich finde entsprechend meiner Lebenskraft keine Mög-
         lichkeit oder doch die Möglichkeit mich zu flüchten, aller-
         dings in einem Zustand, der es dem Außenstehenden ... un-
         verständlich macht, was hier noch gerettet werden soll, aber
         man läuft ja nicht immer, um sich zu retten, auch die Asche,
         die der Wind aus dem Brandhaufen fortbläst, fliegt nicht
         weg, um sich zu retten.« (Br 317) – *Leben als Gespenst:* Für
         den jungen Kafka war es das hauptsächlichste Anliegen, eine
         Lebenssicht zu gewinnen, »in der das Leben zwar sein natür-
         liches schweres Fallen und Steigen bewahre, aber gleichzeitig
         mit nicht minderer Deutlichkeit als ein Nichts, als ein Traum,
         als ein Schweben erkannt werde.« Dieser Wunsch war aber
         »nur eine Verteidigung, eine Verbürgerlichung des Nichts«.
         (B 293 f.) – *grabmäßige Ruhe:* »Ich brauche zu meinem
         Schreiben Abgeschiedenheit ... wie ein Toter ... so wie man
         einen Toten nicht aus seinem Grabe ziehen wird und kann,
         so auch mich nicht vom Schreibtisch in der Nacht.« (F 412) –
         Augenbrauen: Kafka am 9. 9. 1913: »darf die Hand nicht an
         die Augenbrauen legen, sonst erschrecke ich über die Hitze.«
         (Br 119)

ENTLARVUNG EINES BAUERNFÄNGERS

(Herbst 1911/ Winter 1911/12)

Konkrete Hinweise auf die Entstehungszeit dieser Erzählung fehlen, doch lassen die von Kafka hier verwendeten Motive einige diesbezügliche Vermutungen zu: Ganz offenbar liegt dem Stück eine Thematik zugrunde, die ihn schon seit dem Beginn seiner Studienzeit stark beschäftigte. Ende 1903 schreibt er an einem Buch *Das Kind und die Stadt,* das er nur in Stücken habe. (Br. 21) Die zweite, wahrscheinlich 1909 und 1910 entstandene Fassung der *Beschreibung eines Kampfes* endet mit einem in sich fragmentarischen Erzählstück, das hinsichtlich Thema und Personenarrangement sehr an die *Entlarvung eines Bauernfängers* erinnert: Ein Ich-Erzähler und sein Begleiter sprechen über eine Gesellschaft, die der Erzähler abends besuchen will, und gehen gemeinsam – der Begleiter »machte aber keinen feinen Eindruck, sah eher wie ein kranker Bauer aus« (Be 125) – durch die nächtliche Stadt vor das betreffende Haus. Man kann vermuten, daß der an dieser Stelle nicht weitergeführte Erzählzusammenhang in Tagebuchfragmenten des Jahres 1910 und 1911 wieder aufgenommen wurde. (Vgl. T 17 f., 36 f., 42, 59 f. u. 691 f.) In einem Bruchstück vom Sommer 1910 nämlich ist wieder von einer Gesellschaft die Rede, die der Ich-Erzähler über eine Treppe erreichen will. (Vgl. T 19 mit E 31) Der Begleiter aber bleibt auf der Straße zurück. In einem innerlich damit zusammenhängenden Eintrag heißt es, daß dieser Bekannte den Erzähler von seinem Vorhaben abzubringen sucht. (T 36 f. u. E 31: *abzuhalten*) Über weitere Motivübereinstimmungen zwischen den Tagebuchfragmenten und der *Entlarvung eines Bauernfängers* unterrichtet der Einzelkommentar. Die Beziehung dieser Erzählzusammenhänge zur Briefstelle von 1903 ist andererseits dadurch hergestellt, daß der Ich-Erzähler, der sich in den im Tagebuch überlieferten Ansätzen zweimal mit einem Kind vergleicht (vgl. T 18 u. 37) und sich als beliebigen Mann aus der Provinz bezeichnet (T 36), erst seit fünf Monaten in der Stadt weilt (vgl. T 692 mit E 30 »monatelang«), während sein Partner schon über zwanzig Jahre dort wohnt (T 22; auch der Bauernfänger muß natürlich ein Stadtbewohner sein).
Da das letzte der Tagebuchfragmente vom August 1911 stammt und ein Erlebnis von der im Folgemonat unternommenen Ferienreise auf die Konzeption der Erzählung eingewirkt zu haben scheint (vgl. E 30: *Bauernfänger*), kann vermutet werden, der Text sei im Herbst dieses Jahres oder im folgenden Winter entstanden, wo Kafka eine schöpferische Phase durchlief. Am 8. 8. 1912 erfolgte die Endredaktion: »›Bauernfänger‹ zur beiläufigen Zufriedenheit fertig gemacht. Mit der letzten Kraft eines normalen Geisteszustandes.« (T 281)
D: in F. Kafka, Betrachtung, Leipzig 1913 (recte 1912), S. 17–26.

E 29   *zehn Uhr:* Be 125: »Es ist ja schon spät!«, T 692: »es ist schon
        spät«; zu Kafkas abendlichen Spaziergängen vgl. F 67, 178,
        618, T 182, 191, 198 (»Ich kam erst um zehn Uhr hin, machte
        vorher einen Spaziergang«) u. die *Vorüberlaufenden* E 39: *in
        der Nacht. – Abschieds:* Vgl. T 36: »›Ich will mich verab-
        schieden.‹« – *gleich hinauf?:* Be 125: »›Also adieu‹ sagte ich.
        ›Hier ist es also?‹ ›Ja, hier‹ ›Es war nicht weit.‹ ›Ich sagte
        es ja.‹«

E 30   *fügte sich:* T 36: »›Du gehst also doch? Was soll ich machen?
        Halten kann ich dich nicht.‹« – *Lächeln:* T 691: »Sein Lächeln
        übersah ich und schaute auf das Pflaster.« – *drehte mich:* Vgl.
        B 115 (»Vorläufig aber lachte ich ihm stumm mit offenem
        Munde ins Gesicht, schaute dann solange weg, bis das Lachen
        nachgelassen hatte, brachte die Augen noch einmal zurück,
        konnte mir aber nicht helfen, mußte gleich von neuem lachen
        und wandte mich wieder ab«) u. *Gibs auf!* B 115: *wandte. –*
        Bauernfänger: Über die im September 1911 gemeinsam mit
        Kafka verbrachten Tage in Paris berichtet Max Brod: »Im
        Café Riche (Paris) Gespräch mit zwei unbekannten Deutsch
        sprechenden Herren über Mädchen in Paris. Da ich meine Er-
        fahrungen zum Besten gebe, dies und jenes empfehle, bekomme
        ich plötzlich Angst, für einen Agenten eines bestimmten Eta-
        blissements, für einen Bauernfänger gehalten zu werden. Die
        beiden Fremden rühmen andere Möglichkeiten. Nun sind wir
        nahe daran, sie für Bauernfänger zu halten. Wir beide ver-
        ständigen uns mit Blicken und entfernen uns ziemlich unver-
        mittelt. Franz gesteht mir, er hätte unbedingt den Eindruck
        gehabt, daß sie Bauernfänger sind, wenn er nicht eher mich
        für einen solchen gehalten hätte.« (FK 341, vgl. J 193)

E 31   *abzuhalten:* T 42: »er erkannte mich offenbar immerfort noch
        genauer und konnte mich sicher mit allen meinen Erkenntnis-
        sen in die Tasche stecken. Wie war es denn sonst zu erklären,
        daß ich noch auf der Gasse blieb, als wäre vor mir kein
        Haus, sondern Feuer.« (Kafka hat übrigens diese Passage ge-
        strichen, vgl. auch E 30: »als seien wir zu einem langen Auf-
        enthalt auf diesem Fleck entschlossen.«) T 59 f.: »Wehrte ich
        mich denn? Ich stand zwar hartnäckig hier vor dem Haus,
        aber ebenso hartnäckig zögerte ich hinaufzugehn.« – *Zufrie-
        denheit:* T 42: »Schließlich durfte er aber auch zufrieden sein
        und immer zufriedener werden, je genauer ich ihn erkannte.« –
        Gesichter: T 18: »oft erkennt man sich schon, wenn man auf-
        paßt, im Gesicht des Dieners an der Tür.« (Vgl. T 37) –
        Überraschung: T 42: »Wenn man in eine Gesellschaft geladen
        ist, so betritt man doch einfach das Haus, steigt die Treppe
        hinauf und merkt es kaum, so sehr ist man in Gedanken.« –
        Aufatmend: T 18 f.: »Und hast du denn eine Ahnung, wie es

mir oben gehen wird? Der Fuß, mit dem ich den Saal betreten
werde, wird schon verwandelt sein, ehe ich den andern nach-
ziehe ... Von der Gesellschaft verspreche ich mir alles, was
mir fehlt, die Organisation meiner Kräfte vor allem«. (Im
Manuskript verteilt sich diese Passage auf zwei verschiedene
Erzählansätze.)

WUNSCH, INDIANER ZU WERDEN

(vor Sommer 1912)

Da es keine spezifischen Hinweise auf die Entstehungszeit des Textes
gibt (allenfalls erinnert die Stilgebung an *Entschlüsse*, das *Unglück des
Junggesellen* und den *Plötzlichen Spaziergang*), wird er hier unmittelbar vor der *Betrachtung* von 1912 eingefügt, wo er erstveröffentlicht
wurde (Leipzig 1913 [recte 1912], S. 77 f.). Die Thematik lag Kafka
insofern nahe, als er sich sehr mit den Indianern beschäftigt zu haben
scheint. In einem autobiographisch gefärbten Erzählfragment berichtet
der Ich-Erzähler, er habe mit 17 Jahren in einem Indianerbuch gelesen. (H 227) Und noch um 1912, als Kafka einen Bericht über eine
Expedition las, die der Erforschung südamerikanischer Indianerstäm-
me gewidmet war, ist sein Interesse an diesem Komplex zu belegen.
(Einzelheiten in meiner Arbeit »Kafka in neuer Sicht«, Stuttgart
[1976], S. 127).
Vertrautheit mit diesem Bereich ist auch aus der Tatsache erschließbar,
daß mehrfach auf der Bildebene metaphorischer Wendungen Indianer
erscheinen: Kafka spricht vergleichsweise von »indianischem Wuchs«
(E 41), fühlt sich an einer gesellschaftlichen Veranstaltung »geradezu
wie ein Indianer unbeteiligt« (Br 50), glaubte mit seinen Briefen Felice zu plagen »wie ein Indianer seinen Feind« (F 264, vgl. T 627),
meint, sein Herz schlage »mit der Wut, mit der es in einem Schul-
jungen schlagen muß, wenn er Indianergeschichten gelesen hat« (F
589) und charakterisiert in *Kinder auf der Landstraße* das Geschrei
eines Jungen durch den Vergleich mit einem »indianischen Kriegsruf«
(Be 75). Da Bildvorstellungen bei Kafka öfters zu Erzählkernen werden, ist von hier nur noch ein kleiner Schritt zum *Wunsch, Indianer
zu werden*, zumal der nur aus einem Satz bestehende Text dieses
Stücks nichts anderes als einen umfangreichen Vergleich darstellt, dessen Sachebene nicht explizit ausgeführt ist. (Vgl. auch T 528)

E 44   *bereit:* Die Vorstellung steht für mutige Entschlußfähigkeit,
        Kampf- und Handlungsbereitschaft und Freiheit, Eigenschaf-
        ten, die eine sofortige Verfügbarkeit über alle Kräfte voraus-
        setzen und vor allem zur Bedingung haben, daß Grundlagen
        und Hilfsmittel für eine anstehende Unternehmung schon vor-

handen sind bzw. nur in geringem Umfang überhaupt benötigt
werden. Kafka erstrebte eine solche Existenzweise, weil er in
allem anders war, vgl. F 289, H 192 (im Gegensatz zu Kafka
selbst war Ottla »immer frisch, immer bei Kräften«), die Einleitung zu *Erstes Leid*, Br 366, 359 (wo der 38jährige über ein
Mädchen sagt, das, wie er meinte, mit unzureichenden Mitteln
und mangelnder Begabung seinen seitherigen Lebenskreis verließ, um ganz seinen Neigungen zu leben: »Ich denke ja bei
dem Ganzen sehr an mich, es ist so, wie wenn ich etwa heute
meinem Traum nachgeben und mich bei einer Skautstruppe
zehnjähriger Jungen anmelden wollte«), T 282 u. 576: »Das
Pferd des Angreifers zum eigenen Ritt benützen. Einzige Möglichkeit. Aber was für Kräfte und Geschicklichkeiten verlangt
das! Und wie spät ist es schon!« – *schief:* Vgl. den Anfang
von H. v. Kleists *Michael Kohlhaas* (Kafkas Lieblingserzäh-
lung, vgl. F 291 f.), wo es über den herbeieilenden Burgvogt
heißt, er habe »schief gegen die Witterung gestellt« den Roß-
händler nach dem Paßschein gefragt. – *Sporen:* Vgl. T 312:
»Nur das Pferd ordentlich peitschen! Ihm die Sporen langsam einbohren, dann mit einem Ruck sie herausziehn, jetzt
aber mit aller Kraft sie ins Fleisch hineinfahren lassen.« –
Zügel: Die halbwilden Indianerpferde waren in der Regel
nicht herkömmlich gesattelt und aufgezäumt, sondern ge-
halftert, was nur eine leichte Form der Zügelung bedeutet.
Fällt auch diese weg, muß sich der Reiter ganz der ungezügel-
ten Naturkraft des Pferdes anvertrauen. – *ohne Pferdehals
und Pferdekopf:* Hier ist gestreckter Galopp vorausgesetzt,
vgl. H 14 (»die Leiber der Pferde flogen waagrecht wie ge-
schleudert, aber das Nicken des Kopfes und des Halses zeigte
Schwung und Mühe der Bewegung an«) u. T 279 f. (»Wie von
zwei Pferden im Lauf das eine den Kopf für sich und aus dem
Lauf heraus senkt und gegen sich mit der ganzen Mähne
schüttelt«). Kafka selbst war ein guter Reiter (FK 49) und
fand den Anblick springender Pferde schön (F 326).

BETRACHTUNG

(1. Augusthälfte 1912)

Am 29. Juni 1912, auf der gemeinsam unternommenen Urlaubsreise
nach Weimar, führte Max Brod, damals schon ein bekannter Autor,
Kafka in Leipzig beim Verlag Rowohlt ein, den damals Ernst Rowohlt
und Kurt Wolff noch gemeinsam leiteten. Letzterer hatte bei dieser Begegnung den unauslöschlichen Eindruck, der Impresario präsentiere
einen von ihm entdeckten Star. Als Rowohlt »ziemlich ernsthaft« ein

Buch von Kafka verlegen wollte (vgl. T 652), sagte dieser zu Wolff:
»Ich werde Ihnen immer viel dankbarer sein für die Rücksendung meiner Manuskripte als für deren Veröffentlichung« (K. Wolff, Autoren,
Bücher, Abenteuer, Berlin [1965], S. 68). Immerhin ist es Kafka am
10. Juli »natürlich recht« (Br 96), daß man beim Verlag an sein Buch
denkt. Nach seiner Rückkehr nach Prag am 27. dieses Monats (der
Br 100 f. erwähnte Samstag, den Kafka zur Rückfahrt benützte, fiel
auf den 27. Juli) – er hatte die Zeit seit dem 8. (vgl. T 667) in einem
Naturheilsanatorium im Harz verbracht, wo ihm natürlich das früher
in Prag Geschriebene nicht zur Verfügung stand – arbeitete er an der
Reinschrift der *Betrachtung*, obwohl er schon am 17. Juli, als er im
Harz an der ersten Fassung des *Verschollenen* und am Reisetagebuch schrieb (vgl. Br 96 f.), an der Qualität seines Schreibens zweifelt
(Br 98).
Am 7. August kam es zu einer Sinnesänderung, Kafka beschloß, das
Buch nicht herauszugeben. Max Brod schrieb er am gleichen Tage (ein
Vergleich von T 281 mit Br 99 ergibt, daß die erschlossene Datierung
des Briefes auf »Juli 1912« fehlerhaft und in »7. August 1912« zu
ändern ist): »willst Du mir wirklich raten – und mit welcher Begründung, ich bitte Dich – bei hellem Bewußtsein etwas Schlechtes drucken
zu lassen, das mich dann anwidern würde ... ist denn das Nichtge-
drucktwerden und noch Ärgeres nicht viel weniger schlimm als dieses
verdammte Sichzwingen. Es gibt in diesen Stückchen ein paar Stellen,
für die ich zehntausend Berater haben wollte; halte ich sie aber zurück, brauche ich niemanden aus Dich und mich und bin zufrieden.
Gib mir recht! Dieses künstliche Arbeiten und Nachdenken stört mich
auch schon die ganze Zeit und macht mir unnötigen Jammer. Schlechte
Sachen endgültig schlecht sein lassen, darf man nur auf dem Sterbe-
bett.« (Br 99, vgl. Br 480 u. den Kommentar zum *Hungerkünstler*-
Band von 1924) Max Brod war nicht Kafkas Meinung, es gelang ihm
vielmehr, den Freund am nächsten Tag umzustimmen (FK 110 f. u.
Sy 130), so daß Kafka weiterarbeitete, allerdings unter Klagen: »Um
wieviel Zeit mich die Herausgabe des kleinen Buches bringt und wieviel schädliches, lächerliches Selbstbewußtsein beim Lesen alter Dinge
im Hinblick auf das Veröffentlichen entsteht.« (T 282)
Erst am 13. August, an dem Abend, wo er zum erstenmal mit Felice
Bauer zusammentraf, legte er mit Max Brod die Reihenfolge fest, um
die er sich »bis dahin gar nicht gekümmert hatte« (F 56). Schon am
nächsten Tag kamen ihm Bedenken, ob ihm nicht beim Ordnen eine
Dummheit unterlaufen sei, »eine vielleicht nur im Geheimen komische
Aufeinanderfolge« dadurch entstand, daß er am Vortag unter dem
»Einfluß« Felicens stand, und er bittet deswegen den Freund, das
druckfertige Manuskript nochmals unter diesem Gesichtspunkt durch-
zusehen. (Br 102) Dann wurde es, vielleicht noch am gleichen Tag,
nach Leipzig geschickt. In einem an Ernst Rowohlt gerichteten Be-
gleitbrief schreibt Kafka, er habe, als er die Textauswahl vornahm,

manchmal die Wahl zwischen der Beruhigung seines Verantwortungs-
gefühls und der Gier gehabt, unter den schönen Büchern des Verlegers auch eines zu besitzen; und gewiß habe er sich dabei nicht
immer ganz rein entschieden. Jetzt aber wäre er doch »glücklich«,
wenn die Stücke gedruckt würden: »Schließlich ist auch bei größter
Übung und größtem Verständnis das Schlechte in den Sachen nicht
auf den ersten Blick zu sehen. Die verbreitetste Individualität der
Schriftsteller besteht ja darin, daß jeder auf ganz besondere Weise
sein Schlechtes verdeckt.« (Br 103)
Die von Kafka gewählte Reihenfolge der Texte ist sehr sorgfältig
überlegt. (Vgl. auch Br 110) Wie im *Landarzt*- und *Hungerkünstler*-
Band steht das umfangreichste Stück am Ende. Die ersten drei Erzählungen schließen sich chronologisch zu einer Art Tagesablauf zusammen: In der die Sammlung einleitenden ist es abends (acht Uhr,
Be 75), die zweite beginnt »gegen zehn Uhr abends« (E 29), und die
dritte beschreibt einen Nachtspaziergang, der nach Schließung des
Hauses um 22 Uhr unternommen wird (vgl. den *Plötzlichen Spaziergang* E 32: *Haustor gesperrt*). Außerdem haben alle drei ein festes
Handlungsgerüst, und die in der menschlichen Gemeinschaft lebenden Hauptfiguren entfalten Initiativen, denen Gelingen beschert ist.
Der nächste Text, *Entschlüsse*, paßt als Spaziergang und bewußte
Willensentscheidung thematisch vorzüglich zum Vorhergehenden und
wird mit diesem zusätzlich durch den Titelbegriff verknüpft, denn
der *Plötzliche Spaziergang* beginnt mit der Formulierung: »Wenn man
sich am Abend endgültig entschlossen zu haben scheint . . .«
Mit dem *Ausflug ins Gebirge,* wo die handlungsmäßige Bewegtheit der
vorhergehenden Stücke wenigstens in den Intentionen des Erzählers
nachklingt, kommt eine neue Klangfarbe ins Spiel, nämlich der problematische Gemeinschaftsbezug der Hauptfigur, die allein und hilflos dasteht. In den beiden nächsten Texten wird diese Problematik
inhaltlich entfaltet: Im *Unglück des Junggesellen* muß die Titelfigur
um Aufnahme bitten, wenn sie einen Abend mit Menschen verbrin-
gen will (E 34), und der sich anschließende *Kaufmann* beginnt mit
den Worten: »Es ist möglich, daß einige Leute Mitleid mit mir haben«
(E 35), veranschaulicht also gewissermaßen mit dieser Aussage den
Erfolg der Gemeinschaftsbeziehungen des ihm innerlich verwandten
Junggesellen. Außerdem bilden diese beiden Erzähleinheiten mit dem
sich anschließenden *Zerstreuten Hinausschaun,* dem *Nachhauseweg*
und den *Vorüberlaufenden* eine Art übergeordnete Handlungseinheit:
Der vom Junggesellen bloß vorgestellte einsame Heimweg und das
anschließende Betreten der Wohnung in entsprechender Stimmungslage wird im *Kaufmann* – über das Motiv der Treppe besteht eine
zusätzliche Verklammerung mit dem *Unglück des Junggesellen* –
sozusagen erzählerisch realisiert und durch das Motiv der Aussicht
aus dem Fenster erweitert (E 37). Dieses bildet das Hauptelement
von *Zerstreutes Hinausschaun,* wo gleichsam ein zu Hause verbrach-

ter Tag Darstellungsgegenstand ist. (»Heute früh« – »jetzt« – »das Licht der freilich schon sinkenden Sonne«) Und so wie dem Zeitgefüge nach der abendliche Heimweg des Kaufmanns sich nach vorne hin gut anschließt, kann dies auch vom folgenden *Nachhauseweg* und den *Vorüberlaufenden* behauptet werden, die von einem abendlichen und nächtlichen Gang durch die Stadt handeln. Um ein statisches Mittelglied (*Zerstreutes Hinausschaun*) sind also je zwei stark vorgangshafte Erzählstücke gelagert. Andererseits schließen sich die drei letzteren Stücke durch eine positive Grundstimmung näher zusammen (Freude an der Aussicht, Hochstimmung nach dem Gewitter und Freude über die Einsamkeit der Nacht) und wiegen so den klagenden Charakter der beiden vorhergehenden Texte wieder auf.

In den nächsten drei Erzähleinheiten wird der fragliche Gemeinschaftsbezug des Ich-Erzählers – daneben steht in der *Betrachtung* in einer Minderzahl der Fälle noch »man«, dem das verallgemeinernde »er« des *Gassenfensters* recht nahe kommt – durch sein Verhältnis zum anderen Geschlecht veranschaulicht: Wieder bildet ein deskriptiver, also handlungsmäßig ruhiger Text (*Kleider*), wo Mädchen nur in der Distanz und als Kollektiv erscheinen, die Mittelachse für zwei vorgangsstarke Erzählungen, wo Begegnungen mit einzelnen Partnerinnen geschildert werden. Während dabei aber im ersten Text dieser Trias (*Der Fahrgast*) der Erzähler nur mit sich selber spricht, kommt es in der *Abweisung* zu einem Dialog mit dem Mädchen, der im Sinn des Titels endet.

Im nächsten Stück, dem *Nachdenken für Herrenreiter,* scheint ein Motiv der *Abweisung* weitergeführt, denn wenn dort die Entscheidung des Mädchens damit begründet wird, daß der um es Werbende nicht dem gängigen Typus der Männlichkeit entspricht, so heißt es über den das Rennen gewinnenden Reiter: »Vielen Damen scheint der Sieger lächerlich, weil er sich aufbläht« (E 43). Das jetzt folgende *Gassenfenster* ist durch das Element der Pferde, die mit ihrem Gefolge von Wagen und Lärm ein Bild menschlicher Eintracht darstellen, mit dem *Nachdenken für Herrenreiter,* durch das Motiv der Verlassenheit aber mit der *Abweisung* verbunden, die, so könnte man deuten, jenen Zustand als Folge nach sich zieht.

Der *Wunsch, Indianer zu werden* und die *Bäume* bilden durch ihre Kürze und ihren Gleichnischarakter eine Einheit: »Wenn man doch ein Indianer wäre ...« und: »Denn wir sind wie Baumstämme im Schnee.« (E 44) Die Reihenfolge ergibt sich hier aus dem Verhältnis von Wunsch und tatsächlichem Zustand. *Unglücklichsein,* wie gesagt der längste Text, beschließt den Kreis der Erzählungen, indem dieses Stück einerseits durch das Motiv des Kindes – der gespenstische Partner des Erzählers ist ein Kind – auf die Eingangserzählung zurückweist, andererseits aber durch die Art seiner Thematik die dort vorhandene unbeschwerte Grundstimmung aufhebt und unwiderrufbar ins Problematische verschiebt.

Schon am 20. August 1912 bereute Kafka, daß er das Manuskript aus
der Hand gegeben hatte: »Wenn Rowohlt es zurückschickte und ich
alles wieder einsperren und ungeschehen machen könnte, so daß ich
bloß so unglücklich wäre wie früher.« (T 285) Am 4. September
meldet Wolff die Annahme des Manuskriptes und bittet um Mitteilung darüber, ob Kafka besondere Wünsche wegen des Schriftgrads
habe. (BV 25) Am 7. September schon erklärt Kafka sich mit allen
Vertragsbedingungen einverstanden, die der Verleger ihm stellen
wolle, nur bat er »um die größte Schrift, die innerhalb jener Absichten möglich ist«, die Wolff mit dem Buch habe. (Br 103 f.) Am
25. September unterschreibt Kafka das Vertragsformular (BV 26)
und äußert drei Tage später Felice gegenüber: »Mein Buch, Büchlein,
Heftchen ist glücklich angenommen. Es ist aber nicht sehr gut, es muß
Besseres geschrieben werden.« (F 46) Am 6. Oktober bittet Kafka
beim Verlag, nun schon zum zweitenmal (vgl. Br 105), um Mitteilung
des Erscheinungstermins und erhält postwendend die Auskunft, das
Buch komme »rechtzeitig vor Weihnachten« heraus; am 16. Oktober
schickt der Verleger eine Satzprobe, die ihm »ganz hervorragend
schön gelungen scheint« (BV 27), was Kafka, indem er diese »allerdings wunderschön« findet, ausdrücklich bestätigt (Br 110) und am
8. November auch Felice gegenüber äußert: »Wie gefällt Ihnen die
Schriftprobe ...? Sie ist zweifellos ein wenig übertrieben schön und
würde besser für die Gesetzestafeln Moses passen als für meine kleinen Winkelzüge. Nun wird es aber schon so gedruckt.« (F 83) Tatsächlich handelt es sich um einen ungewöhnlich großen Schriftgrad.
(Tertia, vgl. Sy 94) Am 19. Oktober gab Wolff der Druckerei den
Auftrag, mit dem Satz zu beginnen (BV 27), und am 3. November
war Kafka schon im Besitz von Korrekturen (F 70). Am 10. Dezember erhielt er die gebundenen Freiexemplare. (F 175, vgl. 115 u.
164) Das in einer Auflage von 800 Stück gedruckte Buch trug die
Widmung »Für M B«. Kafka schreibt dazu an Felice: »Wahr ist auch
daß ich, wenn Du Dich vielleicht erinnerst, das Monogramm in
Deiner Gegenwart, unter Deinen Blicken aufgeschrieben habe, während ich doch recht gut Max Brod hätte ausschreiben können, denn
weder sein Name, noch die Freundschaft und Liebe, die mich mit ihm
verbindet, muß ein Geheimnis sein; wahr ist schließlich auch, daß B.
der Anfangsbuchstabe von Bauer ist.« (F 180; einleitend hatte er
davon gesprochen, er sei glücklich, *Betrachtung* in Felicens Hand zu
wissen) Am 11. Dezember, also nur einen Tag nach Erhalt der Beleg-
stücke, sandte Kafka die *Betrachtung* an die Geliebte: »Du, sei
freundlich zu meinem armen Buch! Es sind ja eben jene paar Blätter,
die Du mich an unserem Abend ordnen sahst. Damals wurdest Du
der Einsichtnahme ›nicht für würdig‹ befunden, närrische und rach-
süchtige Liebste! Heute gehört es Dir wie keinem sonst«. (F 175)
Als spezielle Widmung hatte Kafka hineingeschrieben: »Für Fräulein Felice Bauer, um mich bei ihr mit diesen Erinnerungen an alte

unglückliche Zeiten einzuschmeicheln.« (Vgl. das Faksimile gegenüber F 176) Erhalten haben sich auch die Widmungsexemplare von
Felix Weltsch (Kafka schrieb »Meinem liebsten Felix« hinein, vgl.
»Exhibition Franz Kafka 1883–1924. Catalogue«, Jerusalem 1969,
S. 24) und von Gertrud Thieberger: »Für Fräulein Trude Thieberger
mit herzlichen Grüßen und einem Rat: In diesem Buche ist noch
nicht das Sprichwort befolgt worden: ›In einen geschlossenen Mund
kommt keine Fliege‹ (Schlußwort aus ›Carmen‹ von Mérimée). Deshalb ist es voll Fliegen. Am besten es immer zugeklappt halten.« (Br
116 f.)
Als im Ende Dezember noch kein Urteil von Felice über die *Betrachtung* hatte, schrieb er ihr: »Dir gefällt mein Buch ebensowenig wie
Dir damals mein Bild gefallen hat. Das wäre ja nicht so arg, denn
was dort steht, sind zum größten Teil alte Sachen, aber immerhin
doch noch ein Stück von mir und also ein Dir fremdes Stück von mir...
Aber daß Du es mir nicht sagst, daß Du mir nicht mit zwei Worten
sagst, daß es Dir nicht gefällt. – Du müßtest ja nicht sagen, daß es
Dir nicht gefällt (das wäre ja wahrscheinlich auch nicht die Wahrheit), sondern daß Du Dich bloß darin nicht zurechtfindest. Es ist ja
wirklich eine heillose Unordnung darin oder vielmehr: es sind Licht-
blicke in eine unendliche Verwirrung hinein und man muß schon sehr
nahe herantreten, um etwas zu sehn. Es wäre also nur sehr begreiflich,
wenn Du mit dem Buch nichts anzufangen wüßtest ... Es wird ja
niemand etwas damit anzufangen wissen, das ist und war mir klar, –
das Opfer an Mühe und Geld, das mir der verschwenderische Verleger gebracht hat und das ganz und gar verloren ist, quält mich ja
auch ...« (F 218) Ein paar Tage später, Anfang Januar 1913, kommt
Kafka noch einmal auf dieses Problem zurück: »Übrigens hast Du ja
ein ganz wahrheitsgemäßes Bild von mir; so wie ich in dem kleinen
Buch aussehe, so sehe ich auch wirklich aus, so sah ich wenigstens
vor kurzem aus. Und ob Du willst oder nicht, ich gehöre Dir.« (F 229)
Felice scheint das Buch erst Mitte Januar gelesen zu haben. (Vgl.
F 258)
Sehr sorgfältig beachtete Kafka die Rezensionen seines Erstlings. Am
1. Februar 1913 erwähnte er Felice gegenüber, Otto Stoessl, den er
übrigens verehrte, habe ihm hinsichtlich der *Betrachtung* geschrieben.
Stoessl hatte sich »an der eigentümlichen schwebenden Gehaltenheit
und leichten, innersten Heiterkeit der kleinen Denkmäler kleiner,
großer Augenblicke sehr erfreut. Es ist ein besonders schicklicher,
sozusagen nach innen gerichteter Humor darin« (F 279), ein Urteil,
das Kafka für ein völliges Mißverständnis hielt, wie man es Büchern
gegenüber für gar nicht möglich halten sollte, so daß nur als Erklärung bleibt, daß Stoessl das Buch ungenau oder gar nicht gelesen
habe (F 278). Dieser Brief passe zu einer eben erschienenen »über-
triebenen lobenden Besprechung«; gemeint ist die von Otto Pick in
der *Deutschen Zeitung Bohemia*, in der es heißt, *Entschlüsse* und

Gassenfenster verrieten »die ganze Seelenqual eines neuen, befangene-
ren Kaspar Hauser« (Sy 134).

Am 15. Februar 1913 publizierte Max Brod eine Würdigung im *März*
(Jg. 7 [1913], S. 268–270), in der es heißt: »Es ist die Liebe zum
Göttlichen, zum Absoluten, die aus jeder Zeile spricht ... hier ist die
mystische Versunkenheit in das Ideal endlich einmal erlebt, daher
unausgesprochen«. (Sy 130 f.) Kafka, der hier mehr sich als sein Buch
gelobt fand (F 306), wurde deswegen Felice gegenüber zu der Feststellung veranlaßt: »Weil eben die Freundschaft, die er für mich
fühlt, im Menschlichen, noch weit unter dem Beginn der Literatur,
ihre Wurzel hat und daher schon mächtig ist, ehe die Literatur nur
zu Atem kommt, überschätzt er mich in einer solchen Weise, die mich
beschämt und eitel und hochmütig macht, während er natürlich bei
seiner Kunsterfahrung und eigenen Kraft das wahre Urteil, das nichts
als Urteil ist, geradezu um sich gelagert hat. Trotzdem schreibt er
so.« (F 300) Diese und die von Albert Ehrenstein im *Berliner Tage-
blatt* erschienene Rezension (16. 4. 1913, 4. Beiblatt), um deren Wortlaut er Felice offensichtlich vergeblich bat, bezeichnete er später dem
Verlag gegenüber als die freundlichsten, die von Robert Musil in der
Neuen Rundschau (Jg. 28 [August 1914], bes. S. 1169) aber als die
bedeutendste. (Br 135, vgl. F 368 u. die Einleitung zum *Unglück des
Junggesellen*)

Wie Kafka vorhersah (vgl. den oben zitierten an Felice gerichteten
Brief u. FK 368), war der Verkaufserfolg des Werks gering: Die
»Zweite Ausgabe«, die 1915 auf Veranlassung des Verlags erschien,
weil Carl Sternheim, der Fontane-Preisträger dieses Jahres, den mit
dieser Ehrung verbundenen Geldbetrag an Kafka weitergegeben hatte,
so daß mit einem gesteigerten Interesse an Arbeiten Kafkas zu rechnen
war (33 f.), ist nur eine Titelauflage, und zwischen dem 1. Juli 1915
und dem 30. Juni 1918 wurden ganze 429 Exemplare verkauft (vgl. Br
155, 192 u. Sy 106). Noch Ende 1922 waren, wie Kafka in einer
letztwilligen Verfügung bemerkt, »paar Exemplare« vorhanden. Er
zählt sie – schon am 3. März 1915 beanstandet er, daß Felice so alte
und schlechte Bücher lese wie *Betrachtung* (F 630) – nicht unter seine
Bücher, die »gelten«, meint aber, die noch unverkauften Stücke könnten bleiben: »Ich will niemandem die Mühe des Einstampfens machen,
aber neu gedruckt darf nichts daraus werden«. (P 317) Was das
Grundsätzliche betrifft, ist diese Aussage keiner augenblicklichen
Depression entsprungen, sondern symptomatisch für die Wertung des
Erstlings in den letzten Lebensjahren Kafkas, denn Milena gegenüber
äußerte er beispielsweise, der Text des *Kaufmanns* sei »hilflos
schlecht« (vgl. die Einleitung zu diesem Stück), was ihn aber nicht
daran hinderte, im Frühjahr 1924, als er dringend Geld für einen
Sanatoriumsaufenthalt benötigte (vgl. die Einleitung zu *Josefine*), die
Stücke der *Betrachtung* für Zeitungsabdrucke ohne Einschränkung
freizugeben (vgl. Br 480).

DAS URTEIL

(22.–23. September 1912)

Diese Erzählung ist, nach dem berühmten Tagebuchbericht Kafkas, in der Nacht vom 22. auf 23. September 1912 »von zehn Uhr abends bis sechs Uhr früh in einem Zug geschrieben« worden. (T 293) Das Erlebnis dieser Nacht wurde für Kafka fortan der Maßstab für die wahre Art der Produktion: »Die fürchterliche Anstrengung und Freude, wie sich die Geschichte vor mir entwickelte ... Wie alles gewagt werden kann, wie für alle, für die fremdesten Einfälle ein großes Feuer bereitet ist, in dem sie vergehn und auferstehn ... *Nur so* kann geschrieben werden, nur in einem solchen Zusammenhang, mit solcher vollständigen Öffnung des Leibes und der Seele.« (T 293 f., »gewagt« nach der Handschrift, ähnliche Formulierungen F 250, vgl. den *Bau* B 192: *öffnet*) Das ungewöhnliche, in dieser Größenordnung erstmalig auftretende (vgl. T 57!) Getragenwerden von der Inspiration, der sich Kafka passiv ausgeliefert fühlte, leitete eine längere Phase gesteigerter Produktivität ein (vgl. FK 113) und erzeugte eine Hochgestimmtheit, die sich unter anderem darin äußerte, daß er, gegen seine sonstige Gewohnheit, das Entstandene gleich und mehrmals vorlas, und zwar unmittelbar nach der Fertigstellung seinen Schwestern (T 293), am 24. September bei Oskar Baum, wo noch andere Zuhörer anwesend waren (T 295: »Ich hatte Tränen in den Augen. Die Zweifellosigkeit der Geschichte bestätigte sich«), am 6. Oktober Max Brod (dieser war mit Felix Weltsch zusammen verreist und wurde bei seiner Rückkehr am 29. September von Kafka am Bahnhof mit der Mitteilung überrascht, er habe eine Novelle fertiggestellt, die er Brod für dessen neues Jahrbuch *Arkadia* geben wolle, vgl. T 294 u. FK 113), am 4. Dezember öffentlich anläßlich eines »Prager Autorenabends« im Hotel »Stephan« (vgl. das Faksimile gegenüber F 161) – »es macht mir sogar große Freude vorzulesen«, schrieb er an Willy Haas (Br 112), und Felice gegenüber äußert er: »Es wird mir ein sonderbares Gefühl sein, mit Deiner Geschichte, also gewissermaßen mit Dir vor einer Gesellschaft zu erscheinen« (F 144) – und dann noch einmal am 11. Februar 1913 bei Felix Weltsch (T 297). Das Thema der Erzählung ist zweifellos ein Vater-Sohn-Konflikt. Kafka nennt sie zwar »ein wenig wild und sinnlos« (F 156), findet keinen »geraden, zusammenhängenden, verfolgbaren Sinn« darin (F 394) und vermag sie eigentlich »nicht zu erklären« (F 396 f.), doch sind ihm anläßlich des Korrekturvorgangs am 11. Februar 1913 »Beziehungen« klargeworden, die er teilweise im Tagebuch festhält und später Felice nahezubringen sucht. (T 296 f. u. F 394) Dabei gibt er auch folgende Gesamtdeutung: »Die Geschichte ist vielleicht ein Rundgang um Vater und Sohn, und die wechselnde

Gestalt des Freundes ist vielleicht der perspektivische Wechsel der Beziehung zwischen Vater und Sohn. Sicher bin ich dessen aber auch nicht.« (F 396 f.) Zwei Gesichtspunkte lassen sich hier herauslesen: Einmal die Auffassung, die schillernde Gestalt des Freundes sei eine Abstraktion, in der die verschiedenen Aspekte der Vater-Sohn-Beziehung zusammengefaßt sind, die sich bei einer gleichsam systematischen Beleuchtung dieser Konstellation ergeben. Diese These ist eine Weiterentwicklung von Gedanken, die Kafka am 11. Februar 1913 seinem Tagebuch anvertraute: »Der Freund ist die Verbindung zwischen Vater und Sohn, er ist ihre größte Gemeinsamkeit... Die Entwicklung der Geschichte zeigt..., wie aus dem Gemeinsamen, dem Freund, der Vater hervorsteigt und sich als Gegensatz Georg gegenüber aufstellt ... die Braut, die in der Geschichte nur durch die Beziehung zum Freund, also zum Gemeinsamen, lebt, und die, da eben noch nicht Hochzeit war, in den Blutkreis, der sich um Vater und Sohn zieht, nicht eintreten kann, wird vom Vater leicht vertrieben. Das Gemeinsame ist alles um den Vater aufgetürmt, Georg fühlt es nur als Fremdes, Selbständig-Gewordenes, von ihm niemals genug Beschütztes, russischen Revolutionen Ausgesetztes, und nur weil er selbst nichts mehr hat als den Blick auf den Vater, wirkt das Urteil, das ihm den Vater gänzlich verschließt, so stark auf ihn.« (T 296 f.) Der Petersburger Freund darf also nicht als einheitliche Gestalt, sondern muß als Beziehungsfunktion verstanden werden. Durch Geschäftsaufschwung und Heirat sucht Gregor diese noch in ihm lebende Möglichkeit zu überwinden, wie sein Zögern, dem Freund die Verlobung mitzuteilen, und die Reaktion der Braut auf diese Tatsache klar zeigen.

Zum zweiten verdeutlicht Kafkas Interpretation des Erzählverlaufs, daß das *Urteil* eine Vater-Sohn-Beziehung zum Gegenstand hat: Das wird durch zwei weitere Momente gestützt. Einmal hatte Kafka die Absicht, die Erzählung zusammen mit dem *Heizer* und der *Verwandlung* in einem *Söhne* betitelten Sammelband erscheinen zu lassen. Es bestehe zwischen diesen drei Texten, schreibt er am 11. April 1913 an seinen Verleger Kurt Wolff, »eine offenbare und noch mehr eine geheime Verbindung«, auf deren Darstellung er nicht verzichten wolle. (Br 116) Besonders deutlich sind die Entsprechungen zwischen *Urteil* und *Verwandlung*, wo sich nicht nur Motivverwandtschaft, sondern auch Strukturähnlichkeit findet:

Drei Phasen der Entwicklung der Familien Samsa und Bendemann werden einander entgegengestellt. In der ersten, die in beiden Erzählungen von den Perspektivfiguren als Vorgeschichte reflektiert wird, ist der Vater selbständiger Geschäftsmann. Auffällig wird jedesmal betont, wie diese starke Stellung des Vaters in einer beruflichen Schwäche des Sohnes ihr Gegenstück hat. Unmittelbar einleuchtend ist dies im *Urteil,* wo Georg und sein Vater im gleichen Geschäft arbeiten. (Vgl. E 55) In der *Verwandlung* ist der Zusammenhang indirekter: Als der Zusammenbruch des väterlichen Betriebs erfolgte, wurde Gregors jetziger Chef Gläubiger seines Vaters. Die beiden Geschäfte waren also wirtschaftlich verbunden, die frühere Macht und Position des Vaters mußte also auch für Gregor, der zu dieser Zeit bloß ein »kleiner Kommis« war, Auswirkungen haben. (E 101, vgl. 72 f.)

Nun kommt es in beiden Erzählungen zu einem großen Umschwung. Im *Urteil* ist es der Tod seiner Frau, der den Vater »zurückhaltender« werden läßt, weil dieser ihn »niedergeschlagen« hat und so den »Ablauf der Natur« noch beschleunigt. (E 55 u. 60) In der *Verwandlung* ist es der geschäftliche Zusammenbruch und das in dessen Gefolge hereinbrechende finanzielle Unglück, »das alle in eine vollständige Hoffnungslosigkeit« bringt. (E 101) Diese Entwicklung reißt nun aber die Söhne nicht mit, sondern bewirkt im Gegenteil, daß diese jetzt zum Familienoberhaupt aufsteigen und ihre Väter in eine abhängige Position bringen, die ihrer eigenen früheren entspricht. (Vgl. 55 u. 63; 95 u. 101 f.)

Und jetzt tritt im *Urteil* und in der *Verwandlung* nochmals ein entscheidender Wendepunkt ein. Gregor verwandelt sich in ein Ungeziefer und stirbt, Georg Bendemann, mit dem »Schreckbild« (E 64) seines Vaters konfrontiert, exekutiert an sich das väterliche Todesurteil. Dies bedeutet eine neuerliche Umkehrung der Machtverhältnisse. Der alte Samsa, der seither kaum imstande war, abends noch aufzustehen, und auf Spaziergängen stehenbleiben mußte, wenn er sprechen wollte, wird wieder berufstätig und herrscht, schon durch die äußeren Größenverhältnisse bedingt, vollkommen über seinen Sohn, der durch die Verwandlung gleichsam in ein infantiles Stadium zurückfällt und wie ein Kind ernährt und gepflegt werden muß. Und der sich im Bett aufrichtende alte Bendemann bezeichnet sich mit Recht als der gegenüber Georg »viel Stärkere« (E 65), denn dieser gerät im Verlauf der Auseinandersetzung in immer größere innere Abhängigkeit von seinem Gegenüber, bis er am Schluß der Erzählung diesem gänzlich ausgeliefert ist.

Diese Entsprechungen zeigen deutlich in beiden Texten eine Kongruenz im Erzählgefälle, aus der sich ablesen läßt, daß jede Stärkung der Position des Vaters eine Schwächung des Sohnes nach sich ziehen muß und umgekehrt. Es handelt sich hier also tatsächlich um Familiengeschichten. (Zu den Einzelheiten vgl. meine Arbeit »Motiv und Gestaltung bei Franz Kafka«, Bonn 1966, S. 352 ff. Was die Beziehungen zum *Heizer* betrifft, vgl. W. Jahn, Kafkas Roman »Der Verschollene« (»Amerika«), Stuttgart [1965], S. 16 ff. u. 134 ff., wo Strukturen erarbeitet sind, die in eine ähnliche Richtung weisen wie das eben Vorgetragene)

Ein zweites Indiz, das die Auffassung stützt, Kafka habe im *Urteil* einen Generationenkonflikt thematisiert, läßt sich aus den Vorstellungen ableiten, die Kafka während der Niederschrift der Erzählung begleiteten. Sie sind im Tagebuch niedergelegt: »Gedanken an Freud natürlich, an einer Stelle an ›Arnold Beer‹, an einer andern an Wassermann, an einer (zerschmettern) an Werfels ›Riesin‹, natürlich auch an meine ›Die städtische Welt.‹« (T 294, das Wort »zerschmettern« aus dem Manuskript ergänzt)

Die Formulierung zeigt, daß er ganz selbstverständlich die Erzählung als Ganzes mit Freuds Lehre in Verbindung bringt – sie war ihm in mannigfacher Ausprägung bekannt (vgl. »Motiv und Gestaltung bei Franz Kafka«, S. 92 ff.) –, die ihr Zentrum ganz in der ödipalen Situation hat, also von einem auf Haß, Angst, Respekt, Rebellion und Machtwillen gegründeten Protest des Sohnes gegen seinen übermächtigen Vater ausgeht, dem eine erotische Fixierung an die Mutter entspricht. Dazu paßt, daß sich Georg Bendemann erst nach dem Tod der Mutter beruflich entfalten und verloben kann. Und indem er das väterliche Todesurteil anerkennt, empfindet er sein Verhältnis zu Frieda Brandenfeld als Schändung seines Andenkens an die Mutter (E 64, vgl. *Die städtische Welt,* wo Oskar seine neuen Ideen der Mutter verschweigen soll, weil diese schon an der Anstrengung zugrunde gehen würde, mit dem dadurch ihr verursachten Leid fertigzuwerden – T 47 u. 49), die, mit dem Vater fest verbunden (E 66 sagt der alte Bendemann: »so hat mir die Mutter ihre Kraft abgegeben«), offenbar ebenfalls der Meinung ist, der Petersburger Freund, also der unverheiratete, geschäftlich nicht sehr erfolgreiche Junggeselle sei ein Sohn nach ihrem Herzen (E 63). Eine vergleichbar enge Gefühlsbindung ist in der *Verwandlung* vorausgesetzt, wo die liebende Mutter durch ihr Eingreifen das Leben des vom Vater bedrohten und ihr zugeneigten Sohnes zunächst rettet. Schließlich erinnert die Art und Weise, wie Kafka den autobiographischen Hintergrund der Geschichte analysiert (vgl. E 53: *Bendemann),* an die Mechanismen, die Freud in seiner »Psychopathologie des Alltagslebens« beschreibt. Es wäre jedoch verkehrt, die Deutung des *Urteils* ausschließlich an der herkömmlichen psychoanalytischen Auffassung der Dinge zu orientieren, wie das gelegentlich geschieht (so etwa R. Falke, Biographisch-literarische Hintergründe von Kafkas »Urteil«, in: Germanisch-Romanische Monatsschrift N. F. 10 [1960], S. 164 ff.), denn einmal stimmt das eben schon angedeutete Zusammenwirken der Eltern Georg Bendemanns nicht zu der von ihr vorausgesetzten Figurengruppierung, wohl aber zu der besonderen Familiensituation Kafkas (vgl. meinen Aufsatz »Kafka und seine Schwester Ottla«, in: Jahrbuch der Dt. Schillergesellschaft 12 [1968], S. 405 ff.), zum andern weist das Geschehen, das in gewisser Weise unabhängig von den persönlichen Eigenschaften, Voraussetzungen und Beziehungen der an ihm beteiligten Personen abläuft, über den kausalistisch-individualistischen Ansatz der klassischen Lehre Freuds hinaus.

Wenn man nach der literarischen Herkunft der im *Urteil* dargestellten Thematik fragt, so kommen weniger die zeitlich meist jüngeren expressionistischen Arbeiten eines Sorge, Hasenclever, Bronnen und des späteren Werfel in Betracht, die den Vater-Sohn-Konflikt in den Mittelpunkt der Darstellung rücken (so W. H. Sokel, Franz Kafka – Tragik und Ironie, München, Wien [1964], S. 59), sondern, wie auch die schon angeführten Gedanken nahelegen, die Kafka bei der Niederschrift begleiteten, anderen Traditionen und literarischen Strömungen verpflichtete Dichtungen. Nur das von Kafka erwähnte dramatische Fragment *Die Riesin. Ein Augenblick der Seele* ist expressionistisch zu nennen, allerdings vor allem unter dem Aspekt der für Werfels Werk typischen Hervorkehrung des Mitleids mit der erniedrigten und deformierten menschlichen Kreatur. Es ist eine Jahrmarktszene dargestellt. Der Impresario lädt das Publikum zur Beschau einer grandiosen Riesendame ein. J. Demmer meint, Kafka habe an die Stelle gedacht, wo die Titelfigur als Pallas Athene präsentiert wird, »die uns weniger zeigt, daß sie hoch und hehr ist, als daß wir winzig klein sind.« (F. Werfel, Erzählungen aus zwei Welten, Bd. 1, hg. v. A. D. Klarmann, Frankfurt/M. 1948, S. 16, vgl. J. Demmer, Franz Kafka der Dichter der Selbstreflexion. Ein Neuansatz zum Verstehen der Dichtung Kafkas. Dargestellt an der Erzählung *Das Urteil*, München 1973, S. 144) Die Tagebuchstelle in ihrer vollständigen Fassung zeigt aber, daß nicht die Größenverhältnisse (vgl. E 59 »Riese«) den Vergleichspunkt für Kafka bildeten, sondern die Todeswünsche, die Georg dem Vater gegenüber hegt (vgl. E 65: »... wenn er fiele und zerschmetterte!«). So ist die Erinnerung an eine Stelle wie die folgende wahrscheinlicher, wo das Generationenproblem thematisiert wird, und zwar von »Werfel«, der die Riesin anspricht: »Schwester, Schwester! Ist es möglich? ... hast ein ungeheures Schicksal auf Dir und lächelst und stöhnst nicht zu den Wolken! ... Meine und meiner Ahnen Schlechtigkeit ist gewiß mitschuld daran«. (*Erzählungen aus zwei Welten*, S. 17 f.)

Was den kurz vor der Niederschrift des *Urteils* erschienenen und von Kafka sehr geschätzten Roman *Arnold Beer* angeht (vgl. Br 94), so scheint folgende Stelle durch das Werk seines Freundes beeinflußt: »Vielleicht hatte ihn der Vater bei Lebzeiten der Mutter dadurch, daß er im Geschäft nur seine Ansicht gelten lassen wollte, an einer wirklichen eigenen Tätigkeit gehindert«. (E 55) In der Vorlage heißt es nämlich von Arnold: »Doch täuschte er sich da nicht in der Voraussicht, daß der Vater in seinem pedantischen Geschäftseifer keinen wichtigen Teil des Betriebs selbst aus der Hand lassen würde«. (M. Brod, Arnold Beer. Das Schicksal eines Juden, Berlin 1912, S. 52)

Kafka kannte natürlich noch viel mehr Werke, die in der Thematik dem *Urteil* entsprechen. (Vgl. zu diesem Punkt auch meine Arbeit »Motiv und Gestaltung bei Franz Kafka«, Bonn 1966, S. 129 ff.) Zu Gustav Janauch sagte er, allerdings erst gegen Ende seines Lebens: »Die Revolte des Sohnes gegen den Vater ist ein uraltes Thema der Literatur und ein noch älteres Problem der Welt. Es werden darüber Dramen und Tragödien geschrieben, in Wirklichkeit ist es aber ein Komödienstoff.« (J 101 f.) Wenn sich diese Aussage auch vor allem auf J. M. Synges Stück *Der Held des Westerlands* bezieht, in dem der Sohn prahlt, seinen Vater erschlagen zu haben und, als er seine Erzählung in die Tat umsetzen will, dies von dem plötzlich erscheinenden Objekt seiner Mordlust selbst verhindert wird – eine deutsche Ausgabe erschien schon 1912 –, so enthält sie doch implizite eine Ablehnung der erwähnten expressionistischen Gestaltungen und beweist damit auch indirekt, daß die komischen Züge im *Urteil* absichtlich gesetzt sind.

Gegenwärtig war Kafka im September 1912 natürlich auch Grillparzers autobiographische Erzählung *Der arme Spielmann*, den er am 9. August dieses Jahres unter größter innerer Beteiligung rezitierte (vgl. T 282: »Mein aus Eingebungen fließendes Vorlesen...«). Dort wird dargestellt, wie es dem innerlich schwachen Sohn eines angesehenen und einflußreichen Mannes nicht gelingt, sich gegen diesen übermächtigen und ehrgeizigen Vater durchzusetzen. Der Sohn versagt beruflich, lebt dann unbeschäftigt und unbeachtet im Hinterstübchen des eigenen Hauses, ist gebrochen, verarmt, verliert endlich aus Ungeschick (vgl. M 101) das geliebte Mädchen und weicht in die Kunst aus, um sein Leben als unfähiger und verspotteter Straßengeiger zu beschließen. Die Parallelen zum *Urteil* sind nicht zu übersehen; Kafka schrieb 1920 an Milena, er schäme sich der Geschichte so, »wie wenn ich sie selbst geschrieben hätte« (M 101). Auch Georg, der zunächst im Geschäft dem Vater unterliegt, verliert ja seine Braut und wird schließlich von seinem Vater besiegt, der vor der entscheidenden Wende in der gemeinsamen Wohnung ein wenig arbeitsames und vom Sohn kaum beachtetes Leben führt; er hat in dieser Phase der Familiengeschichte in der Rolle des Sohnes die Attribute, die Grillparzer dem unterlegenen Spielmann zuweist. (Vgl. auch *Die Verwandlung* E 130: *ergriff*)

Auch Dostojewski muß Kafka schon 1912 bekannt gewesen sein. Max Brod erwähnte den Russen in einem Aufsatz, der im Oktober 1911 erschien (*Kommentar zu Robert Walser*, in: *Pan* 2, Nr. 2, S. 53 ff.), und in der Ende des Folgejahres entstandenen *Verwandlung* verwendet Kafka Erzählelemente aus dem *Doppelgänger* (vgl. den Kommentar zu dieser Erzählung). Vor allem aber zeigt ein Vergleich, daß einige Einzelheiten des *Epilogs* von *Schuld und Sühne* ins *Urteil* eingegangen sind. Der sich in Sibirien befindliche Raskolnikoff ist tief von Sorgen durchdrungen und schämt sich, daß er »so blind, hoffnungslos, still und dumm, infolge eines Spruches des blinden Schicksals, zugrunde gegangen war, und daß er sich vor der ›Sinnlosigkeit‹ eines Urteils beugen und unterwerfen mußte, um einigermaßen zur Ruhe zu kommen.« (*Rodion Raskolnikoff* [*Schuld und Sühne*], 2. Teil ... Einleitung v. D. Mereschkowski. Übertragen v. M. Feofanoff, München und Leipzig 1908, S. 437) Diese ungefähr der Tendenz des

Urteils entsprechende Aussage könnte für Kafka ein Anknüpfungspunkt gewesen sein.
Raskolnikoffs Korrespondenz mit seinen Petersburger Freunden und
Verwandten wird durch Sonja vermittelt. Diese Briefe scheinen den
Empfängern anfangs »etwas trocken und unbefriedigend«, dann aber
wird ihnen klar, »daß man nicht besser schreiben konnte, denn aus
diesen Briefen empfing man doch zuguterletzt eine ganz genaue und
klare Vorstellung von dem Schicksal« des Verbannten. (S. 433) Zu
seinem Desinteresse an den aus der Hauptstadt eingehenden Nachrichten paßt, daß die Meldung vom Ableben seiner Mutter »auf
ihn keinen starken Eindruck gemacht zu haben scheint«. (S. 434)
Schließlich wird Raskolnikoff »sehr bleich« (S. 436) und krank, die
Besuche Sonjas ärgern ihn zunächst, und er erwartet für die nächste
Zukunft keine Besserung seiner Lage. In einer Selbstreflexion macht
er sich Gedanken darüber, warum er sich nach seiner Tat nicht das
Leben genommen habe: »Warum hatte er damals am Flusse gestanden
und das Geständnis vorgezogen?« (S. 439) Zwischen ihm und den
anderen Sträflingen besteht ein unendlicher Abstand, es war, »als gehörten er und sie zu verschiedenen Nationen«. (S. 440) An einem warmen, schönen Frühlingstag (vgl. S. 445) blickt Raskolnikoff vom hohen, eine weite Sicht ermöglichenden Ufer aus auf den »breiten und
öden Fluß« und aufs jenseitige Gestade: Er »saß und blickte unver-
wandt hinüber, ohne sich losreißen zu können; sein Gedanke verwandelte sich in einen Traum; er dachte an nichts, aber eine tiefe Schwer-
mut lag auf ihm und quälte ihn.« (S. 446) Sonja erscheint, und er
merkt, daß er ein neues Leben erwartet und in die menschliche Gemeinschaft zurückfinden will. (S. 447 f.)
Kafka hat nun, entsprechend seinen Erzählintentionen, diesen Hand-
lungsablauf gewissermaßen auf den Kopf gestellt. Der hoffnungsfro-
he Blick über den Fluß und das gegenüberliegende Ufer und Georgs
ungeordnete Gedanken, die an Raskolnikoffs Trämereien erinnern
(vgl. S. 444: »Ganze Armeen sammelten sie gegeneinander, aber die
Armeen begannen schon auf dem Marsche plötzlich sich selbst zu
bekriegen, die Reihen zerstörten sich« mit der gleich zu referierenden
ersten Erzählidee Kafkas zum *Urteil*), bilden bei ihm den Ausgangspunkt, der auch hier an einem schönen Frühlingstag lokalisiert ist und
sich dann im Erzählgang zum Selbstmord der Hauptfigur entwickelt,
was wiederum in der Vorlage als nicht realisierte Möglichkeit angedeutet wird. Die äußerste Isolation des Freundes und Junggesellen wird
von Kafka mit Rußland und Petersburg zusammengebracht, gewiß kein
Zufall, denn schon im *Unglück des Junggesellen* hatte er die durch den
Spaziergang vermittelte äußerste Distanz zum Familienleben ein Erlebnis genannt, »das man wegen seiner für Europa äußersten Einsamkeit nur russisch nennen kann.« (T 233) An *Schuld und Sühne* erinnert weiter, daß das gelbe Gesicht des Petersburger Freundes, der
keinen Kontakt zu seinen Landsleuten hat, auf Krankheit verweist

(E 53) und daß die diesem brieflich vermittelte Nachricht vom Tode
der Mutter Georgs mit einer »Trockenheit« des Beileids beantwortet wird (E 55), die mit seiner sonstigen Interesselosigkeit korreliert
(Vgl. E 56). In diesem Punkt besteht übrigens noch eine geheime Verbindung zum jungen Bendemann, dem der Vater vorwirft, der Tod
der Mutter habe ihn nicht genug »niedergeschlagen«. (E 60) Georg
kann sich also darauf beschränken, dem Freund, der, wie zunächst
Raskolnikoff, für die Zukunft keine großen Veränderungen mehr erwartet, »immer nur über bedeutungslose Vorfälle zu schreiben« (E 56),
so wie Sonjas Briefe mit der »alltäglichsten Wirklichkeit« angefüllt
sind (S. 433), wobei eine Darstellung der eigenen Hoffnungen, Zu-
kunftsträume und eine Offenlegung ihrer Gefühle ausgeklammert bleiben (S. 434). Aber wie sich den Petersburgern Raskolnikoffs Bild
gleichwohl »deutlich und klar« abzeichnet, zieht Georg aus der Korrespondenz seines Freundes äußerst selbstsichere Schlüsse.

Das Vorgetragene dürfte deutlich gemacht haben, daß Kafka mehr das
Material, die Motive und Stimmungen übernahm als Erzählführung
und Konstellation der Figuren, obwohl er sicher auch in letzter Hinsicht bei Dostojewski Vorbilder fand. Eine Tagebucheintragung vom
Ende des Jahres 1914 belegt, daß er die *Brüder Karamasoff* kannte und besonders unter dem Gesichtspunkt des Vater-Sohn-Konflikts
analysiert hatte. (T 450 f.)

Erschließbar ist endlich, daß eine Prager Lokalsage, *Die goldene Gasse*
betitelt, die Konzeption des *Urteils* mitbestimmt hat. (Vgl. die Einleitung zum *Jäger Gracchus*) Sie beginnt mit Motiven, die ans *Urteil*
erinnern: »Am rechten Moldauufer ... wo vor vielen hundert Jahren das Volk Israel seine Hütten aufschlagen durfte, stand auch die
kleine Wohnung des wohlhabenden Rabbi Kalman, und vor dieser
saß an einem schönen Frühlingsabend dessen einzige Tochter Hanina sinnend, die schwarzen Augen nach der scheidenden Sonne gerichtet, deren letzte Strahlen die Gipfel des Laurenziberges rötheten
und die Kuppel der hohen Thürme auf dem Hradschin vergoldeten.«
(»Sippurim, eine Sammlung jüdischer Volkssagen, Erzählungen, Mythen, Chroniken, Denkwürdigkeiten und Biographien berühmter Juden aller Jahrhunderte, insbesondere des Mittelalters«. Unter Mitwirkung rühmlichst bekannter Schriftsteller hg. v. W. Pascheles,
1. Sammlung, 3. Aufl., Prag 1858, S. 52) Bemerkenswert ist in diesem
Zusammenhang, daß die *Niklasstraße*, wo die Kafkas bis November
1913 wohnten, die Judenstadt, auf die die »niedrigen, leichtgebauten
Häuser ... fast nur in der Höhe und Färbung unterschieden« (E 53)
zu verweisen scheinen, nach Osten hin abschloß. (Vgl. den Kommentar zum *Nachhauseweg*) Hanina erwartet den Geliebten, der es nicht
vermag, die Widerstrebende »ohne Vatersegen« mit sich zu nehmen.
(S. 53) Der Vater kommt hinzu, klagt die Tochter der »Buhlschaft«,
den Geliebten der Verführung an (S. 54) – der alte Bendemann bezeichnet Georg als Lebemann und der Sache nach die Braut als Dir-

ne (E 64 f.) – und bringt Hanina in die Wohnung zurück. Ungenossen bleiben die vielerlei Gerichte – Georgs Vater hat das Frühstück kaum angerührt (E 58) –, und selbst die Zeit vermag nicht das betrübte Vaterherz zu heilen: »Er achtete von nun an nicht mehr auf sein bedeutendes Vermögen, vernachlässigte seine Geschäfte« (S. 55). Der alte Bendemann im *Urteil,* dessen frühere Liebe zu Georg betont wird (E 65), macht eine entsprechende Entwicklung durch: »Im Geschäft entgeht mir manches ... ich bin nicht mehr kräftig genug, mein Gedächtnis läßt nach, ich habe nicht mehr den Blick für alle die vielen Sachen« (E 60), ein Zustand, der später als Ergebnis von Georgs Verhalten gedeutet wird (E 65). Hanina aber eilt »schnell wie ein flüchtiges Reh« aus der Stube und »hinab von dem hohen Ufer in das brausende Gewässer ... deren Wellen ihren zarten Leib auf ewig verschlangen«, während man den Vater »fast leblos auf dem Boden liegen« sieht. (S. 55) Die Parallele in Kafkas Erzählung ist fast vollkommen: Der alte Samsa fällt auf dem Bett in sich zusammen, während Georg aus dem Zimmer jagt und sich von der Brücke aus in den Fluß stürzt (E 67 f.), auch er letztlich – vgl. Kafkas Selbstdeutung der Erzählung –, weil der Vater den selbstgewählten Ehepartner von seiner Seite vertrieb.

Die gegebenen Quellenhinweise entheben natürlich nicht von der Frage, warum sich der Dichter so sehr vom Generationenkonflikt affizieren ließ, daß dessen Gestaltung eine neue, entscheidende Phase seines Schaffens einleitete. Eine erste, naheliegende Antwort kann durch den Hinweis auf Kafkas eigene Lebensproblematik gegeben werden. Er schreibt im *Brief an den Vater:* »Zwischen uns war es kein eigentlicher Kampf; ich war bald erledigt, was übrigblieb war Flucht, Verbitterung, Trauer, innerer Kampf« (H 192, vgl. 189); »man hätte annehmen können«, heißt es an anderer Stelle des Briefes, »daß Du mich einfach niederstampfen wirst, daß nichts von mir übrigbleibt. Das ist nun nicht geschehen ... aber vielleicht ist Ärgeres geschehen.« (H 165) Das hier Gemeinte führt Kafka in einem an seine Schwester Elli gerichteten Schreiben näher aus: Wenn die Kinder den »ganz bestimmten Forderungen« der Eltern nicht entsprechen, so werden sie »verflucht oder verzehrt oder beides«. (Br 345) Gerade unter dem Aspekt der Verfluchung sah Kafka die Beziehung zum Vater grundsätzlich (vgl. Br 361), einer Verfluchung, die er auch immer dann wirksam glaubte, wenn in seiner Beziehung zu Felice Bauer Stagnation oder Unterbrechung eintrat. (Vgl. F 85, 108 u. H 202) Kafkas Verhältnis zu seinem Vater seinerseits ist durch Ambivalenz gekennzeichnet. Einerseits betont er seine Abhängigkeit (vgl. T 513 ff., H 172 u. 175: »hätte ich Dir weniger gefolgt, Du wärest sicher viel zufriedener mit mir«), dann wieder seinen Haß (T 132, H 182 u. F 87: »der Vater und ich, wir hassen einander tapfer«), der leicht aufgrund der damit verbundenen Schuldgefühle in Selbstzerstörung umschlagen konnte: Nur vierzehn Tage nach der Nieder-

schrift des *Urteils*, aber als Konsequenz eines über längere Zeit hin
sich vollziehenden Prozesses, beabsichtigte Kafka, aus dem Fenster zu
springen, weil ihn die Familie nachmittags zur Arbeit in einer Fabrik
veranlassen wollte, in der er und sein Vater Geschäftsanteile hatten.
(Br 107 ff., vgl. F 68) Auch schon früher hatte der Dichter mit derartigen Gedanken gespielt. (Vgl. F 103 u. Br 195)
Obwohl Kafka seine Eltern immer als »Verfolger« gefühlt (F 112)
und schon als Kind tief unter dem Vater gelitten hat, wäre es unrichtig zu glauben, der eben angedeutete Generationenkonflikt habe seit
jeher bestanden. Bis zum Herbst 1911 nämlich war Kafka aus unter-
drückter Angst, Sorge und Traurigkeit erschreckend »gleichgültig«
gewesen. (Vgl. Br 74, 85 u. H 203 f.) Tagebucheintragungen vom Juli
1910, die sich durch ihre Diktion und weil sie in insgesamt sechs
verschiedenen Fassungen überliefert sind, als dichterische Texte zu
erkennen geben, und die Erzählung *Die städtische Welt* vom März
1911 machen aber deutlich, wie Kafka noch tastend, unbewußt und
im Schutz poetischer Verfremdung die Auseinandersetzungen mit
der Familie begann, denn die Themen dieser Fragmente sind Er-
ziehungs- und Generationenprobleme. Ende 1911 brach dann der
offene Konflikt aus: Innerhalb weniger Wochen stieß Kafka vier-
mal mit seinem Vater zusammen, verteidigte die eigene, andersartige
Lebensweise und gestand sich zum erstenmal seinen Haß ein. Der
1919 geschriebene *Brief an den Vater* bestätigt die angenommene Zäsur schon durch die Behauptung Kafkas, er habe bis zu seinen Hei-
ratsversuchen wie ein Geschäftsmann »ohne genaue Buchführung« in
den Tag hinein gelebt. (H 220, vgl. T 14 ff., 132, 139, 190 f., 217 f.
u. 685 ff.) An dieser Einstellungsveränderung hatte ohne Zweifel die
jiddische Schauspieltruppe, deren Vorstellungen Kafka im Herbst
1911 und im darauffolgenden Winter oft besuchte, einen entscheidenden Anteil. Damals, als er die Welt des Judentums entdeckte, und
nicht erst ein Jahr später, wie meist angenommen wird, vollzieht sich
der Umschlag vom indifferenten, passiven und assimilierten »Kind« (F
155, vgl. 73) zum gesellschaftskritischen Denker, und dabei mußte natürlich auch das Verhältnis zur eigenen Familie neu durchdacht werden.
Angesichts dieser Zusammenhänge ist es nicht erstaunlich, daß die
jiddischen Stücke auch direkt auf die Konzeption des *Urteils* einwirkten: In Abraham Scharkanskys *Kol Nidre*, den Kafka Ende
Oktober 1911 besuchte (vgl. T 111), verurteilt der Vater seine Tochter zum Tode; sie begeht, um dem Vater zuvorzukommen, jedoch
Selbstmord. (Vgl. E. T. Beck, Kafka and the Yiddish Theater. Its
impact on his work, Madison, Milwaukee, London [1971], S. 98 f.)
Vor allem ist hier aber zu nennen Jakob Gordins *Gott, Mensch und
Teufel*, eine Hiob-Faust-Version, die Kafka wenige Tage nach *Kol
Nidre* kennenlernte (T 166 ff.): Herschele, die Hauptfigur, ist dem
Geld verfallen, respektiert seinen Vater nicht mehr, den er spä-
ter hinauswirft, stürzt sich in den Trubel weltlicher Freuden, ver-

stößt seine Frau und geht eine andere Verbindung ein und läßt seinen besten Freund im Stich, der ihn mit Beschuldigungen überhäuft; Herscheles Selbstmord ist die Folge. (Vgl. E. T. Beck, Kafkas ›Durchbruch‹. Der Einfluß des jiddischen Theaters auf sein Schaffen, in: Basis. Jahrbuch der deutschen Gegenwartsliteratur 1 [1970], S. 209 f. u. dies., Kafka and the Yiddish Theater, S. 72 ff.) Alle diese Züge kehren im *Urteil* wieder: Georg geht im »Jubel durch die Welt« und »vor seinem Vater ... davon«. (E 65) Nach des Vaters Meinung schändet er, indem er Frieda Brandenfeld aus rein sexuellen Motiven heraus heiraten will, das Andenken seiner verstorbenen Mutter, die also funktionsmäßig der ersten Frau Herscheles entspricht; nach dieser Eheschließung will Georg den Vater »allein in der alten Wohnung« zurücklassen. (E 62, vgl. 64) Außerdem hat er seinen Petersburger Freund »betrogen« und »verraten«. (E 63 u. 64) In diesen Momenten also gründet der väterliche Schuldspruch.

Auch die grotesken Elemente des *Urteils*, die komisch-kindischen Züge im Bild des Vaters, sind durch Gordins Stück veranlaßt. In einer Szene am Anfang ist Herscheles Vater betrunken und redet Unsinn. Da er den zweimaligen Rat seines Sohnes, sich zur Ruhe zu begeben, nicht befolgt, trägt dieser ihn zu Bett:

> Hershele: Tateniu, zay zikh matrikh, gey tsu zikh, ikh bet dikh.
> Leyzer: Neyn! Neyn! (*Zingt.*) Iz er gegangen tsu derlangen ...
> Hershele: Hob kayn feroybel nit, ateniu, ikh vil dir khulile nit puge bekoved zayn. Farkert, du zolst khulile nit laydn kayn b'ziunut. (*Nemt im oyf di hent un trogt im.*)
> Leyzer (*driget mit di fis un shrayt*): Neyn! Neyn! Lo mikh ob! Iz er gegangen tsu derlangen ...
> (E. T. Beck, Kafka and the Yiddish Theater, S. 76; zu beachten ist, daß die Transkribierung auf der amerikanischen, nicht auf der deutschen Phonetik beruht)

Eine weitere Szene, aus dem zweiten Akt des Gordinschen Dramas, scheint die Passage in Kafkas Erzählung direkt beeinflußt zu haben, wo der alte Bendemann Georgs Braut als widerliche Gans verhöhnt, die ihre Röcke gehoben habe, um den Sohn zu verführen. (E 64) Herscheles Vater springt nämlich, um seine Nichte zu unterhalten und etwas von seinem früheren Glanz zu demonstrieren, auf einen Stuhl und trägt mit todernster Miene eine der traditionell komischen Hochzeitsansprachen vor, in der er die Ehe als das Ende der sorglosen Jugendzeit bezeichnet und vor Fremden warnt, die den liebevollen Eltern ihre Töchter entführen. E. T. Beck schreibt über ihn und seine Bezugsfigur im *Urteil*: »His profession is considered so significant a part of his character that it is included in his name, Leyzer Badkhan, for *Badkhan* means ›jester‹ or ›fool‹. In the play his stock-in-trade is whispering foolish secrets into people's ears ... It is difficult to separate his role as jester from the suggestion that

he is slightly senile ... This fusion of Leyzer Badkhan's joking and
hiding behind senilily, while at the same time speaking the truth,
may be reflected in the figure of the father in ›The Judgement‹,
who has been variously judged insane, senile, or just playing games.
In ›The Judgement‹ it is extremely difficult to tell to what extent
the father is playing some vast, diabolical joke, to what extent he
is ernest, and to what extent his image is distorted by Georg's percep-
tion of him. ... Like Leyzer Badkhan, old Bendemann acts the hero,
but it is clear that he feels threatened by his son's success in business
and is resentful of his engagement. Leyzer admits to feeling inade-
quate in Hershele's presence ... Old Bendemann also describes himself as feeling sqashed by a son who prides himself in his importan-
ce. He plays on the word *unterkriegen*«. (»Kafka and the Yiddish
Theater«, S. 80 f.)
Endlich darf nicht übersehen werden, daß auch formale Besonderheiten im *Urteil* durch den Einfluß des jiddischen Theaters mitbedingt
sind, die Schroffheit, mit der die einzelnen Teilszenen der Erzählung aufgebaut sind und aneinanderstoßen, und die Art und
Weise, in der hier Personen eingeführt und funktionsmäßig eingesetzt werden – beides ist in der frühen Prosa Kafkas ohne Vorbild –,
sind aufgrund dieser Vorbilder z. T. erklärbar. Kafka fiel am Theater-
programm zu Gordins *Wildem Menschen* auf, daß man dort über
die bloße Namensnennung der dramatischen Personen hinaus »doch
nur so viel« erfahre, »als der Offentlichkeit ... über eine ihrem
Urteil ausgesetzte Familie bekanntwerden muß«: Schmuel Leiblich
ist ein »reicher Kaufmann«, Simon ist »ein Student« und Wladimir
Worobeitschik »Seldes Geliebter«, während sich doch aufgrund des
Handlungsverlaufs viel differenziertere, von den erwähnten Benennungen teilweise sehr abweichende Charakterisierungen ergäben.
(T 118 f.) Eine vergleichbare Diskrepanz zeigt sich nun im *Urteil*
zwischen den äußeren Bestimmung der Figuren hinsichtlich ihrer sozia-
len Rolle – »ein junger Kaufmann«, ein »Mädchen aus wohlhabender
Familie«, der Petersburger Freund, der Vater – und ihrer damit
konkurrierenden, aus Rede und Aktion erschließbaren Wesensart.
(E. T. Beck, Kafka and the Yiddish Theater, S. 113 f.)
Wesentliche Bauelemente im *Urteil* können aus den Bedingungen des
Stückeschreibens abgeleitet werden: Es findet sich eine Art Exposition
mit Requisiten, Raum- und Zeitangabe (Brief, Sonntagvormittag,
Frühjahr, Privatzimmer), wo eine Art Monolog (Georgs erlebte Rede) mit den Figuren und deren Beziehungen bekannt macht und die
Problemstellung, Georgs Verhältnis zum Freund, anreißt. Durch Licht-
wirkung (einem Hauptmittel des Theaters) davon abgesetzt, entwickelt
sich, ebenfalls in ausgesprochen szenischer Gestaltung, die Auseinandersetzung Georgs mit seinem Vater, wo außer dem Gesprochenen
fast nur noch Lagebestimmungen der Personen zueinander und mi-
misch-gestische Details hervortreten, Elemente also, die jedes Büh-

nengeschehen bestimmen. Georgs Selbstgespräche aber haben ihre
Entsprechung in der sogenannten Praxis des a parte Sprechens, das im
jiddischen Theater ganz im Gegensatz zur Bühnenpraxis im deutsch-
sprachigen Bereich damals noch sehr gebräuchlich war. In diesen Zusammenhang gehört auch die Tatsache, daß das Gespräch der beiden
Kontrahenten zunächst gar nicht den Zweck des Besuches von Georg
artikuliert, sondern an der Oberfläche Alltagskonversation ist, während freilich untergründig das Bedrohliche der Situation sofort spürbar
wird. Eine solche Verfahrensweise ist im Bühnendialog die Regel,
während der Erzähler kürzerer epischer Einheiten, wie zum Beispiel
auch H. v. Kleist, sofort auf das Wesentliche zu sprechen kommen
muß und dabei oft nur die Höhepunkte eines Zwiegesprächs in wört-
licher Rede anführt. Daß endlich im Zentrum dieses Dialogs ein Geheimnis steht, das Georg und dem Leser allmählich enthüllt wird,
ist mindestens genau so sehr eine dramatische Technik wie ein dem Erzählen eigenes Moment. Wie die Erinnerungen G. Janouchs zeigen,
war Kafka dieser Zusammenhang bekannt, denn er äußerte einmal
seinem jungen Freund gegenüber: »*Schuld und Sühne* von Dostojewski ist ja eigentlich auch nur ein Kriminalroman. Und Shakespeares
Hamlet? Das ist ein Detektivstück. Im Mittelpunkt der Handlung
steht ein Geheimnis, das langsam gelüftet wird. Gibt es aber ein
größeres Geheimnis als die Wahrheit?« (J 224) Zu denken wäre hier
noch an H. v. Kleists *Marquise von O.*, die Kafka sehr schätzte
(vgl. J. P. Hodin, Erinnerungen an Franz Kafka, in: Der Monat 1,
Nr. 8/9 [1949], S. 94); bekanntlich ist die Enthüllungstechnik dieser
Novelle dem *Amphitryon* und dem *Zerbrochenen Krug* nachgebildet,
also letztlich dem *Oedipus rex* des Sophokles. (Vgl. E. T. Beck, Kafka
and the Yiddish Theater, S. 104 ff. u. dies., Kafkas ›Durchbruch‹,
S. 204)
Durch das Ausgeführte ist aber die Form der Erzählung nur einseitig beschrieben, diese enthält nämlich auch typisch epische Elemente. Einmal ist hier der Gebrauch der erlebten Rede anzuführen,
die im *Urteil* erstmalig vollständig gemeistert ist und die den besonders
in den *Hochzeitsvorbereitungen auf dem Lande* verwendeten inneren Monolog, dessen Verwandtschaft mit dem Bühnenmonolog offensichtlich ist, fast ganz verdrängt. (Vgl. dazu meine Arbeit »Motiv und
Gestaltung bei Franz Kafka«, S. 201 ff.) Dazu gehört auch die Besonderheit der Einleitungsszene, daß von einem den Text eröffnenden Handlungsfixpunkt aus (E 53: »Georg Bendemann ... sah ...
den Ellbogen auf den Scheibtisch gestützt ... aus dem Fenster«) die
Vorgeschichte bis zu diesem Zeitpunkt nachgeführt wird, hier nicht
im Erzählerrückblick, sondern als Reflexion der Hauptfigur, der
dann beim Beginn des eigentlichen Handlungsablaufs erneut erzählerisch durchschritten werden muß (E 58: »Mit diesem Brief in der
Hand war Georg lange, das Gesicht dem Fenster zugekehrt, an seinem Schreibtisch gesessen«). Vielleicht übernahm Kafka diese Dar-

stellungform von Kleist, also einem der von ihm sehr bevorzugten
Autoren (vgl. F 291 f., 460 u. *Über Kleists Anekdoten*). Dieser ver-
wirklichte sie am reinsten im *Erdbeben in Chili,* wo die Vorgeschichte
allerdings als Rückblick des Erzählers gegeben wird: »In St. Jago,
der Hauptstadt des Königreichs Chili, stand gerade in dem Augenblicke der großen Erderschütterung vom Jahre 1647 ... ein junger,
auf ein Verbrechen angeklagter Spanier, namens *Jeronimo Rugera,*
an einem Pfeiler des Gefängnisses, in welches man ihn eingesperrt hatte, und wollte sich erhenken.« So der Beginn der Kleistschen Novelle, deren Elemente ebenfalls an die Exposition eines Dramas denken
lassen. Nachdem nun rückblickend der Handlungsfaden diesen Ein-
satzpunkt wieder erreicht hat, der Beschluß, sich den Tod zu geben, von Jeronimo gefaßt worden ist, fährt Kleist fort: »Eben stand
er, wie schon gesagt, an einem Wandpfeiler ...« (H. v. Kleist, Sämtliche Werke und Briefe, Bd 2, [hg. v. H. Sembdner], Darmstadt,
1962, S. 144 u. 145) Wie im *Urteil* wird also die Eingangssituation der
Erzählung später erneut durchlaufen.
Vor allem aber ist zu betonen, daß Kafkas auch im *Urteil* verwirk-
lichte ästhetische Vorstellungen in der Forderung gipfeln, der Handlungsgang eines Erzählwerks müsse sich von einem einfachen An-
fangspunkt aus kontinuierlich, organisch und ohne Sprünge, Überraschungen und Wendepunkte allmählich entfalten und differenzie-
ren. Aus dem Drama der Hochliteratur – er hatte dazu in jenen Jahren nur eine recht lockere Beziehung (vgl. F 254 u. 660) – und aus
den jüdischen Volksstücken ist dieses Moment nicht ableitbar, denn
den ihm bekannten jiddisch schreibenden Autoren wirft er Mangel an
»Folgerichtigkeit« und »Ordnung« vor (T 116), und was ihm etwa
von Shakespeare, Goethe, Grillparzer oder Gerhart Hauptmann bekannt war, wird von ihm getadelt, weil es hinsichtlich der Aufbau-
gesetze nicht mit der eigenen ästhetischen Konzeption harmoniert.
(Vgl. dazu meinen Aufsatz »Kafkas literarische Urteile. Ein Beitrag
zu seiner Typologie und Ästhetik«, in: Zeitschrift für deutsche Philologie 86 [1967], S. 222 ff.) In Übereinstimmung mit dieser theo-
retischen Position wird nun im *Urteil* gezeigt, wie nach und nach
eine Dekomposition von Georgs Bewußtsein eintritt, die schließlich
so stark wird, daß es den Leser nicht mehr überrascht, wenn der Sohn
das ihm verkündete Todesurteil selbst sofort vollzieht: Schon in seinem Arbeitszimmer ist er im Zustand der Geistesabwesenheit, und
als er das Zimmer des Vaters betritt, ist er an die Situation nicht
angepaßt, staunt über die hier herrschende Dunkelheit und den rie-
sigen Körperwuchs des Vaters, Gegebenheiten, die seine innere Angst
andeuten und wie unglückverheißende erzählerische Vorausdeutung
wirken. Des Vaters seltsames Benehmen ruft dann in Georg eine gewisse Konzentrationsschwäche und Verlegenheit hervor, die sich später zu einem Gefühl des Entsetzens steigern, dem als äußere Wahrnehmung das väterliche Schreckbild entspricht. In dieser Phase ist

der Sohn schon richtig zerstreut, er vergißt alles, die Stetigkeit des Bewußtseins ist aufgehoben, bisher verdrängte Todeswünsche gegen den Vater setzen sich blitzartig durch. Die nunmehr schon fast vollzogene Auflösung der Persönlichkeit des jungen Kaufmanns äußert sich auf der körperlichen Ebene in der Starrheit seiner Augen, im Grimassieren und in unwillkürlichen Kieferbewegungen, durch die er sich sogar verletzt. Die Entwicklung gipfelt darin, daß seine Gedanken bloß noch äußerlich miteinander verknüpft sind und seine Antworten geistlos das Argument des Gegners wiederholen; seine Versuche, die eingetretene Lage zu bestehen, erscheinen als unsinnige Augenblicksreflexe.

Man könnte vielleicht meinen, derartige Bestimmungen, die aus dem Text epische und dramatische Komponenten herauszupräparieren suchen, seien insofern verfehlt, als Kafka selber in einem Brief an seinen Verlag ausführt, das *Urteil* sei »mehr Gedicht als Erzählung« und brauche deswegen »ganz freien Raum um sich«, wenn es sich »auswirken« soll. Kafka argumentiert so, um einen Separatdruck in der Reihe *Der jüngste Tag* durchzusetzen, der ihm eindeutig mehr am Herzen lag als das schon erwähnte Novellenbuch *Söhne*, auf das er zugunsten des Einzeldrucks zu verzichten bereit war. Der Vorteil gegenüber dem Novellenbuch liege eben darin, daß »jede Geschichte selbständig angesehen werden kann und wirkt«. (Br 148 f., zu diesem Moment, unter druckgeschichtlichem Aspekt, vgl. auch L. Dietz, Die autorisierten Dichtungen Kafkas. Textkritische Anmerkungen, in: Zeitschrift für deutsche Philologie 86 [1967], bes. S. 315 f.) Offenbar hat diese Einschätzung der Erzählung durch Kafka aber weniger mit den in ihr verwendeten Gestaltungselementen an sich zu tun als mit der Tatsache, daß für ihn das *Urteil* einer eindeutig-diskursiven Sinndeutung ermangelte. Außerdem darf der von Kafka erwähnte Freiraum um die Geschichte als Bild dafür genommen werden, daß der Leser wie bei einem schwierigen Gedicht mit mehrdeutigen Bildern und einer nicht auf äußere empirische Verhältnisse reduzierbaren Aussage bei der Lektüre des *Urteils* teils auf diese kunstmäßige Eigenständigkeit hingewiesen wird, teils aber auch, wie der Autor bei der Korrektur des Werks, die Möglichkeit haben muß, ungestört Überlegungen anstellen zu können, die in die verschiedensten Richtungen gehen mögen. In diesem Sinne schrieb Kafka in der Nacht vom 4./5. Dezember 1912 über die Erzählung, sie habe *innere* Wahrheit, die sich »niemals allgemein« feststellen lasse, »sondern immer wieder von jedem Leser oder Hörer von neuem zugegeben oder geleugnet werden« müsse. (F 156)

Ungelöst ist noch die Frage, wie es zuging, daß grade am 22. September 1912 sich der seit einiger Zeit abzeichnende und dann bestehende Generationenkonflikt so verschärfte, daß er in einer Schlüsselerzählung zum Durchbruch kam, die Kafkas Leben als Schriftsteller entschied. Rekonstruierbar ist, daß verschiedene Anlässe als auslösende Momente zusammenkamen, nämlich die Begegnung mit Felice Bauer am 13. August, ein Besuch des Kafka innerlich verwandten Madrider Onkels Alfred Löwy, der Geburtstag seines Vaters am 14. des Folgemonats, die in dieser Zeit sich abzeichnende Verlobung Max Brods und diejenige seiner mittleren Schwester Valli am 15. September und der Jom Kippur, der 1912 auf den 20. und 21. dieses Monats fiel. E. R. Steinberg vertrat zuerst die Auffassung, daß die Entstehung des *Urteils* unmittelbar durch den vorhergehenden Versöhnungstag bestimmt sei, durch das höchste jüdische Fest also, in dessen Zentrum das menschliche Bekenntnis der Sünden steht, um deren Vergebung der Gläubige im Gebet bittet. (»The Judgement in Kafka's ›The Judgement‹«, in: Modern Fiction Studies 8 [1962], S. 23 ff.) Die Begründung dieser These und die Darstellung der Motive, die Kafka möglicherweise leiteten, fielen aber äußerst problematisch aus. Steinberg kann nur belegen, daß Kafka 1911 während dieses Fests die Synagoge besuchte. (T 71, Kol Nidre leitet den Versöhnungstag ein) Am entsprechenden Fest des folgenden Jahres seien Kafka extreme religiöse Schuldgefühle gekommen, weil er, der als Individualist den jüdischen Kultus verworfen habe, deswegen gegen Gott gesündigt habe. (S. 24 f.) Demgemäß legt Steinberg eine allegorische, also wissenschaftlich nicht haltbare Auslegung des *Urteils* vor, in der das Zimmer des Vaters als Synagoge interpretiert wird, Georgs Absicht aber, seinen Vater nach der Heirat in der elterlichen Wohnung zurückzulassen, als Ausdruck für die Weigerung Kafkas, nach der Eheschließung mit Felice Bauer Gott einen Platz in seinem neuen Heim zu gönnen. (S. 26 f.) Obwohl überliefert ist, daß Kafka, hätte er Felice geheiratet, die bei diesem Vorgang übliche Feier im Tempel ablehnte (F 620), weil ihm und seinen Angehörigen eine lebendige Beziehung zum orthodoxen Ritual entschwunden war (T 205), widerlegt doch der Gesamttenor der *Briefe an Felice,* die Steinberg noch nicht zugänglich waren, eine solche Auffassung deutlich.

Immerhin gibt es Indizien dafür, daß der Versöhnungstag des Jahres 1912 für Kafka einige Wichtigkeit gehabt haben muß. Zu einer tieferen Würdigung dieses Festes könnte der bis dahin religiösen Dingen gegenüber Gleichgültige durch J. Gordins Stück *Gott, Mensch und Teufel* gelangt sein, das der ostjüdische Schauspieler J. Löwy ihm am 25. Oktober 1911 vortrug. (T 116) Herschele erklärt dort: »Unzre khokhomim zogn: ... tsvishn Got un mentsh iz yom kipur ... Ober bin adam l'adam, vos eyn mentsh zindigt gegn andern, do helfn nit di trern, di tkhines un tfiles fun yom kipur«. (E. T. Beck, Kafka and the Yiddish Theater, S. 92) Herschele glaubt also an die Unvermeidlichkeit des Gerichtstags, dem er durch seine Tat zuvorkommt. Schon in der Eingangsszene von Gordins Stück ist von einem rituellen Bad die Rede, es ist also vielleicht kein Zufall, daß Georg vom Vater zum Tode des Ertrinkens verurteilt wird.

Ferner ist in diesem Zusammenhang ein an Felice gerichtetes Schrei-

ben vom 8./9. Januar 1913 von Interesse, in dem Kafka erzählt, wie er
– »es ist schon zwei Jahre her« – anläßlich einer Erhebung »in einen
höhern Rang« (F 237) vor dem Präsidenten der Versicherungsanstalt
in äußerst unpassendes Gelächter ausbrach. Eine Stelle des Berichts
lautet: »Mit der rechten Hand meine Brust schlagend, zum Teil im
Bewußtsein meiner Sünde (in Erinnerung an den Versöhnungstag) . . .«
(F 239) Die Passage erregt deswegen Aufmerksamkeit, weil hier nur
auf die Beförderung angespielt sein kann, durch die Kafka am 23. April
1910 zum Konzipisten ernannt wurde (vgl. J. Loužil, Dopisy Fran-
ze Kafky dělnické úrazové pojišťovně pro čechy v Praze,
in: Sborník. Acta Musei Nationalis Pragae 8 [1963], Series C, Nr. 2,
S. 63). Dann ist es aber doch einigermaßen unwahrscheinlich, daß
Kafka sagen will, er habe sich an jenem nun doch auch schon
2 ¾ Jahre zurückliegenden Tag in Erinnerung an den mindestens wieder ein halbes Jahr vergangenen Jom Kippur des Jahres 1909 in
der genannten Weise gestisch artikuliert, besonders da er doch zu diesem Zeitpunkt danach strebte, sein Judentum so schnell wie möglich
zu vergessen (vgl. H 197 ff.). Die Annahme hat viel für sich, daß
Anfang 1913 der längst verflossene Vorgang mit den Erfahrungen
des Jahres 1912 gedeutet wird, besonders da Kafka im einleitenden
Briefteil sein Verhältnis zu Felice im ersten Vierteljahr ihrer Beziehung zusammenfassend problematisiert.
Auf die Bedeutung des Versöhnungstags im Jahr 1912 weist auch die
auffällige Tatsache, daß Kafka, der doch Felice schon am 13. August
begegnet war (T 285), ihr grade am 20. September erstmalig schrieb,
also in Erwartung des Jom Kippur, obwohl er nächtelang – »um nicht
zu übertreiben, sage ich an 10 Abenden« – sich diesen Brief, den er
gar nicht entschlossen war zu schreiben, bis in alle Einzelheiten hinein überlegt hatte (F 45) und obgleich er seit jenem 13. August, wo er
sofort die Bedeutung erkannte, die Felice für ihn haben würde (vgl.
meine Arbeit »Kafka in neuer Sicht«, Stuttgart [1976], S. 143 f.),
ein Gefühl hatte, als habe er »eine Öffnung in der Brust, durch
die es saugend und unbeherrscht ein- und auszog, bis sich . . .
eines Abends im Bett durch die Erinnerung an eine biblische Geschichte die Notwendigkeit jenes Gefühls wie auch die Wahrheit jener
biblischen Geschichte gleichzeitig bewies.« (F 66) Daß die Bekanntschaft mit diesem religiösen Text zumindest mittelbar mit dem jüdischen Versöhnungstag zusammenhing, ist eine Behauptung, die nicht
ganz unglaubwürdig ist. Und daß sich Kafka Geschriebenes als Mittel vorzustellen vermochte, das das Anliegen des fraglichen Tages
artikulieren konnte, zeigt ein an Ottla gerichtetes Schreiben vom
5. Februar 1919, in dem er über das Thema »Schüler und Lehrer« bemerkt, das Ottla sich für einen zu haltenden Vortrag möglicherweise
hätte wählen sollen: »Es wären Deine Erfahrungen als Schülerin,
eine Art Versöhnungsfest zwischen Schülern und Lehrern« (O 64).
Bemerkenswerterweise kehrt Kafka die Zeitrelation, die zwischen

der Entstehung des *Urteils* und dem ersten an Felice gerichteten Brief besteht, in späteren Äußerungen der Geliebten gegenüber um, obwohl eine Gedächtnistäuschung ausgeschlossen ist; der wahre, lebensentscheidende und nicht lange zurückliegende Sachverhalt wurde gewiß nicht vergessen und war auch im Tagebuch dokumentiert. Kafka aber schreibt, am Abend des 22. September sei die Welt durch Felicens Dasein ihm zwar schon wertvoller gewesen als vorher, geschrieben habe er ihr damals aber noch nicht gehabt. (Vgl. F 43, 394 u. T 293) Wenn Kafka 1917 über seinen Briefwechsel urteilt, es habe darin manche »Verschleierungen« gegeben, so darf man diesen Vorgang hier subsumieren. (Vgl. F 755) Die Ursache für dieses Verhalten ist offenbar darin zu sehen, daß Kafka am 1. November 1912 behauptet (und an späterer Stelle wiederholt hat), er hätte »in einer Zeit matten Schreibens niemals den Mut gehabt«, sich an Felice zu wenden (F 66, vgl. 407), eine Auffassung, die offenbar bekräftigen soll, daß die literarische Produktion Kafkas Wesen ausmache. Nun bestand aber gerade am 20. September der von Kafka apostrophierte Zustand des matten Schreibens, insofern ihm an diesem Tag schon das Vertragsformular vorlag, das die Veröffentlichung der *Betrachtung* regeln sollte, über die er genau acht Tage später an Felice schrieb: »Es ist aber nicht sehr gut, es muß Besseres geschrieben werden.« (F 46) Kafka unterschrieb den Vertrag erst am 25., weil er in den vorhergehenden Tagen gehofft hatte, eine ihn nicht befriedigende Stelle im *Plötzlichen Spaziergang* bessern zu können, was aber nicht gelang. (Vgl. E 32: *die ins Wesenslose abschwenkt*)

Warum also, wenn nicht aufgrund einer durch Schreiben verursachten Selbstsicherheit, präludiert Kafkas erster Brief an Felice den Versöhnungstag des Jahres 1912? Es ist anzunehmen, daß der damals hinsichtlich seines Judentums Sensibilisierte sich vor und an Jom Kippur seiner Schuld gegen die Gemeinschaft, als deren Exponent im *Brief an den Vater* Hermann Kafka, ein fast als göttlich gedachter Gesetzgeber, erscheint, besonders bewußt wurde. Ende September 1912 und Anfang des folgenden Monats sollte er sich an den Nachmittagen um die in Familienbesitz befindliche Asbestfabrik kümmern (Br 107, vgl. F 68 u. T 217), ähnlich wie im Januar 1915, wo er aufgrund dieser Forderung notiert: »Die Gedanken an die Fabrik sind mein dauernder Versöhnungstag.« (T 454) Das kann nur so gedeutet werden, daß die verhaßte Inspektion dort an den Nachmittagen, die seine literarische Arbeit in dieser Zeit zum Erliegen zu bringen drohte, wegen der inneren Widerstände, die er ihr entgegenbrachte, in ihm Schuldgefühle erweckte, vergleichbar denen, die offenbar schon an den entsprechenden Tagen der vorhergehenden Jahre aufgetreten waren. Dies ist besonders auch deswegen anzunehmen, weil die Familie Kafka gerade den Ritus dieses Festes sehr genau befolgte. (Vgl. F 721) Obwohl es verkehrt ist, wenn manche Forscher den Konflikt zwischen Schreiben und Heirat im *Urteil* thematisiert sehen wollen (vgl. K. Flo-

res, »The Judgement«, in: Franz Kafka Today, ed. A. Flores a.
H. Swander, [Madison 1958], S. 5 ff. u. J. Demmer, Franz Kafka,
bes. S. 130 ff.), so könnte eine solche Konstellation immerhin einer der
die Niederschrift der Erzählung auslösenden Faktoren gewesen sein.
Erstaunlich ist auch eine Tagebuchnotiz vom 28. September 1917,
die offensichtlich im Zusammenhang mit dem erst zwei Tage zurückliegenden Versöhnungsfest dieses Jahres steht und bezeichnenderweise die »fünf Jahre« der Beziehung zu Felice resümiert, während andererseits das Datum des 13. August, das 1913 immerhin noch
zu rückblickenden, grundsätzlichen Betrachtungen Anlaß gibt (vgl.
T 314 f.), und der 20. September übergangen werden, was ein Ausdruck
der Tatsache sein könnte, daß sich in Kafkas Erinnerung die Aufnahme
der Beziehung zu Felice mit dem Versöhnungstag verbunden hatte.
Eine solche Auffassung der Dinge wird gestützt durch einen auf den
15. August 1916 datierten Brief Kafkas, der so beginnt: »Liebste –
zu Deinem Gedenkbrief: um die Wahrheit zu sagen, an das Datum
erinnere ich mich eigentlich nicht, ja nicht einmal ohne weiteres an
das Jahr. Hätte ich unmittelbar ohne Hilfe es angeben sollen, so hätte
ich gesagt: vor 5 Jahren war es ... Dagegen erinnere ich mich an alle
andern Einzelheiten ...« (F 681, vgl. aber 667) Die fragliche Eintragung im Tagebuch lautet: »Dem Tod also würde ich mich anvertrauen.
Rest eines Glaubens. Rückkehr zum Vater. Großer Versöhnungstag.«
(T 534) Jetzt, nach dem Ausbruch der Tuberkulose, da Kafka sich in
seinem Kampf um Verankerung in der Gemeinschaft endgültig geschlagen fühlte, konnte – wie in der im Zusammenhang mit dem Versöhnungstag konzipierten Erzählung – die durch gemeinschaftsfernes Leben
entstandene Schuld nur durch den eigenen Tod abgetragen werden.
Die Situation spitzte sich im September 1912 einmal noch dadurch
zu, daß Kafkas Madrider Onkel Alfred Löwy, der nach eigener Aussage des Dichters ein Vorbild des russischen Freunds war (vgl. E 53:
Freund), zu Anfang des Monats in Prag weilte und mit Kafka Gespräche über seine Lebensform als Junggeselle führte, deren Bedroh-
lichkeit diesem also ganz konkret vor Augen trat. (Vgl. T 287 f.) Zum
andern mochte der auf den 14. September fallende Geburtstag des
Vaters, der natürlich von allen Familienmitgliedern stark beachtet
wurde (vgl. z. B. Br 349, 445 u. T 478!), dazu beitragen, daß sich die
Kafka damals aufdrängenden Zukunftsmöglichkeiten in ihrer Problematik artikulierten, sah er doch in Hermann Kafka den erfolgreichen
Ehemann und Vater schlechthin, dem gleichzukommen trotz aller Anstrengung unmöglich schien (vgl. H 216 ff.). Weiter ist es wahrscheinlich, daß die Lebensverhältnisse Max Brods Kafkas Überlegungen ver-
schärfen mußten, hatte er doch selber die sich abzeichnende Verlobung zwischen seinem Freund und Elsa Taussig – sie fand offi-
ziell erst am 15. Dezember statt (vgl. F 184), doch ist es nicht zufällig, daß Kafka gerade in der Zeit, wo das *Urteil* entstand, mit
Brods künftiger Frau in brieflicher und persönlicher Verbindung

stand (vgl. F 185 u. Br 104) – durch entscheidende Ratschläge überhaupt erst greifbare Wirklichkeit werden lassen. (Vgl. F 243) Man kann sogar die Eingangsszene der Erzählung durch eine mit diesem Komplex zusammenhängende biographische Situation präfiguriert sehen: Am 20. September nämlich schrieb Kafka während der Bürostunden – also in der Zeitspanne, in der auch das erste an Felice gerichtete Schreiben ausformuliert wurde, ein Sachverhalt, auf den auch eine Motivverwandtschaft zwischen beiden Briefen aufmerksam macht (vgl. Br 104 mit F 43) – an Max Brod und Felix Weltsch einen Brief, der bezeichnenderweise an der Stelle abbricht, an der den Freunden Neuigkeiten mitgeteilt werden sollten (vgl. Br 105). Felice, die Kafka doch bei Max Brod kennengelernt hatte, wird also mit keinem Wort erwähnt, obwohl sie gerade in diesen Stunden sein Bewußtsein in unerhörter Weise beherrscht haben muß, dagegen wird eine vollkommen belanglose Büroangelegenheit erwähnt, entsprechend dem Erzählgang im *Urteil,* wo Georg dem in der Fremde befindlichen junggesellenhaften Freund »keine eigentlichen Mitteilungen« macht, sondern sich mit der Nennung von Belanglosigkeiten begnügt (E 54, vgl. 56). Man muß dabei noch bedenken, daß Kafka mit Felix Weltsch damals eine Art gespenstische junggesellenhafte Brüderschaft gebildet hatte (vgl. F 504), also eine innere Polarität zu Max Brod bestand (vgl. F 267: »Er hat etwas Ehemännisches«), die der Grundantinomie zwischen Georg und seinem Freund in der dichterischen Darstellung entspricht.
Schließlich ist noch Vallis Verlobung anzuführen, die am 15. September erfolgte, Kafka also den andern Pol der ihn innerlich zerreißenden Gegensatzspannung vorführte, und zwar gerade auch am 22. dieses Monats: Kafka schreibt nämlich darüber, er erlebe jeden derartigen Vorgang in der sonderbaren Art, als treffe ihn »augenblicklich und unmittelbar ein Unglück«, teils, weil er, aufgrund seiner starken Intuition, sich leicht mit andern identifizierte, sich also die ungünstigen Folgen vorstellte, die eine Heirat für die Betroffenen zur Folge hatte (vgl. H 238), teils, diesen Gefühlen gerade entgegengesetzt, weil er beklagen mochte, möglicherweise »keine Geliebte ertragen« zu können (T 229) und deswegen auf den potentiellen Vater neidisch war, als der sich der Angetraute der Schwester ihm darstellen mußte (vgl. F 82 u. 221), teils aber auch deswegen, weil er im Zusammenhang mit einer Verlobung in der Familie fremde Personen, eben die neue Verwandtschaft, auf sich eindringen fühlte (vgl. F 244), was er in einem andern Fall als »ein Gegenbild des Gebärungsaktes« verstand (Br 252; in diesem Zusammenhang ist daran zu erinnern, daß er das *Urteil* Felice gegenüber als »Geburt« bezeichnete – F 156). Daß diese Momente nun gerade auch am 22. September wirksam waren, legen die Zeugnisse nahe. Denn ist Kafkas Stimmungslage am 15. September durch »Trostlosigkeit« gekennzeichnet, so am darauffolgenden Sonntag – er hatte sich »den ganzen Nachmit-

tag stumm um die Verwandten« seines Schwagers »herumgedreht«, die
an diesem Tag zum erstenmal auf Besuch waren – durch eine Verfassung, die er selbst durch die Wendung »zum Schreien unglücklich« kennzeichnet (F 394).

Angesichts der Kafka im Junggesellentum des Madrider Onkels und
im Brautstand Vallis und Elsa Taussigs entgegentretenden Verkörpe-
rungen der beiden einander widerstrebenden Tendenzen in seinem
Lebenskampf mußte sein Entschluß, den seit vielen Tagen geplanten
Brief an Felice abzusenden, eine große innere Erregung hervorrufen
(denn er verschob die ambivalente innere Balance zugunsten des auf
die Gemeinschaft bezogenen Pols, vgl. F 84), die offenbar im *Urteil*
bewältigt wird. Kafka schreibt am 14. August 1913, noch unter dem
Eindruck des Vortags, an dem sich das erste Zusammentreffen mit
Felice gejährt hatte: »Folgerungen aus dem ›Urteil‹ für meinen Fall.
Ich verdanke die Geschichte auf Umwegen ihr. Georg geht aber an
der Braut zugrunde.« (T 315) Neben den schon erläuterten Zusammenhängen läßt sich der Begriff des Umwegs auf die Tatsache beziehen,
daß sich nach Kafkas eigener Aussage noch während der Niederschrift eine wichtige Verlagerung des darzustellenden Gegenstands-
bereichs ergab: »Als ich mich zum Schreiben niedersetzte, wollte
ich ... einen Krieg beschreiben, ein junger Mann sollte aus seinem
Fenster eine Menschenmenge über die Brücke herankommen sehn,
dann aber drehte sich mir alles unter den Händen.« (F 394) Man geht
wohl nicht fehl in der Annahme, wenn man in dem hier erwähnten
ursprünglichen Ansatz ebenfalls einen Ausdruck für Kafkas Grundproblematik sieht, denn die auch durch Dostojewski nahegelegte Metapher des Kampfes ist für ihn das Zentralbild für sein Schwanken
zwischen Isolation und dem Wunsch zu heiraten gewesen (vgl. zu diesem Komplex J. Born, »Daß zwei in mir kämpfen ...«, in: Literatur
und Kritik 1968, Heft 22, S. 105 ff. u. meinen Aufsatz »Kafka und
Napoleon«, in: Festschrift für Friedrich Beißner, hg. v. U. Gaier u.
W. Volke, [Bebenhausen 1974], S. 38 ff.).

Übrigens kann an dieser Stelle besonders deutlich der Übergang von
Kafkas Frühwerk zu den Erzählungen der Reifezeit studiert werden:
Der beschreibende, statische Blick aus dem Fenster und die erzählerisch
ausgeführte autonome Metapher, die als Ganzes auf Kafkas Problemlage verweisen (vgl. z. B. *Zerstreutes Hinausschaun* und *Wunsch, Indianer zu werden*), werden zugunsten einer größeren, von einer durch-
gängigen Handlung bestimmten epischen Gestaltung aufgegeben.

Dafür nun, daß der endgültige Erzählverlauf durch Felice determiniert ist, gibt es weitere direkte Zeugnisse des Autors. Janouch gegenüber äußerte er, durch die Niederschrift der Geschichte sei das »Gespenst einer Nacht« verjagt worden. (J 54) Was damit gemeint ist,
erhellt eine Passage in einem an Milena gerichteten Schreiben, das
durch eine Übersetzung des *Urteils* angeregt ist, die Milena vorgenommen hatte: »Die Übersetzung des Schlußsatzes ist sehr gut. In jener

Geschichte hängt jeder Satz, jedes Wort ... mit der ›Angst‹ zusammen, damals brach die Wunde zum erstenmal auf in einer langen Nacht und diesen Zusammenhang trifft die Übersetzung für mein Gefühl genau«. (M 214) Hier bestätigt sich, daß in der Nacht vom 22. auf 23. September 1912 erstmalig die innere Auseinandersetzung um die spätere Braut geführt worden ist, denn erstens ist aus dem Gesamtzusammenhang der Briefe an Milena deutlich zu ersehen, daß mit der in ganz bestimmter Bedeutung verwendeten »Angst« die Geschlechtsgemeinschaft mit der Frau gemeint ist (vgl. M 149, 180 ff. u. 199), zweitens ist der in Kafkas Lebenszeugnissen öfters belegte Vorstellungszusammenhang des Gespenstes ein Bild für seine Ängste, die er wegen der erstrebten Verankerung im äußeren Leben auszustehen hatte, drittens aber wird in einer Tagebucheintragung die eben konstatierte »Lungenwunde« als »Sinnbild der Wunde« verstanden, deren Entzündung F. [d. h. Felice] und deren Tiefe Rechtfertigung heißt« (T 529), was in Hinsicht auf die zitierte Stelle aus dem an Milena gerichteten Brief ja nichts anderes heißt, als daß das *Urteil* durch die Frage konstelliert wurde, welche Folgen es hätte, wenn sich die eben aufgenommene Korrespondenz in der intendierten Weise entwickelte. Der Verlauf der Erzählung zeigt dann antizipatorisch (vgl. zu diesem Punkt E 53: *verrannt*, 54: *Mitteilungen*, 64: *Röcke* und die Einleitung zur *Verwandlung*) eine Kafka ängstigende Entwicklungsmöglichkeit seines Verhältnisses zu Felice, aus der dann naturgemäß »Folgerungen« für die reale und zunächst anders verlaufende Beziehung gezogen werden konnten.

So ist auch ganz konsequent, daß Kafka diese Erzählung, an der ihm übrigens besonders lag, obwohl er qualitativ den *Heizer* für besser hielt (vgl. Br 148 u. F 291), Felice widmete, und zwar, wenn man seinen Worten glauben darf, entweder gleich nach der Niederschrift oder doch wenige Tage danach. So heißt es denn im Erstdruck in dem von Max Brod herausgegebenen *Jahrbuch für Dichtkunst Arkadia* (Leipzig 1913, S. 53–65 = N 1) nach dem Titel: »Eine Geschichte von Franz Kafka/für Fräulein Felice B.« (Faksimile in: Sy 96; den Zusatz »damit sie nicht immer nur von andern Geschenke bekommt« habe er, bekennt er ihr gegenüber, sich bezwingend, weggelassen, vgl. F 53); Felice hat offenbar der dann gewählten Formulierung ausdrücklich zugestimmt. (Vgl. F 298) Daß der einzige Zusammenhang zwischen der Erzählung und Felice neben der Namensähnlichkeit zwischen Frieda Brandenfeld und Felice Bauer (vgl. dazu E 56: *Brandenfeld*) darin bestehe, daß die Geschichte versuche, »von ferne« der Partnerin »wert zu sein«, eine Formulierung, die Kafka später als ein zwar »fragwürdiges, aber ein zweifelloses Zeichen« seiner Liebe zu dieser näher erläutert (F 298), ist natürlich eine Untertreibung, die dadurch bedingt ist, daß Kafka der Meinung war, das *Urteil* werde Felice gar nicht gefallen, und daß er zum fraglichen Zeitpunkt ihr doch noch sehr distanziert gegenübertreten mußte (F 53).

Der wahre Sachverhalt wird aber schon fünf Wochen später klar,
wo Kafka davon ausgeht, das *Urteil* sei Felicens Geschichte. (F 144,
vgl. 374) Als die Erzählung 1916 auf Kafkas Wunsch separat als
Band 34 der Buchreihe *Der jüngste Tag* veröffentlicht wurde (= D 2)
– dadurch daß Carl Sternheim im Vorjahr den mit der Verleihung des
Fontane-Preises an ihn verbundenen Geldbetrag an Kafka weitergab, wurde der Kurt Wolff Verlag hinsichtlich Kafkas zu publizisti-
scher Aktivität angeregt (vgl. die Einleitung zur *Betrachtung*) –, ersetzte Kafka die jetzt schon veraltete Widmung durch die Wendung
»Für F.« (F 704). Eine 3. Auflage, die höchstwahrscheinlich 1919/1920
gedruckt wurde (vgl. zu diesem Punkt Sy 119 f.), beruht auf einem
Neusatz. (= D 3) Obwohl aus Kafkas Schriftwechsel mit dem Verlag
nicht direkt hervorgeht, ob er an der Textherstellung von D 2 und D 3
beteiligt war, ist eine Mitarbeit des Autors an den späteren Druckfas-
sungen vorauszusetzen. Einmal nämlich folgen die feststellbaren Varianten einer auch sonst bei Kafkas Besserungen feststellbaren Tendenz,
die gekennzeichnet ist durch »das Suchen nach dem genau bezeich-
nenden Wort, das Bemühen um eine Verdeutlichung oder eine Dämp-
fung, um eine größere Prägnanz der Aussage, die Flüssigkeit und
Gelenkigkeit der Satzkonstruktion« (F. Martini, Ein Manuskript Franz
Kafkas: »Der Dorfschullehrer«, in: Jahrbuch der Dt. Schillergesellschaft 2 [1958], S. 297), vor allem aber auch durch das Bestreben,
Wortwiederholungen zu vermeiden und hypotaktische Perioden in
parataktische Satzgliederungen überzuführen. Zweitens aber muß der
Text der *Arkadia*-Fassung Kafka zur Korrektur vorgelegen haben,
denn der dort vorkommende Druckfehler »hinfallen« für »hinabfal-
len« (E 68), auf den er, der übrigens für den Erstdruck Korrekturen
gelesen hatte (Br 114), Felice ausdrücklich hinwies (vgl. F 394), findet
sich nicht mehr in D 2. Was aber D 3 betrifft, so konnte nur der Autor
selbst für Stiländerungen verantwortlich sein, die nicht als Druckfehler erklärt werden können und teilweise verworfene Varianten des
Manuskripts wieder zur Geltung bringen. Die Lesarten von D 1 –
D 3 werden also im folgenden Einzelkommentar berücksichtigt.

E 53   *Sonntagvormittag:* Der 22. September 1912 war ein Sonntag;
        zur Jahreszeit vgl. die Einleitung (Dostojewski). – *Bende-*
        mann: Am 2. Juli 1913 schrieb Kafka an Felice: »Und nun
        sieh, Georg hat so viel Buchstaben wie Franz, ›Bendemann‹
        besteht aus Bende und Mann, Bende hat so viel Buchstaben
        wie Kafka und auch die zwei Vokale stehn an gleicher Stelle,
        ›Mann‹ soll wohl aus Mitleid diesen armen ›Bende‹ für sei-
        ne Kämpfe stärken. (F 394, vgl. E 57: *Brandenfeld*, T 297: »In
        Bendemann ist ›mann‹ nur eine für alle noch unbekannten Mög-
        lichkeiten der Geschichte vorgenommene Verstärkung von
        ›Bende‹«, u. *Hochzeitsvorbereitungen auf dem Lande* H 7:

Raban) – *befindlichen:* D 1–3 »befindenden«. – *beendet:*
In dem Stück *Kol Nidre* von A. Scharkansky fiel Kafka im
Oktober 1911 eine gute witzige Briefschreibszene auf. (Vgl.
T 111) Dort werden lügenhaft falsche – »deine falschen Brief-
chen« sagt der Vater (E 64) – und in einem Fall sogar ein
»todesurtajl« herbeiführende Briefe bei drei verschiedenen
Gelegenheiten diktiert, besprochen und laut vorgelesen; sie
beherrschen Handlungsführung und Textstruktur. In andern
Stücken, die Kafka ebenfalls sah, weist die Verbindung von
Brief und Verurteilung direkt auf Thema und Bau des *Ur-
teils.* (Vgl. E. T. Beck, Kafka and the Yiddish Theater, S. 100)
– *Fenster:* Von seinem Zimmer aus in der elterlichen Wohnung
in der Niklasstraße 36 (Juli 1907 – November 1913) sah
Kafka die vorüberfließende Moldau, die 1908 dem Verkehr
übergebene Čechbrücke (T 127 u. 279) mit ihrem Geländer
(F 120, vgl. E 67 »Geländerstangen«), die »grüne(n) Ab-
hänge« des Belvedere, also der Kronprinz-Rudolfs-Anlagen
(Letenské Sady) (Br 43, vgl. 55), die an anderer Stelle als
»Anhöhen mit öffentlichen Gärten« erscheinen (F 120). Zu
Georgs Haltung vgl. ein Erzählbruchstück vom Sommer 1910,
in dem es heißt: »Überkommt mich die Lust zu Vorwürfen,
schaue ich aus dem Fenster.« (T 690, vgl. 296 u. den *Kaufmann* E 37: *die Aussicht des Fensters*) – *Freund:* Wie Kafka
später selber erkannte, entnahm er für die »Beschreibung
des Freundes in der Fremde« Einzelzüge den Lebensumständen eines Jugendfreunds (s. u. *Verbindung*) und vor allem Alfred Löwys: »Gewiß steckt im ›Urteil‹ auch vieles vom Onkel
drin (er ist Junggeselle, Eisenbahndirektor in Madrid, kennt
ganz Europa *außer* Rußland)« (F 435). Anläßlich seines Prager
Besuchs Anfang September 1912 von Kafka über seine Unzufriedenheit befragt, die mit seiner Fähigkeit kontrastiere,
sich mit den Verhältnissen zu arrangieren (dies letztere geschah in »Roheit«, vgl. E 55 »Trockenheit«), antwortete der
Onkel über Aufenthalte in einer Madrider Pension: »Ich
kenne schon alle gut, setze mich auf meinen Platz mit Gruß
nach allen Seiten, rede, weil ich in eigener Laune bin, sonst
kein Wort, bis auf den Gruß, mit dem ich mich wieder verab-
schiede. Dann bin ich allein auf der Gasse und kann wirklich
nicht einsehn, wozu dieser Abend gedient haben soll. Ich geh
nach Hause und bedauere, nicht geheiratet zu haben.« (T 287,
vgl. E 54: *Mitteilungen* u. die *Erinnerungen an die Kaldabahn* T 422: *Rußland*) – *Vollbart:* In »Franz Kafka 1883
bis 1924. Manuskripte. Erstdrucke. Dokumente. Photographi-
en«, (Berlin) 1966 ist auf S. 45 eine Photographie reproduziert, die Alfred Löwy mit einem seltsam gestutzten Vollbart zeigt. – *Verbindung:* Zu Recht sieht J. Demmer (»Franz

Kafka der Dichter der Selbstreflexion«, S. 114 ff.) im Petersburger Freund auch eine Persönlichkeitskomponente Kafkas dargestellt, vgl. F 276 (»so löse ich mich nach und nach
aus der menschlichen Gemeinschaft«), 385 (seit ca. 1905
fühlt sich Kafka »vollständig von allem losgelöst«), 425
(»ich habe meinem Sinn nach keine Verwandten und keine
Freunde«) u. T 422 (»mein regelmäßiges, leeres, irrsinniges
junggesellenmäßiges Leben«). – wollte: D 1 »sollte«. – verrannt: Außer einem Jugendfreund (vgl. T 297: »Ich habe bei
der Beschreibung des Freundes in der Fremde viel an Steuer gedacht. Als ich nun zufällig, etwa ein Vierteljahr nach dieser
Geschichte, mit ihm zusammenkam, erzählte er mir, daß er
sich vor etwa einem Vierteljahr verlobt habe«), Max Brod und
Felix Weltsch und dem Madrider Onkel scheint auch der Rus-
se Jizchak Löwy auf die Gestalt des Petersburger Freundes
eingewirkt zu haben. (Vgl. F 213: »dem armen Menschen ist
nicht zu helfen«, 360 – der jüdische Schauspieler war krank
und geschäftlich erfolglos – u. E 62: *nicht besonders*)

E 54   *altes Kind sei, das den:* D 3 »altes Kind sei und den«; zum
Paradoxon vgl. *Forschungen eines Hundes* B 250: *kindhafte
Wesen. – Beschämung:* Über ein Mädchen, das Kafka 28 Jahre alt glaubte und das völlig unvorbereitet seinen seitherigen
Lebenskreis verließ, schreibt Kafka 1921: »Gerade jetzt in den
Jahren, in denen sie sich noch durch eine Heirat retten könnte, wird sie im Ausland sein, erkennen, daß diese Hoffnung
auch vergeblich war, beschämt zurückkommen und erst jetzt
sehn, daß wirklich alles verloren ist.« (Br 356) – *in der Fremde:* In einem späten Fragment erzählt Kafka aus der Perspektive des russischen Freundes, dessen Erlebnisumkreis jetzt,
wo offenbar geworden war, daß Kafkas Lebensgang sich endgültig junggesellenhafter Menschenferne zugeneigt hatte, nicht
mehr diskutierend überschritten wird: »Wir in Broskwa müssen uns damit begnügen, auf dem Marktplatz mit den paar
Strohhütten eingeschränkt zu bleiben, und Sendungen und
Nachrichten von auswärts im Sommer zwei oder auch dreimal im Monat, im Winter aber gar nicht zu bekommen. Ich
könnte, wenn ich nach Europa zurückkäme, viel erzählen,
aber ich werde nicht zurückkommen. Es ist merkwürdig, der
Mensch muß nur ein wenig an einem Ort niedergehalten werden und schon fängt er an zu versinken.« (J. M. S. Pasley,
Franz Kafka MSS: Description and select inedita, in: Modern Language Review 57 [1962], H. 1, Passage Nr. 2) Vgl.
auch T 198 u. 242. – *Mitteilungen:* Am 15. August 1913 berichtet Kafka über ein Gespräch mit seiner Mutter unter anderem: »Später fragte sie mich, ob ich dem Onkel Alfred
schreiben werde, er verdiene es, daß ich ihm schreibe. Ich frag-

te, wodurch er es verdiene. Er hat telegraphiert, er hat geschrieben, er meint es so gut mit dir. ›Das sind nur Äußerlich-
keiten‹, sagte ich, ›er ist mir ganz fremd, er mißversteht mich
vollständig, er weiß nicht, was ich will und brauche, ich habe nichts mit ihm zu tun.‹« (T 316; über den dem Gespräch
zugrunde liegenden Streitpunkt schreibt Kafka am 5. August
dieses Jahres an Felice: »Der Onkel [Alfred Löwy] dort ist
mir der nächste Verwandte, viel näher als die Eltern, aber
natürlich auch nur in einem ganz bestimmten Sinn. Ich hatte
von ihm in der letzten Zeit drei Briefe bekommen, ohne daß
ich Lust gehabt hätte, ihm zu schreiben. Da ... schrieb ich
ihm einmal in der Nacht ... und schrieb auch (dieser Onkel
hätte eigentlich von unserer Verlobung vor meinen Eltern erfahren sollen) mit schöner Überleitung, daß ich mich nächstens
öffentlich verloben werde. Später fiel mir die merkwürdige
Übereinstimmung mit dem *Urteil* ein« – F 435) Eine ähnliche
lebensgeschichtliche Parallele F 419, vgl. auch 426, wo sich
Kafka kaltherzig nennt. – *machen würde:* D 3 »geben würde«.

E 55   *Umsatz hatte:* D 3 »Umsatz«.

E 56   *und hätte er es jetzt:* Bis »Anschein gehabt« lautet die Passage
in D 3: »und jetzt nachträglich hätte es wirklich einen merk-
würdigen Anschein gehabt.« – *Brandenfeld:* Kafka an Felice
am 2. Juni 1913: »›Frieda‹ hat so viel Buchstaben wie Felice und auch den gleichen Anfangsbuchstaben, ›Friede‹ und
›Glück‹ [dies letztere nämlich bedeutet der Name der Gelieb-
ten] liegt auch nah beisammen. ›Brandenfeld‹ hat durch
›feld‹ eine Beziehung zu ›Bauer‹ [Felicens Zuname] und den
gleichen Anfangsbuchstaben. Und derartiges gibt es noch
einiges«. (F 394) E. T. Beck schreibt: »In view of Kafka's
special interest in names, it is possible that the niece's name
in *God, Man, and Devil* – ›Freydeniu‹, a diminutive of
›Frieda‹ – predisposed Kafka to choose the name Frieda for
the fiancée in ›The Judgment.‹« (»Kafka and the Yiddish
Theater«, S. 96) – *wohlhabender:* Dies trifft auch auf Felice
zu. – *Er wird also gar nicht:* in D 1 »Da wird er gar nicht«. –
beneiden: Kafka hielt die Ehe für das Höchste, das einem
Menschen möglich sei, vgl. H 209 f. u. J. Born u. a., Kafka-
Symposion, S. 46.

E 57   *einen glücklichen Freund:* Das ist natürlich eine Unwahrheit.
Als Felix Weltsch heiratete, sagte Kafka zu dessen Mutter:
»Ich verliere ja Felix durch diese Heirat auch. Ein verheira-
teter Freund ist keiner.« (T 362, vgl. F 503 f.)

E 58   *kleinen Gang:* Im Gegensatz zur *Verwandlung* hat Kafka hier
im *Urteil* die Zimmeranordnung der elterlichen Wohnung nicht
abgebildet, vgl. T 297. – *doch saßen sie dann:* Die Stelle (bis
»Wohnzimmer«) lautet in D 3: »doch saßen sie dann noch

ein Weilchen, meißtens jeder mit seiner Zeitung, im gemeinsamen Wohnzimmer, wenn nicht Georg, wie es am häufigsten
geschah, mit Freunden beisammen war oder jetzt seine Braut
besuchte.« – *Frühstücks:* Vgl. E 87 u. 125.

E 59   *Schlafrock:* Vgl. E 119 f. – *Riese:* Hermann Kafka war sehr
groß, vgl. H 168, F 260 f. (über Ottla: »sie kommt eben aus
der Familie des Vaters her, wo die starken Riesen zuhause
sind«), E 159 u. *Die städtische Welt* T 45: *ein Fenster verdeckte.* – *sagte sich:* D 3 »dachte sich«. – *eigentlich nur sagen:* Vgl. F 452. – *Nach Petersburg?:* D 1 »Wieso nach Petersburg?«. – *Im Geschäft:* Georgs Gedanken in D 1–3 in
einfachen Anführungszeichen, zur Sache vgl. T 49: »›Das ist
ja nicht mein Vater, der so mit mir spricht‹, rief Oskar …
›Es ist seit Mittag etwas mit dir vorgegangen oder du bist ein
fremder Mensch, dem ich jetzt zum erstenmal im Zimmer meines Vaters begegne.‹« – *ein schwieriger Mensch:* Zur Deutung
des Freundes in der Kafka-Forschung vgl. die Zusammenstellung bei J. Demmer, Franz Kafka der Dichter der Selbstreflexion, S. 137 ff.

E 60   *unschöne Dinge:* In J. Gordins Stück *Gott, Mensch und Teufel* läßt sich Herschele in zweifelhafte Geschäftspraktiken
ein, um mehr zu verdienen. (E.T. Beck, Kafka and the Yiddish Theater, S. 89) – *verborgen:* Als Kafkas Schwager Karl
Hermann Anfang Oktober 1912 einmal einige Tage von der
im Familienbesitz befindlichen Asbestfabrik abwesend war,
vertrat Kafkas Vater, und in gewisser Weise auch dieser selbst,
die Auffassung, dort gehe jetzt eine vollkommen betrügerische
Wirtschaft vor sich. (Br 107) – *Sache halten:* Pragismus, D 3
»Sache sind«. – *Tausend Freunde:* Ende November 1912
schrieb Kafka an Felice: »So viel Kälte oder falsche Freundlichkeit, wie ich sie seit jeher meinen Eltern entgegenbringen
mußte, (durch meine Schuld und durch die ihre) habe ich in
keiner andern verwandten oder bekannten Familie beobachten können.« (F 114)

E 61   *Nein, mein Vater!:* D 3 »Nein Vater!«. – *seinen Vorschriften
werden wir folgen:* D 3 »seine Vorschriften werden wir befolgen.« Die Verwendung des Futurs ist ein Pragismus. –
übertragen werden: D 3 »hinübergetragen«. – *doch einmal:*
D 1–3 »doch noch einmal«.

E 62   *da war mein:* D 1–3 »da war ja mein«. – *nicht besonders:*
Kafkas Vater verachtete die Freunde des Sohnes, besonders
den aus Rußland stammenden Schauspieler J. Löwy, vgl.
T 132 u. H 171. – *vernachlässigt:* Vgl. E 129. – *Er hatte mit
seiner Braut:* Die so beginnende Passage (bis »gesprochen,
denn«) lautet in D 3: »Er hatte mit seiner Braut darüber noch
nicht ausdrücklich gesprochen, wie sie die Zukunft des Vaters

einrichten wollten, aber«. Der Sache nach entspricht Georgs
ursprüngliche Absicht, sich von seinem Vater zu trennen, den
Intentionen des Autors, vgl. F 432 u. 728 ff.

E 63   *Uhrkette:* Soll die Infantilität des Vaters veranschaulichen.
(Vgl. auch T 189 u. Br 183) – *Früchtchen:* Ganz allgemein ist
die Redeweise des Vaters durch niedere umgangssprachliche Re-
dewendungen gekennzeichnet, die auch für Kafkas Vater typisch waren (vgl. z. B. H 170, 172, T 139 u. Br 396). Eine
weitere Parallele zur Familiensituation besteht, wie J. Demmer richtig sah (»Franz Kafka der Dichter der Selbstreflexion«,
S. 187 f.), darin, daß die rednerischen Erziehungsmittel Hermann Kafkas, nämlich »Schimpfen, Drohen, Ironie, böses
Lachen und –merkwürdigerweise – Selbstbeklagung« (H 176),
als Charakteristika des alten Bendemann wiederkehren: Ist
in dem mit »Nein!« beginnenden Abschnitt besonders das
Schimpfen ausgeprägt, so kommt in späteren Passagen, wo
der Vater die gegenseitigen Kräfteverhältnisse artikuliert, mehr
der drohende Grundtenor zum Durchbruch (E 65), während
hinwiederum die von Georg bemerkten komödiantischen Elemente seines Vaters (bes. E 65) und Aussagen wie: »niemand
soll stören, der Chef ist beschäftigt« (E 63) Ironie verkörpern.
Zur Selbstbeklagung könnte man etwa anführen: »Welcher andere Trost blieb dem alten verwitweten Vater? ... was blieb
mir übrig, in meinem Hinterzimmer, verfolgt vom ungetreuen
Personal, alt bis in die Knochen?« (E 65)

E 64   *Herr Sohn:* Kafka zitiert als »Beispiel« für die Haltung des
Vaters ihm gegenüber im *Brief an den Vater* folgenden typisch
gemeinten Ausspruch des Briefempfängers: »Das kann man
vom Herrn Sohn natürlich nicht haben«. (H 178) – *Schreck-
bild:* Vgl. E 59: *Im Geschäft* u. 93: »es klang schon hinter
Gregor gar nicht mehr wie die Stimme bloß eines einzigen
Vaters«. – *Verloren:* In den Kafka bekannten jiddischen Thea-
terstücken sind vergleichbare Visionen belegt. (Vgl. E. T.
Beck, Kafka and the Yiddish Theater, S. 118) – *ausgeraubten:*
Die Szene erinnert an ein Pogrom; das elterliche Geschäft ent-
ging anläßlich eines solchen Vorgangs mit knapper Not der
Plünderung. (Vgl. W 19) – *Gasarmen:* Vorrichtungen für die
Gasbeleuchtung, die damals noch weithin üblich war. – *Röcke:*
Als Kafka 1919 Julie Wohryzek heiraten wollte, sagte sein
Vater zu ihm: »Sie hat wahrscheinlich irgendeine ausgesuch-
te Bluse angezogen, wie das die Prager Jüdinnen verstehn,
und daraufhin hast Du Dich natürlich entschlossen, sie zu
heiraten. Und zwar möglichst rasch, in einer Woche, morgen,
heute. Ich begreife Dich nicht, Du bist doch ein erwachsener
Mensch, bist in der Stadt, und weißt Dir keinen andern Rat
als gleich eine Beliebige zu heiraten. Gibt es da keine anderen

Möglichkeiten?« (H 213) Die Antizipation des im *Urteil* Berichteten, wo der Vater ja ebenfalls seinem Sohn »das Abscheulichste, Plumpste, Lächerlichste« (H 214) hinsichtlich seiner Heiratsabsichten unterstellt, wird verständlicher, wenn man weiß, daß Hermann Kafka seinen Sohn schon im Jahr 1899 etwa auf ganz die gleiche Weise eingeschätzt und Kafka diese Demütigung niemals vergessen hatte (vgl. H 210 ff.).

E 65   *Schaden:* Auch er habe, schreibt Kafka im *Brief an den Vater,* sein Gegenüber oft mit Worten gekränkt: »aber dann wußte ich es immer, es schmerzte mich, aber ich konnte mich nicht beherrschen, das Wort nicht zurückhalten, ich bereute es schon, während ich es sagte.« (H 171 f., ein Beispiel aus dem Jahr 1911 ist T 139 geschildert) – *Personal:* Im *Brief an den Vater* heißt es: »Du nanntest die Angestellten ›bezahlte Feinde‹, das waren sie auch, aber noch ehe sie es geworden waren, schienst Du mir ihr ›zahlender Feind‹ zu sein.« (H 186 f., einmal kündigten dem Vater alle Mitarbeiter im Geschäft, vgl. T 100) – *vorbereitet:* Im *Brief an den Vater* schreibt Kafka: »Seit jeher machtest Du mir zum Vorwurf ... daß ich dank Deiner Arbeit ohne alle Entbehrungen in Ruhe, Wärme, Fülle lebte.« (H 183, vgl. 162 u. T 215 f., wo ein Beispiel vom Ende des Jahres 1911 gegeben wird) – *zerschmetterte:* Wenn Gregor in der *Verwandlung* über seinen Chef meint: »Vom Pult hätte er fallen sollen!« (E 73) dann stimmen nicht nur Aussageweise und Vorstellungsgehalt zu Georgs Todeswunsch. Denn auch Gregor wendet sich indirekt gegen den eigenen Vater, der in Geschäftsverbindung mit dem Chef stand, also früher gewissermaßen sein Vorgesetzter war, und ein Leben führt, das ihm in seiner Nichtsnutzigkeit anstößig ist. (Vgl. E 72 f. u. 87) Andererseits sind aber beide Söhne, wie Kafka selbst (vgl. F 728 ff.), auch durch positive Gefühle an ihre Eltern gebunden, vgl. E 68: *geliebt.*

E 66   *Taschen:* Die mechanisch-äußerliche Bezugnahme auf die Aussage des Partners (Tasche-Taschen und etwas später tausendmal-zehntausendmal) verrät eine Störung der Bewußtseinsfunktionen durch gefühlsbetonte Vorstellungskomplexe, die eine Niveausenkung des geistigen Lebens nach sich zieht; vgl. auch *Entlarvung eines Bauernfängers* E 31: *abzuhalten.* – *vergaß:* Vgl. H 162, 174 u. F 452 ff. – *Häng:* Vgl. F 97, wo Kafka von dem Wagnis spricht, »sich an ein Lebendiges gehängt zu haben«, u. 257, wo er bekennt, er sei in Felicens Wesen »eingehakt«. Zum Motiv des Einhängens bei Kafka, besonders in Rücksicht auf Felice, vgl. auch meine Arbeit »Kafka in neuer Sicht«, Stuttgart (1976), S. 155 ff. u. 255 ff. – *die Wahrheit dessen, was er sagte, beteuernd:* in D 3 »die Wahrheit dessen beteuernd, was er sagte«.

E 67   *unschuldiges:* Zur Schuldfrage vgl. die Zusammenstellung bei
J. Demmer, Franz Kafka der Dichter der Selbstreflexion,
S. 193 ff. u. E 174. – *gejagt:* Kafka fühlte sich vom Vater aus
dem elterlichen Geschäft »verjagt« (H 218). In seiner Deutung der Erzählung vom 11. Februar 1913 schreibt er über
Georg: »nur weil er selbst nichts mehr hat als den Blick auf
den Vater, wirkt das Urteil, das ihm den Vater gänzlich verschließt, so stark auf ihn.« (T 296 f.) – *teuflischer:* Vgl. F 78,
209 f., 403, 597 u. 647, wo sich Kafka als »böses Kind« bezeichnet. – *eilte:* Felice berichtet Kafka: »Ich habe nämlich
die Gewohnheit ... die Treppen als ein Schrecken aller Hin-
aufsteigenden hinunterzurasen.« (F 207) – *hinaufzugehen:*
D 1–3 »heraufzugehen«. (Austrazismus) – *Fahrbahn:* Etwa Anfang 1908 schrieb Kafka an Hedwig W.: »... ja man muß sich
sein Grab verdienen, und auch anderes kam noch dazu ...
man hat mich herumgejagt wie ein wildes Tier ... Ich paßte
vorige Woche wirklich in diese Gasse, in der ich wohne und
die ich nenne ›Anlaufstraße für Selbstmörder‹, denn diese
Straße führt breit zum Fluß, da wird eine Brücke gebaut...
Vorläufig aber steht nur das Gerüst der Brücke, die Straße
führt nur zum Fluß.« (Br 55, vgl. E 53: *Fenster*) – *Autoomnibus:* motorgetrieben, im Gegensatz zu den damals noch häufig
von Pferden gezogenen Wagen. Vgl. auch H 26.

E 68   *geliebt:* Vgl. *Die Verwandlung* E 136: »An seine Familie dachte er mit Rührung und Liebe zurück.« – *Verkehr:* Max Brod
überliefert einen Kommentar Kafkas zum letzten Satz der
Erzählung: »Er sagte mir nämlich einmal, meines Erachtens
ziemlich unvermittelt: ›Weißt du, was der Schlußsatz bedeutet? – Ich habe dabei an eine starke Ejakulation gedacht.‹«
(FK 114)

DIE VERWANDLUNG

(17. November – 7. Dezember 1912)

Kafkas an Felice Bauer gerichtete Briefe erlauben es, die Entstehung
der Erzählung in allen Phasen zu verfolgen. Wenn der Autor am
Sonntag, dem 17. November 1912, zunächst noch der Meinung war,
die an diesem Tag begonnene »kleine Geschichte« in einem Zuge be-
enden zu können (F 102, vgl. 153: »ich bin knapp vor dem Ende
meiner kleinen Geschichte und Einheitlichkeit und das Feuer zusam-
menhängender Stunden täte diesem Ende unglaublich wohl«), gelangte er noch in der Nacht zum Montag zu der Einsicht, daß er den
Umfang der geplanten Arbeit unterschätzt hatte: Im Lauf der folgenden Tage begann sich das Niedergeschriebene, das zuerst wohl

nur den jetzigen ersten Teil der *Verwandlung* umfassen sollte, »in der Stille zu einer größeren Geschichte auszuwachsen« (F 116). In der Nacht zum 24. November begann Kafka, der zu diesem Zeitpunkt »im allgemeinen« mit dem schon Vorliegenden »nicht unzufrieden« war, mit dem 2. Kapitel der freilich »ausnehmend ekelhaften Geschichte« (F 117), an dem dann im weiteren Fortgang der Arbeit Darstellungsschwächen bemängelt werden (vgl. F 135: »es wälzt sich etwas trübe und gleichmüthig fort und die notwendige Klarheit erleuchtet es nur für Augenblicke«), die Kafka auf Ermüdungszustände, Arbeitsunterbrechungen und nicht in den Schreibzusammenhang gehörige Sorgen zurückführt (vgl. F 160, eine genaue Analyse dieser Formfehler findet sich in meinen Arbeiten »Kafka und seine Schwester Ottla. Zur Biographie der Familiensituation des Dichters unter besonderer Berücksichtigung der Erzählungen ›Die Verwandlung‹ und ›Der Bau‹«, S. 413 f. u. »Motiv und Gestaltung bei Franz Kafka«, Bonn 1966, S. 265 ff. u. 294 f.). Dieser Mittelteil wird in der Nacht vom 30./31. des Monats beendet. Am folgenden Tag begann »ein dritter Teil, aber nun ganz bestimmt ... der letzte ... sich anzusetzen« (F 145), über den Kafka am 1. Dezember schreibt: »ich bin jetzt endlich bei meiner kleinen Geschichte ein wenig ins Feuer gerathen, das Herz will mich mit Klopfen weiter in sie hineintreiben, ich aber muß versuchen, mich so gut es geht aus ihr herauszubringen«. (F 147) In der Nacht vom 6./7. dann kann Kafka Felice den Abschluß der Arbeit am Text mitteilen: »Liebste, also höre, meine kleine Geschichte ist beendet, nur macht mich der heutige Schluß gar nicht froh, er hätte schon besser sein dürfen, das ist kein Zweifel. Der nächste solche Trauer sich anschließende Gedanke bleibt freilich immer: Ich habe ja Dich, Liebste, also eine zweite Berechtigung zum Leben, nur bleibt es eine Schande, die Berechtigung zum Leben bloß aus dem Dasein der Geliebten zu holen.« (F 163)

Als Kafka am 17. November 1912 (die Jahreszeit entspricht genau der im Erzählansatz der Geschichte vorausgesetzten Zeitbestimmung, vgl. E 130) morgens im Bett den erstem Einfall zur *Verwandlung* hatte (vgl. F 243: »Heute im Bett klagte ich zu Dir ... in einer langen Rede, die Dir gewiß sehr begründet erschienen wäre, jetzt würde ich wohl nicht mehr alles, was angeführt werden müßte, zusammenbringen ... Du, was für Ansprachen ich an Dich im Bette halte! Auf dem Rücken liegend, die Füße gegen die Bettpfosten gestemmt ... Ich bin der große Redner im Bett« mit dem Beginn der *Verwandlung*), an diesem Morgen also glaubte Kafka, daß Felice sich wegen eines ihn verfolgenden Fluches von ihm abgewandt habe (die begonnene Korrespondenz hatte sich zunächst glückhaft gestaltet, nun aber war die Postverbindung unerwartet unterbrochen), verfiel in Trauer und Trostlosigkeit und war, wie der melancholische Gregor Samsa, zunächst unfähig, das Bett zu verlassen. Gregors vergebliche Werbung um die Kassiererin eines Hutgeschäfts (Felice trug auffällige Hüte und war

in der Registratur eines Unternehmens beschäftigt) stimmt thematisch
zu dieser biographischen Ausgangslage. (Vgl. F 59 f., 64, 101 f., 108,
123, das Photo gegenüber 177 u. E 122) Als bildhafte Repräsentation
der angeführten Verfluchung, also der vom Vater verursachten Ver-
treibung aus der Gemeinschaft (vgl. Br 361 u. T 564), taucht schon am
21. November 1911 im Tagebuch die Formulierung auf, er, Kafka,
fühle sich »mit einem Fußtritt aus der Welt geworfen« (T 170), und
am 21. Februar dieses Jahres, unter dem Eindruck der Lektüre von
H. von Kleists Briefen, aus denen ihm eine vergleichbare Verurteilung dieses seines »Blutsverwandten« (F 460) durch dessen Familie entgegentrat (vgl. T 43 u. E 71: *Ungeziefer*), fühlte er sich einen
Augenblick lang »umpanzert« (T 44), d. h. gleichsam in undurchdringliche Isolation geworfen. Dies alles scheint die Erzählung biographisch zu präfigurieren, wo die Hauptgestalt in ein, wie Kafka
eigens hervorhebt, nicht zeichenbares (vgl. Br 135 f.), also innersee-
lische Gegebenheiten verkörperndes Insekt mit »panzerartig« hartem
Rücken verwandelt wird (E 71), das von seinem Vater durch einen
Fußtritt in sein Zimmer zurückgestoßen (E 93) und damit aus allen
menschlichen Bindungen vertrieben, gleichzeitig aber auch in kindliche Abhängigkeit zurückgeführt wird. Welch enge Koppelung an
Kafkas Lebensumstände hier vorliegt, läßt sich daran ermessen, daß
diesem Schluß des 1. Kapitels, der Gregors »Unglück« »dauernd«
werden läßt (F 116), zeitlich unmittelbar ein Versuch von Kafkas
Mutter vorausging, in seine eigenartige Lebensweise einzugreifen und
ihn, wie er glaubte, der Selbständigkeit zu berauben, so daß er sich
in kindhafte Unselbständigkeit zurückgesetzt fühlte. (Vgl. F 102 ff. u.
111 ff.)
Die Genese der beiden übrigen Erzählteile ist wohl dadurch veranlaßt,
daß der Handlungsverlauf im Sinne von Kafkas ästhetischen Forderungen sein natürliches Ende noch nicht erreicht hatte und besonders
auch Gregors Verhältnis zu seiner Schwester Grete, in dem sich Kafkas Beziehung zu Felice derjenigen zu Ottla überlagert (vgl. T 290,
am 15. September 1912: »Liebe zwischen Bruder und Schwester – die
Wiederholung der Liebe zwischen Mutter und Vater«, E 130: *Schreckgestalt* u. 133: *Untier*), im Anfangskapitel nur sehr unzureichend
expliziert worden war. Außerdem war in den letzten Novemberwo-
che das gestörte Verhältnis zu Felice, das die Konzeption der Erzählung ausgelöst hatte, längst wieder in Ordnung gekommen, so daß zu
diesem Zeitpunkt ein gewisser Gegensatz zwischen den nunmehr im-
manenten Forderungen des sich rundenden Kunstwerks und seinen
biographischen Grundlagen entstand, der in Kafkas Aussage deutlich
wird, die Heftseiten füllten sich ihm jetzt mit hassenswerten, ekeler-
regenden oder trübe Gleichgültigkeit verursachenden Dingen, und
er glaubte überhaupt, sich verrannt zu haben und von der Geschichte abgewiesen worden zu sein (vgl. F 117, 135 u. 142).
Wenn einerseits nämlich Gregor als der Verderber der Familie er-

scheint, der sein Lebensrecht als Familienangehöriger verwirkt hat,
andererseits Kafka aber nur noch aus der Bindung an Felice seine
Daseinsberechtigung ableiten zu können glaubt, dann bedeutet das
doch, daß der Verwandelte eigene, folgerichtig zu Ende gedachte Lebensmöglichkeiten des Autors manifestiert. Trauer aber verursacht
solche Einsicht, weil, um es mit den Worten Kafkas zu sagen, »einer
der gestern gemordet hat – und aus diesem Gestern kann nie ein Vorgestern werden – heute keine Mordgeschichten ertragen kann« (M 265).
Wenn Kafka Janouch gegenüber die *Verwandlung* als Wirklichkeit
enthüllenden Traum bezeichnet, hinter dem die Vorstellung zurück-
bleibe, gleichzeitig aber die vollständige Identität zwischen Gregor
und sich selbst leugnet (J 55 f., vgl. E 71: *Samsa*), so läßt sich schließen, daß er bei der Konzeption der Erzählung in nächtlicher Angst
gewisse noch verborgene Entwicklungslinien gegenwärtiger Familien-
verhältnisse in die Zukunft auszog und projizierte:
Der geschäftliche Erfolg des durch harte Arbeit wohlhabend gewordenen Vaters war zunächst jahrelang zum Stillstand gekommen und
hatte sich seit der Heirat seiner beiden älteren Töchter, besonders aber
Vallis, die sich am 15. September 1912 verlobte und am 11. Januar
1913 heiratete (vgl. F 245), in einen »entsetzlichen Rückschritt« verwandelt, der ununterbrochen andauerte. Dazu brachte seine Krankheit
(Arterienverkalkung, vgl. auch Br 67) viel Leid über die Familie, wie
der unter ähnlichen Symptomen leidende alte Samsa. Kafka selbst
war in dieser Situation der einzige, der von seinem Vater finanziell
unabhängig war. (F 219, 453 f.) Nun hatte er sich aber als stiller
Teilhaber mit Geldeinlage an einer in Familienbesitz befindlichen Asbestfabrik beteiligt und haftete deswegen mit seinem ganzen Besitz dafür. (Vgl. F 633) Die Vorwürfe, die er dauernd von seinem Vater wegen der Vernachlässigung dieser Fabrik bekam, besonders auch im
Oktober 1912 (vgl. *Das Urteil* E 60: *Verborgen* u. E 133: *Untier*), und
die leicht auszudenkende Möglichkeit, bei plötzlich einsetzender schlimmer Krankheit seines Vaters oder drohendem geschäftlichen Ruin an
dessen Stelle treten zu müssen und damit ganz in der verhaßten väterlichen Vorstellungswelt festgehalten zu werden, beschworen offenbar
in seinen skrupulösen und rechnerischen Überlegungen (vgl. T 510 f.)
die Gefahren einer ihm unter Umständen drohenden Lebensweise herauf, die in Gregors anfänglicher Position innerhalb seiner Familie – er trägt zunächst deren Lebensunterhalt allein – erzählerischen
Ausdruck findet. Der weitere Verlauf zeigt dann Auflehnung gegen
dieses Schicksal durch die Verwandlung in einen Käfer, der Aggression, Abgetrenntheit vom Menschsein und regressive Selbstbestrafung
bis zum Tod gleichermaßen repräsentiert. (Zum Vorhergehenden, vor
allem auch zu den hier aus Raumgründen nicht ausbreitbaren Einzelheiten und Belegen vgl. »Kafka und seine Schwester Ottla«, S. 411 f.:
»Die Verwandlung«)
Im Blick auf mögliche literarische Vorlagen zur *Verwandlung* ist zu

sagen, daß keinerlei direkter genetischer Zusammenhang mit Ovids Metamorphosen und vergleichbaren Verwandlungsvorgängen im Märchen besteht, wie in der Nachfolge von C. Heselhaus (»Kafkas Erzählformen«, in: Deutsche Vierteljahrsschrift für Lit. Wiss. u. Geistesgesch. 26 [1952], S. 353 ff.) oft behauptet wurde, sondern, wie M. Spilka zeigen konnte (»Kafka's Sources for ›The Metamorphosis‹«, in: Comparative Literature 11 [1959], S. 289 ff.), mit Dostojewskis Roman *Der Doppelgänger*, aus dem Kafka viele Einzelmotive übernahm. Diese Entsprechungen, die in den Einzelkommentaren angeführt werden, gehen aber weit über das von Spilka vorgelegte Material hinaus, das auch nur auf den englischen Übersetzungen der zu vergleichenden Texte beruht.

Der Druck der *Verwandlung* zog sich lange hin: Nachdem Kafka schon am 24. November 1912 seinen Freunden den 1. Teil der Erzählung vorgelesen hatte (vgl. F 122), mußten diese immerhin bis zum 1. März des folgenden Jahres warten, bis sie den Schlußteil zu hören bekamen (vgl. F 320). Max Brod verständigte daraufhin Franz Werfel, der damals Lektor des in Leipzig von Kurt Wolff geleiteten Verlags war und diesen veranlaßte, sich am 20. März 1913 von Kafka das Manuskript zur Begutachtung auszubitten. (Vgl. BV 28 u. Br 114) Kafka, der noch gar keine Abschrift angefertigt hatte, verspricht am 24. dieses Monats, der Bitte baldmöglichst zu willfahren, und erneuert auf ein weiteres Mahnen Wolffs am 2. April hin am 4. dieses Monats seine Zusage. (Br 114 f.) Am 11. schlägt er dem Verleger vor, die *Verwandlung* zusammen mit dem *Heizer* und dem *Urteil* in einem mit *Söhne* zu betitelnden Sammelband herauszubringen, was der Verlag am 16. April auch akzeptiert. (BV 30 f. u. Br 116) Wenn nun für den 20. Oktober 1913 und den 19. Januar 1914 eine Lektüre der Erzählung durch Kafka belegt ist, die sehr kritisch ausfiel, und gleichwohl gleich am 23. Januar 1914 eine »Korrektur« der *Verwandlung*, so darf vielleicht geschlossen werden, daß Kafka erst zu diesem Zeitpunkt das Manuskript für Wolff druckfertig machte. (T 323 u. 351 f.) Die Beziehung zu Felice, die alle seine Kräfte band und ihn von der Literatur abhielt, und Bedenken wegen der Handlungsführung in der Erzählung mögen die Ursachen für das darin zum Ausdruck kommende Zaudern sein.

Als Kafka dann Ende Februar dieses Jahres von Robert Musil zur Mitarbeit an der damals sehr angesehenen *Neuen Rundschau* eingeladen wurde, wollte er zunächst absagen, weil er nichts Druckreifes vorliegen hatte (T 362), denn selbstverständlich war die zehn Monate zurückliegende Vereinbarung mit dem Kurt Wolff Verlag, in der überhaupt kein Erscheinungstermin für den geplanten Sammelband genannt ist, noch gültig. Innerhalb weniger Tage muß Kafka sich aber anders entschieden haben, denn er erwähnt am 18. April, die *Verwandlung*, die zu diesem Zeitpunkt schon lange Zeit in der Redaktion der *Neuen Rundschau* in Berlin gelegen haben muß (vgl.

zu diesem Punkt, wie überhaupt zur gesamten Druckgeschichte, meinen Aufsatz »Kafka und ›Die neue Rundschau‹. Mit einem bisher unpublizierten Brief des Dichters zur Druckgeschichte der ›Verwandlung‹«, in: Jahrbuch der Dt. Schillergesellschaft 12 [1968], S. 94 ff., bes. S. 103 u. 106 f.), sei von dieser Zeitschrift zum Druck angenommen worden. (Vgl. F 556) Verantwortlich für diese Sinnesänderung ist offenbar Felicens Zurückschrecken vor einer Heirat mit Kafka, das in ihm den Entschluß reifen ließ, seinen Prager Posten aufzugeben und sich in Berlin »im untersten Journalismus irgendwo festzuhalten«. (F 535, vgl. auch die Einleitung zu *Schakale und Araber*) Offensichtlich sah er in diesem Zusammenhang die in Aussicht gestellte Publikation als glückliche Fügung an, die ihm den Start in der neuen Laufbahn in Berlin, auch in finanzieller Hinsicht, wesentlich erleichtert hätte. Als aber Felice wieder einlenkte und Samuel Fischer wegen des ungewöhnlichen Umfangs der *Verwandlung* die Zusage des ihm unterstellten Musil widerrief, wandte sich Kafka, wahrscheinlich im Jahr 1915, an René Schickele, den Herausgeber der *Weißen Blätter* (vgl. Br 132), wo sich aber, da Schickele Fortsetzungen über mehrere Hefte hin vermeiden wollte, ebenfalls Schwierigkeiten wegen der Länge der Erzählung ergaben. (Vgl. »Expressionismus. Literatur und Kunst 1910–1923. Eine Ausstellung des Deutschen Literaturarchivs im Schiller-Nationalmuseum Marbach a. N.«, [Katalog] 1961, S. 140) Gleichwohl erschien die *Verwandlung*, übrigens ohne daß Kafka Fahnen und Umbruch gesehen hätte (vgl. BV 33 f.), schließlich im Oktoberheft dieser Monatsschrift. (2. Jg. [1915], S. 1177–1230 = D 1) Als im Zusammenhang mit der Verleihung des Fontane-Preises im Jahr 1915 an Carl Sternheim das Interesse des Verlages an Texten Kafkas stärker wurde, weil der derart Ausgezeichnete den mit der Ehrung verbundenen Geldbetrag »als Zeichen seiner Anerkennung« für den *Heizer* und die eben erschienene *Verwandlung* an Kafka weitergab (vgl. Sy 104), ließ der Verlag sofort die letztere Erzählung für den *Jüngsten Tag* setzen, wo sie als Doppelband (22/23) im November 1915 erschien. (= D 2) Kafka, dem das Seitenbild der ihm übersandten Korrekturbögen zu wenig »licht und übersichtlich« war (Br 134), fand das gebundene Buch dann aber »schön« (F 646). Wie bei seinen anderen selbständig erschienenen Arbeiten achtete er auch hier auf die Besprechungen. So schreibt er etwa am 7. 10. 1916 an Felice: »In der letzten Neuen Rundschau wird die ›Verwandlung‹ erwähnt, mit vernünftiger Begründung abgelehnt und dann heißt es etwa: ›K's Erzählungskunst besitzt etwas Urdeutsches.‹ In Maxens Aufsatz dagegen: ›K's Erzählungen gehören zu den jüdischesten Dokumenten unserer Zeit.‹ Ein schwerer Fall. Bin ich ein Cirkusreiter auf 2 Pferden? Leider bin ich kein Reiter, sondern liege am Boden.« (F 719 f., Brods Essay *Unsere Literaten und die Gemeinschaft* erschien im *Juden* 1, Nr. 7 [Oktober 1916], S. 457 ff., s. bes. S. 464, R. Müllers »Phantasie« in der *Neuen Rundschau* 30

[1916], S. 1421 ff., s. bes. 1425) Wegen der besonderen Zeitumstände (Br 134) und weil ihm an einer separaten Publikation des *Urteils* besonders lag (vgl. die Einleitung zu dieser Erzählung), verzichtete Kafka 1915 und 1916 auf die Herausgabe des eigentlich von ihm intendierten Sammelbandes, der jetzt, nachdem auch *Heizer* und *Betrachtung* in Buchform erschienen waren, neben *Urteil* und *Verwandlung* die noch unpublizierte Erzählung *In der Strafkolonie* hätte einschließen (die an zweiter Stelle genannte Erzählung könne, meint Kafka, zwischen den beiden andern »vermitteln; ohne sie aber hieße es wirklich zwei fremde Köpfe mit Gewalt gegen einander schlagen« – Br 149) und den neuen Obertitel *Strafen* hätte erhalten sollen. Wahrscheinlich 1918 (zu dieser Frage vgl. Sy 111 ff.) kam dann noch eine zweite Auflage heraus. (=D 3) Faksimiles zweier Manuskriptseiten finden sich in »Franz Kafka aus Prager Sicht«, (Prag/Berlin) 1966, Abb. 10 (nach S. 306) u. »Franz Kafka 1883–1924. Manuskripte. Erstdrucke. Dokumente. Photographien«, (Ausstellungskatalog, Berlin) 1966, S. 65. Die hier erscheinenden Entstehungsvarianten werden ebenso wie die wichtigeren Lesarten in D 1–D 3 im Folgenden berücksichtigt.

I

E 71   *Die Verwandlung:* Kafka, der diesen Begriff auch auf sich selbst anwendet (vgl. F 138 u.324), wollte ihn zunächst offenbar ohne Artikel als Titel verwenden (vgl. F 116). – *Samsa:* In Jakob Wassermanns Roman *Die Geschichte der jungen Renate Fuchs,* der Kafka bekannt war (vgl. FK 58), tritt ein Gregor Samassa auf. (3. Aufl., Berlin 1901, S. 334) Offenbar hat Kafka die Form des Zunamens so verändert, daß dieser als Kryptogramm für die eigene Namensform dienen konnte, vgl. *Das Urteil* E 53: Bendemann u. J 55: »›Der Held der Erzählung heißt Samsa‹, sagte ich. ›Das klingt wie ein Kryptogramm für Kafka. Fünf Buchstaben hier wie dort. Das S im Worte Samsa hat dieselbe Stellung wie das K im Worte Kafka. Das A –‹«. – *fand er sich:* Entscheidend für die Perspektivgestaltung der ganzen Erzählung ist, daß alle Aussagen vom ersten Satz angefangen streng auf das Bewußtsein der Hauptfigur bezogen sind, vgl. F. Beißner, Der Erzähler Franz Kafka. Ein Vortrag, Stuttgart 1952. – *Ungeziefer:* Ein Bild für Kafkas Selbsteinschätzung, besonders insofern diese durch das väterliche Wertsystem bestimmt war. Wenn Kafka Janouch gegenüber äußerte: »Das Tier ist uns näher als der Mensch... Die Verwandtschaft mit dem Tier ist leichter als die mit den Menschen« (J 43), dann spiegelt sich darin sein Glaube, so sehr außerhalb der üblichen Gemeinschaftsbindungen zu stehen (vgl. z. B. F 457, 467, 544

u. 559), daß er sich nicht mehr als Mensch fühlte (F 424) und diese Verfassung direkt mit der Seinsweise des Tieres in Verbindung brachte (F 352 u. 466). – Schon im Sommer 1910 heißt es von einer Erzählfigur, deren Problem die Integration in die menschliche Gesellschaft ist, sie könne nur »weiterkriechen ... nicht besser als ein Ungeziefer« (T 18), und die bekannte Stelle in einem Brief Kleists, in dem dieser davon spricht, er sei von seinen Angehörigen »als ein ganz nichtsnutziges Glied der menschlichen Gesellschaft« betrachtet worden (H. v. Kleist, Sämtliche Werke und Briefe, Bd. 2, [hg. v. H. Sembdner], Darmstadt 1962, S. 884), unterstreicht er bei der Lektüre (FK 37), weil er selbst der Meinung war, er werde, unverheiratet und literarisch unproduktiv, der eigenen Familie »nicht fremder, verächtlicher, nutzloser vorkommen« als sich selbst (T 242, vgl. F 168 u. 309). Schließlich heißt es im vorletzten Abschnitt des *Briefs an den Vater,* wo Kafka dem Adressaten bestimmte Überlegungen hinsichtlich der eigenen Person unterstellt, der Kampf des Sohnes gegen den Vater gleiche dem »Kampf des Ungeziefers, welches nicht nur sticht, sondern gleich auch zu seiner Lebenshaltung das Blut saugt.« (H 222) Diese Attributierung war deswegen besonders naheliegend, weil der Vater nicht nur J. Löwy »in einer schrecklichen Weise« mit einem Ungeziefer verglich, sondern auch im Blick auf andere Freunde Kafkas »automatisch« das Sprichwort zitierte: »Wer sich mit Hunden ins Bett legt, steht mit Wanzen auf.« (H 171 u. T 139) Man kann also sagen, in der *Verwandlung* werde eine für ihn wichtige Selbstbewertung wörtlich genommen und erzählerisch entfaltet. (Vgl. T 450 f.) Obwohl die im *Brief an den Vater* im Blick auf Wanzen und Flöhe dargelegte Lebensweise des Insekts (vgl. auch E 159 u. 187 ff.) insofern in der *Verwandlung* wiederkehrt, als Gregors Verhalten sowohl durch Aggressivität (vgl E 106, 113 u. W. H. Sokel, Kafkas »Metamorphosis«: Rebellion and punishment, in: Monatshefte für deutschen Unterricht 48 [1956], S. 203 ff.) als auch durch Schmarotzertum (er regrediert auf eine kindliche Daseinsstufe, muß also von der Familie versorgt werden, vgl. T 23, wo es vom Junggesellen heißt, er könne nur »als Einsiedler oder als Schmarotzer« leben) geprägt ist, handelt es sich hier doch um einen Käfer, der freilich nicht, wie unsinnige Spekulation vermutet hat, die mythischen Implikationen des altägyptischen Skarabäus einschließt oder sich aus einem Schmetterling über eine Riesenschlange entwickelt (so M. Krock, geb. Eichner, Franz Kafka: *Die Verwandlung.* Von der Larve eines Kiefernspinners über die Boa zum Mistkäfer. Eine Deutung nach *Brehms Thierleben,* in: Euphorion 64

[1970], S. 335 ff.). Kafka selbst spricht nämlich von einem
Schwarzkäfer (T 325), die Bedienerin in der Erzählung wegen
der Fäden, Haare und Speisereste, die Gregor auf dem Rük-
ken und an den Seiten zuletzt mit sich herumschleppt (E 129),
offensichtlich vergleichsweise von einem Mistkäfer.
Auch Einzelheiten, die von Gregor berichtet werden, weisen
auf diese Insektenart: Sein panzerartig harter und gewölbter
Rücken erinnert an die festen, gerundeten Flügeldecken der
Käfer (nicht alle Arten sind flugtauglich), der von bogen-
förmigen Versteifungen geteilte Bauch an die dreiringige Tho-
rax und den vielgliedrigen Unterleib der Käfer, der übrigens
weniger chitinisiert und am Hinterende nicht immer von den
Flügeldecken geschützt ist, so daß Gregor sein Körperende
als besonders empfindlich auffällt. Wie die Käfer hat Gregor Fühler, zwei Beinreihen und kann sich aufblasen; bei gut
fliegenden Käferarten wird die Luft in sogenannten Tracheen-
blasen vor jedem Flug durch pumpende Bewegung des Hin-
terleibs erneuert (z. B. beim Maikäfer). Und wenn Gregor am
Anfang der Erzählung aus eigener Kraft schwer von der Rük-
kenlage loskommen kann, so entspricht dies empirischen Beobachtungen, die besonders bei Maikäfern, Hirschkäfern und
Mistkäfern gemacht wurden, sogar von Kafka selber (vgl.
M 21). Gregors Feuchtigkeitsempfindlichkeit, seine Lichtscheu
und die Bevorzugung von altem, ungenießbarem Käse und
halbverfaultem Gemüse hat in der Tatsache eine Entsprechung, daß manche Käfer Trockenheit lieben und in verbor-
genen Magazinen leben (oder im Freien unter Steinen), wie
z. B. der Mehlkäfer, in Deutschland die häufigste Schwarz-
käferart, ein Schädling (vgl. T 273), der also eindeutig unter
den von Kafka gewählten Oberbegriff Ungeziefer fällt, oder
auch der Totenkäfer, ein Aasfresser. Schließlich läßt sich zur
Stützung dieser Hypothese noch anführen, daß Raban in
den 1907 entstandenen *Hochzeitsvorbereitungen auf dem Lande* sich in die Gestalt eines großen Hirsch- oder Maikäfers
verwandeln will, der, im Winterschlaf im Bett liegend und die
Beinchen an den »gebauchten« Leib gepreßt, Anordnungen
an seinen Körper lispelt (vgl. Gregors Piepsen) und für Raban
handeln soll, während dieser selber ruht. (H 12) Hier besteht
in der Funktion des Verwandlungsvorgangs eine partielle Identität zur späteren Erzählung, insofern Raban, wie Gregor
Schwierigkeiten im Gemeinschaftsleben ausgesetzt (Ehe, bzw.
Beruf), sich durch Regression dem auf ihn ausgeübten Druck
zu entziehen sucht. (Vgl. auch unten *Traum*) – *kaum noch:*
Ms u. D 1 »kaum schon«. Vgl. E 136 Z. 25. – *kläglich:* Ms (1)
kläglich (2) ungemein. – *Traum:* »»Ist es ein Traum oder ist es
keiner‹, dachte er, ›ist es die Gegenwart oder die Fortsetzung

von gestern ... Schlafe ich? Träumt es mir?‹ Herr Gol-
jädkin betastete sich selbst ... Nein, es war nicht nur ein
Traum.« (F. M. Dostojewski, Arme Leute. Der Doppelgänger. Zwei Romane. Übertragen v. E. K. Rahsin, München u.
Leipzig 1910, S. 281, vgl. Spilka, S. 292 f.) Der *Doppelgänger* beginnt mit den Worten: »Es war kurz vor acht
Uhr morgens, als der Titularrat Jakoff Petrowitsch Goljädkin nach langem Schlaf erwachte.« (S. 239, vgl. Spilka,
S. 291 f.) Sogar das Käfermotiv und das Gegenbild des
Leutnants (vgl. E 87: *Militärzeit*) ist hier vorgebildet. Innerhalb der Beschreibung eines Balls, die auch als Vorlage für
die Gestaltung von Gregors letztem Ausbruchsversuch diente
(vgl. E 130: *Schreckgestalt*), heißt es: »Von allen am nächsten
stand ihm ein junger, schlanker Offizier, vor dem Herr Goljädkin sich wie ein richtiger Käfer vorkam.« (S. 299) –
Zimmer: »Wohl vertraut blickten ihn die ... Wände seines
kleinen Zimmers an ... wohlvertraut der rotbraune Tisch
und der türkische Divan ... und wohlvertraut schließlich
auch die gestern abend in der Eile abgeworfenen Kleider, die
in einem Haufen auf eben diesem Diwan lagen.« (*Der Doppelgänger,* S. 239 f.) – *ausgebreitet:* also polar dem Verhalten des Vaters entgegengesetzt, der die häuslichen Abende in
seiner Uniform verbringt und so »immer zu seinem Dienste
bereit« scheint (E 120, vgl. 73: »und die Kollektion war noch
nicht eingepackt«). – *vor kurzem:* Ms »sich vor kurzem«. –
in einem hübschen, vergoldeten Rahmen untergebracht hatte:
Im Ms gestrichen: »für das er einen hübschen goldenen Rahmen beschafft hatte«. Der Sinn der Änderung ergibt sich aus
E 80 Z. 29 ff. – *eine Dame:* im Ms eine (1) wohl (2) gut ver-
wahrte Dame, vgl. E 113. – *Pelzboa:* langer, capeartiger Pelz-
kragen; über Kafkas Einstellung zu derartigen Kleidungsstük-
ken vgl. *Ein Brudermord* E 181: *Pelz,* Br 42 f. u. T 346. –
Fenster: »Bei alledem sah auch noch der unfreundliche Herbst-
tag mit seinem trüben, fast schmutzig trüben Licht so gries-
grämig und so mißvergnügt durch die grauen Fensterschei-
ben ins Zimmer.« (*Der Doppelgänger,* S. 240) – *Fensterblech:*
»... hörte man das trostlose Tropfen des Wassers von den
Dächern und Fenstervorsprüngen«. (*Der Doppelgänger,* S.
308, vgl. F 276) – *Wie wäre es:* Nachdem er zu der wichtigen Erkenntnis gelangt ist, sich in seiner eigenen Wohnung
zu befinden, »schloß Herr Goljädkin, plötzlich vor Schreck
zusammenzuckend, zunächst blitzschnell wieder die Augen,
um, wenn möglich, weiterzuschlafen – ganz als wäre nichts
geschehen.« (*Der Doppelgänger,* S. 240) Vgl. E 72: »...
schloß die Augen«.

E 72   *auf der rechten Seite:* »wenn man auf der linken Seite nicht schlafen kann, dreht man sich (oft bereut man es dann freilich und des Wälzens ist dann kein Ende) auf die rechte Seite und ein Leben wie im Bett führe ich ja.« (F 327) – *Beruf:* auch Kafkas Problem, vgl. F 67 (»das Bureau ist ein Schrecken«) u. 105 (»gänzlich unfähig, mit dem Bureau auszukommen«). – *Aufregungen:* In der Nacht vom 17./18. November 1912 schrieb Kafka an Felice: »Nein, über das Bureau rege ich mich durchaus nicht zuviel auf, erkenne die Berechtigung der Aufregung daraus, daß sie schon fünf Jahre Bureauleben überdauert hat, von denen allerdings das erste Jahr ein ganz besonders schreckliches ... war ... pfui Teufel!« (F 102, vgl. E 74: »während seines fünfjährigen Dienstes« u. den *Bericht für eine Akademie* E 184: *fünf Jahre*) – *Plage:* Über seine Dienstreisen berichtet Kafka Vergleichbares, vgl. F 170 (»wie ich da eiligst fast noch in der Nacht von zuhause abmarschiere, in einer feinen Kälte durch die Gassen wandere – vorbei am zwar schon beleuchteten, aber verhängten Frühstückszimmer des ›Blauen Stern‹«, dazu E 72, Z. 27 ff.) u. 346 (»Und schlafen, schlafen muß ich unbedingt, morgen muß ich ja wieder um ½ 5 Uhr aufstehn«) mit E 73 (»mein Zug fährt um fünf«). – *Frühstück:* also wie der Vater (vgl. E 87), Gregors wahre Arbeitsleistung wird später enthüllt.

E 73   *fallen:* Vgl. E 65 (»wenn er fiele und zerschmetterte«) u. F 187 (»... bekomme ich Lust die Tische umzuwerfen, das Glas der Schränke einzuschlagen, den Chef zu beschimpfen, und da mir schließlich doch die Kraft zur Ausführung solcher augenblicklicher Entschlüsse fehlt, tue ich nichts von alledem«). – *Höhe:* »Herr Goljädkin, der, während er mit Andrej Philippowitsch sprach, auf dem Treppenabsatz von unten nach oben blickte und so aussah, als wolle er seinem Abteilungschef jeden Augenblick ins Gesicht springen, trat, als er dessen Verwirrung gewahrte, eine Stufe höher. Andrej Philippowitsch wich etwas zurück ... Da sprang Herr Goljädkin plötzlich schnell noch über die anderen Stufen hinauf – doch noch schneller sprang Andrej Philippowitsch zurück ins Vorzimmer und schlug die Tür hinter sich zu.« (*Der Doppelgänger*, S. 281, vgl. Spilka, S. 296, der nur auf E 89 f. bezieht) – *Schnitt:* das Wort auch Br 265; Kafka wollte seit 1912 seinen Posten aufgeben und Prag verlassen, vgl. F 530, 646, T 367 u. 489. – *halb sieben:* Vgl. E 74 Z. 17, 77 Z. 19 u. 26, 78 Z. 28 u. 84 Z. 4; auch im *Doppelgänger* ist das Motiv der unerbittlich verfließenden Zeit funktional eingesetzt, vgl. S. 320 ff. Zur Form der ab hier immer wieder gebrauchten erlebten Rede wie überhaupt zur Bauform der Erzählung vgl. meine Arbeit »Motiv und Gestaltung bei Franz Kafka«, Bonn 1966, S. 201 ff. u. 265 ff.

E 74 *Er war eine:* D 1–3 »Es war eine«. – *Tür am Kopfende:*
Während ins *Urteil* nur die Lage des von Kafka und seiner
Familie bewohnten Hauses und der Ausblick von seinem Zimmer (vgl. E 53: *aus dem Fenster*) eingegangen sind, nicht aber
die Art der Raumverteilung im elterlichen Domizil, ist es in
der *Verwandlung* gerade umgekehrt, denn hier wird der
Grundriß dieser Wohnung recht genau abgebildet, und zwar
bis hin zur Anordnung des Mobiliars (Kafka hatte wie Gregor
einen Kleiderschrank, einen Schreibtisch und ein Kanapee im
Zimmer; wenn er vom Bett aus aufs andere Moldauufer sehen
konnte und wenn ferner an den Seitenwänden der dem Fenster
zugeordneten Raumhälfte die beiden zuerstgenannten Mö-
belstücke plaziert waren [vgl. Br 43, F 114, 120 u. T 78 f.], so
muß das obere Ende seines Bettes wie dasjenige Gregors nahe
der Flurwand gewesen sein), während Gregors Aussicht mit
derjenigen des Autors nicht identisch ist (vgl. die von R. Thieberger überlieferte Aussage über die Erzählung: »Was sagen
Sie zu den schrecklichen Dingen, die sich in unserem Haus
abspielen?« – »Erinnerungen an Franz Kafka«, in Eckart 23
[1953], S. 50, E 87: *Krankenhaus* u. 125: *ein Zimmer*). Wenn
nämlich einerseits in einer Tagebucheintragung vorausgesetzt
ist, daß vom »großen«, also wohl mehrfenstrigen Wohnzimmer
aus sowohl eine Tür ins »Mädchenzimmer« (in dem 1912 noch
Valli und Ottla schliefen) als auch in die auf »der anderen
Seite« gelegene Behausung Kafkas führte (T 240), andererseits
aber dieser davon spricht, sein Zimmer sei »ein Durchgangszimmer oder besser eine Verbindungsstraße zwischen dem
Wohnzimmer und dem Schlafzimmer der Eltern« (F 111, vgl.
FK 68), darf man, auch weil aus einem von Hermann Kafka
1910 ausgefüllten »Anzeigezettel zur Zählung der Bevölkerung« zu entnehmen ist, daß die Wohnräume nur Gassenfenster
aufwiesen (vgl. K. Krolop, Zu den Erinnerungen Anna Lichtensterns an Franz Kafka, in: Germanistica Pragensia 5 [1968],
S. 36, Anm. 46), davon ausgehen, daß es sich um eine aus vier
Räumen bestehende Zimmerflucht handelte, deren Fenster
übrigens in der von K. Wagenbach publizierten Ansicht des
Hauses im obersten voll ausgebauten Stockwerk zu sehen
sind (vgl. »Franz Kafka 1883–1924«, S. 60 f. u. T 205 f.; Kafkas Fenster ist das zweite von links). Entlang diesen Räumen
führte auf der Innenseite das sogenannte Vorzimmer (vgl.
T 141), in Prag der wohnlich eingerichtete Flurgang, der wahrscheinlich auf der Höhe des Mädchenzimmers, also der Niklasstraße zu, von der Haustreppe her über den vor der Wohnungstür liegenden Vorplatz betreten werden konnte. Gegenüber dem Wohnzimmer und demjenigen Kafkas auf der anderen Flurseite, also gegen die Hof- oder Innenseite des Hau-

ses hin, befanden sich vermutlich ein fensterloses, indirekt
erleuchtetes Dienstbotenzimmer, wie es auch im *Prozeß* belegt ist (vgl. P 218 f. u. 233) – ein Dienstmädchen, das auch
in der *Verwandlung* erwähnt wird (E 99 u. 100), schlief in der
Wohnung (T 187), auch gibt Hermann Kafka auf dem erwähnten, nach Ellis Heirat ausgefüllten Meldezettel die Anzahl der dauernd anwesenden Personen mit sechs an (Krolop,
S. 52) –, und ein sogenannter Alkoven, in Prag ein Raum, in
dem Kleider und Vorräte aufbewahrt wurden. Dem Elternschlafzimmer gegenüber lagen die Küche (vgl. T 78 u. Br 85:
»Wenn links der Frühstückslärm aufhört, fängt rechts der
Mittagslärm an«) und, ganz am Ende der Wohnung, Klosett
(vgl. T 287 u. 297) und Bad (dieser abgelegene Ort war der
Raum, wo Kafka und Ottla ihr Vaterproblem diskutierten,
vgl. T 308). Die beschriebene Raumverteilung ist bis zur
letzten Szene hin Darstellungsgrundlage der *Verwandlung.*

E 75   *Faust:* Vgl. E 81 u. 87, die Beziehung der Familienmitglieder
zu Gregor wird schon in der Art und Weise sichtbar, wie sie
mit dem Eingeschlossenen in Verbindung treten. – *Schwester:*
Sie befindet sich also im Elternschlafzimmer. (Vgl. E 81 –
dies eine Veranschaulichung für die seither eher nutzlose Lebensweise der Schwester [E 104 u. 107] –, 96: *angezogen*
u. 125: *ein Zimmer*) Damit soll ausgesagt werden, daß Gregor von allen Seiten von der Familie eingekreist ist, ihrem
Bannkreis unterworfen, andererseits aber durch die verschlossenen Türen von ihr isoliert, vgl. E. 71: *Ungeziefer* (Anfang),
den *Bericht für eine Akademie* E 187: *Gitterkäfig* u. den
Verschollenen, wo das Eingeschlossensein ebenfalls ein Zen-
tralmotiv darstellt (A 37, 256 ff., 285, 288 u. 295). – *Schmerz:*
Vgl. E 72, 84 u. den *Doppelgänger,* S. 323: »Dazu bin ich
krank ... wer sagt, daß es nicht so ist? Was geht es mich an!
Und wenn man jemanden schickt, der hier nachsehen soll.
Mir tut der Rücken weh; ich habe Husten, Schnupfen, und
schließlich darf ich bei diesem Wetter gar nicht ausgehen ...
Mit solchen Gründen beruhigte Herr Goljädkin schließlich
sein Gewissen vollkommen und rechtfertigte sich so im voraus vor dem Verweis, der ihm von Andrej Philippowitsch
bevorstand – ›wegen Vernachlässigung des Dienstes‹.« (Vgl.
E 77 ff. das Erscheinen des Prokuristen) In der Nacht vom
28. 2./1. 3. 1913 schrieb Kafka an Felice: »Kalt ist mir auch.
Sollte ich mich wieder verkühlt haben? Es ist recht widerlich;
meine linke Seite wird ständig kalt angeweht.« (F 318 f., vgl.
278, 302 u. E 72: »als er in der Seite einen ... Schmerz zu fühlen begann« und: »bei der Berührung umwehten ihn Kälte-
schauer«)

E 76   *er sich streckte:* richtig »es sich streckte«. (Druckfehler)

E 79   *verlassen:* Gregors wahre Motive zeigt sein innerer Monolog
        E 72 f., der im Zustand verminderter Bewußtseinskontrolle
        abläuft.

E 80   *Laubsägearbeiten:* Vgl. E 112 Z. 21 ff. – *bis:* Pragismus, im
        Sinn von »wenn« gebraucht, vgl. Br 169, 180 u. E 120: *Erst
        als ihn.*

E 82   *Inkasso:* Einziehung von Bargeld.

E 83   *nicht geben:* Danach in D 1–3 Absatz. – *Kasten:* Schrank, bes.
        für Bekleidung.

E 85   *an der Türe:* An seinen Verleger schrieb Kafka: »Wenn ich für
        eine Illustration selbst Vorschläge machen dürfte, würde ich
        Szenen wählen, wie: die Eltern und der Prokurist vor der ge-
        schlossenen Tür oder noch besser die Eltern und die Schwester
        im beleuchteten Zimmer, während die Tür zum ganz finsteren
        Nebenzimmer offensteht.« (Br 136, vgl. E 119: *im Dunkel*)
        – *Sessel:* In Prag immer ein Stuhl (vgl. E 84 Z. 10); Sessel im
        heutigen Sprachgebrauch heißt Fauteuil.

E 86   *Aufmunterung:* Kafka im *Brief an den Vater:* »Ich hätte ein
        wenig Aufmunterung … gebraucht«. (H 167)

E 87   *weinte:* wie die Schwester (E 81, vgl. 90) und die Mutter (E 84,
        vgl. F 85); das unterschiedliche zeitliche Einsetzen zeigt die ver-
        schiedene Nähe der Figuren zu Gregor. Das Motiv wird
        E 122 u. 124 (vgl. dort: *Weinkrampf*) wieder aufgenommen
        und verdeutlicht auf seine Weise die inzwischen veränderten
        Familienbeziehungen. – *Krankenhaus:* Vgl. E 104 f. Es han-
        delt sich um das recht große und in unmittelbarer Nähe des
        Hauses Niklasstraße 36 gelegene »Hospital der Barmherzi-
        gen Brüder«, wo Männer jeder Religion und Nationalität un-
        entgeltlich gepflegt wurden. (Vgl. Krolop, S. 37 f.) – *Früh-
        stück:* Vgl. E 58 f. – *Militärzeit:* Vgl. S 28, T 511, Br 227,
        F 640, Stellen, aus denen Kafkas Wunsch erhellt, Soldat zu
        werden, u. die *Erste lange Eisenbahnfahrt* E 299: *Militär.* –
        Uniform: Vgl. E 116, 119: *Invalide* u. den *Jäger Gracchus*
        B 103: *Buschmann.*

E 88   *starrköpfig:* Vgl. E 81 Z. 3 u. H 175 f.

E 91   *Arme:* Vgl. die Parallele E 118.

E 92   *zurückzutreiben:* Vgl. A 21 (»mit zum Umfangen bereiten Ar-
        men, als jage er ein Ungeziefer«).

E 93   *eines einzigen Vaters:* Vgl. *Das Urteil* E 64: *Schreckbild.*

II

E 94   *Zimmerdecke:* Über das abendliche Dunkel in seinem Zimmer
        schreibt Kafka: »Die von dem elektrischen Licht auf der
        Straße und Brücke unten auf die Wände und die Decke ge-

worfenen Lichter und Schatten sind ungeordnet, zum Teil verdorben«. (T 78) – *hinken:* Vgl. *Josefine* E 288: *hinkt.* – *Lieblingsgetränk:* Vgl. F 109.

E 95   *nachmittags:* Vgl. *Die städtische Welt* T 48: *mit großen Augen* u. 509 (Kafka über seinen Vater: »jetzt liest er noch das Abendblatt«). – *schrieb:* Vgl. E 80 Z. 24 f. u. 102 Z. 19.

E 96   *die Eltern und die Schwester:* im Ms: (1) alle (2) Eltern und die Schwester. – *denn wie man genau hören konnte, entfernten sich jetzt:* im Ms: denn (1) alle drei erhoben sich giengen nun (2) wie man genau hören konnte entfernten sich nun. – *Nun kam:* im Ms »Nun kommt niem[and]«. – *jetzt neu:* im Ms »nun neu«. – *seit fünf Jahren:* Der Umzug in die neue und sehr moderne Wohnung in der Niklasstraße 36 (vgl. E 95 Z. 12 ff.) erfolgte im Juni 1907, lag also ungefähr um die genannte Zeitspanne zurück. – *und mit einer halb:* Ms »aber mit einer halb«. – *unter das Kanapee:* Vgl. M 56 u. Br 434. – *und trotzdem:* Pragismus, Ms »trotzdem«. – *angezogen:* also gegen ihre sonstige Gewohnheit, vgl. E 81 u. 104.

E 97   *zu Füßen zu werfen:* Vgl. F 113. – *Rosinen und Mandeln:* gehörten zu Kafkas üblichem Nachtmahl, vgl. F 109.

E 98   *vor ihr nicht essen würde:* Vgl. Br 425 (»ich kann nur allein essen«). – *geschnitten:* Vgl. Br 233.

E 99   *ein Weilchen:* »Mein Vater setzt sich nach dem Essen immer für ein Weilchen in den Schaukelstuhl zu einem kurzen Schlaf«. (F 249)

E 101   *Bier:* Es wurde (und wird) in Prag vorwiegend gezapftes Bier getrunken, das in besonderen Bierkannen aus dem Ausschank der Gaststätten geholt wird. Zur Hausmeisterin vgl. den *Plötzlichen Spaziergang* E 32: *Haustor gesperrt* u. F 625. – *Wertheim-Kassa:* hohe, tiefbraune Kästen der österreichischen Firma Wertheim, die in den Comptoirs hinter dem Verkaufsraum der Geschäfte standen. Hie und da fand man sie auch im Herrenzimmer der Privatwohnungen von Geschäftsleuten. – *Kommis:* Handlungsgehilfe in kaufmännischen Betrieben, vgl. H 186.

E 102   *Wärme:* »ich, der ich in meiner eigenen Familie so locker sitze, daß ich mich von keiner Seite mit jemandem zu berühren glaube ...« (F 467, vgl. 319) – *zum Unterschied von Gregor:* Vgl. E 130: *ergriff* u. *Josefine, die Sängerin, oder Das Volk der Mäuse* E 269: *unmusikalisch.* – *Konservatorium:* Vgl. E 130: *Schreckgestalt.*

E 104   *keinen Augenblick:* Vgl. F 65, 67, 84, 100, 105 u. 109. – *Fenster:* Vgl. die Einleitung zum *Gassenfenster*, Br 25, H 301 u. F 574.

E 105   *inneren Fensterflügel:* In der kalten Jahreszeit setzte man zur

besseren Wärme-Isolation in die Fensteröffnungen Vorfenster
ein, vgl. F 120. – *für ihn machen:* D 1 »da für ihn machen«.

E 107 *verstand doch:* D 1 »verstand doch schließlich«.

E 108 *Wände:* M 156. – *sechzehnjährige:* Vgl. F 125 (über das Dienstmädchen: »sie ist 17jährig«) u. T 187.

E 110 *ererbten Möbeln:* Vgl. E 109, 112 u. FK 54.

E 111 *Hinausschaffen:* D 1 »Herausschaffen«.

E 114 *wie in früherer Zeit:* Vgl. F 290; Kafka beriet die geistig von
ihm abhängige Ottla in allen Lebensfragen.

E 115 *vergraben lag:* D 1 »vergraben gewesen war«.

E 116 *stillstand:* Vgl. F 509 (»der Vater atmet schwer durch den
Mund«) u. Br 67.

E 117 *die Runde:* Vgl. den *Brief an den Vater:* »Schrecklich war es
auch, wenn Du schreiend um den Tisch herumliefst, um einen zu fassen, offenbar gar nicht fassen wolltest, aber doch so
tatest und die Mutter einen schließlich scheinbar rettete.«
(H 177, vgl. E 118 Z. 10 ff.) – *Kredenz:* Anrichte, als sorgfältig geschnitztes Möbel voller Zacken und Spitzen für
Kafka eine Paradigma bürgerlicher Überladenheit, der er
sein auf Phantasie berechnetes Leben in einfach ausgestatteten,
ruhigen Wohnungen entgegenstellte. (Vgl. F 626 f. u. 650)

E 118 *streckte sich:* In einem Erzählfragment vom 3. Mai 1913 heißt
es: »Der Ehemann ist von einem Pfahl ... von hinten getrof-
fen, niedergeworfen und durchbohrt worden. Auf dem Boden liegend klagt er mit erhobenem Kopf und ausgebreiteten
Armen.« (T 304 f.)

III

E 119 *Invalide:* wie früher der Vater, der jetzt eine Uniform trägt,
die der auf der Photographie entspricht, wo Gregor als
Leutnant abgebildet ist. Zur Umkehrung der Machtverhältnisse zwischen Vater und Sohn vgl. die Einleitung zum *Urteil.* –
im Dunkel: Vgl. E 85: *an der Türe,* 127: *im dunkelsten Winkel*
u. T 240: »Im Mädchenzimmer, dessen Tür völlig geöffnet
war, schlief der kleine Felix. Auf der andern Seite, in meinem
Zimmer, schlief ich. Die Tür dieses Zimmers war aus Rücksicht auf mein Alter geschlossen. Außerdem war durch die
offene Tür angedeutet, daß man Felix noch zur Familie heran-
locken wollte, während ich schon abgeschieden war.« – *anders als:* D 1 »anders wie«.

E 120 *Erst als ihn:* D 1–3 »Erst bis ihn«, vgl. E 80: *bis.*

E 121 *mit einem Unglück geschlagen:* »Die Eintracht der Familie
wird eigentlich nur durch mich gestört und mit den fortschrei-
tenden Jahren immer ärger, ich weiß mir sehr oft keine Hilfe
und fühle mich sehr tief in Schuld bei meinen Eltern und

bei allen. Und so leide auch ich … genug innerhalb der Familie und durch sie … In frühern Jahren stand ich mehr als einmal in der Nacht beim Fenster und spielte mit der Klinke, es schien mir sehr verdienstlich, das Fenster aufzumachen und mich hinauszuwerfen.« (F 219, am 29./30. 12. 1912, vgl. H 179 f.)

E 122   *in seinen Gedanken:* »Schlief er einmal … auf einen Augenblick ein, so erwachte er im nächsten sofort wieder, und alles das war begleitet von einem seltsamen Gefühl der Trauer, unklaren Erinnerungen und widerlichen Traumgesichtern, mit einem Wort von allem, was es nur an Unangenehmem geben kann«. (*Der Doppelgänger*, S. 406, im Folgenden tauchen verschiedene Personen in Goljädkins Erinnerungen auf) – *Stubenmädchen:* Vgl. T 591.

E 123   *die Schwester:* Über ihr Verhalten schrieb Kafka an Grete Bloch: »Übrigens heißt die Heldin Grete und macht Ihnen wenigstens im ersten Teil keine Unehre. Später allerdings, als die Plage zu groß wird, läßt sie ab und fängt ein selbständiges Leben an, verläßt den, der sie braucht.« (F 562) – *verkostet:* D 3 »gekostet«. – *hinauszukehren:* D 1 »herauszukehren«.

E 124   *Weinkrampf:* Am 1. Dezember 1912 schrieb Kafka an Felice, es falle ihm als Briefschluß nichts Lustiges ein, »auch weinen auf der letzten aufgeschlagenen Seite meiner Geschichte alle 4 Personen oder sind wenigstens in trauriger Verfassung.« (F 147, vgl. E 87: *weinte*) – *vernachlässigt werden:* D 3 »vernachlässigt zu werden«.

E 125   *hineinzustellen:* Vgl. E 129: *niemand auf ihn.* – *ein Zimmer:* Da die Schwester jetzt im Wohnzimmer schläft (E 137) und der Raum, in dem sie sich zu Anfang der Erzählung aufhielt, in diesem Erzählteil eindeutig als Schlafzimmer der Eltern ausgewiesen ist (E 137), muß ihr Zimmer vermietet worden sein, das lagemäßig (vgl. E 131 u. 75: *Schwester*) dem Mädchenzimmer in der Wohnung der Kafkas entspricht (vgl. E 74: *Tür am Kopfende*); letzteres diente nötigenfalls als Gastzimmer (vgl. E 119: *im Dunkel*). Dies war gerade in den Tagen vor der Niederschrift der *Verwandlung* der Fall, wo der kleine Felix hier einquartiert war, so daß Ottla, wie Grete in der Erzählung, im Wohnzimmer schlafen mußte. (Vgl. F 82)

E 127   *im dunkelsten Winkel:* Vgl. E 119: *im Dunkel*, E 137 u. F 297 (»mein Zustand, der mich selbst hier zuhause innerhalb meiner Familie mehr in mein dunkles Zimmer als in das beleuchtete Wohnzimmer verweist«). – *oben an den Tisch:* Vgl. F 321.

E 128   *der Vater lehnte:* Hier, wie überhaupt durchgehend in der Erzählung, ist die räumliche Zuordnung der Figuren ein Indiz für die Art ihrer gegenseitigen Beziehungen, dazu meine Arbeit »Kafka in neuer Sicht«, Stuttgart (1976), S. 149 ff.

E 129 *makellosen:* Kafka selbst fühlte sich, besonders in sexueller Hinsicht, schmutzig (vgl. M 180 ff.), während er in der Ehe des Vaters ein Urbild der Reinheit sah (vgl. H 210 ff.). S. auch den *Jäger Gracchus* B 100: *Unrat.* – *niemand auf ihn:* In freier Form verwendet Kafka für diese Erzähleinheit Material einer Szene in Dostojewskis *Doppelgänger*, wo die Hauptfigur »unaufgefordert« in eine Veranstaltung eindringt, die zu Ehren Klara Olssyphjewnas stattfindet, deren Vater früher Goljädkins Gönner war (also eine Vaterfigur). Dieser steht zunächst »in einem Winkel«, und zwar »zwischen verschiedenem Gerümpel, Hausgerät und anderem Kram« (vgl. zu dieser Grundsituation des Ausgeschlossenseins auch F 145 f., wo auf Th. Manns *Tonio Kröger* angespielt ist), rückt dann unbeachtet vor und steht unvermittelt vor der Angebeteten, wobei alle Beteiligten »wie durch einen Zauberschlag« erstarren. (S. 296) Goljädkin stellt sich einen Unglücksfall vor, aus dem er die Partnerin zu erretten wünscht: »Und wenn sie dann in Sicherheit wäre, würde ich zu ihr sagen: ›Beunruhigen Sie sich nicht, gnädiges Fräulein, das hatte nichts auf sich, ich aber bin Ihr Retter.‹« (S. 301) Darauf wird er – »das Orchester verstummte« (S. 305) – zur Tür gedrängt, fühlt sich »erschlagen und tot« (S. 307) und stirbt fast in dieser Nacht (S. 309). Ein summarischer Hinweis auf diese Zusammenhänge bei Spilka, S. 296 f., vgl. E 130.

E 130 *ihren Blicken begegnen:* Milena gegenüber äußert Kafka über die *Verwandlung:* »Vor ›Grete‹, wie ja meistens vor Mädchen, bin ich hilflos. Sollte ich überhaupt schon einen Dich betreffenden Gedanken gehabt haben? Ich kann mich nicht erinnern. Deine Hand halte ich gern in meiner, in Deine Augen sehe ich gerne. Das ist wohl alles, Grete ab!« (M 191) – *ergriff:* Vgl. E 102: *zum Unterschied von Gregor.* Die Motive der Geige (vgl. aber die Tatsache, daß Kafka in seiner Jugend Geigenstunden hatte – F 103) und des Fleischers (vgl. aber E 140: *Fleischergeselle*), daß Gregor sich mit Laubsägearbeiten beschäftigt (E 80), seinen Körper an das Glas des Illustriertenbildes preßt (E 113) und die Formulierungen, in denen seine Appetitlosigkeit beschrieben wird (E 122 ff.), sollen nach H. Politzer durch Kafkas Lektüre des *Armen Spielmanns* bedingt sein. (»Die Verwandlung des armen Spielmanns. Ein Grillparzer-Motiv bei Franz Kafka«, in: Jahrbuch der Grillparzer-Gesellschaft, 3. Folge 4 [1965], S. 55 ff.) Es scheint sich jedoch eher um Übereinstimmungen zu handeln, die sich bei der in beiden Texten verwandten Thematik leicht zufällig einstellen können. – *Schreckgestalt:* Wenn sich Kafka am 18. November 1912 wünscht, fortwährend über Felicens Briefen zu sitzen, und jedem Störer die Zähne entgegenfletschen möchte (F 102), wenn er sich vier Tage später vor die Geliebte hinwerfen will und bedauert, ihren Blick nicht lenken zu können (F 113), und wenn er schließlich im Frühjahr 1913 fürchtet, Felice niemals besitzen zu können, weil er darauf beschränkt bleiben werde, die ihm überlassene Hand zu küssen, was ihm ein Zeichen des zur Stummheit und ewigen Entfernung verurteilten Tieres war (F 351 f., vgl. 117), dann sind das gewiß bewußte Bezugnahmen auf die Vorstellungswelt der *Verwandlung*, zumal, wie Kafka wohl wußte, seine Beziehung zu seinen Schwestern eine sexuelle Komponente hatte (vgl. T 290). Denn Grete ist natürlich in vielem ein Bild Ottlas. (Die beiden älteren Schwestern, mit denen Kafka wenig Kontakt hatte, waren zur Zeit, als die *Verwandlung* entstand, verheiratet und verlobt, gehörten also nicht mehr eigentlich zur Familie und mußten nicht berücksichtigt werden) Ottla, 1892 geboren, war 1912 etwa in Gretes Alter und wie diese den ganzen Tag im Geschäft. Daß sie ihr Wissen abends durch Erlernen einer Fremdsprache zu vervollkommnen suchte, daß sie dem Bruder inmitten falscher Freundlichkeit und Kälte, die das familiäre Leben bestimmten, nahe geblieben war und Mitleid hatte, wenn er nichts essen konnte, sind weitere Gemeinsamkeiten mit der Erzählung. Dazu kommt die zwischen Eltern und Bruder vermittelnde Stellung Ottlas, der die Rolle Gretes im Mittelteil der *Verwandlung* nachgestaltet ist. (Vgl. F 114 u. 414) Im Zusammenhang mit Gregors Versuch, Grete zu einem gemeinsamen Leben in seinem Zimmer zu veranlassen, gewinnt Kafkas Jahre später liegende Erkenntnis Gewicht, er habe Ottla gefühlsmäßig an sich gebunden, sie vom üblichen menschlichen Umgang isoliert und sie so vom ihrem eigenen Wege abgehalten (vgl. E 114: *wie in früherer Zeit*). Und als Ottla 1917 Prag verließ, um in Zürau ihr eigenes Leben aufzubauen, fühlte er sich so verlassen und lebensuntauglich, daß er ihr schrieb: »Sie wird mich also doch verkommen lassen.« (O 35) Schließlich schlug er ihr 1918 vor, an der »Landwirtschaftlichen Winterschule« in Friedland zu studieren, wobei er die Kosten übernehmen wollte, Gregors Absichten vergleichbar, der Grete einen Konservatoriumsaufenthalt bezahlen möchte. (O 56, vgl. »Kafka und seine Schwester Ottla«, S. 418; S. 417 ff. eine Diskussion dieser Antizipationsproblematik und der Frage, wie sich die Beziehungsmuster des Dichters zu Ottla und Felice darstellerisch einander überlagern konnten) – *herunterneigen:* D 1 »hinunterneigen«, vgl. E 71: *fand er sich.*

E 132   *widerlichen Verhältnisse:* Als einmal ein Besucher der Familie

Kafka dem Vater vorhielt, er selber mache ja seinen Sohn schlecht, ging dieser mit erhobenen Armen und hochrotem Kopf auf seinen Gast zu und drängte den Widerstrebenden über die Schwelle der Wohnungstür. (Vgl. O 33) – *ließ sich in ihn fallen:* D 3 »ließ sich hineinfallen«. – *Schwäche:* »Er fühlte, daß er vor Schwäche förmlich zusammensank, daß ihn nur eine ganz fremde Kraft weitertrug, daß er selbst nicht mehr gehen konnte und seine Füße den Dienst versagten.« (*Der Doppelgänger*, S 439, gegen Ende des Romans; vgl. E 136)

E 133   *Untier:* Am 8. Oktober 1912 forderten Kafkas Eltern ihren Sohn auf, er solle seine freien Nachmittage der Fabrik widmen. Weil Ottla, die sonst immer zu ihm hielt (vgl. F 247), diesmal die Argumente der Eltern billigte und die Lebensweise des Bruders verwarf, war Kafka, der keine Lebensmöglichkeit mehr sah, zum Selbstmord fest entschlossen. (Br 107 ff.) Dieser Vorgang scheint Gretes Stellung zu Gregor in dieser Szene geprägt zu haben. – *fing in die vorgehaltene Hand:* D 3 dafür (bis ». . . husten an«): »fing mit einem irrsinnigen Ausdruck der Augen dumpf in die vorgehaltene Hand zu husten an«. – *Dienermütze:* Sie veranschaulicht den jeweiligen Seelenzustand des Vaters, nämlich Tatkraft (E 116), Unterwürfigkeit (127) und jetzt Ratlosigkeit. – *auf dem Tische lagen:* D 3 »auf dem Tische standen«.

E 134   *Weg muß er:* D 1–3 »Weg muß es«.

E 136   *Liebe:* »Weine, Liebste, weine, jetzt ist die Zeit des Weinens da! Der Held meiner kleinen Geschichte ist vor einer Weile gestorben. Wenn es Dich tröstet, so erfahre, daß er genug friedlich und mit allen ausgesöhnt gestorben ist.« (F 160, vgl. *Das Urteil* E 68: »Liebe Eltern, ich habe euch doch immer geliebt«) – *verschwinden:* E. T. Beck (Kafka and the Yiddish Theater. Its impact on his work, Madison, Milwaukee, London [1971], S. 141 f.) verweist auf vergleichbare Gedanken bei der Hauptfigur in einem Kafka bekannten jiddischen Theaterstück. (Vgl. auch die Einleitung zum *Urteil*) – *friedlichen Nachdenkens:* Ende 1914 resümiert Kafka sein bisheriges Schaffen im Tagebuch. Das Beste, was er geschrieben habe, gründe in seiner Fähigkeit, zufrieden sterben zu können: »An allen diesen guten und stark überzeugenden Stellen handelt es sich immer darum, daß jemand stirbt, daß es ihm sehr schwer wird, daß darin für ihn ein Unrecht und wenigstens eine Härte liegt und daß das für den Leser, wenigstens meiner Meinung nach, rührend wird.« (T 448) – *Turmuhr:* Vgl. H 11: *eine Uhr auf einem nahen Platz* u. Be 94: *einen großen Platz.*

E 137   *Als am frühen Morgen:* Kafka am 19. 1. 1914 im Tagebuch: »Großer Widerwillen vor ›Verwandlung‹. Unlesbares Ende.

Unvollkommen fast bis in den Grund. Es wäre viel besser geworden, wenn ich damals nicht durch die Geschäftsreise gestört worden wäre.« (T 351, vgl. 323) – *kein ruhiger Schlaf:* Vgl. F 82, am 8. November 1912: »Früh wurde ich übrigens vor der gewöhnlichen Zeit geweckt, denn unser Fräulein stürmte in die Wohnung ... Ich blieb noch eine Weile im Bett – ausdrücklich weckt man mich nicht einmal in der Not, wohl aber durch Lärm hinter allen Türen« (gemeint ist Marie Werner, die damals schon bejahrte Erzieherin der Kinder, die also funktionsmäßig der alten Bedienerin entspricht). – *angezogen:* Vgl. E 96: *angezogen* u. 75: *Schwester.*

E 140 *Fleischergeselle:* »Und nun bin ich außerdem vor dem Haustor mit der Trage eines Fleischergesellen zusammengerannt«. (F 51, am 24. Oktober 1912) – *Prinzipal:* Eigentümer einer kaufmännischen Unternehmung.

E 141 *weggeschafft:* wohl mit dem vorher erwähnten »langen Besen«, vgl. F 65: »Schrieb ich aber nicht, dann lag ich auch schon auf dem Boden, wert hinausgekehrt zu werden.« Vgl. A 35.

VERLOCKUNG IM DORF

(2. Juniwoche 1914)

Die Erzählung wurde am 11. Juni 1914, also wenige Tage nach Kafkas Verlobung mit Felice Bauer, begonnen und ist (ohne Titel) im Tagebuch überliefert. Wegen ihrer Motivik wird sie gewöhnlich als allererster Vorläufer des *Schloß*-Romans angesehen. Zu nennen wären vor allem die abendliche Ankunft im Dorf, das Motiv des Begleiters, der für Fremde nicht eingerichtete Gasthof, die unfreundliche Haltung der Dorfbewohner, die dem Ankömmling eigene Besitzlosigkeit und das Schlafen auf einem Strohlager.
D: The Diaries of Franz Kafka 1914-1923, ed. by Max Brod, New York (1949), S. 48-58, dt. T 389-400.

T 389 *Toren:* in Prag Haustüren.

T 391 *zum nächsten Dorf:* Vgl. *Das nächste Dorf.*

T 393 *Besitz:* Vgl. T 396: *Rucksack* u. *Erinnerungen an die Kaldabahn* T 432: *mein einziger Besitz.*

T 395 *Berechtigung:* Vgl. H 181 f., 196 u. 206. – *inmitten der Kinder:* Vgl. P 170 ff.

T 396 *Rucksack:* Vgl. S 8, 65 u. 423. – *Schoßhündchen:* Vgl. *Forschungen eines Hundes* B 260: *Lufthunde.*

ERINNERUNGEN AN DIE KALDABAHN

(3. Augustwoche 1914)

Titel und Entstehungszeit ergeben sich aus Eintragungen im Tagebuch, wo die Erzählung überliefert ist. (T 422, 435 u. 453) Nach der Trennung von Felice am 12. Juli 1914 suchte Kafka sein »regelmäßiges, leeres, irrsinniges junggesellenmäßiges Leben« durch literarische Arbeit zu rechtfertigen. (T 422) Dabei wird das Bild des von seinen Landsleuten getrennt in Rußland als Junggeselle lebenden Freundes im *Urteil,* der dort eine latente, verdrängte Lebensmöglichkeit der um die Verlobung mit dem Vater kämpfenden Hauptfigur Samsa-Kafka darstellt, jetzt nach dem Scheitern der Ehe folgerichtig zur Hauptvorstellung des Erzählzusammenhangs. (Vgl. *Das Urteil* E 54: *in der Fremde*) Auffällig ist die Motivverwandtschaft mit dem späteren *Jäger Gracchus.* (Vgl. das einsame Jagen, die Wölfe, den kahlen Verschlag mit der Pritsche, das Moment des Schreibens, die zeitweilige Bewegungsunfähigkeit und das flackernde, kleine Licht)
D: The Diaries of Franz Kafka 1914–1923, ed. by Max Brod, New York (1949), S. 79–91, dt. T 422–435.

T 422   *Rußlands:* Hier wirkt die Biographie von Kafkas Madrider Onkel Alfred Löwy ein, dem der Dichter innerlich verwandt war. (Vgl. *Das Urteil* E 53: *Freund* u. 54: *Mitteilungen*) Dieser Junggeselle war Eisenbahndirektor (F 435), einer seiner Brüder, mit dem sich Kafka wenige Tage vor Beginn der Niederschrift der Erzählung beschäftigte (vgl. T 422), gründete eine große Kolonialgesellschaft mit zahlreichen Karawanen im Kongo. (Vgl. T 423, 428 – »Eingeborene« – u. das H 64 gedruckte Erzählfragment, das wie folgt beginnt: »Es war kein heiteres Leben, das ich damals beim Bahnbau am mittleren Kongo führte.«)

T 424   *vollständige Einsamkeit:* Vgl. *Forschungen eines Hundes* B 241: *einsam* u. *Verlassenheit.*

T 425   *Gemüsegarten:* »Ja, ich habe heute zum erstenmal beim Gärtner draußen in Nusle, einer Vorstadt, gearbeitet... Dort in der Gegend gibt es ... viele Gemüsegärten... Mein Hauptzweck war, mich für ein paar Stunden von der Selbstquälerei zu befreien ...« (F 358, am 7. 4. 1913, vgl. Br 301)

T 429   *Pritsche:* Vgl. F 750.

T 431   *Ratte:* Vgl. den *Dorfschullehrer* B 220: *widerlich finden* u. Br 205.

T 432   *mein einziger Besitz:* Vgl. *Verlockung im Dorf* T 393: *Besitz* u. die Einleitung zum *Unglück des Junggesellen.*

IN DER STRAFKOLONIE

(15.–18. Oktober 1914)

Eine Auswertung verschiedener Tagebuchstellen (T 437, 438 u. 453) ergibt als wahrscheinlichsten Entstehungszeitpunkt die genannte, in einen Urlaub fallende Zeitspanne, wo Kafka »durchschnittlich bis 5 Uhr früh beim Tisch« saß, »einmal auch bis ½ 8« (F 618). Kafka, »schöpferisch nur in Selbstquälerei« (T 464, vgl. F 458 u. 478, an Grete Bloch: »Die Lust, Schmerzliches möglichst zu verstärken, haben Sie nicht?«), wurde von zerstörerischen Strafphantasien, in denen er sich mit Folterapparaturen qualvoll exekutierte, besonders dann überfallen, wenn die Beziehung zu Frauen, Repräsentanten des Lebens also (vgl. H 132 u. F 443), in ihm Ansprüche der Gemeinschaft personifizierten, die wegen seines inneren Widerstands gegen die Ehe als Lebensform Schuldgefühle evozierten. (Vgl. etwa T 305, 310 u. M 230) Als nun am 15. Oktober 1914 die seit zwei Monaten unterbrochene Verbindung mit Felice Bauer (am 12. Juli dieses Jahres war das Verlöbnis aufgelöst worden) durch einen Brief der Freundin Felicens wieder hergestellt wurde, fühlte er sofort »wieder die unendliche Verlockung«, durch eine Heirat dem Vater gleich zu werden (vgl. H 216 ff.), und damit aber auch, weil er diesem »Angebot« (vgl. Br 284) nicht vorbehaltlos entsprechen konnte, daß seine »Schuld zweifellos« sei (T 449, vgl. E 206: »Die Schuld ist immer zweifellos«), besonders auch deswegen, weil er schon in der Nacht vom 14./15. Oktober mit Selbstmordgedanken gespielt hatte (T 438, vgl. F 614 f.). Diese Konstellation bildet also die innere Ausgangslage Kafkas bei der Konzeption der Erzählung.

Als stoffliche Vorlage verwendete Kafka, wie W. Burns nachwies (»›In the Penal Colony‹: Variations on a Theme by Octave Mirbeau«, in: Accent 17 [1957], H. 2, S. 45 ff.), Mirbeaus pornographisches, anarchistisch-sadistisches Machwerk *Le Jardin des Supplices* (1899), dessen Motivik und Thematik Kafka faszinieren mußten, denn er fand hier die für seine Sicht der Dinge typische Verbindung von Geschlechtlichkeit und Tod (vgl. *Le Jardin des Supplices*, 104. Tsd., Paris 1925, S. 158: »l'Amour et la Mort, c'est la même chose!« mit T 315, 325, M 183 u. 199), Selbstquälerei (der reisende Ich-Erzähler, S. 99: »Je prenais une joie atroce à m'accuser«), die als Ausdruck allgemeiner Kulturzustände interpretiert wird (vgl. S. 113 u. 293 f.: »Et l'univers m'apparait comme un immense, comme un inexorable jardin des supplices« mit Br 150, wo Kafka an seinen Verleger hinsichtlich der *Strafkolonie* schreibt: »Zur Erklärung dieser letzten Erzählung füge ich nur hinzu, daß nicht nur sie peinlich ist, daß vielmehr unsere allgemeine und meine besondere Zeit gleichfalls sehr peinlich war und ist und meine besondere sogar noch länger peinlich als die allgemeine«), und, als Sinnbild dieser Vorstellungszusammenhän-

ge, China (vgl. S. 142: »Je porte, en moi, l'âme de la vielle Chine«
mit F 657: »im Grunde bin ich ja Chinese und fahre nachhause«),
das in Anlehnung an die Vorlage offenbar Schauplatz der Ereignisse
ist, vgl. E 200 (»Tropen«), 212 (»Reisbrei«), 216 (»von stinkenden
Fischen«), 217 u. 234 (»Teehaus«), 221 (»Forscher des Abendlandes«)
u. 227 (»in dessen Sprache«, vgl. 202).
Da die 1901 erschienene, teilweise sofort gerichtlich verbotene deutsche Übersetzung, die Kafka vermutlich benützte (vgl. W 258), heute
verschollen ist, werden die Quellenbelege in den Einzelkommentaren,
die übrigens weit über das von W. Burns anhand der englischen Übersetzungen Festgestellte hinausgehen, nach dem französischen Original
zitiert.
Kafka las am 2. Dezember 1914 die Erzählung seinen Freunden vor
(T 444: »nicht ganz unzufrieden, bis auf die überdeutlichen unver-
wischbaren Fehler«), dann wieder – Max Brod hatte Kafka einladen
lassen (F 703) – am 10. November 1916 im Rahmen der Vortrags-
reihe »Abende für neue Literatur« in der Galerie Goltz in München,
wobei Felice anwesend war. (Vgl. F 715 f. u. M. Pulver, Erinnerungen
an eine europäische Zeit, [Zürich 1953], S. 50 ff.) Hindernisse machten
ihn unruhig (vgl. F 723 u. 734), hatte er sich doch schon »allzusehr an
den Gedanken gewöhnt«, Felice dort zu treffen (F 728). Vor allem
aber wollte er den für diesen Zweck zu erbittenden Urlaub klein halten (F 724), auch hatte er um einen Paß nachzusuchen (Einzelheiten
bei J. Bauer/I. Pollak/J. Schneider, Kafka und Prag, [Stuttgart 1971],
S. 108 ff.), und der zu lesende Text mußte der Zensur vorgelegt werden (vgl. Dr. Pfleger, Das Recht der Zensur in Bayern, in: Bayern-
kurier und Münchner Fremdenblatt 2. 9. 1916, S. 3 f., F 735 u. 739:
»ich kann mir gar nicht vorstellen, daß es genehmigt wird, so unschuldig es in seinem Wesen ist«). Später allerdings bezeichnete er die
unternommene Reise als »phantastischen Übermut« (F 744, vgl. Br
153: »Ich ... las dort meine schmutzige Geschichte in vollständiger
Gleichgültigkeit, kein leeres Ofenloch kann kälter sein«), Rilkes Urteil, in der Strafkolonie sei nicht die »Konsequenz« der vorausliegen-
den Publikationen erreicht, als »einsichtsvoll« (F 744), auch die Berechtigung der abwertenden Besprechung in der München-Augsburger
Abendzeitung vom 13. November 1916 (Mittagsblatt, S. 2) und in
den Münchner Neuesten Nachrichten vom 11. November 1916, wo die
Erzählung als »stofflich abstoßend« charakterisiert wird (vgl. Sy 152,
dort weiteres Material zur Rezeptionsgeschichte), als »fast bis zur
Wirklichkeit« zutreffend (F 744).
Nachdem Kafka und der Kurt Wolff Verlag von der Herausgabe des
Novellenbandes Strafen abgekommen waren, der auch die Strafkolonie
hätte enthalten sollen (vgl. die Einleitung zur Verwandlung), erwog
der Autor eine Publikation im Jüngsten Tag, die von Wolff aber zu-
nächst abgelehnt worden zu sein scheint (vgl. Br 147 ff.), so daß
Kafka die Erzählung zwischenzeitlich an die Weißen Blätter geben

(Br 149) und sie dann im *Marsyas* erscheinen lassen wollte (vgl. dazu
Sy 115); aber schließlich, am 1. September 1917, sagte Wolff zu (BV
45), worauf nun wieder Kafka bat, »die Geschichte, wenigstens vorläufig, nicht herauszugeben«. Denn: »Zwei oder drei Seiten kurz vor ihrem
Ende sind Machwerk, ihr Vorhandensein deutet auf einen tieferen
Mangel, es ist da irgendwo ein Wurm, der selbst das Volle der Geschichte hohl macht.« (Br 159) Aber als dann der Verleger am 11. Oktober 1918 vorschlug – seine Liebe zur *Strafkolonie* mischte sich »mit
einem gewissen Grauen und Entsetzen über die schreckhafte Intensität
des furchtbaren Stoffes« –, die Erzählung im Rahmen einer kleinen
Gruppe neuer Dichtungen zu publizieren, die als *Drugulin-Drucke* erscheinen sollten, d. h. in außergewöhnlich guter Ausstattung (BV 49),
war der Dichter »mit allem gern einverstanden« (Br 245), so daß der
Text im Mai des folgenden Jahres, am Schluß leicht gekürzt, weil
Kafka offenbar eine bessere, ihn befriedigende Handlungsführung der
von ihm beanstandeten Passage nicht finden konnte (vgl. T 524 ff. u.
Br 245 f.), in 1000 gedruckten Exemplaren in Leipzig erscheinen
konnte.

Über eine darauf bezügliche Kritik im *Literarischen Jahresbericht
des Dürerbundes,* in der es hieß, man könne mit dieser sich als psycho-
logische Studie ausgebenden Erzählung nichts Rechtes anfangen, »da
das Buch zu langweilig ist, um zum Nachdenken oder Einfühlen an-
zuregen« (München 1920/21, S. 118, zitiert nach Sy 153), hat sich
Kafka offenbar kräftig geärgert (vgl. FK 60).

E 199   *Apparat:* »des appareils de crucifixion«. (Le Jardin des Supp-
       lices, S. 219 f., vgl. Burns, S. 48, E 188: »angenagelt«, T 304 f.,
       P 246 u. F 506: »Jetzt käme das Pfählen daran«) – *Offizier:*
       Ein »officier anglais« beschreibt bei Mirbeau der Reisegesell-
       schaft auf dem Schiff »toutes ses inventions de balistique«.
       (S. 81 f.) – *Forschungsreisenden:* Vgl. E 224 (»der große For-
       scher«) u. 204 (»hohen Besuch«); der Ich-Erzähler Mirbeaus
       bezeichnet sich als »illustre savant« (S. 64), dem man wünscht,
       ein »glorieux savant« zu werden (S. 61). – *Tal:* Auch Mirbeau
       erwähnt Sand (S. 170), spricht von einer »plaine stérile«
       (S. 187). Clara, die Begleiterin des Erzählers, berichtet von ei-
       ner Hinrichtung »sans enquête, ni procès«, wo die Verur-
       teilten von ihren arabischen Peinigern (»de fuir les brutalités
       de leurs conquérants«) nackt bis zum Hals im Sand vergraben
       und von Zeit zu Zeit mit Wasser übergossen werden, damit sie
       langsamer sterben. (S. 200) – Die Glockenmaschine steht auf
       einem Plateau »vaste et bas«. (S. 253, vgl. Burns, S. 47) –
       stumpfsinniger, breitmäuliger: Über das Aussehen eines Ver-
       urteilten heißt es bei Mirbeau: »sabrée de rictus squelettaires,
       les pommettes crevant la peau mangée de gangrène, la mâ-
       choire à nu sous le retroussis trémescent des lèvres... Cette

face, de laquelle toute trace d'humanité avait pour jamais disparu« (S. 178, vgl. E 213). – *Ketten:* »les mains et les pieds enchaînés«. (S. 173) Und »vous le maintenez par des chaînes, rivées à des colliers de fer qui serrent la nuque, les poignets, les iarrets et les chevilles« (S. 231). – *hündisch:* Bei Mirbeau wird ein Verurteilter als »chien« bezeichnet (S. 222), vgl. die Einleitung zu *Forschungen eines Hundes.*

E 200   *offenem Mund:* Vgl. Z. 13 ff., E 205 u. 229 Z. 23 ff. mit Mirbeau, wo es von einem Schinder heißt: »Il soupira profondément et, nous montrant ses mains toutes rouges, puis la trousse qui brillait, dans l'herbe, à côté de lui« (S. 225, vgl. 220).

E 201   *Apparat:* Die von Kafka beschriebene Maschine hat bei Mirbeau kein direktes Vorbild, und doch sind Details, die Art der Hinrichtung und deren nähere Umstände vollständig aus der Vorlage ableitbar: Wie in der *Strafkolonie* liegt der Schwerpunkt der Erzählung bei Mirbeau darin, daß die Foltermechanismen umständlich und in allen Einzelheiten ihrer Wirkung einem fremden, aus dem fernen Europa kommenden Besucher erklärt werden, und zwar vorwiegend von einem vielredenden (vgl. S. 195 »parlait, parlait« mit E 201 »ich schwätze«) »tourmenteur«, von dessen Einstellung viel auf Kafkas Offizier überging. Er war immer der erste »dans les concours de tortures ... J'ai inventé ... des choses véritablement sublimes, d'admirables supplices qui, dans un autre temps et sous une autre dynastie, m'eussent valu la fortune et l'immortalité ... Eh bien, c'est à peine si l'on fait attention à moi ... Aujourd'hui le génie ne compte pour rien«. (S. 229; die Erfindungsgabe wurde von Kafka größtenteils auf den von ihm eingeführten alten Kommandanten übertragen) Der »supplice extraordinaire« des »chef-d'œuvre« besteht in Folgendem: Die Glieder des entkleideten (vgl. S. 231: »il est tout nu« mit E 203: »natürlich nackt«) Verurteilten werden zuerst gefesselt. »Vous mettez alors, dans un grand pot percé, au fond, d'un petit trou ... vous mettez un très gros rat, qu'il convient d'avoir privé de nourriture, pendant deux jours, afin d'exciter sa férocité ... Et ce pot, habité par ce rat, vous l'appliquez hermétiquement ... sur les fesses du condamné .. Donc, vous introduisez, dans le trou du pot, une tige de fer, rougie au feu d'une forge ... Le rat veut fuir la brûlure de la tige et son éclaboussante lumière ... rampe et galope sur les fesses de l'homme, qu'il chatouille d'abord et qu'ensuite il déchire de ses pattes, et mord de ses dents aiguës ... enfin ... grâce à l'excitation de quelques brûlures opportunes, le rat finit par trouver ... une issue naturelle ... croyez qu c'est extrêmement beau!« (S. 229–235.

Daß Kafka eine Erzählung, die derartige sadistische Passagen
enthält, zur Hauptquelle seiner *Strafkolonie* machte, wirft
bezeichnendes Licht auf seine seelische Verfassung und auf
seine einleitend angeführte Briefstelle über diesen Text. Immerhin beginnt die Egge mit ihren Spitzen den Rücken des
Delinquenten ähnlich zu bearbeiten wie die Krallen der Ratten
das Gesäß des Verurteilten bei Mirbeau, und Ratte und Stachel
dringen dann in der Endphase in vergleichbarer Weise in den
Körper des unter dem Apparat Liegenden ein. Daneben gibt
es eine Art von »fauteuil rococo«: »Les accoudoirs chantour-
nés étaient faits alternativement d'une scie et d'une lame
d'acier coupant, le dossier et le siège d'une réunion de piques
de fer« (S. 268), und an anderer Stelle ist von »machines à
écartèlement automatique, les lits bardés de lames coupan-
tes, hérissés de pointes de fer« die Rede (S. 258); töten
heißt hier »travailler la chair humaine, comme un sculpteur
sa glaise ou son morceau d'ivoire« (S. 227), während bei
der Marterglocke »les vibrations« das Werk vollbringen
(S. 185): »On dirait que les vibrations de la cloche, sonnant
à toute volée, ont pénétré dans ce corps comme une matière
dure et refoulante ... qu'elles en ont soulevé les muscles, fait
craquer les veines, tordu et broye les os ... Un simple son,
si doux à l'oreille, si délicieusement musical, si émouvant
pour l'esprit, devenant quelque chose de mille fois plus terrib-
le et douloureux que tous les instruments compliqués du vieux patapouf!« (S. 272) Die über dem Verurteilten schwebende Egge mit ihren Eisenzähnen – die Glocke Mirbeaus
ist in einem Gestell aufgehängt –, deren zarte Schwingungen
diesem zunächst den Rücken ritzen und ihn dann aufspie-
ßen, ist in diesen Folterwerkzeugen genau vorgebildet.
Leuchtet bei Mirbeau das mit vergoldeten Inschriften versehene Gebälk des Glockengestells in der Sonne (S. 269), so bei
Kafka die Messingstangen des Apparates (E 203); ist jenes
Gestell selbst »vernies de noir« (S. 269), so sehen Bett und
Zeichner in der *Strafkolonie* »wie zwei dunkle Truhen aus«
(E 203). Der Schriftschmuck, der sich auch in bestimmten
Nischen findet, besteht aus »imaginations démoniaques et
mathématiques, qui poussent, jusqu'a un raffinement inconnu
de nos cruautés occidentales, pourtant si inventives, la scien-
ce du supplice« (S. 177), und während der Hinrichtungen werden »des images, d'anciennes légendes de crime, des figurations
de tortures et de supplices« (S. 157) verkauft; beides erinnert
an die labyrinthartigen Zeichnungen mit einander vielfach
kreuzenden Linien, die in Kafkas Erzählung das Urteil enthalten und die Bewegungen der Egge steuern. (E 210 f.) – *Sonne:*
Die Sonne »embrasait l'atmosphère et ... nous brûlait la

peau«. (S. 147) Und: »Le soleil cuit la terre«. (S. 156, vgl.
Burns, S. 46, der eine andere Stelle zum Vergleich heranzieht) –
französisch: Reflex der französischen Quelle als auch der Tatsache, daß sich dort an einer Stelle der Hinweis findet, jetzt
werde englisch gesprochen (S. 221). Vgl. E 227 und *Blumfeld,
ein älterer Junggeselle* B 141: *französischen Zeitschrift.*

E 203   *Riemen:* Vgl. E 214: *Riemen.* – *Schreien:* Bei Mirbeau ist ein
Verurteilter »étendu sur une table très basse, les membres et le
corps liés par de solides cordes … la bouche baillonnée …
de façon à ce qu'il ne pût faire un mouvement, ni pousser un
cri«. (S. 164)

E 204   *Heilanstalten:* Kafka sah solche Apparate in Naturheilsanato-
rien in Erlenbach bei Zürich (1911) und in Riva (Gardasee)
(1913). Vgl. E 194.

E 206   *Schuld:* Vgl. die Einleitung u. F 741 (»mein Schuldbewußt-
sein ist immer stark genug, es braucht keine Nahrung von
außen«).

E 207   *Sachverhalt:* Auch in der Vorlage sind es ganz geringe Ver-
fehlungen, die die Todesstrafe nach sich ziehen, einer hat
einen Fisch gestohlen (S. 162), ein anderer einen Sack Reis
(S. 222; entsprechend dem von ihm dargestellten Grundsatz,
dem Verurteilten das Gebot auf den Leib schreiben zu lassen,
gegen das er verstoßen hat, läßt Kafka, gleichsam diese Anregung durch die Quelle verallgemeinernd, alle Delinquenten
Reis essen). Ein Mitglied der Reisegesellschaft erzählt: »L'
année dernière … je me promenais dans un champ de blé.
Avec ma canne, j'abattais les épis autour de moi … Un
paysan accourut qui se met à crier, à m'insulter, à m'ordon-
ner de sortir de son champ … Je lui assénai trois vigoureux
coups de canne sur la tête … Il tomba le crâne fendu.«
(S. 85) Auf eine Frage, was dann wohl geschehen sei, antwortet Clara (sie erwähnt S. 136: »j'ai vu … des spectres
de famine déterrer des cholériques et les manger avidement«)
lachend: »Vous l'avez peut-être mangé?« Der Erzähler
gibt im folgenden Gespräch dann die Auskunft, auch Neger
getötet zu haben, die von einem anderen Teilnehmer der Diskussion als »anthropophages« bezeichnet werden (S. 87). Das
Motiv des Peitschens, das Kafka nahelag (vgl. den *Bericht
für eine Akademie* E 194: *Peitsche* u. die *Forschungen eines
Hundes* B 255: *man prügelt*), die willkürliche Schikanierung
des einfachen Mannes (S. 223: »nous travaillons, presque tou-
jours, dans le bas peuple«) und die Vorstellung, der Geschlagene esse Menschenfleisch, konnte Kafka diesem Zusammenhang entnehmen. Vgl. den *Hungerkünstler* E 256: *Fleischhauer*
u. *Das Urteil* E 65: *zerschmettert.* Im Motiv der Auflehnung
des Untergebenen (des Sohnes) gegen seinen Vorgesetzten (den

Vater) liegen wohl auch die geheimnisvollen Beziehungen der *Strafkolonie* zum *Urteil* und zur *Verwandlung* (vgl. Br 134 u. 148 f.), zumal Kafka den Generationenkonflikt auch ausdrücklich mit dem seine Söhne verzehrenden Kronos der Mythologie in Verbindung bringt (vgl. Br 345 u. H. Kaiser, Franz Kafkas Inferno. Eine psychoanalytische Deutung seiner Strafphantasie, in: Imago 1931, H. 1, S. 41 ff.).

E 208   *gereinigt:* »un tourmenteur ... nettoyait de fins instruments d'acier avec des chiffons de soie«. (S. 220, vgl. Burns, S. 47)

E 211   *labyrinthartige:* Vgl. den *Bau* B 182: *Eingangslabyrinth.*

E 212   *den letzten Bissen:* Vgl. E 125. – *Anblick:* »il était beau, cet homme«, heißt es in der Vorlage von einem grausam zu Tode Gequälten. (S.163)

E 213   *Soldat:* Bei der zu E 203: *Schreien* zitierten Passage band ein Soldat den Delinquenten fest.

E 214   *Riemen:* »le supplicié s'était longtemps débattu, qu'il avait vainement tenté de rompre ses liens et que, sous l'effort désespéré et continu, liens de corde et lanières de cuir etaient entrés peu à peu dans la chair où ils faisaient maintenant des bourrelets de sang brun, de pus figé, de tissu verdâtre.« (S. 270, vgl. E 227 f.) – *Ersatzstücke:* Der »tourmenteur« hat bei einer Exekution »ébréché ma scie« (S. 222), an anderer Stelle kommen Arbeiter »nettoyer et réparer les instruments de torture« (S. 260, vgl. E 200).

E 215   *Empfehlungen:* Vgl. E 221 (»Empfehlungsschreiben«) u. die »lettres de recommandation« (S. 64 u. 121, vgl. Burns, S. 46).

E 216   *Zuckersachen:* Beim Besuch der zur Verurteilung Anstehenden sagt Clara zu einem: »Pour toi, j'ai choisi les meilleurs morceaux du marché« (S. 179), und während der Hinrichtungen gibt es Zelte, »où l'on grignotait de jolis bonbons« (S. 157). – *Fischen:* Der Garten der Qualen liegt an einem Fluß (S. 303 f., 307), vgl. E 207: *Sachverhalt.* – *Ekel:* Bei einer Exekution ruht ein Verurteilter auf einem »billot tout noir de sang ancien«. (S. 162)

E 217   *Hinrichtungstag:* bei Mirbeau einmal wöchentlich. (S. 135, vgl. 137: »nous ne manquions jamais un mercredi«) – *Teehaus:* Vgl. E 234 u. das »maison de thé« (S. 307). – *Anschauungen:* Die Richter wollen das Marterwerk mit den Ratten nicht einführen: »Le retour à la tradition classique les effraie«. (S. 235 f.) – *überfüllt:* Mirbeau spricht von einer »foule impatiente et très nombreuse. A chaque minute, elle grossissait«. (S. 156 f.) – *Fanfaren:* »Des bonzes ... frappaient sur des gongs, à coups frénétiques«. (S. 160) – *Kinder:* Vgl. E 255.

E 218   *mit geschlossenen Augen:* Bei Mirbeau sind die Zuschauer wie eine »foule accourue au seuil d'un temple, une foule serrée, pressée, impatiente, étouffée, respectueuse et qui, cous ten-

dus, yeux ronds, hagarde et bavarde, regarde s'accomplir un
mystére que'elle ne comprend pas.« (S. 270 f.)

E 219   *Fliegen:* bei Mirbeau mehrfach erwähnt. (S. 220, 256 u. 259) –
         Öde: »Désolation infinie!« (S. 155) – *Schande:* »Bien que je
         m'efforce à en conserver les traditions véritables ... je suis
         débordé ... et je ne puis, à moi tout seul, arrêter sa déca-
         dence ... C'est honteux!« (S. 224)

E 220   *befangen:* Clara sagt zum Ich-Erzähler: »vous avez de stu-
         pides scrupules, comme en Europe« (S. 112, vgl. Burns,
         S. 48), und ein »tourmenteur« erklärt: »je répugne ... à
         toutes ces modes nouvelles que, sous prétexte de civilisation,
         nous apportent les Européens« (S. 225, vgl. Burns, S. 47 f.).

E 221   *Gerichtsverfahren:* Der Ich-Erzähler bei Mirbeau ist in amt-
         lichem Auftrag unterwegs, »pour étudier les divers systèmes
         d'administrations pénitentiaires qui y fonctionnent«. (S. 54,
         vgl. Burns, S. 46)

E 225   *mit den Fingern:* »Clara dont les petits doigts m'entraient dans
         le peau«. (S. 233, vgl. 160 u. P 132)

E 229   *mit Sonnenlicht überschütteten Himmel:* »Durant huit mois
         de l'année, le ciel reste bleu, d'un bleu lavé de rouge où
         s'avivent les reflets d'un perpétuel incendie, d'un bleu impla-
         cable où n'ose jamais s'aventurer le caprice d'un nuage.«
         (S. 156)

E 233   *Folter:* »Ja, das Foltern ist mir äußerst wichtig, ich beschäf-
         tige mich mit nichts anderem als mit Gefoltert-werden und
         Foltern. Warum? ... unüberlegt, mechanisch und traditions-
         gemäß.« (M 244)

E 234   *Gesicht:* Über die Hingerichteten heißt es bei Mirbeau: »Sur
         sa face toute convulsée ... creusaient d'affreuses grimaces ...
         Les deux yeux, démesurement ouverts, dardaient sur nous un
         regard qui ne regardait plus ... cette démence des yeux sur-
         vivant à la mort...« (S. 281) – *Stachels:* Im November 1918
         schrieb Kafka an den Kurt Wolff Verlag: »Ich bitte Sie zu
         beachten, daß nach dem mit ›eisernen Stachels‹ endigenden
         Absatz ... ein größerer freier Zwischenraum, der mit Stern-
         chen oder sonstwie auszufüllen wäre, einzuschieben ist.«
         (Br 246; wahrscheinlich an dieser Stelle hatte Kafka einige
         ihn nicht befriedigende Zeilen für die Druckfassung aus dem
         Manuskript entfernt.)

E 235   *Palastbauten:* »le palais«. (S. 310)

E 236   *Münzen:* Von einem Wärter eines als Heiligtum dienenden
         Bauwerks heißt es in der Vorlage: »Il fallut jeter quelques
         pièces de monnaie«. (S. 257, vgl. 160) – *Treppe:* Vgl. die
         Wendung »sortir de la barque et monter l'escalier« (S. 311;
         denn man muß den Fluß überqueren, wenn man den Gar-
         ten der Qualen besuchen will).

EIN TRAUM

(2. Dezemberwoche 1914)

Das Stück, zu dem sich kein Manuskript erhalten hat, gehört offensichtlich in den Zusammenhang des *Prozeß*-Romans. Motivbeziehungen sowohl zum *Dom*-Kapitel (Gefängniskaplan und Grabkapelle)
als auch zum Romanschluß (vgl. P 271 mit E 182 Z. 2 f., 182 f. u.
183 Z. 27 ff.), dazu die Tatsache, daß die Verwandlungsszene in dem
nach dem 8. Kapitel einzuordnenden Fragment *Das Haus* mit dem
Traum und dem letzten Romankapitel einen Verweisungszusammen-
hang bildet, der Josef K.s absteigende Lebenslinie zeigt (vgl.
P 291 f. u. 294 f. mit 270, Titorellis Funktion mit derjenigen des
Künstlers im *Traum*, außerdem die Art, wie K. gefühlsmäßig auf die
Vision im *Haus* und auf den Traum reagiert, und die Rolle des Lichts
in beiden Szenen), legt eine Einordnung unmittelbar vor dem Ende des
Romans nahe. Möglicherweise gehört der *Traum* ins *Mutter*-Kapitel,
in dem davon die Rede ist, K.s Mutter pflege neuerdings sonntags
am Arm des Vetters die Kirche zu besuchen. Geht man davon aus,
daß K., nach dreijähriger Abwesenheit von der Heimat nun zurück-
gekehrt, im Fortgang dieses unvollendet gebliebenen Kapitels mit
der Mutter zusammen das Grab seines früh verstorbenen Vaters hätte
besuchen und dabei das baldige schlimme Ende seines Prozesses hätte
meditieren sollen (vgl. P 277 f. u. 289), was um so naheliegender ist,
als Kafka selber 1914 vergleichbare Gedanken hegte (vgl. T 404 u.
373, über die Eltern: »Ob sie mich auch noch ins Grab legen werden,
nach einem durch ihre Sorgfalt glücklichen Leben«), so könnte der
Traum als nächtliche Weiterverarbeitung dieses Vorgangs durch K.s
Unbewußtes verstanden werden. Auf dieser Annahme basiert die vorgeschlagene Datierung, vgl. T 447 u. zu den Einzelheiten meinen
»Kafka-Kommentar zu den Romanen, Rezensionen, Aphorismen und
zum Brief an den Vater«, München (1976), S. 160 ff.
Zur Druckgeschichte vgl. die Einleitung zu *Schakale und Araber*.
D: *Das jüdische Prag. Eine Sammelschrift*. Hg. v. der Redaktion der
Selbstwehr, Prag 1917 (recte 1916), S. 32 f.

E 181   *zwei Schritte:* Traummotiv, vgl. auch E 148. – *wie auf einem
         reißenden Wasser:* Es entspricht üblichen Traumtechniken,
         daß der Weg im Folgenden wirklich zu einem Flußlauf wird.
         Kafkas schönster Traum war, wie er »in einem Kahn sitzend,
         durch ein leeres Flußbett flog«. (FK 70, vgl. den *Landarzt*
         E 147: *stand neben mir*)

E 182   *Grabstein:* Vgl. die vielleicht auf diese Szene bezügliche
         Zeichnung Kafkas in FK 396. – *Samtkappe:* Attribut tradi-
         tioneller jüdischer Frömmigkeit, vgl. A. Kuh, Juden und Deut-
         sche, Berlin (1921), S. 26: »Der Zionismus aber trägt ein sam-
         tenes Patriarchenkäppchen.«

VOR DEM GESETZ

(2. Dezemberwoche 1914)

Das Stück kann voll nur im Zusammenhang des *Prozeß*-Romans verstanden werden (vgl. I. Henel, Die Türhüterlegende und ihre Bedeutung für Kafkas ›Prozeß‹, in: Deutsche Vierteljahrsschrift für
Literaturwissenschaft und Geistesgeschichte 37 [1963], S. 50 ff.), wo
es der Gefängnisgeistliche K. als »in den einleitenden Schriften
zum Gesetz« überliefertes Beispiel für die »Täuschung« erzählt, der
K. gegenüber dem Gericht unterliege (P 255). Im Anschluß daran werden verschiedene, einander widersprechende Deutungsmöglichkeiten
diskutiert, deren Argumentationsgang an die rabbinische Schriftexegese
erinnert. *Vor dem Gesetz* entstand offenbar unmittelbar nach dem
Traum. (Vgl. T 448 u. meinen »Kafka-Kommentar zu den Romanen,
Rezensionen, Aphorismen und zum Brief an den Vater«, München
[1976], S. 160 ff.)
Wenn Kafka dem von ihm als »Legende« bezeichneten Text gegenüber (vgl. P 186) ein »Zufriedenheits- und Glücksgefühl« empfindet
(T 448), so ist dieses Urteil um so höher zu bewerten, als er an diese
Darstellungsform sehr hohe Ansprüche stellt. So schreibt er im Juni
1914 über eine ihm vorgelegte Erzählung, die er mit eben diesem Gat-
tungsbegriff belegt: »unüberwindbar bleibt für mich der trockene
Aufbau der ganzen Allegorie, die nichts ist als Allegorie, alles sagt,
was zu sagen ist, nirgends ins Tiefere geht und ins Tiefere zieht ...
Schließlich kann eine solche Arbeit wie die Legende erst am Ende
eines Lebens gelingen, wenn man alle seine Kräfte entwickelt und bereit hat und es wagen kann, sie über die ganze Strecke einer Arbeit
hin bewußt zu zwingen, ohne daß man sich nach den ersten Schritten
von dem größten Teil verlassen sieht«. (F 596, vgl. 594)
Möglicherweise hat für die Entstehung des Stücks eine Rolle gespielt,
daß Franz Werfel am 2. Dezember 1914 Kafka und seinen Freunden
Esther, Kaiserin von Persien vorlas (vgl. T 444 f.), denn dort tritt
im zweiten Akt ein oberster Türhüter auf. Außerdem enthält der erste
Akt eine längere Einlage, nämlich Mardochais Erzählung vom Tode
des Mose, die von Werfel als »Legende« bezeichnet wurde. (Vgl.
F. Werfel, Die Dramen, Bd 2, [Frankfurt/M.] 1959, S. 366 f. u. 513)
Daß man darüber diskutierte, ist angesichts der Tatsache wahrscheinlich, daß Kafka und seine Freunde dieser Sage besonderes Interesse
entgegenbrachten (Nachweise in meiner Arbeit »Motiv und Gestaltung bei Franz Kafka«, Bonn 1966, S. 34 ff.). Dieser Text hat, besonders in der Auslegung, der ihm in der jüdischen Tradition zuteil wurde,
mit Kafkas Stück gemeinsam, daß die Lebenswünsche der sterbenden
Hauptfigur unerfüllt bleiben und diese nach dem Willen der göttlichen
Instanz bis zu ihrem Tode gleichsam im Vorhof des Lebens verharrt.
Während seiner Zusammenkunft mit Felice am 23. und 24. Januar
1915 in Bodenbach las Kafka aus dem *Prozeß* vor: »... widerlich gin-

gen die Sätze durcheinander, keine Verbindung mit der Zuhörerin, die mit geschlossenen Augen auf dem Kanapee lag und es stumm aufnahm. ... Bei der Türhütergeschichte größere Aufmerksamkeit und gute Beobachtung. Mir ging die Bedeutung der Geschichte erst auf, auch sie erfaßte sie richtig, dann allerdings fuhren wir mit groben Bemerkungen in sie hinein, ich machte den Anfang.« (T 460, vgl. F 628)
D: *Selbstwehr. Unabhängige jüdische Wochenschrift* 9, Nr. 34 (7. 9. 1915), S. 2 f.

E 158   *Gesetz:* Vgl. *Forschungen eines Hundes* B 247: *Gesetz.* – *Türhüter:* Vgl. die Vorform des Textes vom 29. Juli 1914: »Josef K., der Sohn eines reichen Kaufmanns, ging ... in das Haus der Kaufmannschaft ... Der Türhüter verneigte sich tief. Josef sah ihn ohne Gruß flüchtig an. ›Diese stummen untergeordneten Personen machen alles, was man von ihnen voraussetzt‹, dachte er. ›Denke ich, daß er mich mit unpassenden Blicken beobachtet, so tut er es wirklich.‹ Und er drehte sich nochmals, wieder ohne Gruß, nach dem Türhüter um ...« (T 414) Der hier explizit ausgesprochene seelische Mechanismus bestimmt auch das Verhalten der Kontrahenten in *Vor dem Gesetz.* (Vgl. E 160: *bestimmt*) – *Mann vom Lande:* die Wendung vielleicht in Anlehnung an den hebräischen 'amhā-áräṣ (Luther: »Volk im Lande«), der die traditionell denkende Landbevölkerung Judas im Gegensatz zu den die offizielle Theologie vertretenden Bewohner Jerusalems meint. (Vgl. 2. Kön. 21, V. 23 f.) – *trotz meines Verbotes:* J. Born sieht hier Kafkas Vaterproblem gespiegelt. (»Kafka's Parable *Before the Law.* Reflections towards a ›Positive‹ Interpretation«, in: Mosaic 3, Nr. 4 [1969/70], S. 153 ff.) Zu verweisen wäre also auf F 452, wo der Dichter über Hermann Kafka schreibt: »An ihm vorbei kann ich zur Not, über ihn hinweg nicht«, oder auf den *Brief an den Vater,* wo der Adressat so zitiert wird: »›Mach, was Du willst; von mir aus bist Du frei; Du bist großjährig; ich habe Dir keine Ratschläge zu geben‹, und alles das mit dem fürchterlichen heiseren Unterton des Zornes und der vollständigen Verurteilung«. (H 175, vgl. 215; bezeichnenderweise geht die schon angeführte Vorform vom 29. 7. 1914 ebenfalls von einer feindlichen Konfrontation zwischen Josef K. und seinem Vater aus) – *Von Saal zu Saal:* In einer Erzählung des Baalschem, die Kafka bekannt war, heißt es: »Ein König baute einst einen großen und herrlichen Palast mit zahllosen Gemächern, aber nur *ein* Tor war geöffnet. Und als der Bau vollendet war, wurde verkündet, es sollten alle Fürsten erscheinen vor dem Könige, der in dem letzten der Gemächer throne. Aber als sie eintraten, sahen sie: da waren Türen offen nach allen Seiten, von

denen führten gewundene Gänge in die Fernen, und da waren
wieder Türen und wieder Gänge, und kein Ende stand vor
dem verwirrten Auge. Da kam der Sohn des Königs und sah:
eine Spiegelung war all die Irre, und er sah seinen Vater sitzen
in der Halle vor seinem Angesicht.« (M. Buber, Die Legende
des Baalschem, Frankfurt/M. [1908], S. 10 f., vgl. F 260) Handelt Werfels Legende von Moses Verhältnis zu seinem Vater-
gott, so stellt die Metaphorik dieses Textes die Beziehung zwischen jüdischem Gesetz und dem Vater her. – *des dritten:*
»Und wie in das Heiligtum des Todes selbst schritt ich jetzt
durch das dritte und letzte Tor hindurch.« (J. Dittmar, Im
Neuen China. Reiseeindrücke, hg. v. N. Henningsen, Köln
1912, S. 26 [Schaffstein's Grüne Bändchen Nr. 24]. Gemeint
ist ein nahe Mukden gelegenes Monument. Die Reihe gehörte
zu Kafkas Lieblingslektüre, vgl. F 738) – *Pelzmantel:* »Wer
Kafka und seine Umwelt kannte, weiß noch, daß sein Türhüter
(in ›Vor dem Gesetz‹) eine direkte Spiegelung der schwerbe-
mantelten zweispitzgekrönten, bärtigen und grimm dreinblik-
kenden Portiers ist, die mit goldbeknauften Stäben die mächtigen Tore der Prager Adelspaläste bewachten und die Knaben
auch nicht einmal von der Seite ins Innere blicken ließen, von
wo ein unverlöschlicher höherer Glanz hervorzudringen schien.«
(J. Urzidil, Da geht Kafka, [München 1966], S. 18) – *warten:*
Vgl. P 211 (Block sagt: »Das Warten ist nicht nutzlos … nutzlos ist nur das selbständige Eingreifen«), H 39 (»Vielleicht
aber gibt es nur eine Hauptsünde: die Ungeduld«) u. F 324
(Kafka über sein Verhältnis zu Felice: »Ich komme mir vor,
als stünde ich vor einer abgesperrten Tür, hinter der Du
wohnst und die sich niemals öffnen wird … Ungeduld ist
für mich nur Zeitvertreib des Wartens, die Kraft zu warten
wird dadurch nicht angegriffen, wenn es auch natürlich überhaupt nicht Kraft ist, sondern Schwäche … wenn mein Los
so fallen würde, daß … ich innerlich ein Verhältnis zu Dir
hätte, das z. B. dem äußerlichen Vorgang entsprechen würde,
daß ich nichts anderes zu tun hätte, als ewig vor einem Ne-
beneingang Deines Hauses auf Dich zu warten, während
Du durch den Haupteingang aus und ein gingest.« Bildlichkeit und Thematik der Legende ist hier schon deutlich vorgebildet. S. auch T 546) Der Mann vom Lande unterläuft
jedoch diese Tugend der Geduld durch seine Fragen und seine
Bestechungsversuche: »He had neither the courage to enter
into the Law on independent initiative, nor the faith to per-
sist in unwavering patience until entrance should be granted
him.« (J. Born, Kafka's Parable *Before the Law*, S. 161)
E 159   *bestechen:* Über die nationalen Heiligtümer Pekings heißt es
in dem schon angeführten Reisebericht: »Dafür trieben sich

allerlei ·schmutzige Türhüter an den Toren herum, die auf
nichts weiter erpicht waren, als von den Fremden möglichst
viel Geld zu erbetteln, und die darum zu jeder Verletzung ihrer Pflichten bereit waren.« (»Im neuen China«, S. 66, vgl.
Beim Bau der Chinesischen Mauer B 79: *und wieder ein Palast*). – *Größenunterschied:* Vgl. *Das Urteil* E 59: *Riese.*

E 160 *bestimmt:* Im *Brief an den Vater* schreibt Kafka über seine
von väterlicher Willkür bestimmte Kindheit: »ich, der Sklave,
lebte, unter Gesetzen, die nur für mich erfunden waren und
denen ich überdies ... niemals völlig entsprechen konnte«.
(H 173, vgl. den *Bau* B 186: *viele Feinde*) Zwischen der an-
fänglichen Weigerung des Türhüters, den Mann vom Lande
einzulassen, und seiner Aussage am Schluß besteht kein Wi-
derspruch, denn jener hätte ohne auf ausdrückliche Erlaubnis
zu warten aus eigener Initiative eintreten sollen. (Vgl. J. Born,
Kafka's Parable *Before the Law*, S. 159) Die Handlungsweise
des Mannes vom Lande ist wohl ein Spiegel der Handlungs-
schwäche des Autors, der Anfang 1914 im Tagebuch vermerkt:
»... wie jeder Mensch unrettbar an sich selbst verloren ist,
und nur die Betrachtung der andern und des in ihnen und
überall herrschenden Gesetzes kann trösten ... alles was möglich ist, geschieht ja; möglich ist nur das, was geschieht.«
(T 349, vgl. H 113, den *Jäger Gracchus* B 103: *Drehung* u.
F 160: »trotzdem natürlich niemand anderer als die Vernunft
recht hat, welche sagt, daß man, ebenso wie es keine andern
Umstände gibt als die wirklichen, auch mit keinen andern
rechnen kann«)

DER RIESENMAULWURF

(DER DORFSCHULLEHRER)

(19. Dezember 1914 – 6. Januar 1915)

Die Entstehungsdaten und der richtige Titel, der in der Handschrift
fehlt (vgl. auch FK 350), ergeben sich aus Tagebucheintragungen.
(T 449 ff.) Die Idee zum *Dorfschullehrer* sowie ein kleines, als Vorfassung zu bezeichnendes Bruchstück, in dem die sogenannten Pferde
von Elberfeld thematisiert sind, wurden durch den umfangreichen Aufsatz M. Maeterlincks veranlaßt, der unter dem Titel *Die denkenden
Pferde von Elberfeld* im Juni 1914 in der *Neuen Rundschau* erschien.
(S. 782–820; Kafka las die Zeitschrift regelmäßig, vgl. F 121) Es geht
dabei vor allem um die zwischen 1908 und 1911 von Karl Krall in
Elberfeld durchgeführten Tierversuche, deren Ergebnisse, von ihm
1912 veröffentlicht, weltweites Aufsehen erregten, weil er behauptete,

seinen Pferden komme eine quasi menschliche Geistes- und Seelenver-
fassung zu. Kafkas Erzählzusammenhang wurzelt aber nicht in seiner
Vorlage, sondern er baut einzelne Elemente ohne Rücksicht auf ih-
ren ursprünglichen Stellenwert in einen andersartigen Kontext ein.
(H 293 f. zeigt, daß Kafka den Vorstellungskomplex in seiner Spätzeit noch einmal aufgenommen hat; eine immanente Deutung der drei
innerlich zusammengehörigen Erzählfragmente bei H. Hillmann, Franz
Kafka. Dichtungstheorie und Dichtungsgestalt, Bonn 1964, S. 156 ff.
Einzelheiten zur Quelle in meiner Arbeit »Motiv und Gestaltung bei
Franz Kafka«, Bonn 1966, S. 136 ff.)
Als stoffliche Anregungen für die Ersetzung der denkenden Pferde
durch einen in vergleichbarer Weise den empirischen Erfahrungshori-
zont sprengenden überdimensionalen Maulwurf kommen eigene Erlebnisse Kafkas mit Maulwürfen in Frage (vgl. Br 29 u. eine unpublizierte Stelle, die nach M 71 Z. 18 einzufügen wäre: »Ich hatte einmal
einen Maulwurf gefangen und trug ihn in den Hopfengarten. Als
ich ihn abwarf, stürzte er sich wie ein Wütender in die Erde, wie
wenn er im Wasser tauche, verschwand er«), dann Ernst Hardts Erzählung *Morgengrauen,* wo die Begegnung eines derartigen Tiers mit
einem Dichter beschrieben wird *(Gesammelte Erzählungen,* Leipzig
1909, S. 67–70; Hardt übte eine Zeitlang großen Einfluß auf Kafka
aus, vgl. F 573), und schließlich die Tatsache, daß ein vom Kriegsschau-
platz zurückkehrender Schwager Kafkas nur wenige Wochen vor der
Niederschrift der Erzählung schreiend, aufgeregt und völlig außer sich
eine Geschichte erzählte, in der ein Maulwurf eine für den Durch-
schnittsverstand unerklärliche Rolle spielte (T 442).
D: BM 131–153. (Die wichtigeren Varianten der Handschrift, die F.
Martini veröffentlichte – »Ein Manuskript Franz Kafkas – ›Der Dorfschullehrer‹«, in: Jahrbuch der Dt. Schillergesellschaft 2 [1958], S.
266–300 –, werden im Folgenden berücksichtigt; in dieser Publikation
nach S. 272 auch ein Faksimile des Textbeginns)

B 220 *widerlich finden:* dahinter im Ms gestrichen: » – regelmäßig
aus nicht faßbaren Gründen, denn das weiche dunkle Fell, die
zarten Füßchen, die zugespitzte sorgfältig geformte Schnauze
was man an ihm sieht, ist nicht widerlich – diese Leute«. (Vgl.
den *Bau* B 197: *Zischen)* Auf diesen Erzählbeginn bezieht
sich wohl eine Notiz Kafkas vom 19. Dezember 1914: »Anfang
jeder Novelle zunächst lächerlich. Es scheint hoffnungslos,
daß dieser neue, noch unfertige, überall empfindliche Organismus in der fertigen Organisation der Welt sich wird erhalten
können, die wie jede fertige Organisation danach strebt, sich
abzuschließen. Allerdings vergißt man hiebei, daß die Novelle,
falls sie berechtigt ist, ihre fertige Organisation in sich trägt,
auch wenn sie sich noch nicht ganz entfaltet hat; darum ist
die Verzweiflung in dieser Hinsicht vor dem Anfang einer

Novelle unberechtigt«. (T 450) – Am 26. Dezember heißt es
dann direkt über den *Dorfschullehrer:* »jetzt hat er, trotzdem
er noch fast am Anfang ist, schon zwei unheilbare Fehler in
sich und ist außerdem verkümmert.« (T 451) – *Ausland:*
Maeterlinck besuchte Krall.

B 221   *Vorbildung:* Vgl. B 228: *Kenntnissen.* – *in ihnen:* Ms gebessert
aus »in seinen Anstrengungen«. – *Anstrengung:* Ms »Ausdauer«. – *Persönlichkeiten:* Eine auf Veranlassung des preußi-
schen Kultusministeriums eingesetzte Kommission zerstörte
1904 durch ein Gutachten den Nimbus eines Pferdes, von
dem ein Vorgänger Kralls behauptet hatte, es könne denken.
Maeterlinck schreibt über einen der Gutachter: »Dieser Herr
Pfungst veröffentlichte nach zahlreichen Experimenten einen
umfangreichen vernichtenden Bericht, worin er behauptete, das
Pferd besitze nicht die mindeste Intelligenz...« (S. 783, vgl.
B 222) – *aber zu einer Zeit:* Ms »also zu einer Zeit«.

B 222   *überwunden hatte, überhaupt Einlaß zu erlangen:* Ms: »überwunden hatte, um bei dem Gelehrten, bei dem er sich wochen-
lang vorher angemeldet hatte, überhaupt Einlaß zu erlangen«.
– *Die Erde ist doch in Ihrer Gegend besonders schwarz und
schwer:* Ms: (1) Die Erde ist doch in (2) Berechtigte das (3)
Gewiß es gibt verschiedene Maulwürfe, kleine und ... (4) Es
kommt doch in (5) Text. – *Aber so groß doch nicht:* Ms (1)
Das ist noch kein Anlaß (2) Aber so groß können sie doch nicht
werden (3) Text. – O *doch:* bis » ... vorkam« aus gestrichenem: »›Auch so groß war die Antwort warum denn nicht?‹«
– *Mit diesem Bescheide fuhr der Lehrer nach Hause zurück:*
dafür Ms zunächst: »In dieser Weise also wurde der Lehrer in
seinen Bestrebungen«. – *selbst zu sammeln:* Vgl. H 412 u.
Maeterlinck: »Ich hatte seit lange annähernd alles gelesen,
was über die Frage veröffentlicht worden ist, und war von
der Wirklichkeit der Tatsachen völlig überzeugt«. (S. 786) –
wunderbare: Ms »sonderbare«.

B 223   *hätte mich nur beirrt:* verbessert aus »hätte mich daher nur
beirren können« – *nochmals vorzunehmen:* Vgl. H 412; auch
Maeterlinck wiederholte die Versuche seiner Vorgänger unter
verschärften Bedingungen. – *zuvorkommen:* dahinter im Ms
gestrichen: »Abgesehen hiervon aber erreichte ich durch meine
Methode, zu meinen Darstellungen lediglich Angaben möglichst unbeteiligter Augen- und Ohrenzeugen (1) zu [verwen-
den] (2) heranzuziehen, daß meine Schrift von dem Vorwurf
frei«.

B 224   *nicht übereinstimmten:* Maeterlinck steht zwar den unter-
suchten Phänomenen wohlwollend gegenüber, doch unterscheidet sich seine Deutung stark von den in Kralls Buch
niedergelegten Ansichten. – *gehalten hätte:* Ms »gehalten hatte«.

B 225 *geäußert hätten, ich aber hätte:* Ms »geäußert hatten, ich aber
hatte«. – *wirken mußten:* Ms »wirken müßten«. – *wäre aber:*
Ms »war aber«. – *geschehen konnte:* dahinter im Ms kein
Absatz. – *der Entdecker aber war er nicht einmal:* Ms »der
Entdecker war er aber nicht einmal«.

B 226 *sie zu entwerten:* bis zum Ende des Satzes dafür im Ms: »um
sie zu entwerten, ich hatte sie erforscht und legte sie bei
Seite«. – *nun machte ich wieder Lärm:* Ms »ich machte (1)
aber (2) nun wieder Lärm«. – *verriet:* aus gestrichenem »schä-
digte«.

B 227 *ehrgeizig:* Vgl. B 236, 232 f. u. H 413. – *ohne eine allzu große
Unwahrheit zu sagen:* verbessert aus »ohne einen allzugroßen
Fehler zu begehen«. – *hervorgerufen hatten:* Ms »hervorge-
rufen hatte«.

B 228 *nicht entdeckt:* dahinter im Ms gestrichen: »Ich bin ein Beamter vielleicht hängt es damit zusammen da«, vgl. Z. 14 ff. –
Kenntnissen: Über das Auftreten Kralls schreibt Maeterlinck:
»die Ereignisse nahmen einen energischen und entscheidenden Gang, und die Gegner des Wunders fanden an Stelle
eines müden Greises, eines brummigen und halb entwaffneten
Sonderlings einen jungen, leidenschaftlichen Mann, der von
einem bemerkenswerten wissenschaftlichen Instinkt beseelt,
geistreich feingebildet und imstande war, sich zu verteidigen«.
(S. 783) – *nicht so weit:* Ms »noch nicht so weit«. – *Zeit genug:*
Ms »genug Zeit«. – *Trostlosigkeit:* Ms »Art Trostlosigkeit«.

B 229 *mir möglich:* Ms »nur möglich«.

B 230 *Mißerfolg:* Vgl. H 294 u. B 228.

B 231 *Entdecker:* Vgl. B 225 u. 228. – *entnehmen:* dahinter im
Ms gestrichen: »Wenn ich vielleicht geglaubt hatte, ihn durch
meine Erklärung und zwar nicht durch ihren Inhalt sondern
durch ihre Schärfe zu erschrecken, so hatte ich mich vollständig getäuscht. (1) Er nahm nicht nur mein Angebot gleich
(2) Während des Schlusses meiner Rede nickte er schon mit
einer Zufriedenheit wie ich sie an ihm noch niemals beobachtet hatte und als ich schwieg beugte er sich vertraulich über
den Tisch mir entgegen und sagte: ›Diesen Eueren Entschluß
habe ich schon lange erwartet, in letzter Zeit allerdings –
ich will es frei heraussagen – hatte ich schon fast die Hoffnung aufgegeben, daß Ihr dazu gelangen werdet. Nun aber
habt Ihr Euch doch überwunden.‹ Er legte seine Hand auf
die meine und rieb sie freundschaftlich«. Vgl. B 232 Z. 6 f. –
Die meisten: Vgl. E 254. – *sich doch etwas:* Ms »sich etwas«. –
den neuen Spruch: Vgl. den Schluß des *Urteils* u. T 296 f.

B 232 *immer gesagt haben:* Dahinter gestrichen: »Ich erinnere mich
hiebei an ein Erlebnis das ich etwa im 10ten Lebensjahr hatte.
Meine Mutter war bei meiner Geburt gestorben und mein

Vater kümmerte sich von da ab um nichts anderes als um
mich, sein einziges Kind, er liebte und verwöhnte mich unendlich. Soviel ich aber gehört habe war ich ein ruhiges und be-
scheidenes Kind und mißbrauchte meine bevorzugte Stellung
selten«. (Textfortsetzung: »und daß es eben doch im Allgemeinen nie vorauszusehen war.«) – *Äußeren:* verbessert aus
»Putz und ihrer Kleidung«.

B 235   *Studenten:* Der junge, ehrgeizige Student der Vorfassung be-
kommt Geldzuwendungen von seinen Eltern, bezeichnet die
Ergebnisse seiner Vorgänger als »Erzeugnisse der Einbildung«
(H 414) und wird durch die »wilde Überzeugung« fortge-
trieben, »gegenüber allen Kennern recht« behalten zu können
(H 415).

B 236   *hätte Euch aus:* Ms »hätte Euch also aus«.

B 237   *bis in die Wolken:* Der Zusammenhang entschwindet also der
Anschaulichkeit. Vgl. S 19 u. F 293. – *ein nächstes Mal:*
im Ms gestrichen, dort auch nach »gerade um sie« kein Absatz.

B 238   *starrköpfig:* Vgl. das Fragment H 412 ff. – *wenn es ihm:*
Ms »bis es ihm«, vgl. *Die Verwandlung* E 80: *bis.*

B 239   *betrachtet:* Ms »bezeichnet«. – *hinauszubefördern:* dahinter
im Ms, wahrscheinlich von den Herausgebern, eingerahmt:
»Sein langer steifer Überrock den er niemals ablegte, stand
in scharfen Bruchfalten weit von ihm ab und machte ihn zu
einer breiten Masse«, vgl. auch T 269 Z. 18 f., 593 Z. 26 f.
u. Be 94 Z. 15 ff.

BLUMFELD, EIN ÄLTERER JUNGGESELLE

(8. Februar – März/April 1915)

Nach einer Phase der Stagnation Anfang 1915, da Kafka die Arbeit
am *Prozeß* aufgeben mußte (vgl. T 458) – er fühlte sich vom Schreiben »ausgeworfen« und endlosen »Quälereien« ausgesetzt (T 461 u.
462) –, ist die in der Folgezeit entstehende, im Ms titellose »Hunde-
geschichte« (T 462, die Bezeichnung zielt auf Blumfelds anfängliche
Erwägungen, sich einen Hund anzuschaffen), mit deren Qualität er
gar nicht zufrieden war (T 463: »Es ist trotz aller Wahrheit böse,
pedantisch, mechanisch, auf einer Sandbank ein noch knapp atmender
Fisch« [Vgl. F 692] u. 465: »Eine Seite gelingt hie und da«), Ausdruck einer gegenüber den vorhergehenden Monaten erheblich verän-
derten biographischen Situation: Das Zusammentreffen mit Felice
in Bodenbach am 23. und 24. Januar 1915 (vgl. F 624 ff.) machte ihm
endgültig klar, daß er sich niemals mit ihr werde »vereinigen« können

und daß er von Tag zu Tag »älter und verknöcherter« wurde. (F 459) Andererseits mußte die Tatsache, daß er, der bis zum Kriegsbeginn ausschließlich in der elterlichen Wohnung und dann in den z. T. leerstehenden Wohnungen seiner Schwestern Elli und Valli gelebt hatte (vgl. F 613 u. 618), am 10. Februar 1915 erstmalig ein eigenes Zimmer bezog (T 463), dieser Vorgang also mußte seine frühere Einsicht erneut befestigen, als Junggeselle mit Alleinsein gestraft (vgl. T 419: »keine ersehnte Ehefrau öffnet die Tür«) und unwiderruflich für die Gemeinschaft verloren zu sein; die Bedeutung des Vorgangs, dem zeitlich eine Wohnungssuche vorherging (vgl. F 626), zeigt sich auch darin, daß Kafka diese Übersiedlung als Übung für ein selbständiges Leben außerhalb Prags ansah, an dem ihm sehr viel lag, und sie nur »unter Aufbietung aller Verstandeskräfte« zustande brachte (T 464 f.). Die *Blumfeld*-Erzählung, während der Zimmersuche begonnen – er las sie bezeichnenderweise im Juli 1916 Felice in Marienbad vor, wollte sie aber nicht aus der Hand geben (vgl. F 671) –, stellt sich also als Niederschlag der Auseinandersetzung dar, die Kafka mit sich selbst über die neue Lebenslage führte, und ist Manifestation eines »Zwiegesprächs« (T 422), das sich, freilich mit längeren Pausen (vgl. T 465, 466), mindestens bis zum 13., bzw. 17. März hinzog, als Kafka eine neue Erzählung begann bzw. eine ältere angefangene fortführte (vgl. T 466), vielleicht sogar bis Ende April, wo eine Ungarnreise die Unterbrechung der literarischen Arbeit erzwang (T 468).
D: F. Kafka, Beschreibung eines Kampfes. Novellen, Skizzen, Aphorismen aus dem Nachlaß, hg. v. M. Brod in Gemeinschaft mit H. Politzer, Prag 1936, S. 142–171.

B 141   *leeren:* Vgl. das *Unglück des Junggesellen* E 34: *das leere Zimmer,* den *Jäger Gracchus* B 103: *Holzkäfig ganz leer,* die Einleitung zum *Ersten Leid* u. T 422 (»mein regelmäßiges, leeres, irrsinniges junggesellenmäßiges Leben«). – *französischen Zeitschrift:* Die gebildeten Tschechen sprachen zu Kafkas Zeiten vielfach französisch, vgl. F 354. – *umordnen:* Kafka am 25. 1. 1915 an Felice: »ich muß das Bett, das ich früh zerworfen habe, jetzt wieder in Ordnung bringen. Auch auskehren und Staub abwischen sollte ich, aber da das auch die Hausmeisterin fast immer versäumt, ist es auch heute nicht dringend.« (F 625, vgl. B 142) – *kleinen Hund:* Kafka war offenbar Hundeliebhaber (vgl. die Einleitung zu den *Forschungen eines Hundes* u. *Verlockung im Dorf* T 396: *Schoßhündchen*). Blumfelds Gedanken sind Ausdruck einer autistischen Fehlhaltung, denn er wünscht sich liebende Zuwendung, ohne sich selbst gefühlsmäßig engagieren zu müssen.

B 142   *Reinheit:* Vgl. F 626 u. T 462. – *Flöhe:* Vgl. *Die Verwandlung* E 71: *Ungeziefer.*

B 143   *aus der Tasche holt:* bei einer Er-Erzählung sehr ungewöhnlicher Übergang (vgl. B 144 Z. 4 f.) in das Präsens, das im Folgenden das Erzähltempus bildet.

B 146   *ihren Dienst angetreten:* Die Bälle korrespondieren mit den beiden später eingeführten Praktikanten Blumfelds; dieses Motiv auch im *Schloß,* vgl. S 22 ff.

B 147   *gewöhnlichen:* Vgl. E 32. – *Bild:* Es muß sich um eine Darstellung der Petersburger Zusammenkunft zwischen dem französischen Staatspräsidenten Poincaré und Nikolaus II. handeln, die vom 21. bis 23. Juli 1914 stattfand, denn bei diesem vielbeachteten Treffen besuchte man auch russische Kriegsschiffe.

B 149   *zerstören:* Vgl. B 167.

B 155   *Wattekügelchen:* Kafka, am 5. 4. 1915 an Felice: »Für den Tageslärm habe ich mir aus Berlin ... eine Hilfe kommen lassen, Ohropax, eine Art Wachs von Watte umwickelt ... es hält den Lärm auch nicht ab, sondern dämpft ihn bloß – immerhin.« (F 632)

B 158   *steif und schwerfällig:* Vgl. B 153, 154 u. 156 f.

B 166   *Hand der Mutter:* Vgl. H 205 u. T 224 (»ging mit gebeugtem Rücken, schiefen Schultern ... herum ... erduldete ... von der Mutter sanfte Stöße in den Rücken und viel zu abstrakte Ermahnungen und Prophezeihungen«).

B 169   *heute:* Durch dieses Wort und das folgende »jetzt« erweist sich das Vorhergehende als typische Reflexion Blumfelds während seines morgendlichen Gangs zum Büro, die an dieser Stelle von dem durch die augenblickliche Situation bestimmten Handlungsgang abgelöst wird.

B 170   *dieser halbblinde Greis:* Parallelfigur zur schwerhörigen Bedienerin, vgl. B 171.

B 171   *zupft:* Vgl. B 142. – *hüpfend:* wie die beiden Mädchen B 158, die sich links und rechts von Blumfeld aufstellen und so die Praktikanten präfigurieren.

DIE BRÜCKE

(Mitte Dezember 1916)

Dieses und die folgenden Prosastücke bis einschließlich *Die Sorge des Hausvaters* entstanden in dem kleinen Häuschen in der Alchimistengasse Nr. 22, das Kafkas Schwester Ottla gemietet, eingerichtet und ihm ab 26. November 1916 als »Arbeitswohnung« (F 752) zur Verfügung gestellt hatte. Nach dem Schreiben, manchmal spät in der Nacht, kehrte er zum Schlafen in sein Zimmer in der Langen Gasse zurück, seit März 1917 in die Wohnung im Schönborn-Palais. Ende

April – Kafka war den ganzen Winter über ohne Verbindung zu Felice – endet dann die produktive Phase, in der vor allem die später
im *Landarzt*-Band vereinigten Stücke entstanden. (Einzelheiten in
meinem Aufsatz »Kafka und seine Schwester Ottla«, in: Jahrbuch der
Dt. Schillergesellschaft 12 [1968], S. 424 ff.) Da Kafka in seinem
neuen Domizil zunächst intensiv am *Gruftwächter* arbeitete (vgl. B
352 f. u. F 746 f.), die *Brücke* (dieser Titel von den Herausgebern)
andererseits das sogenannte 1. Oktavheft eröffnet, mit dem dieser
sich anschließenden *Jäger Gracchus,* der spätestens Ende Dezember
konzipiert wurde (vgl. die Einleitung zu diesem Bruchstück), muß jene
Erzählung ungefähr um die Mitte des Monats entstanden sein.
Es handelt sich dabei um eine Parabel (zum Begriff vgl. K.-P. Philippi,
›Parabolisches Erzählen‹. Anmerkungen zu Form und möglicher
Geschichte, in: Deutsche Vierteljahrsschrift für Literaturwissenschaft
und Geistesgeschichte 43 [1969], S. 297 ff.), in der Kafkas erkenntnistheoretische Position, besonders das destruktive Moment der Selbst-
beobachtung, veranschaulicht wird, der er zwanghaft unterlag (vgl.
T 550 u. 563): Die distanzierte Betrachtung eigener Lebensfunktionen
stört diese, da der Beobachtende als solcher in gewisser Weise dem
Lebensfluß entnommen ist und so nicht mehr das beobachten kann,
dem ursprünglich sein Interesse galt: »Wirklich urteilen kann nur
die Partei, als Partei aber kann sie nicht urteilen.« (H 86) Erst im
Augenblick des Todes ist der erkenntnismäßige Überblick möglich.
Vgl. *Auf der Galerie, Poseidon* B 98: *vor dem Ende,* die Einleitung zum
Kreisel und den *Bau* B 187: *Witterung.*
D: BM 57 f.

B 111   *eingebohrt:* Vgl. Br 432, F 55, 160, 216, 406, 490, B 232 u.
        T 48. – *festgebissen:* Vgl. Br 174, 386, T 485 u. F 267. – *Berg-
        gott:* altorientalische Vorstellung, in Europa gibt es nur Berg-
        geister. – *Wer war es?:* Vgl. P 272.

DER JÄGER GRACCHUS

(Dezember 1916 u. Anfang April 1917)

Die Entstehungsgeschichte der von Max Brod unter diesem Titel herausgegebenen Erzählfragmente zieht sich, berücksichtigt man alle daran beteiligten biographischen Voraussetzungen und Erzählelemente,
über einige Jahre hin: Im September und Oktober 1913 weilte Kafka,
jegliche Verbindung zu Felice bewußt abbrechend, in Riva, wo er sich
schon im September 1909 als Urlaubsreisender aufgehalten hatte. Die
Topographie dieser Stadt, die Art und Weise, wie sich ihm der Gardasee präsentierte, sowie wichtige persönliche Gegebenheiten dieses

Aufenthalts sind in den *Jäger Gracchus* eingegangen, nämlich die Art der Ankunft, Kafkas Unbeweglichkeit, seine Isolation, sein Sterbebedürfnis, die Deutung dieser Zeit als Schwebezustand zwischen Leben und Tod, die Tatsache, daß niemand seinen genauen Aufenthaltsort kannte und von ihm Notiz nahm, das Bild des schwach flackernden Lebenslichts, die Desorientiertheit, die unter dem Begriff des Sich-Herumtreibens erscheint, und schließlich die Frage, ob er in Riva bleiben solle. (Vgl. Br 121 ff., F 465 f., 472 u. H 118) Da es ihm nach der Rückkehr nach Prag mißlang, den mit Riva sich assoziierenden Boots-Komplex erzählerisch zu gestalten (vgl. T 313 u. 325), taucht dieses vom Motivkreis des Jägers zunächst unabhängige Element in der Folgezeit als steckenbleibender, schwankender und brüchiger Kahn in seinen Lebenszeugnissen auf und steht dort besonders für seine inneren Schwierigkeiten im Umgang mit anderen (vgl. F 149 f., 227, 237, 257, 266 u. 755).

Als im Sommer 1914 nach der Entlobung und der damit gegebenen Unterbrechung der Beziehung zu Felice ein Zustand der Isolation eintrat, der mit Kafkas innerer Lage in Riva vergleichbar war, schrieb er die *Erinnerungen an die Kaldabahn*, die wichtige Erzählmomente mit dem *Jäger Gracchus* gemein haben (vgl. die Einleitung zu diesem Text), und als er im August 1916 die inzwischen wieder aufgenommene Verbindung zur Geliebten erneut abbrechen, seinen Posten aufgeben, Soldat werden oder ein naturverbundenes, einsiedlerisches Leben führen wollte (vgl. T 424, 500, 510 ff., F 423, 645 f., 663, 666, 680, 683 u. 685 f.), konzipiert er zwei kleine Fragmente, in denen antizipatorisch die erstrebte und gleichzeitig gefürchtete neue Lebensform vorgestellt ist (H 239). Sie verkörpern die Urfassung des Jägermotivs und verbinden genetisch die *Kaldabahn*-Erzählung mit dem Stück *Auf dem Dachboden* (H 149–152), das, weil es den Schluß des 7. Oktavhefts bildet und dem 1. unmittelbar vorausgeht (zur Datierung der acht Hefte vgl. Sy 78 ff.), etwa Mitte Dezember 1916 entstand und als Vorfassung des *Jäger Gracchus* zu betrachten ist: Einerseits nämlich verweisen das die Erzählgegenwart beherrschende Jägerleben, die einsame Hütte, die recht lockere Verbindung der Hauptfigur zu anderen Menschen und der sehr lange Winter auf den älteren Text zurück, andererseits aber deuten die Motive des Bergwaldes und die beiden konträren Daseinsformen des Jägers, der zwar wohlgemut und wohlversorgt ist, sich dann aber wieder als Nicht-Jäger betrachten muß, auf die spätere Problematik schon voraus.

Dieser Vorstellungszusammenhang wird nun durch den Aspekt des »wilden Jägers« angereichert, ein Motiv, mit dem Kafka durch eine in seinem Besitz befindliche Natursagensammlung bekannt wurde. (P. Zaunert, Von Nixen und Kobolden und anderen Geistern. Bändchen 2 der Natursagen, hg. v. J. v. Harten u. K. Henninger, Köln [1914], S. 40 ff., vgl. W 262). Die im siebenjährigen Zyklus sich vollziehende ewige Wanderung ist dort durch eine freventliche Verfolgung des Wilds verursacht. Die von Kafka aufgrund ephemerer Assoziationen vorgenommene Lokalisierung dieses Komplexes führte zur Darstellung des totlebendigen Schwarzwaldjägers Hans Schlag in der Vorfassung. Da vom Erzählansatz aber hier die Möglichkeit zu handlungsmäßiger und szenischer Bewegtheit fehlt, an der Kafka sehr gelegen war, auch ein mehrmaliger Wechsel von gesteigerter Beziehungsintensität zu Menschen und Phasen der Abkapselung, die mit einem Ortswechsel verbunden sind – in diesem Rhythmus vollzog sich Kafkas Beziehung zu Felice Bauer –, nicht anschaulich gestaltet werden konnte, mußte eine Bauform gefunden werden, in der ein Lebensschicksal als mehrmaliges Durchlaufen einer gleichartigen und in sich gegensätzlichen Doppelphase darstellbar war.

Diesen Erfordernissen entsprach E. T. A. Hoffmanns Dialog-Erzählung *Nachrichten von den neuesten Schicksalen des Hundes Berganza,* die auch den *Bericht für eine Akademie* (vgl. die Einleitung u. E 194: *Menschenlaut*) und die *Forschungen eines Hundes* (vgl. B 243: *Hundegesellschaft*) beeinflußt hat. Es wird berichtet, wie der aus einer Novelle des Cervantes bekannte Hund durch einen an ihm irrtümlich vollzogenen Verwandlungszauber »schon seit mehreren hundert Jahren« keine Ruhe findet und jedes Jahr an dem Tage, der ihn »in den verfluchten Hexenkreis trieb«, die Zauberwirkung, zu der auch die Fähigkeit des Sprechens gehört, auf eine besondere, qualvolle Weise spürt: »Zuletzt bin ich ein Mensch ... Indem ich mich aber so zur höchsten Stufe hinaufschwinge, fühle ich, daß sich eine Stumpfheit und Dummheit meiner bemächtigt, die immer steigend und steigend mich zuletzt in eine Ohnmacht wirft ... Dieser Kampf scheint mir ... ein Leben bis in die Ewigkeit zu sichern; denn verjüngt und gestärkt erwache ich jedesmal aus der Ohnmacht ... und nun laufe ich, prügel-, schuß- und stichfest in der Welt umher, wie der ewige Jude; und meine Ruhestätte ist nirgends zu finden. – Es ist eigentlich ein bejammernswürdiges Schicksal«. (*Fantasie- und Nachtstücke,* München [1962], S. 91 u. 93) Die assoziative Verknüpfung dieser Erzählung mit Gracchus, die sich wegen des Motivs des ruhelos durch die Zeiten Irrenden nahelegt, mag durch die Tatsache gefördert worden sein, daß der Ich-Erzähler Berganza in der Nähe des Wassers im Wald an einer Statue des heiligen Nepomuk trifft (vgl. B 99: *Denkmals*) und daß der verwandelte Hund den Ewigen Juden zu Demonstrationszwecken heranzieht, mit dem sich Kafka selbst hinsichtlich des Alters und der sinnlosen Art seiner Wanderung durch die schmutzige Welt vergleicht (vgl. J 218, M 42 u. 182) und der ihm auch in einem zionistischen Gedicht entgegentrat, wo die Sehnsucht dieser Figur sich nicht auf den Tod, sondern aufs lichte Land richtet (S. S. Frug, Der ewige Jude, in: *Selbstwehr. Unabhängige jüdische Wochenschrift* 19, Nr. 39 [20. 10. 1916], S. 3 f.). Hoffmann verfährt nun so, daß er als Handlungsebene nur einen Jahrestag der Verzauberung präsentiert, wobei der Ich-Erzähler den Verwandlungsvorgang Berganzas in beiden Richtungen miterlebt und durch ein Gespräch mit diesem von seinen sonstigen Schicksalen, seiner Vorgeschichte und seinem Leben während der übrigen Zeit des Jahres unterrichtet wird. Dieses Erzählmuster übernahm Kafka neben inhaltlichen Details, wobei er, selbstverständlich, den zur Zeit der Niederschrift des *Jägers Gracchus* gerade gegenwärtigen Zeitabschnitt depressiver Isoliertheit dem Handlungsstrang der Geschichte zugrunde legte und Todesfahrt und Umherirren auf dem Wasser als Erzählung des Jägers arrangierte.

Die Lokalisierung dieser erweiterten Erzählidee in Riva und ihre Vereinigung mit dem schon als Gestalt bereitliegenden Bootsmotiv wurde durch mehrere Momente begünstigt: Der Vorstellungszusammenhang des zu ewiger Wanderung Verdammten mußte Kafka auf die Sage vom »Fliegenden Holländer« führen, der in der von Heine propagierten Fassung *(Aus den Memoiren des Herren von Schnabelewopski,* Kap. VII; Kafka kannte Heine gut, vgl. M 45 f., Br 397, F 103 u. 640) dem Schicksal des »ewigen Jägers« vergleichbar alle sieben Jahre festes Land betritt. Eine schon mit dieser Jäger-Tradition kontaminierte Abart des Holländer-Komplexes war ihm als *Sippurim*-Sage geläufig, die zudem eine ätiologische Erklärung des Namens einer Straße gab, der an die Gasse erinnerte, in der er arbeitete. Die hier erscheinende grünjackige Gestalt landet in einem Boot am Ufer der Moldau und ist wie der »grüne« Jäger Gracchus in der zweiten Fassung der Erzählung durch eine unendliche Wandlungsfähigkeit ausgezeichnet. (Vgl. die Einleitung zum *Urteil* u. B 336 f.) Alles dies war biographisch verifizierbar und erzähltechnisch günstig: War Kafka nicht in Riva mit dem Schiff gelandet, um Ruhe zu finden, wie der Holländer und der Wasserkönig, hatte er sich nicht dort in ein Mädchen verliebt, das ihm aber nicht folgte (vgl. F 484 f.), ihn also so wenig aus der verhaßten lebensfernen Isolation erlösen konnte wie Felice, die Angst vor einem Zusammenleben mit ihm hatte? Und hatte sich nicht die damalige Problematik in den Parallelsituationen von 1914 und jetzt im Winter 1916 mit gleicher Zwangsläufigkeit wie bei den angeführten Vorbildern wiederholt? Dazu kam, daß Ernst Hardts Erzählung *Priester des Todes,* der Kafka einige Motive zur Konkretisierung der *Gracchus*-Handlung entnahm (vgl. die folgende Einzelkommentierung u. die Einleitung zum *Dorfschullehrer),* in einem kleinen andalusischen Nest spielt, also auf ein südliches Gestade verweist. Schließlich ermöglichte die gebirgsartige Szenerie Rivas die Amalgamierung der gegensätzlichen, noch in unzusammengehörigen Texten repräsentierten Elemente Bergwelt und See, die es überhaupt erst gestattete, die dem ganzen Komplex innewohnende Antithetik von Ruhe und Bewegung erzählerisch zu realisieren.

So entstand, im 1. Oktavheft unmittelbar auf die *Brücke* folgend, die erste Fassung des *Jäger Gracchus,* die noch auf 1916 zu datieren ist. Ein im Manuskript wenig später folgendes Dankschreiben an Paul

Wiegler nämlich läßt sich auf Anfang Januar 1917 fixieren: Die Bücher, für deren Erhalt Kafka sich dort bedankt, muß er wenige Tage vorher erhalten haben, da eines der Werke erst im Dezember erschien, wahrscheinlich also zu Weihnachten. Ausdrücklich sei darauf hingewiesen, daß es sich hierbei um keine einheitliche Werkstufe handelt, sondern um zwei selbständige Erzählansätze, die im Manuskript unmittelbar hintereinander folgen, von Max Brod jedoch miteinander kontaminiert worden sind. (Vgl. Franz Kafka, Shorter Works, Vol. I, transl. and ed. by M. Pasley, London [1973], S. 52 ff.) Anfang April nun beginnt Kafka eine zweite Fassung (T 518 u. B 334–339), die wichtige Strukturmomente mit dem unmittelbar anschließend verfaßten *Bericht für eine Akademie* gemeinsam hat, wo offensichtlich die gleichen Lebensprobleme Kafkas in anderem Gewande dargestellt werden. (Zur Entstehungsgeschichte der Erzählung, auch zu der folgenden Einzelkommentierung, vgl. meinen Aufsatz »Der Jäger Gracchus. Zu Kafkas Schaffensweise und poetischer Topographie«, in: Jahrbuch der Dt. Schillergesellschaft 15 [1971], S. 375–440, dort auch Abbildungen von Riva und seinen für Kafka wichtigen Gegebenheiten) Wenn M. Pasleys These richtig ist, Odradek sei auch ein Bild für die künstlerisch mißlungenen *Gracchus*-Fragmente (vgl. die Einleitung zur *Sorge des Hausvaters*), bestand nach dem Abschluß der Affen-Geschichte um so weniger eine Fortsetzungsmöglichkeit, als Kafkas Schaffenskraft wenig später zu versiegen begann. (Vgl. auch die Einleitung zur *Brücke*)
D: Vorfassung: H 149–152, 1. Fassung: BM 43–50, 2. Fassung: The Diaries of Franz Kafka 1914–1923, ed. by Max Brod, New York (1949), S. 170 (deutsch: T 518) u. F. Kafka, Tagebücher und Briefe, Prag 1937, S. 179–184 (Gesammelte Schriften, hg. v. Max Brod in Gemeinschaft mit Heinz Politzer Bd. VI)

B 99   *Zwei Knaben:* Vgl. P 48. – *Quaimauer:* Vgl. T 284, 309 u. H 255. – *Denkmals:* Das Standbild, das bis 1916 auf dem Hafenplatz in Riva stand, stellt den heiligen Johannes von Nepomuk dar, den Schutzheiligen der Brücken und Seeleute, vgl. die 2. Fassung: »ältester Seefahrer, Jäger Gracchus, Schutzgeist der Matrosen« (B 334, das »silberne Standbild eines Heiligen«, das P 264 f. erwähnt ist, meint das riesige Grabdenkmal des hl. Nepomuk im Prager Veitsdom). Auch der im folgenden erwähnte Brunnen war und ist ein realer Bestandteil der Piazza Benacense in Riva. – *säbelschwingenden:* Das Kruzifix in der erhobenen Rechten Nepomuks kann aus einem bestimmten Sehwinkel als emphatisch geschwungenes Schwert mißverstanden werden, außerdem ist eine Überlagerung mit Erinnerungen an das von Kafka geschätzte Reiterstandbild Viktor Emanuels II. auf dem Mailänder Domplatz wahrscheinlich (T 613), wo der König in der Rechten einen blan-

ken Säbel hält (vgl. H 149). Zur Funktion vgl. B 103:
Buschmann u. *Elf Söhne* E 172: *Fechterstellung*. – *getragen:*
Wenn Kafka Milena nicht schrieb, waren die Tage »entsetz-
lich schwer, das Boot war schwer, es hatte entsetzlichen Tief-
gang, aber es schwamm doch auf Deiner Flut«, ein Vorgang,
der an späterer Stelle als Schwere eines Schiffes gedeutet wird,
das zu den Wellen sagt: »Für mich bin ich zu schwer, für
Euch zu leicht.« (M 168 u. 228) – *blauem:* Vgl. B 100: *stark*
abfallenden Gäßchen. – *Silberknöpfen:* also in der üblichen
Tracht von Leichenträgern. – *Seidentuch:* Vgl. B 103: *Frauen-*
tuch. – *niemand:* In E. Hardts *Priester des Todes* trifft der
Ich-Erzähler (auch die Zweitfassung des *Gracchus* kennt einen
solchen) auf der Promenade eines kleinen spanischen Badeorts
ein Ehepaar, über das er schreibt: »Ich fragte überall herum,
niemand kannte die beiden, niemand hatte je mit ihnen gesprochen.« (S. 52) – *gelbliches, zweistöckiges Haus:* Das Bauwerk entspricht nach Farbe (sog. »Kaisergelb«, in dem nach
dem Vorbild des Schönbrunner Schlosses der Außenanstrich
vieler öffentlicher Gebäude in der Donaumonarchie gehalten
war), Höhe (nach üblichem Prager Sprachgebrauch neben
dem Erdgeschoß zwei voll ausgebaute weitere Stockwerke),
Lage und Aussehen des Tores genau dem Palazzo del Com-
mune in Riva, der zu Kafkas Zeiten als »municipio« diente
(nicht ohne Grund findet also die Zusammenkunft mit dem
Bürgermeister hier statt) und sich, unmittelbar in Hafennähe,
an der Westseite der Piazza Benacense erhebt. – *Junge:* Vgl.
die Vorfassung H 149 u. *Verlockung im Dorf* T 395: *inmitten*
der Kinder.

B 100   *Taubenschwarm:* Seine schwebende, Häuslichkeit dauernd
erstrebende Existenzform faßt Kafka einmal im Bild eines
Vogels, »der durch irgendeinen Fluch von seinem Neste abgehalten, dieses gänzlich leere Nest immerfort umfliegt und niemals aus den Augen läßt.« (F 326, vgl. H 436 f.) Insgesamt
zeigt der kleine Nebenstrang einen Verlauf von kreisender,
richtungsloser Bewegung um einen Fixpunkt über die Ausrichtung auf das Bürgermeisteramt zur gesättigten Ruhe bei der
Frau auf der Barke und stellt sich so als eine Art Pantomime
des Gracchus-Schicksals dar: Der orientierungslos durch süd-
liche Gewässer treibende Jäger wird von Tauben begleitet,
läßt sich beim Bürgermeister durch ein solches Tier anmelden, das sich an dessen Schlafzimmerfenster zeigt, und liegt
jetzt, gesättigt durch das Morgengetränk Julias, unbeweglich
auf seiner Bahre im Palazzo. Vgl. auch den *Bau* B 190: *Krei-*
sen u. *Auf der Galerie* E 154: *im Kreise.* – *Glockenturm:* der
Torre Aponale, der, ursprünglich zur Befestigungsanlage Rivas gehörig, im 16. Jahrhundert auf seine heutige Höhe von

35 m gebracht und zu einem Uhrturm umgebaut wurde. – *stark abfallenden Gäßchen*: das Vicolo Fra Buonvicino, das mit ziemlichem Gefälle an der Nordostecke der Piazza Benacense einmündet. Dem überlagert sich eine Züricher Impression: »Altstadt: Enge steile Gasse, die ein Mann in blauer Bluse schwer herunterläuft.« (T 601) – *Unrat:* In der Zweitfassung ist der Kahn »verunreinigt, wie mit Schmutzwasser ganz und gar übergossen, noch troff es scheinbar die gelbliche Außenwand hinab«. (T 518, vgl. P 169, M 199, 208, die *Aeroplane in Brescia* FK 359: *Schmutz* u. die *Verwandlung* E 129: *makellosen*) – *Felsenwand:* »Scheinbar senkrecht und ungangbar für menschliche Schritte baut sich bei Riva – unmittelbar hinter den Häusern der Stadt aufsteigend – die gewaltige Ostwand der Rocchetta auf. Aus hellem, gelben und rötlichen Kalkstein bestehend und stark mit grünem Gesträuch durchwachsen, bietet die ... Felswand ... einen äußerst malerischen, alpinen Anblick.« (P. Hakenholz, Bergwanderungen am Gardasee, in: Dt. Alpenzeitung 11 [1911], Heft 4, S. 93)

B 101   *Bahre:* In *Priester des Todes* (vgl. B 99: *niemand*, 102: *Gewissermaßen* u. 103: *Frauentuch*) wird der Erzähler durch einen Traum auf das geheimnisvolle Ehepaar hingewiesen und sucht dieses auf: »In der Mitte des Zimmers stand eine mit weißen Laken behängte Bahre, am Kopfende brannten auf hohen schwarzen Ständern zwei dicke Wachskerzen und warfen ihren gelblichen Schein ... Auf der Bahre lag mit aufgelösten Haaren ... die Frau ... Tot und unbeweglich ruhten die ausgestreckten Arme auf dem den Körper deckenden Laken.« (S. 60 f.) Jeden Abend wenn die Sonne untergeht, stirbt die Frau, morgens wird sie wieder lebendig. – *vergessen:* Vgl. B 324, 334 u. T 324, über die Erlebnisse in Riva 1913: »ich fürchte, wie ich merke, die förmlich physische Anstrengung beim Sicherinnern«. – *Gracchus:* it. gracchio = Dohle, wie das tschechische Wort kavka (deswegen hatte Hermann Kafka diesen Vogel auch als Geschäftsemblem), vgl. W. Emrich, Franz Kafka, Bonn 1958, S. 21 u. W 19.

B 102   *in Riva bleiben:* Vgl. Br. 315, F 404 u. 427. – *Gemse verfolgte:* Das Motiv auch in Schillers *Alpenjäger* und als damals sehr verbreitete Illustration »Kaiser Franz Joseph als Gemsjäger in Ischl« (vgl. J. Urzidil, Die verlorene Geliebte, München [1956], S. 18). – *Gewissermaßen:* In *Priester des Todes* heißt es: »Tot hatte ich sie bis dahin gesehen auf der Straße, aber jetzt lebt sie«. In M. Brods Erzählung *Die erste Stunde nach dem Tode* wird ein Staatsminister nachts von einem Gespenst besucht: »Nun, Sie sagen also ... Sie sind also gestorben ... Und doch leben Sie ... Sind Sie also eigentlich

gestorben oder sind Sie hier?« (Leipzig [1916], S. 23, vgl. W
253) – *Drehung:* Kafka im *Brief an den Vater* über die ihm
gemachten Vorwürfe: Der Vater verhält sich, »als wäre es
meine Schuld, als hätte ich etwa mit einer Steuerdrehung das
Ganze anders einrichten können«. (H 163) Später heißt es im
Tagebuch über die Ungunst seiner Entwicklung: »... es hätte
leicht gelingen können. Freilich, eine Kleinigkeit, und nicht
einmal erkennbar, hat es entschieden. Was findest du daran?
Bei den größten Schlachten der Weltgeschichte ist es so gewesen. Die Kleinigkeiten entscheiden über die Kleinigkeiten.«
(T 554, vgl. *Vor dem Gesetz* E 160: *bestimmt,* T 20, 562, B
299 u. E 153) An andern Stellen hat Kafka aber diese Auffassung der Dinge bekämpft, vgl. etwa T 544, H 39 (Aphorismus 1) u. *Eine kleine Frau* E 252: *Entscheidung.* – *durch alle
Länder:* Wie dem über gute Geographiekenntnisse verfügen-
den Kafka (vgl. Br 35, 125 u. 278) gewiß bekannt war, steht
der Gardasee durch den bei Peschiera abfließenden und bei
Govérnolo in den Po mündenden Mincio mit dem adriati-
schen Meer in Verbindung. – *Treppe:* Um seine Behausung im
Alchimistengäßchen erreichen zu können und dann in der
Nacht wieder sein Zimmer in der Langen Gasse, benützte
Kafka die sehr lange »alte Schloßstiege«. (Eine Abb. der
Treppe in: G. Janouch, Franz Kafka und seine Welt, Wien,
Stuttgart, Zürich [1965], S. 127 u. 289, vgl. F 747, Br 161,
289, T 127, 568, H 209 u. den *Bau* B 176: *zwischen Hindäm-
mern und bewußtlosem Schlaf)* – *Schmetterling:* Vgl. Be
120 f., T 413 u. F 93.

B 103   *Tor:* Vgl. den *Neuen Advokaten* E 145: *vertragen.* – *Frauentuch:* Im *Priester des Todes* malen die Kerzen Blumen auf
das Gesicht der Liegenden (S. 61), im neuen Zusammenhang
paßt das Motiv zum Schmetterling und zum »großartig be-
malten« Schild des Buschmanns. – *Buschmann:* »Buschleben.
Eifersucht auf die glückliche, unerschöpfliche und doch sichtbar aus Not (nicht anders als ich) arbeitende, aber immer alle
Forderungen des Gegners erfüllende Natur.« (T 576) Das
Bild bewirkt eine dauernde Konfrontation des Jägers mit
seiner früheren Existenzform und veranschaulicht gleichzeitig,
weil von ihm fortwährend eine, freilich bloß fiktive, Bedrohung ausgeht, seine nie endende Todesverfallenheit, deren
natürliche Konsequenz ausbleibt. Vgl. E 87 u. 116. – *Holzkäfig ganz leer:* Vgl. den *Bericht für eine Akademie* E 187:
Gitterkäfig u. *Blumfeld, ein älterer Junggeselle* B 141: *leere.* –
ins Jenseits: Vgl. H 73 u. 261. (Charon, Styx) – *ausstreckte:*
Vgl. F 750 u. C. Valerius Catullus, Gedichte. Vollst. Ausg.
Deutsch v. M. Brod, München u. Leipzig 1914, S. 49 (das
Buch war in Kafkas Besitz, vgl. W 253): »O was ist süßer

als das Ende aller Pein, / Wenn ihre Last die Seele abwirft,
endlich heim / Von ausländischer Arbeit abgemattet kommt /
Und schön sich ausstreckt auf dem langersehnten Bett.« –
gern gelebt: Vgl. die Darstellungen der alten Zeit im *Neuen
Advokaten,* im *Stadtwappen, Alten Blatt,* den *Forschungen
eines Hundes* und die Vorgeschichte im *Bericht für eine Akademie.*

B 104   *Aufgabe:* »Du bist die Aufgabe. Kein Schüler weit und breit.«
(H 83) Vgl. *Die Prüfung* B 135: *Fragen* u. *Forschungen eines
Hundes* B 265: *mit meinen Fragen.* – *Herberge:* »diese widerliche Lauheit, die mir aus der ganzen Wohnung, ja aus der
ganzen Stadt ein einziges Bett macht.« (F 316, vgl. E 38 u.
B 116) – *schreie:* nach dem Ms in »schreibe« zu korrigieren.
(Vgl. K. Wagenbach, Franz Kafka in Selbstzeugnissen und
Bilddokumenten, [Reinbek 1964], S. 139) Kafka sagte zu Oskar Baum ungefähr zur Zeit der Entstehung des *Gracchus,*
das einzig Nichtdilettantische am *Gruftwächter* sei, daß er
ihn *nicht* vorlese (vgl. M. Brod, Der Prager Kreis, Stuttgart
[1966], S. 132), auch hatte er der Schweizerin, in die er sich
in Riva verliebt hatte, gelobt, zu niemandem über dieses Verhältnis zu sprechen (vgl. T 324).

B 105   *Jahrhunderten:* In der Zweitfassung wird das Leben des Jägers ins 4. Jahrhundert verlegt. (B 338)

DER KÜBELREITER

(Jahreswende 1916/1917)

Im 1. Oktavheft im Anschluß an die Erstfassung des *Jäger Gracchus*
überliefert und also kurz nach diesem entstanden (vgl. die Einleitung
zu dieser Erzählung); wahrscheinlich veranlaßt durch die seit 2. Dezember 1916 sich im Alchimistengäßchen bemerkbar machende Koh-
lennot (vgl. meinen Aufsatz »Kafka und seine Schwester Ottla«, in:
Jahrbuch der Dt. Schillergesellschaft 12 [1968], S. 426). Das Stück
war zunächst für den *Landarzt*-Band bestimmt (vgl. Br 158, 197 u.
216), wurde dann aber offenbar von Kafka während der Korrektur
zurückgezogen und am 25. 12. 1921 in der *Prager Presse* erstmals veröffentlicht (Morgen-Ausgabe, Nr. 270, S. 22), wobei der Epilog H 55
fehlt.

B 120   *Kälte atmend:* Vgl. Br 153 Z. 31 f. – *Bäume:* Der Blick von
Kafkas Zimmer in der Alchimistengasse ging auf den baum-
bewachsenen Hirschgraben.

B 123   *verliere mich:* Vgl. den Schluß des *Landarztes.*

H 55   *Schlittschuhläufer:* Vgl. F 91 u. H 226 f. – *arktische Hunde:*
       Kafka las gerne Berichte von Expeditionen in die Polargebiete
       der Erde. Vgl. H 272.

SCHAKALE UND ARABER

(1. Januarhälfte 1917)

Das Stück ist im sogenannten 1. Oktavheft im Anschluß an einen auf
Anfang Januar 1917 datierbaren Briefentwurf Kafkas überliefert
(vgl. Sy 76 u. die Einleitung zum *Jäger Gracchus*) und also wohl kurz
darauf entstanden.
Am 17. November 1915 schrieb Max Brod an Martin Buber, der damals mit der Vorbereitung der dann seit April 1916 erscheinenden
von von ihm redigierten Monatsschrift *Der Jude* beschäftigt war, ob
er nicht auch Kafka zur Mitarbeit auffordern wolle. (M. Buber, Briefwechsel aus sieben Jahrzehnten, Bd. I: 1897–1918, hg. u. eingeleitet
v. G. Schaeder, Heidelberg [1972], S. 409) Kurz darauf muß Buber
an Kafka in diesem Sinne geschrieben haben. Die beiden hatten sich
am 18. Januar 1913 in Prag kennen- und schätzengelernt (vgl. FK
100, F 252 u. 257), so daß Kafka, als er Felicens wegen in Berlin
war, am 1. März 1914 Buber einen Besuch abstattete, der ihm
großen Eindruck machte, denn er schrieb später an Buber: »jenes
Beisammensein wird mir immer gleich gegenwärtig bleiben. Es bedeutet für mich die in jeder Hinsicht reinste Erinnerung, die ich von
Berlin habe, und sie war schon oft eine Art Zuflucht für mich ...«
Der schon geschriebene Brief, der Kafka im Frühjahr 1914 für den
Fall, daß sich Felice endgültig von ihm abgewandt hätte, die Aufgabe seines Prager Postens und »eine kleine Stellung, einen kleinen
finanziellen Rückhalt in Berlin verschafft hätte« (F 535, vgl. 551 u.
Br 403), war demnach offensichtlich an Buber gerichtet. Trotzdem
lehnte Kafka am 29. November 1915 dessen ehrenvolle Einladung zur
Mitarbeit an der im Entstehen begriffenen Zeitschrift mit den Worten
ab: »ich bin – irgendeine Hoffnung sagt natürlich: noch – viel zu be-
drückt und unsicher, als daß ich in dieser Gemeinschaft auch nur mit
der geringsten Stimme reden dürfte.« (»Briefwechsel aus sieben Jahrzehnten«, S. 409) Im folgenden Jahr sandte Max Brod dann an Buber
seinen Aufsatz *Unsere Literaten und die Gemeinschaft*, der in der Ok-
tobernummer des *Juden* erschien. Diese Arbeit, in der Kafkas Erzählungen »zu den jüdischesten Dokumenten unserer Zeit« gerechnet
werden (S. 464), eine Aussage, die der Betroffene Felice gegenüber
zitiert (vgl. die Einleitung zur *Verwandlung*), wird von ihm Brod
gegenüber als »unerschütterlich, wahr, durchsichtig, erkenntnisreich,
zart und außerdem noch blendend« bezeichnet. (Br 248) Gleichzeitig
mit seinem Essay hatte Brod jedoch noch Kafkas *Traum* geschickt,

der als Anhang zu diesem Artikel erscheinen sollte: »Ich sende Ihnen gleichzeitig ein kleines Original von Kafka, dessen Ausbettelung mir noch zehnmal mehr Mühe gemacht hat als mein Aufsatz. Kafka ist ungeheuer schwer zu Veröffentlichungen zu haben. Man muß ihm die Manuskripte förmlich entreißen. – Ich persönlich halte Kafka neben Gerhart Hauptmann und Hamsun für den größten lebenden Dichter!« (Zitiert nach P. Raabe, Franz Kafka und der Expressionismus, in: Zeitschrift für dt. Philologie 86 [1967], S. 164) Das Ergebnis dieser Intervention berichtet Kafka an Felice am 23. September 1916: »Die Sendung ging damals verloren, später wurde es dann noch einmal geschickt und schließlich hat Buber, wie es auch in meinem Sinn das allein Vernünftige war, den Aufsatz von Max mit einigen Vorbehalten angenommen, auf meinen ›Traum‹ aber verzichtet, allerdings in einem Brief, der ehrenvoller war, als eine gewöhnliche Annahme hätte sein können.« (F 704 f., vgl. 719 u. 737)

Im April 1917 muß Buber Kafka jedoch erneut um Beiträge für den *Juden* gebeten haben, denn am 22. dieses Monats schickt ihm dieser zwölf Prosastücke zur Auswahl, die dann später (mit Ausnahme des *Kübelreiters*) in der *Landarzt*-Sammlung veröffentlicht wurden (vgl. auch die Einleitung zu der zuletzt genannten Erzählung). Buber entschied sich für *Schakale und Araber* und für den *Bericht für eine Akademie,* die im Oktober- und Novemberheft dieses Jahres unter dem Obertitel *Zwei Tiergeschichten* erschienen (*Der Jude* 2 [1917/ 1918], S. 488–90 u. 559–565). Kafka bedankte sich in einem auf den 12. Mai 1917 datierten Schreiben: »So komme ich also doch in den ›Juden‹ und habe es immer für unmöglich gehalten. Gleichnisse bitte ich die Stücke nicht zu nennen, es sind nicht eigentlich Gleichnisse; wenn sie einen Gesamttitel haben sollen, dann am besten vielleicht ›Zwei Tiergeschichten‹.« (Briefwechsel aus sieben Jahrzehnten, S. 494) Als er, Mitte Oktober 1917, die Druckfassung der *Schakale und Araber* vor Augen bekam, notierte er sich: »Immer erst aufatmen von Eitelkeits- und Selbstgefälligkeitsausbrüchen. Die Orgie beim Lesen der Erzählung im ›Juden‹. Wie ein Eichhörnchen im Käfig. Glückseligkeit der Bewegung, Verzweiflung der Enge, Verrücktheit der Ausdauer, Elendgefühl vor der Ruhe des Außerhalb. Alles dieses sowohl gleichzeitig als abwechselnd, noch im Kot des Endes.« (H 71)

E 162 *Wüste:* Vgl. T 564, den *Kübelreiter* u. den *Landarzt.*

E 163 *Reinheit:* »Schmutzig bin ich, Milena, endlos schmutzig, darum mache ich ein solches Geschrei mit der Reinheit. Niemand singt so rein als die, welche in der tiefsten Hölle sind«. (M 208)

E 165 *nicht widerstehen:* Kafka war Vegetarier und schrieb, als er einmal, weil er Sardellen aß, diese Überzeugung verletzt hatte, an seine Schwester Ottla: »Traurig wie eine Hyäne bin ich dann durch den Wald gezogen ... traurig wie eine Hyäne

habe ich die Nacht verbracht. Ich stellte mir die Hyäne vor,
wie sie eine von einer Karawane verlorene Sardinenbüchse
findet, den kleinen Blechsarg aufstampft und die Leichen her-
ausfrißt. Wobei sie sich vielleicht vom Menschen ... dadurch
unterscheidet, daß sie nicht will aber muß (warum wäre sie
sonst so traurig warum hätte sie vor Trauer die Augen immer
halb geschlossen?) wir dagegen nicht müssen, aber wollen.«
(O 106, vgl. *Beim Bau der Chinesischen Mauer* B 75: *mit hoch
zugespitzten Zähnen*)

DER NEUE ADVOKAT

(Januar 1917)

Diese den *Landarzt*-Band eröffnende Erzählung ist im 1. Oktavheft
nach zwei als Vorformen anzusehenden Fragmenten überliefert (H
57 ff.), denen wiederum, nur durch eine Druckseite getrennt, *Schakale
und Araber* vorhergeht. (Vgl. Sy 76) Im Altstädter Gymnasium, das
Kafka besuchte, hing eine große Reproduktion des Alexandermosaiks
(vgl. FK 243), auf das in einem Aphorismus (H 50: »Der Tod ist vor
uns, etwa wie im Schulzimmer an der Wand ein Bild der Alexander-
schlacht. Es kommt darauf an, durch unsere Taten noch in diesem
Leben das Bild zu verdunkeln oder gar auszulöschen«) und in der Erzählung angespielt ist (E 146: »fern dem Getöse der Alexander-
schlacht«); das Mosaik, heute im Nationalmuseum in Neapel, wurde
1831 in Pompeji gefunden, vgl. »Das Alexandermosaik«, Einführung
v. B. Andreae, Stuttgart (1967), Werkmonographien zur bild. Kunst
(Reclam) Nr. 119. Vielleicht angeregt durch J. Wassermanns 1904 erschienenen Romanerstling *Alexander in Babylon,* von dessen Existenz
Kafka und seine Freunde schon durch eine Rezension in der von ihm
regelmäßig gelesenen *Neuen Rundschau* erfahren mußten (A. E., Alexander in Babylon, in: *Die neue Rundschau* 1905, bes. S. 382: Wassermann hat erkannt, »daß welthistorische Erscheinungen innerhalb eines
Kunstwerks ... nicht durch ihre Persönlichkeiten, sondern durch ihre
Wirkungen gekennzeichnet werden müssen«), schrieb Max Brod die Erzählung *Ein Schwerthieb* (in: *Tod den Toten!,* Stuttgart 1906, S.
48–55; Kafka kannte das Buch, vgl. Br 33, 94), in der sich der Maze-
donierkönig einer »schrecklichen Probe« unterziehen muß (S. 48), auf
die Kafka später in Briefen anspielt (vgl. Br 161 u. M 244). Er fand
hier die auch von Nietzsche, dem Lieblingsphilosophen seiner Gym-
nasialjahre (vgl. Br 495), propagierte freie Auffassung gegenüber traditionellen Stoffen realisiert (vgl. auch die Einleitung zum *Schweigen
der Sirenen,* M 246 u. H 65, wo Kafka eine offenbar von der Überlieferung abweichende geplante Darstellung der sieben Weltwunder

mit der Bemerkung einleitet: »Die geschriebene und überlieferte Weltgeschichte versagt oft vollständig, das menschliche Ahnungsvermögen
aber führt zwar oft irre, führt aber, verläßt einen nicht«).
Im Jahr 1910 las Kafka dann Michael Kusmins *Taten des großen
Alexander* (München 1910, vgl. T 31 f.), die »im Gedächtnis der Menschen den unauslöschlichen Ruhm des Makedoniers zu erneuern« suchen (S. 4). Kusmin gibt keine historische Würdigung, sondern erzählt
die mittelalterliche Alexandersage neu, wobei besonders auch Bucephalus gewürdigt wird (S. 23-25), über den es schon im einleitenden
Widmungssonett heißt: »Jäh stampft ein Pferd, das wild im Zügel
schnaubt: / Unrüstiger Knab, entehrst Bukephalos! / Sehe die Grenzen, hin zur Tat, aufs Roß, / Singe von Königsflügen, ruhmbelaubt«.
Die nächste Konfrontation mit dem Alexander-Motiv erfolgte am
1. September 1911, als Kafka von Lugano aus einen Ausflug zu der bei
Cadenabbia am Comer See gelegenen Villa Carlotta unternahm. (T
607 f.) Dort muß er als Hauptattraktion den sogenannten »Alexander-
zug« gesehen haben, den großen Marmorfries Thorwaldsens, der im
Anschluß an die Schilderung des Curtius Alexanders Einzug in Babylon zeigt, wobei der feurige Bucephalus, von zwei Knechten kaum ge-
bändigt, für sich hinter dem König einhergeführt wird.
Von einiger Wichtigkeit ist ferner, daß Kafka nach der Rückkehr von
dieser Ferienreise wiederholt die von R. Rehlen herausgegebenen »Berühmten Aussprüche und Worte Napoleons von Corsika bis St. He-
lena« studierte (Leipzig 1906, vgl. F 221), denn dort wurde die in
Thorwaldsens Werk gemeinte Präfiguration Alexanders auf Napoleons
für 1812 geplanten Einzug in Rom durch entsprechende Selbstzeug-
nisse des Kaisers für Kafka noch greifbarer und damit mit dem ebenfalls in den Lebenszeugnissen belegbaren Napoleon-Motivkreis ver-
knüpfbar. Daß sich Napoleon als moderner, freilich ungünstigeren
Zeitläuften unterworfener Alexander versteht, kommt nicht nur in
ephemeren Gleichsetzungen zum Ausdruck, so wenn er etwa ruhig auf
einem wilden Rosse sitzend gemalt sein will (Nr. 74) oder überlegt, ob
sein Vorbild wie er selbst Künstlern gesessen habe (Nr. 543), sondern
er sieht auch seine ganze militärisch-politische Laufbahn als Parallele
zu diesem: »Wäre ich bei Borodino gestorben, so wäre mein Tod gewesen wie der Alexanders«. (Nr. 750) Oder: »Wäre ich in Ägypten
geblieben, so hätte ich wahrscheinlich wie Alexander ein Reich ge-
gründet«. (Nr. 692, vgl. 691) Napoleon spielte mit dem Gedanken,
nach Indien zu ziehen (Nr. 688 u. 690) und Kaiser des Morgenlands
zu werden (Nr. 684), besaß alle Karten, derer er für einen derartigen
Marsch bedurfte (Nr. 686), und verglich schließlich den im Mittelpunkt von Kafkas Interesse stehenden Rußlandfeldzug mit Alexanders Zug zum Indus: »dieser weite Weg ist der Weg nach Indien;
Alexander hatte einen ebenso langen Marsch, um den Ganges zu erreichen, als ich von Moskau nach Indien hätte.« (Nr. 686, vgl. 685)
Vor allem aber wurde für Kafka der Pessimismus wichtig, mit dem

der Korse seine eigene Situation im Vergleich zum Makedonierkönig sieht: »Ich bin zu spät gekommen, es gibt nichts Großes mehr zu tun ... welcher Unterschied gegenüber dem Altertum! Nachdem Alexander Asien erobert hatte, gab er sich dem Volke als Sohn Jupiters aus und das ganze Morgenland ... schenkte ihm Glauben.« (Nr. 119, vgl. 683) Kafkas Lebenszeugnisse zeigen, wie Alexanders und Napoleons hinsichtlich ihrer Laufbahn ja tatsächlich vergleichbares Schicksal zur Metapher für den eigenen Lebensgang wird, indem die Ausgangspunkte dieser Vorbilder, nämlich die Dardanellen (H 43: »Es wäre denkbar, daß Alexander der Große trotz den kriegerischen Erfolgen seiner Jugend, trotz dem ausgezeichneten Heer, das er ausgebildet hatte, trotz den auf Veränderung der Welt gerichteten Kräften, die er in sich fühlte, am Hellespont stehen geblieben und ihn nie überschritten hätte, und zwar nicht aus Furcht, nicht aus Unentschlossenheit, nicht aus Willensschwäche, sondern aus Erdenschwere«) und Korsika (Br 161: »ich komme, so ist es bestimmt, nicht über Korsika hinaus«, vgl. 318 u. 447) mit dem eigenen stagnierenden Lebensgang kontrastierend parallelisiert werden, so daß also über das Bindeglied Napoleon, dem Kafka auch noch aus andern Gründen reges Interesse entgegenbrachte (vgl. F 227 u. 271 f.), das Motiv des Indienzugs und die Konfrontation zweier Weltalter mit negativer Beleuchtung der Gegenwart (für Kafka war die napoleonische Zeit die letzte große und mit sinnvollen Kräften erfüllte) zu Bildern für die jetzt bestehende Misere werden konnten.

Stoffliche Anregungen konnte Kafka möglicherweise auch dem 1. Band der von M. J. bin Gorion gesammelten und bearbeiteten »Sagen der Juden« entnehmen, der in Kafkas Bibliothek war (vgl. W 256), denn dort ist auffällig pointiert von den Toren des Paradieses die Rede (»Von der Urzeit. Jüdische Sagen und Mythen«, Frankfurt [1913], S. 98, 99 u. 118), auch von einem Engel, der die Tore einer Stadt versiegelt, weil kein Schwert über sie die Herrschaft führen darf (S. 122). Vielleicht hat Kafka dieses Motiv mit der talmudischen Alexandersage kontaminiert, das ihm zumindest aus Chamisso bekannt gewesen sein könnte: »Vor drang der kühne Held doch unverdrossen; / So kam er vor des Paradieses Thor. Fest aber war das hohe Thor verschlossen« (*Chamissos gesammelte Werke.* Neu durchgesehene und vermehrte Ausgabe, hg. v. M. Koch, Bd 2, Stuttgart [1883], S. 107, vgl. F 709), jedenfalls hat er, wenige Wochen vor der Niederschrift des *Neuen Advokaten,* diese Vorstellung am 24. November 1916 als Bild für seine eigene Situation gebraucht. Das Mieten einer bestimmten Wohnung ergäbe eine Arbeitsmöglichkeit, wenn auch nicht die erstrebte innere Ruhe: »die Paradiestore würden nicht wieder auffliegen, aber ich bekäme vielleicht in der Mauer zwei Ritzen für meine Augen.« (F 742, vgl. B 102 f.) Schließlich besteht eine gewisse Wahrscheinlichkeit dafür, daß Kafka während seines München-Aufenthalts im Jahre 1916 (vgl. die Einleitung zur *Strafkolonie*) mit Max Pulver

über dessen Schauspiel *Alexander der Große* sprach, das zu dieser
Zeit gerade gedruckt wurde (Leipzig 1917). Pulver präsentiert einen
seine Lebensbahn durchtaumelnden Helden, dem zum Vorwurf gemacht wird, er fordere für sich mehr Raum, als sein Fuß bedecke (S.
100, vgl. H 41: »Das Glück begreifen, daß der Boden, auf dem du
stehst, nicht größer sein kann, als die zwei Füße ihn bedecken«), und
der, schon zu Lebzeiten tot (S. 120), mit jedem Sieg mehr zerbröckelt
(S. 95, vgl. 105, 134, F 741, B 251 u. Br 385).
D: Zusammen mit *Ein altes Blatt* und *Ein Brudermord,* die das Stück
umrahmen, im *Marsyas,* der v. Theodor Tagger hg. Zweimonatsschrift
(1. Heft, Juli u. August 1917, S. 80–83); dort muß der *Neue Advokat*
schon im April gelegen haben, damals allerdings noch zusammen mit
dem *Landarzt* (vgl. M. Buber, Briefwechsel aus sieben Jahrzehnten,
Bd 1: 1897–1918, hg. u. eingeleitet v. G. Schaeder, Heidelberg [1972],
S. 491 f. und die Einleitung zu *Schakale und Araber*).

E 145   *Streitroß:* Am Granikos, berichtet Kusmin, wagt zunächst
         niemand den Übergang: »Da stürmte Alexander selbst auf
         seinem Bukephalos in das reißende Wasser, die Mannen hinter
         sich mitziehend.« (S. 48) Das Pferd starb 326 unmittelbar
         nach der Schlacht am Hydaspes an Altersschwäche, nicht, wie
         die gewöhnliche Tradition lautet, infolge der Wunden, die es
         im Kampf empfangen hatte. – *Freitreppe:* Das Palais der Ver-
         sicherungsanstalt Assicurazioni Generali am Prager Wenzels-
         platz, wo Kafka seine berufliche Laufbahn begann, hatte
         eine derartige Treppe, die auch dreimal im *Prozeß* er-
         wähnt wird (P 110, 117, u. 280, vgl. P. Eisner, Franz
         Kafkas Prozeß und Prag, in: German Life & Letters 14
         [1960/61], S. 21). – *Wettrennen:* Vgl. die Einleitung zum
         Nachdenken für Herrenreiter. – *Barreau:* Anwaltskammer in
         Frankreich. – *mit der Lanze:* Kusmin berichtet, der zurück-
         kehrende Alexander habe nicht gewagt, den Pausanias, der
         sich gegen Philipp und ihn erhoben hatte und seine Mutter
         Olympia begehrt, »mit der Lanze zu durchbohren«, weil er
         Angst gehabt habe, dabei die Mutter zu verletzen. (S. 38, vgl.
         29) Bei Max Pulver ermordet Alexander nach einem Gelage sei-
         nen Genossen Cleitos. (*Alexander der Große,* S. 70 f.) – *Phi-
         lipp, den Vater:* Veränderung der historischen Wirklichkeit
         im Sinne der väterlichen Übermacht (vgl. die Thematik des
         Urteils und der *Verwandlung*) und als Ausdruck von Gedan-
         ken Kafkas, die Eltern würden ihn überleben (vgl. die Ein-
         leitung zum *Traum*). – *führen:* »Das Heer wußte nur unklar,
         wohin es ging, die Feldherren ebenfalls, und nur die Sicherheit
         der wolkenlosen Stirn des Königs hielt sie vom offenen Mur-
         ren zurück.« (Kusmin, S. 88) – *Königsschwert:* Alexander,
         »das Schwert des kraftlos darniederliegenden Königs an sich

ziehend, begann damit nach rechts und nach links zu schwin-
gen«. (Kusmin, S. 31) – *vertragen:* Zusammen mit dem ausdrücklich dem Freunde Kafka gewidmeten Gedicht *Lugano-
See* (vgl. Br 95 f. u. F 447) publizierte Brod die *Ruinen von
Forum Julii,* in denen es heißt: »Ach, haben wir denn Zeit,
die Hände aufzuheben,/Den Mund zu formen in gereiftem
Wort!/Verbröckelt und vertragen ist das hunderttor'ge The-
ben,/Und also treibt auch uns ein Wirbel fort,/Daß wir kaum
atmen können. – Tief vom Grund der Wesen/Aufbläst ein
Sturm, in dem sich unsre Lampe dreht./Oft dachte ich daran,
ein Buch zu lesen ... Schon stieß die Luft, ich fühlte mich
davongeweht./... O Zug der Völker ohne Ende, Zug im
Winde,/Beruf und Gegenwart und was da reizt!« (*März. Eine
Wochenschrift* 7, Bd 3 [Juli-September 1913], S. 246, vgl.
Kusmin, S. 47: »Die Städte unterwegs begegneten ihm mit
offenen Toren« u. den *Bericht für eine Akademie* E 184:
Sturm) – *fuchteln:* Kafka an Max Brod: »Bitte danke noch
einmal Deinen Eltern, ich habe nur so herumgefuchtelt, sie
haben den Abend zustandegebracht.« (Br 93) Alexander ent-
läßt Soldaten: »Eine Flut von Schreien, Verwünschungen,
Flüchen, Jammerlauten, Klagen und Hohnreden gurgelte empor. Sie rissen ihre Schwerter heraus und fuchtelten damit
durch die Luft.« (J. Wassermann, Alexander in Babylon,
2. Aufl., Berlin 1905, S. 80 f.) Wenig später heißt es: »Jeder
wollte etwas andres, alle kommandierten, niemand gehorchte.«
(S. 84) Vgl. *Forschungen eines Hundes* B 268: *Urväter.*

E 146   *wirklich das beste:* Für Kafka handelte es sich darum, einen
Beruf zu finden, der ihm, ohne seine Eitelkeit zu verletzen,
die Gleichgültigkeit gegenüber allen Lehrgegenständen am
ehesten erlaubte. Unsinnige Hoffnungen auf eine den Neigungen und Fähigkeiten entsprechende Ausbildung verstärkten
nur diese Grundüberzeugung: »Also war Jus das Selbstverständliche.« (H 207) Advokat wollte er aber nicht werden.
(Vgl. F 100) – *unbedrückt:* Vgl. den Kommentar zum *Wunsch,
Indianer zu werden.*

EIN LANDARZT

(Januar/Februar 1917)

Von dieser und den folgenden vier Erzählungen (dann aber auch von
den *Elf Söhnen* und der *Sorge des Hausvaters*) existieren keine Manuskripte, so daß ihre zeitliche Einordnung auf Mutmaßungen beruht,
die sich vor allem auf die Datierung zweier Listen stützen (H 440 u.

447), in denen Kafka zu verschiedenen Zeitpunkten offenbar für ein geplantes Buch Titel bereits abgeschlossener Erzählungen zusammenstellt. Da die Reihenfolge der Überschriften nicht in chronologischen Erwägungen gründet, ist es unmöglich, eine relative Chronologie der fünf fraglichen Texte untereinander herzustellen. Diese werden also im Folgenden notgedrungen in der ebenfalls sachlichen Gesichtspunkten folgenden Abfolge präsentiert, wie sie in einer dritten, auf den 20. August 1917 datierten Liste und dann in der 1919 erschienenen *Landarzt*-Sammlung erscheint.

Da die zwölf Stücke umfassende Liste, die am Ende des sogenannten 6. Oktavhefts tradiert ist (Faksimile Sy 22), außer den offensichtlich später konzipierten Erzählungen *Ein Bericht für eine Akademie* und *Die Sorge des Hausvaters* und dem wahrscheinlich schon vorhandenen *Besuch im Bergwerk* (vgl. die Einleitungen zu den genannten Texten) schon alle Titel enthielt, die dann in der jüngeren Liste vom 20. August 1917 auftauchen, andererseits Kafka am 22. April 1917 zwölf Erzählungen, darunter sicher den erst in diesem Monat entstandenen *Bericht für eine Akademie* und wahrscheinlich auch den *Besuch im Bergwerk*, an Buber schickte (vgl. die Einleitung zu *Schakale und Araber*), während er wohl die beiden inzwischen schon je zweimal gedruckten Stücke *Vor dem Gesetz* und *Ein Traum*, den der Herausgeber des *Juden* überdies schon abgelehnt hatte, bei sich zurückhielt, dokumentiert die Zusammenstellung im 6. Oktavheft ungefähr den Stand der Dinge von Ende März 1917. Weil nun in der Liste am Ende des 1. Oktavheftes, in dem sich gegen Schluß zu ein Datum findet (H 63: »19. Februar 1917«), *Ein altes Blatt* und die *Elf Söhne* fehlen, repräsentiert diese ein früheres Stadium und ist wohl auf Ende Februar 1917 zu datieren. Man muß also annehmen, daß Kafka im Januar und Februar dieses Jahres neben dem 1. Oktavheft noch ein weiteres benützte, das nicht erhalten ist. Dies erscheint glaubhaft, denn er schrieb an Ottla am 19. April, er habe Manuskripte zum Feuermachen benutzt. (Vgl. O 32 f.) In den ersten beiden Monaten des neuen Jahres dürften also die fünf nur in der Druckfassung überlieferten Erzählungen entstanden sein.

Für eine Wertschätzung des *Landarzts* durch Kafka spricht neben der Tatsache, daß er ihn zur Titelerzählung des späteren Sammelbandes machte, eine Tagebuchnotiz vom 25. September 1917: »Zeitweilige Befriedigung kann ich von Arbeiten wie ›Landarzt‹ noch haben, vorausgesetzt, daß mir etwas Derartiges noch gelingt (sehr unwahrscheinlich). Glück aber nur, falls ich die Welt ins Reine, Wahre, Unveränderliche heben kann.« (T 534, vgl. J 84)
D: (zusammen mit einer früheren Fassung des *Brudermords*) in: *Die neue Dichtung. Ein Almanach*, Leipzig 1918 (recte 1917), S. 17–26.

E 146   *Landarzt:* Die Figur ist vielleicht beeinflußt von Kafkas Lieblingsonkel Siegfried Löwy, Landarzt in Triesch und Junggeselle; Kafka verbrachte bei ihm in seiner Jugend öfters seine Sommerferien. – *Schweinestalles:* Die Unabhängigkeit von den mit Ungeschick gemischten Unglücksfällen des täglichen Lebens, notiert Kafka am 27. Januar 1922, könne nur durch Heranführung neuer Kräfte erreicht werden: »Hier allerdings gibt es Überraschungen; das muß der trostloseste Mensch zugeben, es kann erfahrungsgemäß aus Nichts etwas kommen, aus dem verfallenen Schweinestall der Kutscher mit den Pferden kriechen.« (T 563, vgl. den *Bau* B 175: *Hoffnung*, Gegenposition F 310)

E 147 *stand neben mir:* Zu den im *Landarzt* verwendeten Traumtechniken wie märchenhaft schnelle Überwindung des Raums (Standortwechsel des Dienstmädchens im Hof und Fahrt in Windeseile, vgl. den *Traum* E 181: *zwei Schritte*) oder in der empirischen Welt unmögliche Veränderungen der optischen Wahrnehmung (nachträgliche Entdeckung der Wunde, vgl. E 181: *wie auf einem reißenden Wasser*) gehört auch die Tatsache, daß alle Vorgänge ineinanderfließen (die Erzählung kennt keine Gliederung in Absätze). – *mächtige, flankenstarke Tiere:* Vgl. die jüngeren Stellen H 103 u. T 536. – *umfaßt es:* Zu Temporagebrauch und zur Zeitschichtung vgl. meine Arbeit »Motiv und Gestaltung bei Franz Kafka«, Bonn 1966, S. 335 ff. u. D. Cohn, Kafka's Eternal Present: Narrative Tense in »Ein Landarzt« and other First-Person Stories, in: Publications of the Modern Language Association 83 (1968), S. 144 ff. – *Vieh:* Vgl. H 172 u. Br 396. – *fröhlich:* Vgl. H 43 f. – *Wunde:* Kafka nach der Konstatierung seines Lungenspitzenkatarrhs an Max Brod: »Auch habe ich es selbst vorausgesagt. Erinnerst Du Dich an die Blutwunde im ›Landarzt‹?« (Br 160, vgl. T 529: »Ist die Lungenwunde nur ein Sinnbild ... Sinnbild der Wunde, deren Entzündung F. und deren Tiefe Rechtfertigung heißt, dann ...«) Dora Gerrit (d. i. Olga Stüdl) berichtet in ihren *Kleinen Erinnerungen an Franz Kafka* von einem Gespräch des Dichters mit ihr über die Erzählung: »und als sie ihm das Büchlein zurückgab, erwähnte sie, daß auch ein kleiner Cousin von ihr an demselben Leiden habe sterben müssen wie die Bauersfrau in dieser Geschichte. Es war da eine ganz absonderliche Art innerer Wundverpestung beschrieben. ›Das ist merkwürdig‹, rief Kafka – ›ich habe medizinisch nie von dieser Krankheit gehört – habe sie mir nur zusammenphantasiert; ich bin erstaunt, daß es dies wirklich gibt, aber es beruhigt mich, daß ich es richtig geahnt habe.‹« (FK 370)

E 151 *So sind die Leute:* In den Kafka bekannten »Sagen polnischer Juden« (ausgewählt u. übertragen v. A. Eliasberg, München 1916, vgl. W 254) wird an einer Stelle berichtet, wie der König seinem Leibarzt erlaubt, einen im Sterben liegenden Mann aufzusuchen: »Als er seinen Zustand sah, wurde er böse, daß man ihn gerufen hatte. ›Bin ich denn ein Gott,‹ sagte er, ›daß ich einen Toten lebendig machen soll?‹ Und er wollte das Krankenzimmer verlassen, konnte es aber nicht, denn die Leute, die mit ihm zugleich gekommen waren, standen so dicht gedrängt, daß er nicht einmal zur Türe gelangen konnte. Also blieb er noch eine Weile im Zimmer. Und wie er noch einmal nach dem Kranken sah, merkte er, daß sein Zustand sich ein wenig gebessert hatte, so daß er es nicht mehr für unmöglich hielt, daß eine Arznei helfen könnte«. (S. 110, vgl. E 153: *Nackt*)

E 152   *Ausstattung:* In einem Erzählfragment vom Sommer 1910 heißt es über den Junggesellen, der als Vergangenheit nichts hinter sich habe: »... zu jener Zeit hat er es verfehlt, als er seinen Grund dauernd spürte, so wie man plötzlich an seinem Leib ein Geschwür bemerkt, das bisher das Letzte an unserem Körper war, ja nicht einmal das Letzte, denn es schien noch nicht zu existieren, und [das] jetzt mehr als alles ist, was wir seit unserer Geburt leiblich besaßen.« (T 20) – *Hacke:* Zur Bildlichkeit vgl. Br 276: »Inzwischen habe ich diesem Menschen das Schlimmste getan, was ich ihm tun konnte, und vielleicht auf die schlimmste Weise. So wie ein Waldarbeiter in einen Baum hineinhackt (aber er hat den Befehl)« u. F 310. Zum Inhalt vgl. T 305: »Immerfort die Vorstellung eines breiten Selchermessers, das eiligst und mit mechanischer Regelmäßigkeit von der Seite her in mich hineinfährt«.

E 153   *Nackt:* In der Erzählung *Bekehrung eines Angebers,* die Kafka in den »Sagen polnischer Juden« las, wird von der Hin- und Rückfahrt eines Juden zu einem Gutsherrn berichtet. Auf der Rückreise sieht er eine nackte Frau, die sich ausgekleidet hatte, um in einem Teich zu baden. Inzwischen ist das Pferd mit dem Schlitten, auf dem die Kleider lagen, durchgegangen, die Frau also »halb erfroren«. Der Jude bringt die Frau ins Dorf und bekleidet sie mit seinem Pelz. Später sucht der Ehemann der Frau nach dem Mann, um festzustellen, ob sich dieser an seiner Frau vergangen hat (vgl. die Dreiecksbeziehung Landarzt–Rosa–Pferdeknecht). Vgl. auch T 19, 21, J 61 (Kafka zu Janouch: »ich lebe, so wie heute die Mehrzahl der Menschen, in einer bitterkalten Welt. Dabei haben wir aber weder den Lebensfond noch die Pelze und andere Existenzhilfsmittel der Eskimos. Wir sind – im Vergleich zu ihnen – alle nackt«), FK 200 (Milena über Kafka: »Er ist wie ein Nackter unter Angekleideten«), die Einleitung zum *Ersten Leid* u. den *Bau* B 183: *verdünne. – niemals gutzumachen:* Vgl. den *Jäger Gracchus* B 102: *Drehung.*

AUF DER GALERIE

(Januar/Februar 1917)

Zur Datierung vgl. die Einleitung zum *Landarzt*.
D: F. Kafka, Ein Landarzt. Kleine Erzählungen, (München und Leipzig 1919), S. 34–38.

E 154   *Pferd:* Vgl. F 720, T 456 u. H 304. – *im Kreise:* Vgl. den
Jäger Gracchus B 100: *Taubenschwarm* u. die Einleitung zu
Poseidon. – *Brausen des Orchesters:* Vgl. E 184, H 302 f. –
Dampfhämmer: Vgl. F 101: »... mit einer prachtvoll präcisen Bewegung der Arme, die wie die Kolbenstangen einer
Dampfmaschine zuckten.« – *Galeriebesucher:* Diese Art der
Perspektive auch in R. Walsers *Lustspielabend,* in dem ein
Ich-Erzähler von der Galerie aus die Vorgänge auf der Bühne
und im Publikum beschreibt. (*Das bunte Buch*, Leipzig 1914,
S. 28–34; in Kafkas Besitz, vgl. Br 124; R. Walser gehörte zu
seinen Lieblingen – FK 294) Vgl. H 318 u. F 502: »Es ist
kein Nachlassen der Kräfte, wenn man oben in der Gallerie
der Oper weint«. – *Da es aber nicht so ist:* Der erste Abschnitt ist wahr, aber diese Wahrheit ist nicht erkennbar, weil
eine solche Einsicht ein unmögliches Heraustreten aus dem Lebenszusammenhang verlangen würde, der zweite Abschnitt
repräsentiert die wahrnehmbare Wirklichkeit, nicht Wahrheit,
die im Weinen des Galeriebesuchers ahnungsweise aufschimmert. Zur Problematik vgl. die Einleitung zur *Brücke*.

EIN BESUCH IM BERGWERK

(Januar/Februar 1917)

Zur Datierung vgl. die Einleitung zum *Landarzt.* Der Titel war zunächst *Kastengeist* (H 440), weil in der Erzählung die innere Ausrichtung des dargestellten Berufsstandes thematisiert ist.
Der Text, wie auch der von *Elf Söhne,* ist nach dem Prinzip der
Reihung aufgebaut, das sich auch in einem Kafka bekannten chinesischen Märchen findet. Dieses beginnt mit den Worten: »Es geht die
Sage, daß im Himmel acht Unsterbliche wohnen«. Dann werden sie
nacheinander und durch eine entsprechende Ordnungszahl eingeführt
und hinsichtlich ihrer Eigenschaften und Taten charakterisiert.
(»Chinesische Volksmärchen«. Übersetzt u. eingeleitet v. R. Wilhelm,
Jena 1914, Nr. 31: »Die acht Unsterblichen I«, vgl. W 253)
M. Pasley stellt die naheliegende These auf, Kafka reagiere mit dem

Besuch im Bergwerk sozusagen auf den Empfang des zu Neujahr 1917 herausgekommenen Almanachs *Der neue Roman*, der von Kafkas eigenem Verleger Kurt Wolff betreut wurde: »Man vergegenwärtige sich die Situation: Anfang 1917 arbeitet er sehr intensiv, in seiner etwas höhlenartigen Bude in der Alchimistengasse, an den für den *Landarzt*-Band (also für Kurt Wolff) bestimmten Erzählungen. Da empfängt er Wolffs neuestes Sammelwerk; er unterbricht seine Arbeit, um darin zu blättern; dort findet er die hohen Herren der zeitgenössischen Literatur versammelt, die ihm gleichsam einen Besuch abstatten – Heinrich Mann, Hugo von Hofmannsthal, Carl Sternheim, Max Brod und andere. Kafka kommt sich dem gegenüber als einfacher Bergarbeiter vor, während die namhaften Autoren des Almanachs sich ihm zu Ingenieuren verwandeln, die zu ihm ›im tiefsten Stollen‹ herabsteigen.« (»Drei literarische Mystifikationen Kafkas«, in: Sy 32, vgl. die Einleitung zu *Elf Söhne* u. die *Sorge des Hausvaters*) Erwähnenswert in diesem Zusammenhang ist, »daß Kafka sehr gern in Verlagskatalogen und Almanachen ... las und die bloßen Büchertitel zum Ausgangspunkt von Phantasien machte.« (Br 519) Vgl. auch die Einleitung zum *Bau*.
D: F. Kafka, Ein Landarzt. Kleine Erzählungen, (München und Leipzig 1919), S. 75–87.

DAS NÄCHSTE DORF

(Januar/Februar 1917)

Zur Datierung vgl. die Einleitung zum *Landarzt*. Der Titel lautete zunächst *Ein Reiter* (H 440), dann *Die kurze Zeit* (H 447). J. Urzidil verweist auf den 80. Spruch des Laotse als Quelle, in dem es heißt: »Nachbarländer mögen in Sehweite liegen, / daß man den Ruf der Hähne und Hunde gegenseitig hören kann: / Und doch sollten die Leute in höchstem Alter sterben, / ohne hin und her gereist zu sein.« (»Das Reich des Unerreichbaren«, in: J. U., Da geht Kafka, [München 1966], S. 20 f., vgl. den *Aufbruch* H 389: *weg von hier*, F 67: »die Zeit ist kurz, die Kräfte sind klein« u. 729, am 19. 10. 1916: »Der Weg ist lang, die Kraft ist klein«)
D: F. Kafka, Ein Landarzt. Kleine Erzählungen, (München und Leipzig 1919), S. 88 f.

EIN BRUDERMORD

(Januar/Februar 1917)

Zur Datierung vgl. die Einleitung zum *Landarzt*.
Ein Vergleich der Lesarten ergibt, daß dem Ende 1917 unter dem Titel
Der Mord erschienene Druck im Almanach *Die neue Dichtung* (mit
Bildbeigaben v. L. Meidner, Leipzig 1918, S. 76 [= D 2], dort S. 26
der Erstdruck des *Landarzts*) eine ältere Textfassung zugrunde liegt
als der Erstpublikation im Eröffnungsheft der von Theodor Tagger
edierten Zweimonatsschrift *Marsyas* (Juli-August 1917, S. 82 f. unter
dem Titel *Ein Brudermord* = D 1, vgl. auch das vollständige Varian-
tenverzeichnis bei L. Dietz, Franz Kafka. Drucke zu seinen Lebzeiten.
Eine textkritisch-bibliographische Studie, in: Jahrbuch der Dt. Schillergesellschaft 7 [1963], S. 455 f.), was um so erstaunlicher ist, als
Kafka erst am 7. Juli 1917 (Redaktionsschluß des *Marsyas* war der
17. Juni dieses Jahres, vgl. Sy 79) die dreizehn Prosastücke an den
Kurt Wolff Verlag sandte (Br 156), aus denen dann *Landarzt* und
Brudermord (denn so hieß das Stück immer schon, vgl. H 440, 447 u.
Br 158) für den Almanach ausgewählt wurden.
Eine Erklärung ermöglicht folgender Rekonstruktionsversuch: Zwi-
schen dem 12. Mai, einem Zeitpunkt, wo schon mindestens seit zwei
Monaten *Der neue Advokat* und *Ein Landarzt* in der Redaktion des
Marsyas lagen, und dem 17. Juni 1917 muß Kafka die zuletzt genannte Erzählung gegen *Ein altes Blatt* und den *Brudermord* ausge-
tauscht haben, denn diese drei Stücke erschienen dann tatsächlich im
Marsyas (vgl. die Einleitung zum *Neuen Advokaten*). Logischerweise
konnte dieser Umtausch erst in dem Moment stattfinden, als Kafka
wußte, welche Stücke Buber drucken wollte, was erst um den 12. Mai
herum der Fall war. (Vgl. M. Buber, Briefwechsel aus sieben Jahrzehnten, Bd. 1: 1897–1918, hg. u. eingeleitet v. G. Schaeder, Heidelberg
[1972], S. 494 u. 491 f.: »›Der neue Advokat‹ und ›Ein Landarzt‹
liegen beim Marsyas; sollten Ihnen jedoch gerade diese zwei Stücke
brauchbar erscheinen, hole ich sie aus dem Marsyas heraus; das wird
wohl nicht allzuschwer sein.«) Möglicherweise jetzt schrieb Kafka,
weil er die von Buber nicht benötigten Texte verspätet zurückhielt,
den *Brudermord* (und natürlich das *Alte Blatt*) erneut und dabei bes-
send aus der Handschrift ab, so daß diese jüngere Textfassung in den
Erstdruck Eingang fand. Als er dann am 4. oder 5. Juli Wolffs Aufforderung erhielt, dem Verlag die neuentstandenen Arbeiten zur Prüfung vorzulegen (vgl. BV 42), übersandte er schon am 7. dieses Monats
dreizehn Prosastücke (Br 156), die er in der kurzen Zeitspanne unmöglich alle abgeschrieben haben konnte. So schickte er, was den
Brudermord betrifft, die ältere Textfassung der für Martin Buber an-
gefertigten Kopie. Falls aber – dies die andere Möglichkeit – die von
Buber nicht benötigte Abschrift für den Austausch gegen den *Landarzt*

schon zur Verfügung stand, hat man anzunehmen, daß die für ihn
bestimmte Druckvorlage, sorgfältig angefertigt, einen gegenüber dem
Original fortgeschritteneren Textzustand darstellt, der in den *Marsyas*
einging, während dann zwischen dem 5. und 7. Juli eilig eine Abschrift von der Handschrift des *Brudermords* erfolgen mußte (vielleicht durch Ottla), die, weil sie nur zur Information des Verlegers
bestimmt war, die im Frühjahr vorgenommenen Verbesserungen nicht
zu enthalten brauchte. Da nun im Verlag Kafkas Titelgebung nicht
verstand (L. Dietz: »Es handelt sich ... um *einen* Brudermord, der
wie andre nach dem Schema des biblischen Brudermords verläuft.
Schmar und Wese deuten also zurück auf Kain und Abel« – S.456) –
über den Verwandtschaftsgrad der an der Tat beteiligten Figuren
schweigt sich die Erzählung aus –, erfand er für D 2 eine ihm plausibler erscheinende Version des Titels. (Vgl. auch M 10 u. die Tatsache, daß Kafka schon als Halbwüchsiger das Motiv der feindlichen
Brüder bearbeitete [T 40] und einmal träumte, sein Bruder habe einen
Mord begangen, an dem er selbst beteiligt sei – T 546)
Als man nun im Verlag an die Herstellung der Druckfassung des Sammelbandes ging (= D 3), setzte man, die wahren, durch die Titelände-
rung jedoch völlig verschleierten Zusammenhänge zwischen den
Texten verkennend, die beiden im Almanach *Die neue Dichtung* gedruckten Stücke einfach vor die noch ungesetzten vom Autor überlassenen Manuskripte, die überdies noch durch den nachgelieferten
Traum zu ergänzen waren, was erst im zweiten Anlauf gelang (vgl. BV
48 u. Br 245). Ferner wurde die Übersicht in dem auch durch die
Kriegswirren in Unordnung geratenen Verlag dadurch erschwert, daß
Kafka kein Inhaltsverzeichnis mitgeliefert, sondern nur in einem nun
schon einige Monate zurückliegenden und mit der Manuskriptsendung
nicht gleichzeitigen Schreiben die Reihenfolge der Stücke festgelegt
hatte (Br 158). Außerdem bat er darum – dies aber wieder zu einem
etwas anderen Zeitpunkt –, das im »Almanach« (diesmal ist der auf das
Jahr 1916 gemeint) enthaltene *Vor dem Gesetz* in den geplanten Sammelband aufzunehmen. (Br 157) Das mußte, besonders auch deshalb,
da nicht nur Wolff mit Kafka korrespondierte, zu Verwechslungen
führen. So bekam also Kafka zunächst vom *Landarzt* Korrekturen, der
in der *Neuen Dichtung* der frühere Text war. Kafka mußte nun den
Verlag bitten, in der am 20. August 1917 »angegebenen Reihenfolge
das Buch einzurichten« (Br 228), es also mit dem *Neuen Advokaten* zu
eröffnen. Wurde das berücksichtigt, begann der Band jetzt folgerichtig mit dem *Mord,* dem dann die richtige Liste der fünfzehn Stücke
folgte. Tatsächlich teilt Wolff am 13. September 1918 Kafka diese
Reihenfolge als die geplante mit (vgl. BV 48), so daß dieser am 1.
Oktober darum bitten muß: »das Buch soll mit ›Ein neuer Advokat‹
anfangen, das von Ihnen als erstes Stück genannte ›Ein Mord‹ ist
einfach wegzuwerfen, da es mit geringfügigen Unterschieden dem
später richtig genannten ›Ein Brudermord‹ gleich ist.« (Br 245)

E 178   *Schmar:* der Name nach Max Brods Vermutung (»Streitbares Leben«, erw. Aufl., München, Berlin, Wien [1969], S. 357) aus Flaubert: »Smarh, vieux mystère«. (E. W. Fischer, Etudes sur Flaubert inédit, Leipzig 1908, S. 26; Kafka kannte das Buch, vgl. W 254) – *nur ein dünnes blaues Kleid:* D 1 »ein blaues Kleid«.

E 179   *das Messer:* D 2 »es«. – *nicht genug:* D 2 »vielleicht nicht genug«. – *Funken gab:* D 2 »einen Funken gab«. – *mit ihr violinbogenartig:* D 2 »mit der Schneide violinbogenartig«. – *Stockwerk alles:* D 2 »Stockwerk das alles«. – *ertönt:* bis zum Schluß präsens historicum zur dramatischen Vergegenwärtigung. – *tritt dort, in dieser:* D 2 »tritt, in dieser«. – *ihr Fenster:* D 1–2 »das Fenster«.

E 180   *gelüpften:* D 1 »gelüfteten«. – *dort oben zusammen:* D 2 »dort oben zu Buchstaben zusammen«. – *das Messer scharf gesenkt:* D 2 »das Messer mit der Spitze scharf gesenkt«. – *Wasserratten:* »... diese saftigen jüdischen Würste ... sind rundlich wie Wasserratten ... die gespannte Haut der Würste gibt beim Aufschneiden einen Klang, den ich noch von den Kinderzeiten her im Ohr habe«. (F 259 f., vgl. den *Nachbarn* B 132: *Ratte)* – *Nachtschatten:* etwa: vertraulicher Begleiter nächtlicher Redouten. – *Blütenträume:* Vgl. Goethes Gedicht *Prometheus,* V. 47–51: »Wähntest du etwa, / Ich sollte das Leben hassen, / In Wüsten fliehn, / Weil nicht alle Knabenmorgen- / Blütenträume reiften?« (Nachweis Dietz, S. 457) – *Gift:* vielleicht die hochkommende Galle, zum Motiv auch E 173 u. *Forschungen eines Hundes* B 257: *Gift.* – *mit einer Volksmenge:* D 2 »Volk«.

E 181   *Pelz:* Vgl. *Die Verwandlung* E 71: *Pelzboa* u. F 582, wo Kafka über eine Pelzstola schreibt: »Auch habe ich seit jeher gegen diese Art der Pelzbehandlung (Ausbreiten des Pelzes und unten Seidenfütterung) einen entschiedenen Widerwillen ... der Anblick dieses Plattgedrückten ist mir peinlich, hat mich schon in frühern Jahren an meinen Schwestern viel geplagt.« – *Rasen eines Grabes:* Vgl. die Motivik des im *Landarzt*-Band folgenden *Traums.*

DER NACHBAR

(Ende Februar 1917)

Überliefert ohne Titel zu Beginn des 2. Oktavheftes (vgl. Sy 77), das, weil es wenig später einen Teil der Zweitfassung des *Jäger Gracchus* und am Ende den *Bericht für eine Akademie* enthält, auf die ersten

drei Aprilwochen des Jahres 1917 zu datieren ist (vgl. die Einleitungen
zu den genannten Erzählungen). Nun scheint es aber, daß der *Nachbar* mit dem in der ersten Liste – sie entstand schon Ende Februar –
genannten Stück *Ein Kaufmann* identisch ist (vgl. H 440), denn diese
Überschrift paßt sehr gut zum Inhalt des Erzählfragments und zu
Kafkas sonstiger Titelgebung (Texte mit Ich-Erzähler, dessen undurch-
dringlich-feindlicher Partner Darstellungsgegenstand ist, werden gern
nach diesem benannt, vgl. den *Dorfschullehrer* und die *Kleine Frau*).
Daß das Stück in den beiden jüngeren Listen nicht mehr auftaucht, in
denen Kafka das Druckwürdige unter dem im Winter 1916/17 Neu-
geschaffenen zusammenstellte, könnte man damit erklären, daß er in
seiner zweiten Liste eben genau zwölf Erzählungen benötigte (vgl. die
Einleitung zu *Elf Söhne*) und später, als er noch größere Auswahl
hatte, ausschied, was ihn ästhetisch nicht befriedigte. Der Mangel
könnte in diesem Falle (wie beim *Kübelreiter* vielleicht, wo Kafka
eine Fortsetzung geplant hatte, vgl. H 55) im fragmentarischen Charakter des *Nachbarn* gelegen haben, den er bei Abfassung der ersten
Liste (H 447) möglicherweise noch glaubte beheben zu können.
Wer diese Hypothesen für richtig hält, muß weiterhin annehmen, daß
Kafka Ende Februar 1917, direkt nach Beendigung des 1. und mindestens eines weiteren, verlorenen Oktavhefts (vgl. die Einleitung zum
Landarzt), zunächst das jetzige 2. Oktavheft zu beschreiben begann,
dann aber, in der Hoffnung, den widerborstigen *Nachbarn* zu einem
späteren Zeitpunkt über den jetzigen Textbestand hinaus weiterfüh-
ren zu können, ein weiteres Heft eröffnete, nämlich das heutige 6., in
dem das im März Entstandene tradiert ist. Im Folgemonat hätte er
dann, in seinen Erwartungen hinsichtlich des *Nachbarn* enttäuscht –
ein Neuansatz dieser Thematik, der im März unternommen wurde,
war ebenfalls kläglich gescheitert (vgl. H 142) –, das 2. Oktavheft
gänzlich vollgeschrieben. (Zu dieser Chronologie vgl. auch B 131:
Küche) Wer den *Kaufmann* und den *Nachbarn* für zwei verschiedene
Erzählungen hält, muß hingegen das zuletzt genannte Stück zeitlich
nach dem *Schlag ans Hoftor* einordnen.
D: BM 74–76.

B 131   *Küche:* Wie der Erzähler war Kafka nicht eigentlich im Be-
         sitz von Möbeln, und von einem Nachbarn trennten ihn im
         Alchimistengäßchen (vgl. die Einleitung zur *Brücke*) »nur
         eine sehr dünne Wand, aber der Nachbar ist still genug«
         (F 751, vgl. B 218 u. F 627). Wichtiger noch scheint, daß
         Kafka um die Jahreswende seine »Wohnungsgeschichte«, das
         gewaltige Thema, bedenken mußte, von dem er Felice nur
         ein Tausendstel glaubte darstellen zu können. (F 749) Zum 1.
         Januar 1917 muß er sich eine kleine Wohnung im Schönborn-
         Palais ohne Küche gemietet haben (vgl. »Seit Neujahr«), die
         er dann Anfang März bezog. Ende Februar war also eine

Zäsur insofern, als es jetzt klar war, daß Felice nicht wie geplant hier wohnen würde, der von ihr also verlangte Verzicht auf die eigene Küche, für die Kafka selbst keine Verwendung hatte – in sein Häuschen trug er sich »das Abendessen hinauf« (F 751) –, sich also von selbst erledigte. Dieses Scheitern reflektiert die Erzählung offenbar ironisch.

B 132   *Ratte:*Vgl. Br 197 f. u. *Ein Brudermord* E 180*: Wasserratten.*

BEIM BAU DER CHINESISCHEN MAUER

(Anfang/Mitte März 1917)

Ziemlich am Anfang des 6. Oktavhefts überliefert (ohne Titel), das zeitlich vor dem 2., den *Bericht für eine Akademie* enthaltenden einzuordnen und deswegen auf März 1917 zu datieren ist. (Vgl. Sy 76 f., die Einleitungen zum *Landarzt* und dem *Bericht für eine Akademie*)
Zum Gegenstandsbereich vgl. *Beschreibung eines Kampfes* Be 60*: Der Dicke* (vgl. 22), 88*: zufällige Namen* u. 126*: Untergang des Dicken,* die Einleitung zur *Strafkolonie, Vor dem Gesetz* E 158*: des dritten* u. 159*: bestechen,* die Einleitung zum *Besuch im Bergwerk,* zum *Alten Blatt,* zur *Abweisung,* zur *Truppenaushebung* und die *Frage der Gesetze.* Auch aus den Lebenszeugnissen ist Kafkas Interesse an allem Chinesischen abzulesen, vgl. F 119 ff., J 207, 210 u. Br 467.
Motivlich eingewirkt hat wohl auch eine Prager Sehenswürdigkeit, die sogenannte Hungermauer am Laurenziberg, also in unmittelbarer Nähe der Wohnung im Schönborn-Palais, die Anfang März 1917 bezogen wird (vgl. F 750, den *Nachbarn* B 131*: Küche* u. K. Wagenbach, Franz Kafka in Selbstzeugnissen und Bilddokumenten, [Reinbek 1964], S. 104).
D: BM 9–28, das sog. *Fragment* (B 328 f.) in: F. Kafka, Tagebücher und Briefe, Prag 1937, S. 175 f. (Gesammelte Schriften Bd. VI, hg. v. Max Brod in Gemeinschaft mit Heinz Politzer) u. die *Kaiserliche Botschaft* in: Selbstwehr. *Unabhängige jüdische Wochenschrift* 13, Nr. 38/39 (24. 9. 1919), S. 4.

B 67   *Chinesische Mauer:* In dem Kafka wahrscheinlich bekannten Büchlein »Im neuen China«, verfaßt von J. Dittmar (Köln 1912, »Schaffstein's grüne Bändchen« Nr. 24, vgl. W 263 mit F 738: »Für Knaben sind allerdings die grünen Bücher von Schaffstein meine Lieblingsbücher, das Beste, aber alles auf einmal wollte ich nicht schicken, also diese später einmal.« Die bei Wagenbach überlieferten Titel sind also unvollständig, vgl. auch die Einleitung zum *Wunsch, Indianer zu werden* u. B 79*: und wieder ein Palast*), findet sich auf Seite 31 ein typisches Bild von dem berühmten Monument und eine Würdigung: Das »trotzige Mauerwerk, gespickt mit Zinnen und Schießscharten und geschmückt mit mächtigen Türmen«, geht in seinen Uranfängen auf das 3. Jahrhundert v. Chr. zurück, wurde aber erst im 14. Jahrhundert von der Ming-Dynastie vollendet. Chinesen nennen das Bauwerk »die Festung der 10 000 Meilen« – die wirkliche Länge beträgt 3000 km –, was die ungeheuere Ausdehnung veranschaulichen soll, denn die Chinesen gebrauchen diese Zahl immer, um gewaltige Dimensionen zu veranschaulichen. (S. 29, vgl. B 82: »in allen zehntausend Dörfern«) »Die mächtige Anlage sollte natürlich dazu dienen, China gegen die Überfälle der Nachbarn zu schützen, und sie hat diesen Zweck auch sicher des öfteren erfüllt.« (S. 29, vgl. B 67 f. u. 74 f.; einen Hinweis auf die Überfälle der Nordvölker in der Vorlage S. 40)

B 68   *Fünfzig Jahre:* Vgl. B 328: *dreißig Jahre.*

B 69   *oberste Prüfung:* In dem Buch »Chinesische Lyrik vom 12. Jahrhundert v. Chr. bis zur Gegenwart« (übers., eingeleitet u. mit Anmerkungen v. Hans Heilmann, München u. Leipzig [1905]; »Die Fruchtschale. Eine Sammlung«, Bd. 1), das Kafka zuzeiten allen anderen vorzog und aus dem er deswegen mit Begeisterung vorlas (vgl. FK 344 u. F 119), wird als typisch für China »eine festgegründete Beamtenhierarchie, ein staffelmäßig aufgebautes System von Schulen« erwähnt. (S. VIII) Vgl. auch die Einleitung zur *Truppenaushebung.*

B 71   *Brust an Brust:* ein Ideal Kafkas, das er besonders im Ostjudentum verkörpert fand, vgl. *Josefine, die Sängerin, oder Das Volk der Mäuse E* 273: *tausend Schultern,* 274: *Leib an Leib* u. *Forschungen eines Hundes B* 242: *Beisammensein.* – *Turmbau von Babel:* Vgl. die Einleitung zum *Stadtwappen.*

B 72   *Schwäche des Fundaments:* Vgl. B 315 u. *Forschungen eines Hundes B* 256: *Dach.* – *keine Fesselung:* Vgl. die Einleitung zu *Prometheus,* H 94 f., 131 (»daß ich mich selbst zerrissen habe«) u. F 450.

B 73   *Abglanz:* H 281 u. F. 695.

B 74   *Denkfähigkeit:* Vgl. die *Forschungen eines Hundes B* 289: *Denkkraft* u. E 177. – *in den Büchern der Alten:* Ein Beispiel ist das *Alte Blatt.*

B 75   *Bildern der Künstler:* zutreffende Charakterisierung fernöstlicher Zeichen- und Malkunst, von der Kafka fasziniert war, vgl. J 58 ff., 206 f. u. *Beschreibung eines Kampfes B* 60: *Der Dicke.* – *mit hoch zugespitzten Zähnen:* also ein für Fleischnahrung besonders geeignetes Raubtiergebiß. (Vgl. H 309, 332, *Schakale und Araber E* 165: *nicht widerstehen* u. F 579: »Raubtierzähne … zugespitzt, auseinandergestellt, zum Zerreißen der Fasern eingerichtet«)

B 78   *Pfeilen:* Vgl. B 329. – *Waagschale:* Vgl. das in der Einleitung
       zu *Josefine* über den Titel dieser Erzählung Ausgeführte. –
       Der Kaiser, so heißt es: Dieser Abschnitt unter dem Titel
       Eine kaiserliche Botschaft in der 1919 erschienenen *Landarzt*-
       Sammlung. – *zugeflüstert:* D »ins Ohr zugeflüstert«.

B 79   *wie nutzlos müht er sich ab:* »selbst die kaiserlichen Eilboten
       finden den Weg versperrt«. (Heilmann, S. 79 im Blick auf
       Kriegszeiten, vgl. FK 346 u. J 156) – *und wieder ein Palast:*
       In dem Bändchen »Im neuen China« heißt es über Peking:
       »Zuerst haben Sie das nahezu ebenmäßige Quadrat der Ta-
       tarenstadt, in der sich die mandschurischen Eroberer angesie-
       delt haben, als sie 1644 das chinesische Reich eroberten. Mitten
       in ihr liegt als ein zweites, wiederum fast quadratisches Recht-
       eck die Kaiserstadt, in der die Beamten und die Dienerschaft
       des Hofes wohnen. Und inmitten dieser Stadt endlich liegt
       hinter einem dritten schönen Mauerrahmen das Quadrat der
       verbotenen Stadt, in der der Sohn des Himmels mit den Sei-
       nigen wohnt. Im Rücken dieses Quadrats erhebt sich die ein-
       zige Anhöhe, die Peking kennt, der sog. Kohlenhügel, und
       wenn der Kaiser ihn ersteigt, so steht er genau im Mittelpunkte
       seiner gewaltigen Hauptstadt.« (S. 39, von Treppen, Toren
       und Höfen, die, dreifach gestaffelt, zu einem sakralen Zen-
       trum führen, ist S. 62 die Rede) – *wenn der Abend kommt:*
       Kafka am 12. 5. 1914 an Grete Bloch: »Vor dem Tisch bei
       einem großen Fenster sitzen, eine weite Gegend vor dem Fen-
       ster haben und bei Sonnenuntergang ruhig schlafen ohne die
       Last des Lichtes, des Ausblicks zu fühlen, unbeirrt ruhig zu
       atmen. Was für Wünsche!« (F 574, vgl. Br 233)

B 80   *ihre Untaten:* In der »Chinesischen Lyrik vom 12. Jahrhun-
       dert v. Chr. bis zur Gegenwart« wird eine Schönheit »Reichs-
       zerstörerin« erwähnt. (S. 134, Anm. 45) An anderer Stelle
       führt verbotene Frauenliebe zum Mord am Ehemann. (S. 2 f.
       u. 116, Anm. 2)

B 81   *wesentlich verschieden:* Heilmann spricht von »vielen Dia-
       lektabweichungen in den Provinzen« (S. XXIII) und bezeich-
       net einen großen Teil der Schriftzeichen als veralteten und
       nur noch historischen Ballast (S. XXXIV).

B 82   *Drache:* das nationale Sinnbild der Chinesen und, fünfklauig,
       kaiserliches Wappentier. (»Im neuen China«, S. 50) – *aus alten
       Zeiten:* Die Chinesen kennten keinen Fortschritt, heißt es in
       Anlehnung an ein weitverbreitetes, schon bei Hegel belegtes
       Vorurteil im Reisebericht »Im neuen China«. (S. 35 f.)

B 328 *dreißig Jahre:* Dieses Fragment schließt sich im Manuskript
       unmittelbar an die Haupterzählung an (vgl. Sy 77), die aller-
       dings von Kafka noch »wenige Sätze« weitergeführt worden
       zu sein scheint (vgl. H 348), es besteht aber keine Handlungs-

kontinuität, denn der Ich-Erzähler dort ist zwanzig Jahre
vor dem Beginn des Unternehmens geboren (B 69), der des
Bruchstücks zwanzig Jahre danach. Rechnet man vom Pla-
nungsbeginn aus, ergibt sich eine Differenz von zehn Jahren.

B 329   *auf der Schwelle:* Dieser Verstoß gegen orientalische Sitten
veranschaulicht das Außerordentliche des Ereignisses.

EIN ALTES BLATT

(Mitte/Ende März 1917)

In der Handschrift, dem sogenannten 6. Oktavheft, nur durch sieben
Druckzeilen vom *Fragment zum Bau der Chinesischen Mauer* getrennt (H 142 Z. 7–13, vgl. Sy 77), gehört der Text in den Zusammenhang dieser Erzählung, deren Vorstellungswelt er in einem Punkt
(Nomadeneinfall) breiter entfaltet. Das Motiv des bedrohten Kaiser-
reichs mag ein Bild für Kafkas innere Situation sein. (Vgl. Br 288 f.
u. 323)
D: Vgl. die Einleitung zum *Neuen Advokaten* u. zum *Brudermord.*
Später erneut publiziert in: *Selbstwehr. Unabhängige jüdische Wochenschrift* 15, Nr. 37/38 (30. 9. 1921), S. 5 (= D 3).

E 155   *vernachlässigt:* »Der Kaiser kam nicht mehr. Er ließ verfallen, was das Volk unter seinen Schutz gestellt hatte, und
schlimmer noch, das Volk schien es mit Gleichmut hinzuneh-
men, daß seine heiligsten Gebräuche mißachtet werden.« (J.
Dittmar, Im neuen China. Reiseeindrücke, Köln 1912, S.
60, vgl. *Beim Bau der Chinesischen Mauer* B 67: *Chinesische
Mauer* u. B 209 ff.) – *Schusterwerkstatt:* Vgl. T 518 f.

E 156   *Dohlen:* Vgl. den *Jäger Gracchus* B 101: *Gracchus.* – *seine
Waren:* D 3 »seine Ware«.

E 157   *aus seinem warmen Fleisch:* Vgl. *Beim Bau der Chinesischen
Mauer* B 75: *mit hoch zugespitzten Zähnen* u. L. Gräfin Thür-
heim, Mein Leben. Erinnerungen aus Österreichs großer Welt
1788–1819, hg. v. R. v. Rhyn, Bd. 1, München 1913, S. 82 f.:
»Wir waren gerade in Wien, als die Kosaken ankamen ... sie
flößten mehr Furcht als Vertrauen ein ... In den Provinzen
war der Eindruck dieser raubärtigen Gesellen mit ihren langen
Lanzen noch nachhaltiger; man erzählt sich, daß sie dort
Enten und Truthühner lebend an den Spieß steckten, über
welche Neuerung die armen Tiere Ach und Wehe gerufen. Die
Frauen berichteten, daß die Kosaken manchmal aus Versehen
Kinder für Geflügel ansahen und ihr Anführer eines oder das
andere, ohne es zu beachten, ganz roh verzehrte. Er wird sich

wohl nur in einer Beziehung geirrt haben, nämlich in bezug
auf das Geflügel, denn der russische General war nicht der
Mann dazu, die Zeremonie des Bratens erwarten zu können.«
(Kafka liebte diese Memoiren, vgl. T 352 f. u. F 501 ff.) –
getraute: D 3 »traute«. – *in dem innersten Garten:* J. Dittmar
berichtet, der Sohn des Himmels lebe wie ein Gefangener in
heiliger Abgeschiedenheit (»Im neuen China«, S. 44), und
Max Brod schreibt in seinem Kafka gewidmeten (vgl. F 559),
teilweise in Prag spielenden Roman *Tycho Brahes Weg zu
Gott* (Leipzig 1917; Erstdruck: 1915), S. 375: »Der Kaiser
bewohnte den inneren Flügel längs des Hirschgrabens, da er in
seiner Menschenscheu selbst den Anblick der Stadt und das
aus dem weiten Talkessel emporsteigende Gesumme verab-
scheute. Daß sie nicht bis zu ihm vordringen würden, wußten
alle die diplomatischen Agenten nahezu mit Bestimmtheit.«
Und S. 401: »Gott ist hier in diesem öden Schloß Hradschin
wie in seinen letzten Zufluchtsort eingeschlossen und wartet
auf sein Ende«. – *an einem der Fenster:* D 3 »an einem Fenster«. – *mit gesenktem Kopf:* Brod schreibt in seinem Roman
über den Titelhelden: »Mit einem Male fühlte er, daß sein
Unglück noch gering war, neben dem des Mannes, der einen
ganzen Staat, eine Welt voll solchen Unglücks zu ertragen,
zu lenken hatte.« (S. 392) – *angelockt:* In dem von Hans
Heilmann übersetzten Band chinesischer Lyrik (vgl. *Beim
Bau der Chinesischen Mauer* B 69: *oberste Prüfung)* ist von
»rohen Barbaren« die Rede, die Chinas Grenzen bestürmen
(S. VI), von Tatarenaufständen und -invasionen, die zeitweilig den Kaiser vertrieben (S. 120, 135 u. 140). – *die Wache:*
In Hans Heilmanns Lyrikband heißt es S. 26 f.: »Wenn der
Abend kommt, entfernt man die Leibwächter mit den glän-
zenden Kürassen«.

DER SCHLAG ANS HOFTOR

(Mitte/Ende März 1917)

Im 6. Oktavheft ohne Titel unmittelbar im Anschluß an *Ein altes Blatt*
überliefert und also kurz nach diesem Stück entstanden. Wie in dem
innerlich verwandten Bruchstück T 493 ff., wo ebenfalls ein gleich-
gerichtetes Handeln von Geschwistern in gegenseitiger Verantwortlich-
keit sichtbar wird, sind hier als autobiographischer Hintergrund Ausflüge anzusetzen, die Kafka besonders im Sommer 1916 zusammen
mit seiner Lieblingsschwester Ottla aufs Land unternahm. (Vgl. mei-

nen Aufsatz »Kafka und seine Schwester Ottla«, in: Jahrbuch der Dt.
Schillergesellschaft 12 [1968], S. 438)
D: BM 51–53.

B 107   *Gefängniszelle:* Vgl. den *Bericht für eine Akademie* E 187:
        Gitterkäfig.

ELF SÖHNE

(Ende März 1917)

Obwohl das Stück nur im *Landarzt*-Band überliefert ist (München
und Leipzig 1919, S. 102–124), läßt es sich einigermaßen datieren,
denn es erscheint in der Ende März 1917 entstandenen Titelzusammenstellung Kafkas, die den etwa Mitte April fertiggestellten *Bericht für
eine Akademie* noch nicht enthält (vgl. die Einleitung zum *Landarzt*),
an letzter Stelle, und zwar, wie das Faksimile zeigt, in anderer
Schriftart (vgl. H 447 u. Sy 22), so daß angenommen werden kann,
Kafka habe die Liste nachträglich und unmittelbar nach der Entstehung der *Elf Söhne* um dieses Stück ergänzt. Noch beweiskräftiger
wird diese zeitliche Einordnung, wenn M. Pasleys These richtig ist,
Kafka liefere in diesem Text »eine Art Kommentar« zu den elf vorhergehenden auf der Liste verzeichneten Erzählungen, deren Zahl
Kafka übrigens wohl bewußt war. Das Faksimile zeigt hinter dem
ersten Titel (*Ein Traum*) die Zahl 11, hinter dem an drittletzter Stelle
aufgeführten *Neuen Advokaten* eine 1, was bedeuten muß, daß Kafka
die Texte in diesem Stadium in anderer, vielleicht so rekonstruierbarer
Abfolge geordnet haben wollte: Der neue Advokat – Ein Brudermord
– Ein Landarzt – Der Kübelreiter – Auf der Galerie – Schakale und
Araber – Ein altes Blatt – Die kurze Zeit – Eine kaiserliche Botschaft
– Vor dem Gesetz – Ein Traum. Diese Reihenfolge erinnert in manchem schon an die dann endgültig gewählte. Ausgehend von einer
Bemerkung Kafkas – »die elf Söhne sind ganz einfach elf Geschichten,
an denen ich jetzt gerade arbeite« (FK 122) –, kommt Pasley zu dem
Ergebnis, die einzelnen Charakterisierungen der Söhne spiegelten »jedesmal den Gesamteindruck wider, den die betreffende Geschichte
bei kritischer Nachprüfung auf ihren Autor machte.« (»Drei literarische Mystifikationen Kafkas«, in: Sy 22, vgl. die Einleitung zur
Sorge des Hausvaters) Mag nun auch der postulierte Zusammenhang
möglicherweise der Ausgangspunkt für die Genese der *Elf Söhne* gewesen sein – die Rolle des literarischen Vaters scheint angesichts der
Tatsache, daß Kafka sein Schreiben als Selbständigkeitsversuch gegenüber dem Vater verstand (vgl. H 202 f.), dem der *Landarzt*-Band
ja gewidmet ist (vgl. dazu den Kommentar zu dieser Erzählsammlung),

besonders naheliegend –, so muß doch eingewandt werden, daß die
aufweisbaren Beziehungen zwischen einzelnen Erzählungen und bestimmten Söhnen äußerst unbestimmt sind (vgl. auch die Kritik v. C.
David, Zu Franz Kafkas Erzählung »Elf Söhne«, in: The disconti-
nuous Tradition. Studies in German Literatur in honour of Ernest
Ludwig Stahl, ed. P. F. Ganz, Oxford 1971, S. 247 ff., dessen eigener
Ansatz allerdings völlig spekulativ ist), vielleicht, weil Pasley die in
H 447 gedruckte Reihenfolge der Texte seinem Vergleich zugrunde
legt; denn wenn man von der eben dargestellten Umstellung Kafkas
ausgeht, ergeben sich etwas bessere Ergebnisse. Aber auch dann noch
sind die Beziehungen zwischen dem Autor und seinen fiktiven Geschöp-
fen auffälliger; richtig sagt H. Politzer, Kafka habe in dieser Erzählung elfmal sein eigenes Bild reflektiert (»Franz Kafka, der Künstler«
[Frankfurt/M. 1965], S. 151).

E 172   *Fechterstellung:* Der Rezitator Ludwig Hardt berichtet in
        seinen »Erinnerungen an Franz Kafka«, dieser habe nach einer
        Lesung der *Elf Söhne* zu ihm gesagt, bei dem Wort »entzückt«
        sehe man förmlich das gezückte Schwert vor sich. (*Die Fähre*
        2 [1947], S. 77) Die Bedeutung der Vorstellung für Kafka
        geht auch daraus hervor, daß er in einer Zeichnung einen aus-
        fallenden Fechter dargestellt hat, der in seiner Übersteige-
        rung karikaturhaft wirkt. (FK 396) Auch sonst, in Traum,
        Skizze oder Beobachtung, taucht immer wieder der säbeltra-
        gende Mann auf. (T 309, 470, 538 u. 642) Man darf aus der
        Art der Belege schließen, daß für Kafka der so Bewaffnete
        ein Bild männlicher Kraft, ungebrochener Vitalität und in-
        stinktsicherer Entscheidungsfähigkeit war. Vgl. den *Jäger
        Gracchus* B 99: *säbelschwingenden.*
E 173   *Abgeschlossenheit seines Wesens:* »Ich bin von allen Dingen
        durch einen hohlen Raum getrennt, an dessen Begrenzung ich
        mich nicht einmal dränge.« (T 194) – *Gift:* Vgl. *Ein Bruder-
        mord* E 180: *Gift.* – *Draperie:* Stoffdekoration, vgl. E 36.
E 174   *fremd:* Kafka war der Auffassung, daß er, vom Vater in eine
        menschenferne Eigenwelt vertrieben, beziehungslos neben
        seiner Familie herlebe, »fremder als ein Fremder« (F 457). –
        ein Nichts: Vgl. Br 191.
E 175   *Kopfhänger:* Vgl. T 248 (»daß ich mich wieder in einem
        solchen ausgetrockneten kopfhängerischen Zustand befinden
        würde, in dem ich dem kläglichsten aller Gäste noch weit
        unterlegen war, das hatte ich doch nicht erwartet«), F 331 u.
        E 177: *den Hals strafft.* – *Schwätzer:* wie Kafka selbst, vgl.
        T 570, F 559, FK 42 u. *Forschungen eines Hundes* B 263: *auf
        den Kissen.*
E 176   *Kinder:* »dem Wagnis, Vater zu sein, würde ich mich niemals
        aussetzen dürfen.« (F 221)

E 177   *in engen Grenzen:* Vgl. *Beim Bau der Chinesischen Mauer* B 74: *Denkfähigkeit. – den Hals strafft:* Vgl. F 382 (über Felice: »Du bist tätig, denkst rasch, bemerkst alles ... wie Du ... einmal bei einer Bemerkung den Kopf gehoben hast«) u. T 183 (»Nach Verlegenheiten im Gespräch bedeutet ein freies Heben des Kopfes, daß ein Ausweg gefunden ist«).

E 178   *Schwäche:* ein Hauptbegriff in Kafkas Selbstcharakteristiken, besonders in der Spätzeit. (Vgl. etwa M 247 f.)

EINE KREUZUNG

(Anfang April 1917)

Ohne Titel im 2. Oktavheft überliefert, unmittelbar nach dem dieses Arbeitsheft eröffnenden *Nachbarn;* da ein Teil der ab 6. April 1917 entstandenen Zweitfassung des *Jäger Gracchus* (vgl. die Einleitung zu diesem Stück) in der Handschrift zweieinhalb Seiten später steht (vgl. Sy 77), dürfte die *Kreuzung* in den allerersten Apriltagen dieses Jahres entstanden sein.

D: als *Kreuzung* in: *Die literarische Welt* 7, Nr. 13 (27. 3. 1931), S. 4.

B 108   *ein eigentümliches Tier:* Vgl. T 125. – *Erbstück:* Unmittelbar folgt im Ms auf die *Kreuzung* dies: »Ein kleiner Junge hatte als einziges Erbstück nach seinem Vater eine Katze und ist durch sie Bürgermeister von London geworden. Was werde ich durch mein Tier werden, mein Erbstück? Wo dehnt sich die riesige Stadt?« (H 65) – *Katze:* Vgl. H 392, auch mit B 110.

B 109   *Tieraugen:* Vgl. T 583, M 110, Br 434 u. E 33. – *keinen einzigen Blutsverwandten:* Vgl. *Forschungen eines Hundes* B 259: *in meiner Lage* u. *kein Haarbreit,* F 425: »ich habe meinem Sinn nach keine Verwandten und keine Freunde, kann sie nicht haben und will sie nicht haben« u. *Das Urteil* E 54: *Mitteilungen.*

B 110   *Fleischer:* Vgl. die *Verwandlung* E 140: *Fleischergeselle* u. den *Hungerkünstler* E 256: *Fleischhauer.*

EIN BERICHT FÜR EINE AKADEMIE

(2. Aprilwoche 1917)

Überliefert im 2. Oktavheft nach dem sog. *Fragment zum »Jäger Gracchus«,* das am 6. April 1917 oder an einem der folgenden Tage entstand. (Vgl. die Einleitung zu dieser Erzählung) Schon am 22.

dieses Monats wird das Stück zusammen mit elf andern Martin Buber zur Auswahl für den *Juden* übersandt. (Vgl. die Einleitung zu *Schakale und Araber*) Da sich die Manuskriptsendung um einige Tage verzögert hatte, weil Kafka die Texte erst abschreiben mußte (vgl. M. Buber, Briefwechsel aus sieben Jahrzehnten, Bd. 1: 1897–1918, hg. u. eingel. v. G. Schaeder, Heidelberg [1972], S. 491), kann davon ausgegangen werden, daß Bubers Brief um die Monatsmitte vorlag. Da sich nun der *Bericht für eine Akademie*, wie das ihm vorausgehende Fragment B 323–26 zeigt (vgl. Sy 77), nicht gleich im ersten Arbeitsgang in der vorliegenden Form konstituierte, müssen mehrere Tage für seine Niederschrift angesetzt werden, also die zweite Aprilwoche.

Am 19. Dezember 1917 wurde die Erzählung von Elsa Brod auf einer Veranstaltung des »Klubs jüdischer Frauen und Mädchen« in Prag vorgetragen. In seiner ausführlichen Besprechung des Abends in der zionistischen Wochenschrift *Selbstwehr* (Jg. 12, Nr. 1 [4. 1 1918], S. 4 f.) deutet Max Brod den *Bericht* als genialste Satire auf die jüdische Assimilation, die jemals geschrieben worden sei. (Einzelheiten in meinem Aufsatz »Franz Kafka und die Wochenschrift ›Selbstwehr‹«, in: Deutsche Vierteljahrsschrift für Literaturwissenschaft und Geistesgeschichte 41 [1967], S. 301 f.)

Die Erzählidee beruht auf Kafkas Kenntnis zweier Erzählungen E. T. A. Hoffmanns, die ihrerseits auf eine Novelle des Cervantes zurückgehen, in der ein Soldat nachts belauscht, wie der Hund Berganza seinem Artgenossen Cipion seine Lebensgeschichte erzählt. In der *Nachricht von den neuesten Schicksalen des Hundes Berganza* nun berichtet die Titelfigur einem Mann sein Schicksal seit jener Nacht, in der er mit Cipion sprach. Entsprechend setzt das *Fragment zum »Bericht für eine Akademie«* und ebenso ein weiteres kleines Bruchstück, das nach Abschluß der Arbeit an dieser Erzählung deren Vorstellungszusammenhang wieder aufnimmt (B 323 f.), die Dialogsituation voraus und berichtet vom Blickpunkt eines Reporters aus. Auch der hier artikulierte zeitweilige Widerwille des ehemaligen Affen vor Menschen findet sich schon bei Hoffmann. (*Fantasie- und Nachtstücke*, München [1962], S. 135) In der *Nachricht von einem gebildeten jungen Mann* ersetzt Hoffmann den Hund durch einen Affen und läßt diesen zu einem Menschen werden, der als Pianist Karriere macht. In einem Brief, dem *Schreiben Milos, eines gebildeten Affen, an seine Freundin Pipi, in Nord-Amerika* berichtet der »seltene junge Mann«, der seiner »Geburt und ursprünglichen Profession nach eigentlich – ein Affe ist« (*Fantasie- und Nachtstücke*, S. 297), seiner Freundin von seiner Entwicklung. (Vgl. auch die Einleitung zum *Jäger Gracchus*)

D: *Der Jude* 2 (1917/18), S. 559–565 (Novemberheft), das *Fragment zum »Bericht für eine Akademie«* (B 323–326) in seinem ersten Teil (bis B 324 Z. 13) in: F. Kafka, Tagebücher und Briefe, Prag 1937, S. 173 f. (Gesammelte Schriften, hg. v. Max Brod in Gemeinschaft

mit Heinz Politzer, Bd. VI), das sich anschließende Interview in:
F. Kafka, Beschreibung eines Kampfes. Novellen, Skizzen, Aphorismen aus dem Nachlaß, 2. Aufl., New York (1946), S. 321-323 (Gesammelte Schriften, Bd V, hg. v. Max Brod), dort auch der *Brief-Anfang B 327* (S. 323 f.).

E 184 *der Akademie:* In den *Fantasie- und Nachtstücken* spricht
Hoffmann einmal von einer »mimischen Akademie«. (S. 117)
Grillparzer, einer der »eigentlichen Blutsverwandten« Kafkas
(F 460), beginnt seine Selbstbiographie mit den Worten: »Die
Akademie fordert mich ... auf ihr meine Lebensumstände
zum Behufe ihres Almanachs mitzuteilen. Ich will es versuchen ...« – *fünf Jahre:* Kafka schrieb am 23. August 1917 an
Ottla über sein Verhältnis zu Felice Bauer, die er am 13. August 1912 kennengelernt hatte: »Ich habe in der letzten Zeit
wieder fürchterlich an dem alten Wahn gelitten; übrigens war
ja nur der letzte Winter die bisher größte Unterbrechung dieses 5jährigen Leidens.« (O 40) Vgl. B 325 u. *Die Verwandlung E 72: Aufregungen.* – *Orchestralmusik:* Vgl. E 154. –
Affe: Selbstvergleich Kafkas F 138, 267 u. 425. – *Tor:* Vgl.
die Einleitung zum *Neuen Advokaten* u. B 103. – *Sturm:* Über
die Erstbegegnung mit Felice schreibt Kafka: »... daß ich seit
jenem Abend ein Gefühl hatte als hätte ich eine Öffnung in der
Brust, durch die es saugend und unbeherrscht ein- und auszog,
bis sich mir eines Abends im Bett ... die Notwendigkeit jenes
Gefühls ... bewies.« (F 66) Am 9. 3. 1922 notiert er sich:
»Wie wäre es, wenn ... durch drängende Selbstbeobachtung
die Öffnung, durch die man sich in die Welt ergießt, zu
klein oder ganz geschlossen würde? Weit bin ich zuzeiten
davon nicht.« (T 576) Zur Bildlichkeit vgl. auch den *Neuen
Advokaten E 145: vertragen,* zur Thematik die *Forschungen
eines Hundes B 268: Urväter.*

E 185 *schinden:* Vgl. den *Landarzt E 153: Nackt* u. den *Bau B 183:
verdünne.* – *Achilles:* Nach der Tradition tauchte Thetis ihren
Sohn Achilles in die Fluten des Styx, um ihn unverwundbar
zu machen. Weil sie ihn aber an der Ferse hielt, war dort der
Schutz nicht wirksam; an dieser Stelle trifft ihn dann der tödliche Pfeil. – *Handschlag:* An jedem Jahrestag seiner Verwandlung durch die Hexe geht mit Berganza eine seltsame
Veränderung vor, über die er berichtet: Er möchte »Gefrorenes fressen, daß jeder mir die Pfote drücken sollte«. (E. T.
A. Hoffmann, *Fantasie- und Nachtstücke,* S. 92) – *Hagenbeck:* Der Tierhändler und Zirkusdirektor Karl Hagenbeck
(1844–1913) gründete 1907 den Tierpark Stellingen (Hamburg). – *Rudels:* »lieber Scheuklappen anziehn und meinen
Weg bis zum Äußersten gehn, als daß sich das heimatliche

Rudel um mich dreht und mir den Blick zerstreut.« (F 729, vgl. 112 u. 429)

E 187   *Gitterkäfig:* In E. T. A. Hoffmanns *Kater Murr* berichtet die Titelfigur von ihren ersten Lebenserinnerungen wie folgt: »Deutlicher und beinahe mit vollem Bewußtsein finde ich mich in einem sehr engen Behältnis mit weichen Wänden eingeschlossen, kaum fähig Atem zu schöpfen und in Not und Angst ein klägliches Jammergeschrei erhebend«. (*Die Elixiere des Teufels. Lebens-Ansichten des Katers Murr*, München [1961], S. 304) Am 20. 12. 1912 berichtet Kafka an Felice: »Es ist etwas vom Irrenhaus in meinem Leben. Unschuldig und freilich auch schuldig bin ich, nicht in eine Zelle, aber in diese Stadt eingesperrt«. (F 195, vgl. 296, 310, 649, J 44, 82 f. u. T 503: »Eingesperrt in das Viereck eines Lattenzaunes, der nicht mehr Raum ließ als einen Schritt der Länge und Breite nach, erwachte ich.«) Eine Analyse des auch sonst bei Kafka belegten Käfigmotivs bei A. P. Foulkes, The Reluctant Pessimist. A Study of Franz Kafka, The Hague, Paris [1967], S. 81 ff. Hinweise auf drei weitere mögliche Vorlagen bei Kafka in meiner Arbeit »Motiv und Gestaltung bei Franz Kafka«, Bonn 1966, S. 163 f. Vgl. auch B 103, T 423 ff., das *Urteil* E 75: *Schwester* u. den *Schlag ans Hoftor* B 107: *Gefängniszelle.* – ohne Ausweg: Vgl. Br 195, H 139, 71 (zitiert in der Einleitung zu *Schakale und Araber*) u. F 649 (»ich bin verzweifelt wie eine eingesperrte Ratte«).

E 188   *angenagelt:* Vgl. *In der Strafkolonie* E 199: *Apparat.* – *Freiheit nach allen Seiten:* »Ich, der ich meistens unselbständig war, habe ein unendliches Verlangen nach Selbständigkeit, Unabhängigkeit, Freiheit nach allen Seiten«. (F 729) – *Trapezen:* Vgl. *Erstes Leid* E 241: *Trapezkünstler.*

E 189   *langsam:* Vgl. A 18.

E 190   *Riesenschlangen:* K. von den Steinen berichtet an einer Stelle seines Kafka bekannten Expeditionsberichts (vgl. die Einleitung zum *Wunsch, Indianer zu werde*n), wie einer der ihn begleitenden Hunde einmal in die Umgebung des Lagers ging; man »fand ihn von einer über 3 m langen Boa umschlungen, die dem Armen die Kehle schon so zugeschnürt hatte, daß er nicht mehr schreien konnte«. (»Bei den Indianern am Schingu«, Köln [1912], S. 40 [»Schaffstein's grüne Bändchen« Nr. 20]. Gegenüber S. 39 eine sehr eindrucksvolle Federzeichnung, wo der Hund vom Reptil umschlungen wird)

E 191   *das Weltmeer dem Ausweg vorgezogen:* Selbstmordabsichten Kafkas sind öfters belegt, vgl. Br 108, 195, T 438 u. die Einleitungen zum *Urteil* und *In der Strafkolonie.* – *nachahmen:* Milo berichtet: Als er »mit lüsternem Verlangen die schönen, neuen Klappstiefeln anblickte, die der schlaue Jäger unter dem Baum stehen lassen«, auf dem er gerade eine Kokosnuß verzehrte (vgl. E 187: »müdes Lecken einer Kokosnuß«), konnte er nicht widerstehen: »der Gedanke, ebenso stolz, wie jener, in neuen Stiefeln einherzugehen«, bemächtigt sich seines ganzen Wesens, und er zwängt sich in das ungewohnte Bekleidungsstück. (*Fantasie- und Nachtstücke*, S. 298 f.)

E 193   *greife ich:* »Viele Säugetiere lieben den Alkohol, namentlich die Affen und Elefanten.« (Th. Zell, Majestäten der Wildnis. Löwe, Tiger, Jaguar und Panther in Lebensbildern, [Köln 1912], S. 71, in Kafkas Besitz, vgl. W 263 u. den *Hungerkünstler* E 267: *herumwerfen*).

E 194   *Menschenlaut:* Berganza berichtet über die seltsame Verwandlung, die mit ihm am Jahrestag seiner Verzauberung vor sich geht: »Ich möchte statt des gewöhnten Wassers, guten Wein trinken ... neue unbeschreibliche Gefühle pressen und ängstigen mich ... Da möchte ich aufrecht gehen ... und sagen: ›Mon cher Baron‹ oder ›Mon petit Comte!‹ und nichts Hündisches an mir spüren ... Zuletzt bin ich ein Mensch ...« (*Fantasie- und Nachtstücke*, S. 92 f.) – *bist du verloren:* »Cleo hatte sich infolge der vorzüglichen Pflege und der vielen Bewegung, die ihr hier zuteil ward, ganz anders entwickelt, als dies bei Menagerie-Löwen, die immer nur in engen Käfigen gehalten werden, gewöhnlich der Fall ist.« (»Majestäten der Wildnis«, S. 19; der Erzähler berichtet, wie eine junge Löwin mit einem Affen zusammen in einer menschlichen Wohnung wie ein Kind aufwächst und vielerlei menschliche Regungen zeigt) – *Peitsche:* Vgl. E 184, 164, T 513, 534, H 84, 330, *In der Strafkolonie* E 207: *Sachverhalt* u. *Forschungen eines Hundes* B 255: *man prügelt.* – *Heilanstalt:* In Hoffmanns *Berganza*-Geschichte sagt der Ich-Erzähler über den Musiker Johannes Kreisler, der einer der Lehrer des Hundes war: »er habe schon sein ganzes Leben hindurch zu Zeiten etwas weniges übergeschnappt, bis denn endlich der helle Wahnsinn ausgebrochen sei, worauf man ihn in die bekannte hier ganz nahe gelegene Irrenanstalt bringen wollte; er sei indessen entsprungen«. (*Fantasie- und Nachtstücke*, S. 98) Vgl. E 204.

E 195   *Wissensstrahlen:* Milo schreibt: »Ist etwas herrlicher als die Ausbildung des Geistes, die uns unter den Menschen geworden?« (*Fantasie- und Nachtstücke*, S. 299) – *Durchschnittsbildung:* Vgl. die Einleitung zum *Ersten Leid* u. *Beim Bau der Chinesischen Mauer* B 74: *Denkfähigkeit.* – *Besuch:* Vgl. B 323 ff. – *Erfolge:* Milo: »und bin hiernach der größte Virtuos, den es geben kann«. (*Fantasie- und Nachtstücke*, S. 302) – *aus wissenschaftlichen Gesellschaften:* »ich ... herrsche im Reich der Wissenschaft und Kunst hier unumschränkt«. (*Fantasie- und Nachtstücke*, S. 299) – *halbdressierte Schim-*

pansin: Milo schreibt: »Solltest Du in der Kultur noch nicht so weit vorgerückt sein, süße Freundin, um diesen Brief lesen zu können ...« *(Fantasie- und Nachtstücke,* S. 305)

DIE SORGE DES HAUSVATERS

(Ende April 1917)

Da der Text nur in dem Sammelband von 1919 tradiert ist (F. Kafka, Ein Landarzt. Kleine Erzählungen, [München und Leipzig 1919], S. 95–101), muß die Datierung aufgrund von Indizien erschlossen werden. Wenn der in Kafkas erster Titelzusammenstellung für das geplante Buch genannte *Kastengeist* (vgl. H 440) mit dem *Besuch im Bergwerk* identisch ist, der in der zweiten Liste vom Ende März 1917 fehlt (dort ist ja auch der *Nachbar* ausgeschieden), kann die *Sorge des Hausvaters* am 22. April 1917, als zwölf Prosastücke an Buber abgingen (vgl. die Einleitungen zu *Schakale und Araber* und zum *Bericht für eine Akademie),* noch nicht vorgelegen haben, weil sie sonst doch sicher wenigstens in einer der Titelübersichten genannt wäre, oder weil man sonst annehmen müßte, Kafka habe zugunsten dieser Buber zur Ansicht überlassenen Erzählung eine andere zur Publikation vorgesehene zurückgehalten; diese letztere ist aber ganz unwahrscheinlich, weil er sogar zwei Texte wegsandte, die schon beim *Marsyas* zur Publikation bereit lagen (vgl. die Einleitung zum *Brudermord).* Da aber von Kafka schließlich fünfzehn Stücke an den Verlag zur Buchveröffentlichung übersandt wurden (vgl. Br 158 f., zu den Buber geschickten Texten kamen noch die beiden dem *Prozeß* entstammenden Stücke), muß eines davon, und eben die Odradek-Geschichte, nach dem 22. April 1917 entstanden sein. Weil nun die damalige produktive Phase Anfang Mai 1917 schon zu Ende ging (am 15. 5. teilt Kafka Ottla mit, er habe das Arbeiten in der Alchimistengasse aufgegeben – O 35) und in seinem Brief vom 5. Juli 1917 davon die Rede ist, die Texte seien »in diesem Winter« entstanden (Br 156), ist die letzte Aprilwoche der wahrscheinlichste Entstehungszeitpunkt für die *Sorge des Hausvaters.* Nimmt man das Wort Kastengeist im Sinn von innerer Ausrichtung eines bestimmten Berufsstandes, so deckt dieser Titel einen Aspekt der Bergwerk-Geschichte ab (nicht die ganze Erzählung, deswegen die spätere Änderung), während er zum Inhalt der Odradek-Erzählung keinerlei Beziehungen hat.

Die Titelgebung indiziert, daß der Hausvater und seine Haltung gegenüber Odradek nicht weniger wichtig sind als dieser selbst: »Odradek erscheint in diesem streng durchkomponierten Textstück zunächst als Wort, sodann als unbewegliches Ding (es), als bewegliche Gestalt (er), schließlich als Gesprächspartner und endlich sogar als möglicher-

weise zeitenthobenes Wesen. Diese Reihenfolge bedeutet aber keine
Entwicklung Odradeks, sondern ist eine Entwicklung der Beschreibung
Odradeks.« (H. Hillmann, Das Sorgenkind Odradek, in: Zeitschrift
für dt. Philologie 86 [1967], S. 200, in diesem Aufsatz auch Referat
der verschiedenen Forschungspositionen). Odradek erscheint so als der
zur Erhellung üblichen Daseins eigens eingeführte und zweckvoll
konstruierte Gegenentwurf. (S. 201, formuliert in Anlehnung an W.
Emrich, Die Sorge des Hausvaters, in: Akzente 13 [1966], S. 295 ff.,
wo Odradek als Bild einer universellen, Leben und Tod umspannenden
Sphäre erscheint, die der Daseinsform der empirischen Arbeitswelt
gegenübergestellt ist)
Für die Besonderheit der in der Erzählung eingenommenen Perspektive
gibt es mehrere Erklärungsmöglichkeiten. Erstens wäre ein Aphorismus beizuziehen, in dem Kafka die Art seiner Denkrichtung beschreibt: »Er hat, wie jeder, aber in äußerster Übertreibung, die Sucht,
sich so einzuschränken, wie ihn der Blick des Mitmenschen zu sehen
die Kraft hat.« (B 297) Dieser Kollektivdruck führte auch dazu, daß
er sich mit den Augen eines Familienvaters sah: »Ihm ist, als lebe und
denke er unter der Nötigung einer Familie, die zwar selbst überreich
an Lebens- und Denkkraft ist, für die er aber nach irgendeinem ihm
unbekannten Gesetz eine formelle Notwendigkeit bedeutet.« (B 295,
vgl. die Einleitung zu den Elf Söhnen) Zweitens: Rein äußerlich gesehen tritt die Identifikation mit der Vaterrolle (vgl. dagegen Elf
Söhne E 176: Kinder) zu einem Zeitpunkt ein, als Kafka in gewisser
Weise Hausvater war: »es ist etwas Besonderes, sein Haus zu haben,
hinter der Welt die Tür nicht des Zimmers, nicht der Wohnung, sondern gleich des Hauses abzusperren«. (F 751, vgl. den Nachbarn
B 131: Küche) Drittens: Kafka verstand sein Verhältnis zum Vater als
»Prozeß« (H 193), in dem die beteiligten Kontrahenten zwangsweise
als Partei und »Teil des Familienrates« Urteile über einander abgeben
müssen. (H 86) Seine Selbstverurteilung und Einfühlungsgabe ermöglichten es ihm, sich aus der Optik des Vaters zu beurteilen: »daß ich es
bis aufs äußerste verstehe, nicht mit ihm, aber in ihm zu fühlen und
zu leiden.« (F 453) Odradek wäre in diesem Falle ein Bild für Kafkas
eigene Existenz. Viertens: Nach M. Pasleys Auffassung ist der Erzähler der Geschichte der literarische Erzeuger, der sein Kind, nämlich
den mißlungenen Jäger Gracchus, mustert. Odradek bezieht sich dann
vor allem auf den Gehalt des Schwarzwaldjägers und seiner Problematik (beide haben keinen festen Wohnsitz, sind Herumtreiber, leben
nicht im Vollsinn des Worts, können nicht sterben und werden in Verbindung mit einer Treppe gezeigt), dann aber auch auf die fragmen-
tarische, »gestückelte« und aus einem sonderbaren Geflecht heteroge-
ner Motive zusammengesetzten Gracchus-Bruchstücke, besteht doch
Odradek aus disparaten, abgerissenen und ineinanderverfilzten Stük-
ken. (Vgl. »Drei literarische Mystifikationen Kafkas«, in: Sy 26 ff. u.
»Die Sorge des Hausvaters«, in: Akzente 13 [1966], S. 303 ff.)

E 170   das Wort Odradek: »eine ganze Skala slavischer Worte klingt
        an, die ›Abtrünniger‹ bedeuten, abtrünnig vom Geschlecht,
        rod, vom Rat, dem göttlichen Schöpfungsbeschluß, rada«.
        (M. Brod, Der Dichter Franz Kafka, in: Juden in der dt. Lite-
        ratur. Essays über zeitgenössische Schriftsteller, hg. v. S. Kro-
        janker, Berlin 1922, S. 60) W. Emrich sieht als Anknüpfungs-
        punkt das tschechische Verb »odraditi«, wonach durch An-
        hängen des Diminutivsuffixes »-ek« ein »Abrätchen« entstünde
        (»Franz Kafka«, Bonn 1958, S. 92 ff.), was H. Politzer auf-
        grund des Kontextes versteht als: »Bleib mir vom Leibe! Rühr
        mich nicht an! Folg mir nicht! Forsch mir nicht nach!«
        (»Franz Kafka, der Künstler«, [Frankfurt/M. 1965], S. 153)
        Nach G. Backenköhler ergeben »řád« (»Ordnung, Reglement«)
        mit Präfix »od-« (»von . . . weg, ab –«) und dem erwähnten
        Diminutivum (»kleines Wesen außerhalb der Ordnung«), »řad«
        (»Reihe«) und »řádek« (»Zeile, Reihe«) ein Wesen außerhalb
        der Ordnung, das sich im geschriebenen Wort nicht fangen
        läßt; »řáditi« (»lärmen, toben«) führt zu einem »Poltergeist
        im Abseitigen«. (»Neues zum ›Sorgenkind Odradek‹«, in:
        Zeitschrift für dt. Philologie 89 [1970], S. 269 ff.) – Zwirn-
        spule: »Vf. erinnert sich, als Kind ein Spielzeug besessen zu
        haben, das Kafkas Odradek in mancher Weise ähnelt. Es han-
        delt sich um eine hölzerne Garnrolle, die mit Hilfe daran be-
        festigter Fäden und Hölzchen nicht nur ›stehen‹, sondern
        sogar ›gehen‹ kann. Ein doppelt genommener Faden oder,
        noch besser, ein Gummiband wird zu diesem Zweck durch die
        mittlere Durchbohrung gezogen, auf der einen Seite an der
        Garnrolle selbst, auf der anderen an einem Ende eines quer-
        stehenden Streichholzes ziemlich kurz befestigt. Indem man
        das Streichholz dreht, ›zieht‹ man das primitive Uhrwerk in
        der Garnrolle ›auf‹, und wenn man das Ganze, mit dem
        Hölzchen als ›Bein‹ den Boden berührend, auf eine ebene Flä-
        che aufsetzt, so ›läuft‹ es davon. Etwas Ähnliches hatte mög-
        licherweise auch Kafka vor Augen.« (G. Backenköhler, S. 273)

E 171   Bruchstellen: Vgl. T 142 u. 498 (»Wie will ich eine schwin-
        gende Geschichte aus Bruchstücken zusammenlöten?«). –
        Dachboden: Vgl. Auf dem Dachboden (H 149 ff.), T 173 f.,
        349, 389 ff., 503, P 103 ff., 174 ff. – Unbestimmter Wohnsitz:
        Kafka, als Westjude entwurzelt (F 750, am Jahreswechsel
        1916/1917: »vollkommene Heimatlosigkeit«, vgl. M 173),
        fühlte sich auch im äußeren Lebensgang Odradek verwandt
        (F 571: »ich . . . treibe mich am liebsten in Parks und auf den
        Gassen herum«, vgl. 93, 291, 351, 376, 606 u. den Jäger Grac-
        chus B 102: Treppe). – Rascheln: G. Janouch über Kafka: »Er
        kicherte in der ihm eigenen Art, die an ein leises Papierra-
        scheln erinnerte«. (J 105)

E 172   *überleben:* Vgl. Br 385, 431 u. Kafkas Widerstand dagegen,
Werke zu hinterlassen, die er nicht für gelungen hielt (vgl.
P 316 ff., Br 99 u. die Einleitung zur *Betrachtung* von 1912).

EIN LANDARZT. KLEINE ERZÄHLUNGEN

(Frühjahr/Sommer 1917)

Schon bevor Kurt Wolff, durch eine Initiative Max Brods veranlaßt,
am 3. Juli 1917 an Kafka mit der Bitte herantritt, die neu entstandenen Arbeiten für eine Publikation prüfen zu dürfen (BV 42), hatte
dieser, wie die beiden erhaltenen Textzusammenstellungen von Ende
Februar und Ende März beweisen (vgl. die Einleitung zum *Landarzt*),
eine Buchveröffentlichung ins Auge gefaßt, die, wie er Martin Buber
am 22. April schrieb, den Titel *Verantwortung* (vgl. dazu R. Kauf,
Verantwortung. The Theme of Kafka's *Landarzt* Cycle, in: Modern
Language Quarterly 33 [1972], Nr. 4, S. 420 ff.) tragen sollte (M. Buber, Briefwechsel aus sieben Jahrzehnten, Bd 1: 1897–1918, hg. v. G.
Schaeder, Heidelberg [1972], S. 492). Der jetzige Titel wird dann,
offenbar zusammen mit der endgültigen Reihenfolge der Stücke,
auf die Kafka, wie schon bei seinen früheren Sammelveröffentlichun-
gen, großen Wert legte, erst im August 1917 formuliert. (Vgl. Sy 77
u. Br 158) Inzwischen hatte Wolff die ihm am 7. Juli überlassenen
»dreizehn Prosastücke« (Br 156), die Kafka mindestens nicht in ihrer
Gesamtheit als Gleichnisse oder Parabeln verstanden wissen wollte
(vgl. Einleitung zu *Schakade und Araber*), »ganz außerordentlich schön
und reif« gefunden und sich mit einer verlegerischen Verwertung gerne
einverstanden erklärt. (So am 20. Juli an Kafka, vgl. BV 43) Am 27.
dieses Monats dann wünscht Kafka noch die Aufnahme von *Vor dem
Gesetz* und *Ein Traum* in die Liste der zu publizierenden Texte und
vertraut sich Wolff hinsichtlich der Art der Ausgabe völlig an. (Br
157, später, frühestens im Herbst 1918, muß Kafka dann den *Kübelreiter,* der ursprünglich ebenfalls im *Landarzt* erscheinen sollte, während der Korrekturvorgänge bei der Buchherstellung zurückgezogen
haben, vgl. BV 48) So schreibt Wolff am 1. September, er wolle den
Band in der »wunderschönen Druckausstattung« herausbringen, in der
schon die *Betrachtung* 1912 erschien (BV 45, vgl. das Faksimile in
Sy 118), was Kafka schon am 4. »mit Freuden« annahm (Br 159).
Der gewählte große Schriftgrad, von dem in der Druckerei nur wenig
Lettern vorhanden waren, verzögerte zunächst die Drucklegung, doch
bekam Kafka, der durch Max Brod hatte mahnen lassen (Br 229 f.),
im Januar 1918 die ersten Korrekturen. Anläßlich ihrer Rücksendung
am 27. des Monats bemerkt er: »Ferner bitte ich vorne ein Widmungsblatt mit der Inschrift: ›Meinem Vater‹ einzuschalten.« (Br 228; diese

Bitte wurde – Kafka hatte am 1. 10. 1918 erneut darum gebeten [Br
245] – dann erfüllt) Über die Motive dieser Zueignung geben einmal
Friedrich Thiebergers »Erinnerungen an Franz Kafka« Auskunft,
denn aus ihnen geht hervor, daß sie ironisch verstanden werden muß
(Eckart 23 [1953], S. 53), dann aber äußert sich Kafka auch in einem
an Max Brod gerichteten Brief vom März 1918 zu diesem Punkt: »Seitdem ich mich entschlossen habe, das Buch meinem Vater zu widmen,
liegt mir viel daran, daß es bald erscheint. Nicht als ob ich dadurch
den Vater versöhnen könnte, die Wurzeln dieser Feindschaft sind hier
unausreißbar, aber ich hätte doch etwas getan, wäre, wenn schon
nicht nach Palästina übersiedelt, doch mit dem Finger auf der Land-
karte hingefahren.« (Br 237) Selbstverständlich hängt die Dedikation
mit der im September 1917 bei Kafka festgestellten Lungentuberkulose
zusammen, von der Hermann Kafka (durch Ottla) erst am 22. November, die Mutter sogar erst drei Wochen später erfuhr (vgl. meinen
Aufsatz »Kafka und seine Schwester Ottla«, in: Jahrbuch der Dt.
Schillergesellschaft 12 [1968], S. 447); sie dokumentiert also die Tatsache, daß Kafka »im Schreiben selbständig« vom Vater weggekom-
men war, der den Empfang der ihm seither übergebenen Buchveröf-
fentlichungen mit der Bemerkung: »Legs auf den Nachttisch!« quit-
tierte. (H 202 u. 203) Eine neue Pause im Herstellungsprozeß des Buches – der jetzt ungeduldige Dichter hatte wieder durch Max Brod beim
Verlag nachfragen lassen – ließ ihn daran denken, die Erzählsammlung dem Verleger Reiß zu geben, von dem er eine »freundliche Einladung« bekam. So schrieb er einen ultimativen Brief an Wolff, der
aber durch eine neue Korrektursendung beantwortet wurde, so daß
Kafka diesen Plan wieder aufgab. (Br 237) Freilich wird die Versiche-
rung des Verlegers vom 29. 1. 1918, er werde Kafkas Wünsche »betreffend Reihenfolge, Titel und Widmung« sorgfältig berücksichtigen
(BV 47), zunächst nicht eingehalten, denn es kommt im Herbst 1918
zu Mißverständnissen hinsichtlich der Reihenfolge (vgl. die Einleitung
zum Brudermord; ob Kafka tatsächlich von diesem Zeitpunkt an keine
Korrekturen mehr erhielt, muß als fraglich erscheinen, denn eine in
FK 370 tradierte Bemerkung über Kafkas Korrektur des Bandes ist
auf Ende 1918 oder Anfang 1919 zu datieren, auch zeigen die Lesarten
zum Brudermord, daß Kafka zu diesem Text Korrekturen gelesen
haben muß). Schwierigkeiten gab es dann aber auch in bezug auf den
Titel. Ein mit Korrekturanweisungen Kafkas versehenes Titelblatt des
Landarzt-Bandes (faksimiliert in: G. Janouch, Franz Kafka und seine
Welt, Wien, Stuttgart, Zürich [1965], S. 134) zeigt nämlich, daß der
Verlag in Anlehnung an die Betrachtung von 1912 als Titel Der
Landarzt. Neue Betrachtungen vorgeschlagen hatte, den dann Kafka –
in einem an den Verlag gerichteten Schreiben bat er eigens um das Ti-
tel- und Widmungsblatt (BV 51), nachdem eine schon Monate vorher
geäußerte diesbezügliche Bitte zunächst unberücksichtigt geblieben war
(Br 228) – seinen Intentionen gemäß verbesserte. Daß er dabei auch die

auf dem Titelblatt stehende Jahreszahl 1919 tilgte, besagt sowenig wie die Tatsache, daß Wolff das Buch erstmalig am 17. Dezember 1920 im *Börsenblatt für den Deutschen Buchhandel* anzeigte (vgl. Sy 158), daß der *Landarzt* erst 1920 erschien. Denn Kafka ersetzte die gestrichene Jahreszahl nicht durch eine neue, auch wurde der Erzählband am 19. Dezember 1919 in der *Selbstwehr* als erschienen angekündigt. Felix Weltsch schrieb: »Die vielen unterirdischen Beziehungen des Buches zu einem spezifisch modern jüdischen Desorientiertheitsgefühl ... geben den in krystallreiner und unerhört melodiöser Prosa geschriebenen Kunstwerken eine Nuance seltsamer Melancholie.« (Jg. 13, Nr. 51/52, S. 6, vgl. die Einleitung zum *Bericht für eine Akademie*)

Das Buch wird eingerahmt durch die beiden Erzählungen, in denen sich Tiere in Menschen verwandeln. *Der neue Advokat* eignete sich wegen seines grundsätzlichen, die augenblicklichen Zeitverhältnisse würdigenden Charakters und seiner Kürze ausgezeichnet als Eröffnungsstück, der *Bericht für eine Akademie,* der längste Text, mußte das Ende bilden. (Vgl. die *Betrachtung* von 1912 und den *Hungerkünstler* von 1924) Davor stehen, durch eine sehr spezielle Motivik miteinander verknüpft (vgl. E 181: »wie der Rasen eines Grabes« mit »Grabhügel« und »Gras«), die beiden mit dem Tod von Erzählfiguren endigenden Stücke, wobei der *Brudermord* dem *Traum* vorhergehen mußte, weil durch die im Titel angedeutete Verwandtschaftsbezeichnung eine Assoziationsmöglichkeit zu den vorhergehenden *Elf Söhnen* entsteht, die hinwiederum mit der ihnen vorausgehenden *Sorge des Hausvaters* durch die Vater-Perspektive verbunden sind. Andererseits schließen *Landarzt* und *Kübelreiter* – dieses Stück sollte ursprünglich an dritter Stelle der Sammlung erscheinen – als Reitergeschichten gut an Bucephalus an und haben überdies ein sehr ähnliches Ende. *Auf der Galerie* als nächster Text ist über die Kunstreiterin natürlich mit dem *Kübelreiter,* aber dann auch in der endgültigen Druckfassung mit dem auf einem Pferd reitenden Landarzt motivisch gut verbunden und setzt sich andererseits von den beiden folgenden, aufeinander eng bezogenen Erzählungen ab. Sowohl *Ein altes Blatt* als auch *Vor dem Gesetz* tragen Überlieferungen aus alter Zeit vor, und in beiden gibt es ein zum Absoluten führendes Tor, vor dem das Geschehen spielt und das nicht durchschritten werden kann. *Schakale und Araber,* mit dem sich anschließenden *Besuch im Bergwerk* durch den Begriff des Besuchs verknüpft (die in der Wüste und unter der Erde in vergleichbarer Isolation von der menschlichen Gemeinschaft befindlichen Ich-Erzähler erhalten ungewöhnlichen Besuch), verweist assoziativ über das Erzählelement des Reisens auf das *Nächste Dorf* und die *Kaiserliche Botschaft* (das Stück entstammt dem *Bau der Chinesischen Mauer,* vgl. B 78: *Der Kaiser, so heißt es*), die durch die ihnen gemeinsame Vorstellung vom ablaufenden Leben und von der ihr Ziel nie erreichenden Lebensfahrt aufeinander bezogen sind. Der Gedanke, daß einem Zugehöriges den eigenen Tod überleben kann, und die Vorstellung,

dauernd auf Treppen zu leben, teilt der zuletzt erwähnte Text mit der ihm folgenden *Sorge des Hausvaters.*
D: F. Kafka, Ein Landarzt. Kleine Erzählungen, (München und Leipzig 1919).

EINE ALLTÄGLICHE VERWIRRUNG

(21. Oktober 1917)

Wie das folgende Stück unter dem genannten Datum und ohne Titel im sogenannten 3. Oktavheft überliefert, in das Kafka zu Beginn seiner Zürauer Zeit vor allem Aphorismen, theologische Betrachtungen und kurze tagebuchartige Notizen eintrug. Der von Max Brod gewählte Titel führt in die Irre, weil er auf einem gravierenden Lesefehler beruht: Die von ihm zur Überschrift erhobenen Worte aus dem ersten Satz des Textes lauten richtig im Manuskript: »... ein alltäglicher Heroismus.« (Vgl. auch die englische Übersetzung in: Franz Kafka, Shorter Works, Vol. I, transl. and ed. by M. Pasley, London [1973], S. 103 f.)

DIE WAHRHEIT ÜBER SANCHO PANSA

(21. Oktober 1917)

Zur Entstehung vgl. *Eine alltägliche Verwirrung.*
Dieses im Ms unbetitelte Stück und die folgenden beiden erwachsen aus der in Kafkas Lebenszeugnissen häufig zu beobachtenden Tendenz, Gestalten der Mythologie, Sage und Geschichte entgegen der historischen Überlieferung zu verändern und zu deuten. Dabei spielt sowohl seine Vertrautheit mit Auslegungspraktiken der jüdischen Tradition eine Rolle, wo es vergleichbare Phänomene gibt, als auch jüdische Geschichtsauffassung überhaupt. (Vgl. meine Arbeit »Motiv und Gestaltung bei Franz Kafka«, Bonn 1966, S. 26 ff. u. die Einleitung zu *Gibs auf!*) Außerdem muß man in diesem Zusammenhang Kafkas ebenfalls im Jüdischen wurzelnde (vgl. Br 141 ff.) Besonderheit anführen, jedes von ihm registrierte Phänomen ganz persönlich sich anzueignen und damit der eigenen Situation anzuverwandeln (vgl. FK 51 u. M. Brod, Der Prager Kreis, Stuttgart, Berlin, Köln, Mainz [1966], S. 129 ff.), und dazu gehörte natürlich auch die ihm zukommende Überlieferung.
Die in der Forschung übliche Beziehung des Textes auf Kafkas Schriftstellerei (M. Robert, Das Alte im Neuen. Von Don Quichotte zu Franz Kafka, München [1968] u. H. Hillmann, Franz Kafka.

Dichtungstheorie und Dichtungsgestalt, Bonn 1964, S. 32 ff.) muß zumindest eingeschränkt werden. Nicht nur ist zu bedenken, daß sich Kafka in der Zürauer Zeit überhaupt nicht als Literaturschaffender fühlte (vgl. Br 201), eine Darstellung dieses Problemkreises also der innerlichen Wahrscheinlichkeit ermangelt, sondern man muß auch wissen, daß er in einer Briefstelle aus dem Jahr 1921 Don Quixote als eine Art Abraham sieht, als eine Gestalt also, die ihm durch *Furcht und Zittern* nahegebracht worden war. Zu dem Zeitpunkt, als die *Wahrheit über Sancho Pansa* entstand, waren ihm außer Kierkegaards Abraham-Deutung (vgl. Br 190) nur noch Teile seiner Tagebücher und eine biographische Zusammenstellung über sein Verhältnis zu Regine Ohlsen bekannt. Er könne sich, heißt es in dem erwähnten Schreiben, einen andern Abraham denken, einen, der nicht glauben kann, daß er mit dem göttlichen Anruf gemeint ist, und fürchtet, »er werde zwar als Abraham mit dem Sohne ausreiten, aber auf dem Weg sich in Don Quixote verwandeln. Über Abraham wäre die Welt damals entsetzt gewesen, wenn sie zugesehen hätte, dieser aber fürchtet, die Welt werde sich bei dem Anblick totlachen.« (Br 333) Die Figur verkörpert also eine Lebensart, in der jemand, obwohl ungenügend dafür gerüstet, seinen inneren Forderungen zu entsprechen sucht und sich dabei lächerlich macht. Im vorliegenden Text ist die Perspektive freilich auf das Verhältnis der Gestalt zu ihrem Begleiter verschoben und ihre Lächerlichkeit darin begründet.

D: BM 38.

H 76   *Ritter- und Räuberromane:* Durch die Lektüre derartiger Schriften wird Don Quixote bekanntlich zu seinen Taten veranlaßt. Kafka aber schreibt zwei Tage vor der Entstehung des Textes: »Das Unglück Don Quixotes ist nicht seine Phantasie, sondern Sancho Pansa.« (H 72)

H 77   *Taten:* Am 22. Oktober 1917 schon spezifiziert Kafka das Gemeinte: »Eine der wichtigsten donquixotschen Taten, aufdringlicher als der Kampf mit der Windmühle, ist: der Selbstmord. Der tote Don Quixote will den toten Don Quixote töten; um zu töten, braucht er aber eine lebendige Stelle, diese sucht er nun mit seinem Schwerte ebenso unaufhörlich wie vergeblich. Unter dieser Beschäftigung rollen die zwei Toten als unauflöslicher und förmlich springlebendiger Purzelbaum durch die Zeiten.« (H 77) – *sein sollen:* nämlich als Teufel seines Begleiters. – *Zügen:* Noch im Sommer 1922 beschäftigte Kafka dieser Motivkreis, wie ein kleines Erzählfragment beweist: »Don Quixote mußte auswandern, ganz Spanien lachte über ihn, er war dort unmöglich geworden. Er reiste durch Südfrankreich ... überstieg ... die Alpen ... und kam endlich nach Mailand.« (H 409)

DAS SCHWEIGEN DER SIRENEN

(23. Oktober 1917)

Unter diesem Datum und ohne Titel im sogenannten 3. Quartheft
überliefert. (Vgl. auch die Einleitung zu den beiden vorhergehenden
Stücken und zum *Neuen Advokaten*) In Jules Laforgues *Pierrot, der
Spaßvogel. Eine Auswahl* v. Franz Blei u. Max Brod, Berlin, Stuttgart,
Leipzig (1909), einem Buch also, das Kafka durch seinen Freund natürlich bekannt war (vgl. FK 206), findet sich am Schluß eine von den
Übersetzern gemeinsam verfaßte »klassische Legende mit Musik«, die
den Titel *Circe und ihre Schweine* trägt. (S. 100 ff.) Darin sagt nun
Odysseus zu Circe, seine Geschichte in den Schullesebüchern sei »arrangiert«: »Das eine oder andre erzähle ich Ihnen bei Gelegenheit
richtig und mit allen Details.« (S. 110) Als einen analogen Versuch,
die verfälschte Tradition zu korrigieren, kann Kafkas Erzählung verstanden werden.

H 79   *Krallen:* Kafka schrieb in einem Brief an Robert Klopstock:
»Des Mädchens Brief ist schön, ebenso schön wie abscheulich,
das sind die verführerischen Nachtstimmen, die Sirenen haben
auch so gesungen, man tut ihnen unrecht, wenn man glaubt,
daß sie verführen wollten, sie wußten, daß sie Krallen hatten
und keinen fruchtbaren Schoß, darüber klagten sie laut, sie
konnten nichts dafür, daß die Klage so schön klang.« (Br 362)
– *Anhang:* Diese Darstellungsweise, in einer Ergänzung das
Gesagte wieder teilweise aufzuheben (mit dem Hinweis auf
eine anders lautende Überlieferung), ist ein kennzeichnendes
Merkmal der »Sagen der Juden«, einer groß angelegten Sammlung, die Kafka erwiesenermaßen beeinflußte (vgl. die Einleitung zum *Stadtwappen* u. *Forschungen eines Hundes* B 263:
auf den Kissen). – *Schicksalsgöttin:* Vgl. Br 279.

PROMETHEUS

(17. Januar 1918)

Unter diesem Datum und ohne Titel im 3. Oktavheft überliefert.
Kafka kannte natürlich sowohl die antike Sage – entgegen weitverbreiteter Meinung bezeichnet er den Vogel, der die immer wieder
nachwachsende Leber des Prometheus fraß, richtig als Adler (vgl. K.
Kerényi, Die Mythologie der Griechen, Bd 1: Die Götter- und
Menschheitsgeschichten, [München 1966], S. 174) – als auch Goethes
berühmtes Gedicht *Prometheus* (vgl. T 255 u. *Ein Brudermord* E 180:

Blütenträume). Notwendigkeit, sich mit diesem Problemkreis auseinanderzusetzen, bestand aber offensichtlich erst seit Ende September 1916, als Kafka Fr. W. Foersters »Jugendlehre« las und Felice referierte, weil diese darüber vor Kindern des jüdischen Volksheims in Berlin sprechen wollte. In diesem Buch ist nämlich ein fünf Druckseiten langer Abschnitt mit »Der gefesselte Prometheus« überschrieben. (»Jugendlehre. Ein Buch für Eltern, Lehrer und Geistliche«, 41. bis 45. Tsd., Berlin 1909, S. 55–59) Dort ist davon die Rede, »daß das Feuer in übermütiger Auflehnung gegen die höchsten Werte des Lebens erobert ward.« (S. 57) Die Volksdichtung stehe »jedem Losreißen des Menschen von der höchsten Demut und Selbstbeschränkung« voll Schauer und Grausen gegenüber. (S. 55) In seinem Referat des Buchteils, den die Geliebte zur Behandlung übernommen hatte, kommt Kafka auch auf diese Zusammenhänge zu sprechen. Die Sage ist ein Beispiel für das Abirren von den Sittengesetzen in der Naturwissenschaft. Tat und Strafe des Prometheus ist die Erreichung »der Macht in Auflehnung gegen die höhere Ordnung und Abbüßung dieser Schuld«. (F 707) Da Kafka aber große Zweifel an der »Selbstbeherrschungs-Pädagogik« Foersters hatte (Br 208, vgl. F 701), erhielt auch seine eigene Gestaltung der Sage eine ganz andere Ausrichtung. D: BM 42.

H 100 *verraten:* Weil Zeus, den Prometheus täuschen wollte, zürnend den Menschen das Feuer vorenthielt, stahl es dieser heimlich. – *Adler:* Foerster spricht vom Geier (S. 56 u. 58), vgl. den *Geier.* – *mit ihm eins:* Nach Foerster repräsentiert das Gebirge »das Stoffliche« (S. 57), die Elemente, denen der Mensch »erst recht wieder untertan wird«, wenn er sich die Erde dienstbar macht (S. 56). – *müde:* In der Tradition ist Herakles der Befreier, der den quälenden Adler mit seinem Pfeil erschoß.

HEIMKEHR

(Ende August 1920)

In einem Brief an Milena, in dem Kafka auf ein Feuilleton der Geliebten anspielt, in dem von einem im Schnee laufenden Hasen die Rede war (vgl. M 207; der Querstrich nach Zeile 23 trennt Teile eines einzigen Briefs), spricht er davon, er habe »seit paar Tagen« seine literarische Arbeit wieder aufgenommen, allerdings »ohne alle Ergebnisse« (M 208). Da der fragliche Artikel Milenas am 21. August 1920 erschien (M. J., Výkladní skřín [d. h. »Schaufenster«], in: *Tribuna*

2, Nr. 197, S. 1f.), dürfte diese erste produktive Phase der Spätzeit kurz nach der Monatsmitte eingesetzt haben. Das sogenannte Konvolut A – H 303–353 (»15. September 1920 ...« – »... noch still«) – kann also nicht die ersten damals entstandenen Arbeiten enthalten, wie M. Pasley und K. Wagenbach voraussetzen (»Datierung sämtlicher Texte Franz Kafkas«, in: Sy 68 f.). Vielmehr muß angenommen werden, daß das sogenannte Konvolut B (vielleicht auch C, das aber auch nach A beschrieben worden sein könnte), das nach Format, Papierart und hinsichtlich seiner Thematik mit A verwandt ist, also derselben Schaffensperiode entstammt, A zeitlich vorausgeht.

Vermutlich ist das blaue Quartheft (H 282 Z. 7 ff. – 301 Z. 15), in dem *Heimkehr* (B 139) überliefert ist, noch vor B anzusetzen, denn es enthält einen Dialog zwischen einer Katze und einer Maus (H 294), der als Vorfassung der in B überlieferten *Kleinen Fabel* (B 119) angesehen werden muß: Es ist nicht wahrscheinlich, daß nach der Niederschrift dieses sprachlich pointiert zugespitzten Textes sich eine weniger gelungene Variante Kafka aufdrängte. Außerdem passen die durchwegs sehr kurzen Fragmente des Quarthefts sehr gut zu seinem Urteil über die damals zuerst entstandenen Texte, besonders auch darin, daß seine Aussage, er brauche ein halbes Jahr, um sich erst »die Zunge zu lösen« (M 208), genau zu der Tatsache stimmt, daß Konvolut B und blaues Quartheft nur je eine Passage enthalten, die mehr ist als allererster Anfang eines noch zu entfaltenden Komplexes, während sich in A nicht weniger als elf von Max Brod in die *Beschreibung eines Kampfes* aufgenommene und relativ selbständige Texte finden, die, wenn Kafka über seine besondere Schreibsituation nicht falsch berichtet, schon eine Phase repräsentieren, in der anfängliches Experimentieren, Suchen und Skizzieren weitgehend überwunden ist.

Da nun also in der Zeit von etwa 20. August bis 15. September von einer mindestens ungefähr vierzig Druckseiten umfassenden Produktion ausgegangen werden kann, das Stück *Heimkehr* aber fast am Ende des ungefähr zwanzig Seiten umfassenden Quarthefts tradiert ist, darf der (übrigens titellose) Text auf Ende August (bei Nichtberücksichtigung von C möglicherweise auch Anfang September) 1920 datiert werden.

Das Thema gerade zu dieser Zeit ist gewiß nicht zufällig gewählt, hatte Kafka doch damals zweimal diesen Komplex erlebnismäßig realisiert: Ende Juni kam er nach einer mehrmonatigen Kur von Meran nach Prag zurück, am 5. August nach vierwöchigem Aufenthalt in der Wohnung seiner Schwester Elli – zu dieser Frage vgl. meine Arbeit »Kafka in neuer Sicht«, Stuttgart (1976), S. 91 f. – wieder ins elterliche Domizil am Altstädter Ring. Zwei Wochen später, aufgrund des Zusammentreffens mit Milena in Gmünd am 14. und 15. August, war es ihm zur Gewißheit geworden, daß seine Beziehung zu ihr unglücklich wie seine Verlobungen enden, sich also auch jetzt die ersehnte Selbständigkeit vom Elternhaus nicht einstellen

würde und daß er demnach zu seinem Ausgangspunkt, seinem wirklichen Zuhause werde zurückkehren müssen (M 223 f.); es beginnt ein
schöpferischer Schub des derartig auf sich selber Zurückgeworfenen,
der als erstes herausragendes Ergebnis die *Heimkehr* zeitigt.
D: BK 140.

DAS STADTWAPPEN

(3. Septemberwoche 1920)

Diese im Manuskript titellose Erzählung steht ganz zu Anfang des
sogenannten Konvoluts A (nach »... zerfallen« – H 303), das mit der
Datumsangabe »15. September 1920« einsetzt (vgl. die Einleitung zu
Heimkehr).
Das Motiv des babylonischen Turms gehört zu Kafkas gedanklichen
Zentralvorstellungen. So erscheint schon in der *Beschreibung eines
Kampfes* das Bauwerk, dem Charakter der »Belustigungen« entsprechend, hinsichtlich seiner äußeren Form als poetisches comparatum für
eine Pappel. (Be 89) In einem wahrscheinlich 1913 geschriebenen
Brief bezeichnet Kafka dann ein bestimmtes eigenes Verhalten als
»Vorgang in einem Stockwerk des innern babylonischen Turmes, und
was oben und unten ist, weiß man in Babel gar nicht« (Br 119); in
einer vielleicht ungefähr gleichzeitigen Reisenotiz wird dieser Komplex als Wunsch, »einige Stockwerke tiefer in der Erde zu liegen«, auf
ein wirkliches Gebäude übertragen (F 462), und an anderer Stelle,
gleichsam als Resümee einer Analyse der eigenen Lage, als allgemein
verbindliche Sentenz formuliert: »das menschliche Leben hat viele
Stockwerke« (F 263). Diese Zusammenhänge werden noch im Jahr
1922 wieder aufgenommen, wo Kafka formuliert: »Wir graben den
Schacht von Babel« (H 387), eine Aussage, die auf die Ununterscheid-
barkeit von oben und unten, also auf die moderne Orientierungslosigkeit beim Aufbau theologischer Daseinsgründungen verweist.
Die Vorstellung wird auch als Metapher in dichterischen Texten verwendet: In dem Anfang Dezember 1916 entstandenen *Gruftwächter*
zunächst, wo der Obersthofmeister vorwurfsvoll vom regierenden
Fürsten sagt, dieser verwende alle Kräfte unnötigerweise für die Ver-
stärkung seines Fundaments, »das etwa für den Babylonischen Turm
ausreichen soll«. (B 315) Hier ist also neben der äußeren Form und
der inneren Gliederung als dritter Vergleichspunkt die Fundierung
eingeführt, aus dem sich dann wenige Monate später, im März 1917,
eine längere Reflexion des Ich-Erzählers in dem Stück *Beim Bau der
Chinesischen Mauer* teilweise herleitet: Es wird die Behauptung eines
Gelehrten referiert, der Turmbau sei keineswegs aus den allgemein be-

haupteten Ursachen nicht erfolgreich gewesen, sondern er sei »an der Schwäche des Fundamentes« gescheitert. (B 72) Das neue tertium mag durch Kafkas Lektüre der »Sagen der Juden« mitverursacht sein (»Die Sagen der Juden«, gesammelt und bearbeitet v. Micha Josef bin Gorion, Bd 2. Die Erzväter, Frankfurt 1914, S. 62 f. »Der Turm in der Höhe Gottes«; zur Bedeutung des Werks für Kafka vgl. meine Arbeit »Motiv und Gestaltung bei Franz Kafka«, Bonn 1966, S. 41 ff.), wo im Gegensatz zur biblischen Tradition das Mißlingen des Projekts damit begründet wird, daß einige am Bau beteiligte Gruppen in den Himmel steigen wollten, wobei die Intention des Werks ursprünglich für positiv gehalten wird. Jedenfalls hat sich dann ungefähr acht Monate später, am 9. November 1917, aus diesem Material ein Aphorismus gebildet: »Wenn es möglich gewesen wäre, den Turm von Babel zu erbauen, ohne ihn zu erklettern, es wäre erlaubt worden.« (H 82) Diese Aussage bedeutet sachlich nichts anderes als der in einem am 17. Dezember 1917 entstandenen Aphorismus pointierte Sachverhalt: »Theoretisch gibt es eine vollkommene Glücksmöglichkeit: An das Unzerstörbare in sich glauben und nicht zu ihm streben.« (H 96) Diese Formulierung nahm Kafka in seine *Betrachtungen über Sünde, Leid, Hoffnung und den wahren Weg* auf (H 47), die höchstwahrscheinlich im Herbst 1920, also zur Entstehungszeit des *Stadtwappens* ungefähr, zusammengestellt wurden. Außerdem zitiert sie Kafka in einem an Max Brod gerichteten Schreiben vom 7. August 1920, wobei er das Wort »Unzerstörbare« durch die Wendung »entscheidend Göttliche« ersetzt und fortfährt: »Diese Glücksmöglichkeit ist ebenso Blasphemie wie unerreichbar, aber für die Griechen waren ihr vielleicht näher als viele andere.« (Br 280)

Das der Erzählung zugrunde liegende Überlieferungselement, das im September 1920 also in vielfacher Spiegelung bereitlag, ist demnach ein Bild für Kafkas innere Desorientiertheit, die ihrerseits wiederum in einer objektiven geschichtlichen Situation gründet; diese zeichnet infolge urzeitlichen Fehlverhaltens die Gegenwart schlechthin aus. Daß Gewalt und Besitzgier Folgen der Bautätigkeit sind und die in der Überlieferung zentrale Motivik der Sprachverwirrung schon vorausgesetzt ist, bestätigt einerseits die auch sonst zu beobachtende Tendenz Kafkas, das Scheitern des Menschen in seiner Lebensverwirklichung durch Verankerung in seinen Uranfängen möglichst eng an seine anthropologische Verfassung zu koppeln, erinnert aber zum andern auch an die ihm bekannten Interpretationen der Sündenfallgeschichte und Turmbausage durch Otto Groß und Anton Kuh, für die Aggression und Gewalt die Hauptfolgen der von der ersten Generation verlorenen Unschuld darstellen (vgl. meine Arbeit »Kafka in neuer Sicht«, Stuttgart [1976], S. 374 ff. und *Forschungen eines Hundes* B 269: *Geschichtsverlaufes*).

D: unter dem Titel *Vom babylonischen Turmbau* in: *Die literarische Welt* 7, Nr. 13 (27. 3. 1931), S. 3 f.

B 94   *Fortschritte:* Vgl. H 90 (»An Fortschritte glauben heißt nicht
        glauben, daß ein Fortschritt schon geschehen ist. Das wäre
        kein Glauben«), E 195, T 541 u. B 267.
B 95   *Wappen:* »Anregendes Motiv mag für Kafka gewesen sein,
        daß seine Heimatstadt Prag eine geballte Faust im Wappen
        führt.« (B 348, Brod)

POSEIDON

(3. Septemberwoche 1920)

Zur Datierung des in der Handschrift unbetitelten Stücks, das im
Konvolut A vom vorhergehenden *Stadtwappen* nur durch eine dreizehn Druckzeilen umfassende Vorfassung getrennt ist, vgl. die Einleitung zur *Heimkehr* u. Sy 68.
Ein erster Ansatz zur Gestaltung des Rechen-Themas findet sich bereits im Frühjahr 1917: »Er saß über seinen Rechnungen. Große Ko-
lonnen. Manchmal wandte er sich von ihnen ab und legte das Gesicht
in die Hand. Was ergab sich aus den Rechnungen? Trübe, trübe Rech-
nung.« (H 134; zur Datierung des 5. Oktavhefts, das diese Passage enthält, vgl. die Einleitung zum *Bericht für eine Akademie*) Es läßt sich
erkennen, daß das Motiv des unendlichen, ununterbrochenen Rechnens
eine ursprüngliche Erzählidee darstellt. Wie die berechnenden K.s der
Romane (dazu wie überhaupt zur vorliegenden Problematik J. Born,
Kafkas unermüdlicher Rechner, in: Euphorion 64 [1970], S. 404 ff.)
verkörpert die Erzählfigur einen Aspekt des Autors selbst, der sich
hinsichtlich zu treffender Lebensentscheidungen in seinen Tagebüchern
und Briefen vielfach einer »Berechnungskunst« (T 510) anklagte (vgl.
den *Bau* B 174: *Rechnungen*), die teils auf Persönlichkeitsentwicklung
und Umwelt (Vaterproblem, Beamtengeist), teils aber auch auf typolo-
gisch bedingte Entscheidungsschwäche (F 286, 461, H 238 u. Br 383 f.)
zurückgeführt wird.
Kritisiert wird vor allem das Moment der Vorausberechnung, das den
zukünftigen Lebensverlauf ohne großes Risiko planbar machen soll,
besonders auch im ethischen Sinn. Doch war sich Kafka darüber klar,
daß sich das Lebendige nicht ausrechnen lasse (H 165), angesichts
menschlicher Extremsituationen Rechenkunst versagen müsse (T 338)
und in wirklich entscheidenden Fragen »sinnlos und untauglich« sei
(F 483, vgl. M 216 f., wo Kafka meint, über Schuldfragen könne man
nicht verhandeln, »wie über irgendeine gewöhnliche rechnerische Angelegenheit«).
Im Februar 1918 wird dann der Meeresgott selbst Gegenstand eines
Fragments: »Poseidon wurde überdrüssig seiner Meere. Der Dreizack

entfiel ihm. Still saß er an felsiger Küste und eine von seiner Gegenwart betäubte Möwe zog schwankende Kreise um sein Haupt.« (H 128) Wie im *Neuen Advokaten*, im *Stadtwappen* und den *Forschungen eines Hundes* (vgl. B 268: *Urväter*) wird hier die Depravierung menschlicher, sinnerfüllter Daseinsformen schon in mythologischer oder geschichtlicher Urzeit als Präfiguration moderner Funktionslosigkeit sichtbar, an der die als noch existierend gedachten Figuren der Vergangenheit jetzt voll partizipieren, wie besonders auch die Gestaltung des *Jäger Gracchus* zeigt. Und genau wie in dieser zuletzt genannten Erzählung erscheint im *Poseidon*-Bruchstück der kreisende Vogel als Bild richtungs- und entwicklungsloser Existenzweise (vgl. B 100: *Taubenschwarm*), die Kafka sich ebenfalls zuschrieb (vgl. den *Bau* B 190: *Kreisen*).

Anfang September 1920 dann läßt Kafka einen armen, hilflosen Alten, der sich für mächtig hält, in einem Dialogbruchstück sagen: »ohne Zittern bringe ich nicht das Glas vom Tisch zum Mund und soll nun die Stürme regieren oder das Weltmeer.« An die ältere Erzählidee schließt sich dieser Text insofern folgerichtig an, als der Alte die ihm an sich zukommende Macht nie wird ausüben können: »meine Gehilfen sind zwar schon da, aber noch nicht auf ihrem Posten und niemals werden sie dort sein.« (H 375 u. 376) Wenige Tage später wird dann die »Wasserpantomime« gestaltet, in der Poseidon »mit seinem Gefolge« durch das Wasser jagen wird, »womit der Übergang zur Darstellung des Lebens in einem modernen Familienbad gegeben sein wird«. (H 304) Die hier sich abzeichnende Umwandlung urzeitlicher Phänomene in Zirkusartistik und bürgerliche Alltäglichkeit, der beispielsweise auch die Verwandlung von Alexanders des Großen Streitroß in einen Bücher lesenden Advokaten entspricht (vgl. dazu noch die Einleitung zum *Schweigen der Sirenen*), ist natürlich verursacht durch die Mißlichkeiten der Gegenwart, die sich nur als Verfall (vgl. B 267) und Zerrbild der »alten großen Zeiten« darstellt (Br 291). Indem Kafka unmittelbar zeitlich anschließend Poseidon mit dem Rechenmotiv verband, übertrug er diesen Zusammenhang nur auf einen andern Vorstellungsbereich, der ihm damals besonders nahe liegen mußte, denn eben zur Zeit der Niederschrift drohte ihm die Gefahr, durch endlose nächtliche Reflexionen sein jetzt problematisch werdendes Verhältnis zu Milena gleichsam rechnerisch bewältigen zu wollen, weshalb er sich auch gerade deswegen in dieser Phase, wie schon zitiert, gegen derartige Analysen von Liebesbeziehungen wandte. D: BK 100 f.

B 97   *Hilfskräfte:* H 376 heißt es von den pflichtvergessenen Gehilfen: »Flatterhaft sind sie, überall, wo sie nicht hingehören, treiben sie sich herum, von überall her sind ihre Augen auf mich gerichtet, alles billige ich und nicke ihnen zu.« – *sein göttlicher Atem:* Diese Passage (bis »schwankte«) lautete zu-

nächst im Manuskript: »und er fing nach Luft zu schnappen«.
(J. Born, Kafkas unermüdlicher Rechner, S. 412, Anm. 7)

B 98 *ununterbrochen:* Vgl. zu diesem Punkt auch die Einleitung
zu *Erstes Leid. – vor dem Ende:* »Je älter der Mensch wird,
um so breiter wird sein Horizont. Die Lebensmöglichkeiten
werden aber kleiner und kleiner. Zum Schluß bleibt nur ein
einziges Aufschauen, ein einziges Ausatmen. Der Mensch
überblickt in dem Augenblick wahrscheinlich sein ganzes Leben. Zum erstenmal – und zum letztenmal.« (J 218, vgl. die
Kleine Fabel B 119: *enger* u. meine Arbeit »Motiv und Gestaltung bei Franz Kafka«, Bonn 1966, S. 188 ff.)

GEMEINSCHAFT

(Ende September/Anfang Oktober 1920)

Eine einigermaßen exakte Datierung dieses und der im Konvolut A
ihm folgenden Stücke (vgl. die Einleitung zu *Heimkehr*) kann von der
Frage ausgehen, bis zu welchem Zeitpunkt Kafka hier Eintragungen
vornahm. Folgende Überlegungen mögen zu einer Lösung dieses Problems beitragen: In einem an Milena gerichteten Brief erwähnt Kafka,
er lese gerade ein chinesisches Buch, das vom Tode handle. Dann
zitiert er zwei Passagen daraus (M 239), die auch im Konvolut A
überliefert sind, dort aber in umgekehrter Reihenfolge und durch
über vier Druckseiten voneinander getrennt (H 334 u. 338). Offenbar
hat man diesen Befund so zu deuten, daß Kafka bei der Lektüre des
Werks ihm bemerkenswerte Formulierungen notierte, auf die er dann
beim Schreiben des Briefes, das kurz darauf angesetzt werden muß,
zurückgreift. Hätte er direkt aus dem Buch und noch vor den Ein-
trägen in das Konvolut A zitiert und erst dann das Geschriebene für
aufhebenswürdig befunden, müßten die beiden Stellen auch im Konvolut A vereinigt sein.

Glücklicherweise kann nun das an Milena gerichtete Schreiben ungefähr zeitlich fixiert werden. In dem Brief nämlich, der in der Edition
folgt (M 240 Z. 10–242 Schluß der Seite; diese Abgrenzung ist aufgrund der Manuskripte vorzunehmen), erwähnt Kafka, er bade jetzt
die ganzen Nachmittage im Judenhaß, und im zweiten Teil des Briefes, der offenbar ein paar Tage später geschrieben wurde, ist ein
Rezitationsabend Albert Ehrensteins in Prag erwähnt. Die Passage
setzt voraus, daß Ehrenstein, der vor seinem Vortrag mit Kafka kurz
zusammentraf, Milena darüber berichtet und diese Ehrensteins Ausführungen wieder nach Prag kolportiert hatte (M 241 f.). Die deutsch-
feindlichen und antisemitischen Ausschreitungen, auf die der Brief

anspielt, fanden zwischen dem 15. und 17. November statt, und Ehrenstein rezitierte am 8. November in Prag (vgl. *Deutsche Zeitung Bohemia* 93, Nr. 270 [20. 11. 1920], S. 1 f. u. Nr. 264 [10. 11. 1920], 2. Beiblatt). Der erste Briefteil wird also wohl am 17. oder 18., die Fortsetzung aber um den 20. November geschrieben worden sein. Nun erwähnt Kafka eingangs, er habe »letzthin« (M 240) vielleicht zu abgekürzt über seinen Plan geschrieben, nach Grimmenstein ins Sanatorium zu fahren, und dieser Bezugsbrief ist offensichtlich derjenige, der auch die Auszüge aus dem chinesischen Buch enthält, denn es heißt dort: »Soll ich schon aus diesem Zimmer fort, dann will ich mich möglichst schnell auf den Liegestuhl in Grimmenstein werfen.« (M 238) Da das Wort »letzthin« eine gewisse Anzahl von Tagen und zwei Postwege zwischen Wien und Prag einschließt, geht man wohl nicht fehl in der Annahme, daß das fragliche Schreiben um den 10. bis 12. November herum formuliert wurde. Da nur der *Steuermann* und der *Kreisel* im Konvolut A nach den Exzerpten aus dem chinesischen Buch überliefert sind, müssen alle anderen Erzählungen vor dem genannten Zeitpunkt entstanden sein.

Wenn man die unterschiedliche Entfernung der einzelnen Texte vom datierten Anfang und den beiden zeitlich fixierbaren Zitaten aus dem chinesischen Buch berücksichtigt und bedenkt, daß diese Lektüre Kafkas mit der Thematik der *Abweisung* und der diesem Fragment folgenden Bruchstücke einen genetischen Zusammenhang bildet, und schließlich dazunimmt, daß erfahrungsgemäß der Umfang des Schaffens gegen Ende einer Produktionsphase bei Kafka immer geringer wird, dann ergeben sich für die in der Handschrift auf *Gemeinschaft* folgenden Texte diese Entstehungsdaten:

Nachts	Anfang Oktober	⎫
Die Abweisung	Mitte Oktober	
Zur Frage der Gesetze	Ende Oktober	
Die Truppenaushebung	Ende Oktober	⎬ 1920
Die Prüfung	1. Novemberwoche	
Der Geier	1. Novemberwoche	
Der Steuermann	Mitte November	
Der Kreisel	Ende November	⎭

D: BK 141.

H 314 *Wir fünf haben:* Im Doppeldruck B 140 dahinter »zwar«. – *Beisammensein:* Vgl. B 295 u. *Forschungen eines Hundes* B 242: *Beisammensein.*

NACHTS

(Anfang Oktober 1920)

Zur Datierung vgl. die Einleitung des vorigen Stücks. Der Titel stammt von den Herausgebern.
D: BK 118.

B 116   *schlafen:* Vgl. den *Jäger Gracchus* B 104: *Herberge.* – *Matratzen:* Vgl. den *Nachhauseweg:* »Ich bin mit Recht verantwortlich für ... die Liebespaare in ihren Betten, in den Gerüsten der Neubauten, in dunklen Gassen an die Häusermauern gepreßt, auf den Ottomanen der Bordelle.« (E 38)

DIE ABWEISUNG

(Mitte Oktober 1920)

Zur Datierung dieser von den Herausgebern betitelten Erzählung vgl. die Einleitung zur *Gemeinschaft.*
Gewiß ist der Text mit dem früher entstandenen Bruchstück *Beim Bau der Chinesischen Mauer* und dem in diesen Motivkreis gehörigen *Alten Blatt* thematisch verwandt (vgl. B 348), und die Lektüre des chinesische Geschichten enthaltenden »Gespensterbuchs« (M 239), die wohl schon im Oktober 1920 einsetzt, dürfte derartige Bildvorstellungen reaktiviert haben, aber es darf auch nicht der kräftige Impuls übersehen werden, der von einer Reisebeschreibung ausging, die Kafka im Frühjahr 1920 in Meran las. Er berichtet an Milena: »Ich lese ein Buch über Tibet; bei der Beschreibung einer Niederlassung an der tibetanischen Grenze im Gebirge wird mir plötzlich schwer ums Herz, so trostlos verlassen scheint dort das Dorf, so weit von Wien.« (M 40) Das Motiv der Grenze, die sich mit Tibet assoziierenden wüsten und weiten Hochländer, die ungeheuere Entfernung zwischen Hauptstadt und Dorf und die Tatsache, daß sich der Schreiber mit dem Leben in letzterem identifiziert, sind der Briefstelle und der Erzählung gemeinsam.
Als lebensgeschichtliche Determinante kommt in Frage, daß Kafka zur Zeit der Niederschrift der Erzählung größte innere Widerstände gegen ein erneutes Zusammentreffen mit Milena hatte, die übrigens im Spätsommer des Jahres 1920 in St. Gilgen weilte, wodurch die Postverbindung zwischen den beiden in einer Weise erschwert wurde, daß ein Vergleich mit den abgelegenen asiatischen Bergregionen nicht ganz fern lag: »Auf diesen Brief werde ich also erst in 10–14 Tagen

Antwort bekommen, das ist im Vergleich zum Bisherigen fast ein Ver-
lassen-Sein, nicht?« (M 199)
D: BK 83–89.

B 84   *Verirrt:* dies eine existentielle Grundsituation Kafkas, vgl.
        H 109 (»wir haben ... uns in sie verirrt, noch mehr: diese
        Welt ist unsere Verirrung«), *Fürsprecher* B 138: *Weg,* Br
        398, T 345, H 268, 333 f.). – *bürgerlichen:* Vgl. *Forschungen
        eines Hundes* B 264: *Mittelstand.*

B 86   *Oberst:* Im Konvolut A findet sich ein fast unmittelbar nach
        der *Abweisung* entstandenes Erzählfragment, in dem die
        merkwürdige Autorität eines solchen Obersten thematisiert
        wird. (Vgl. H 326 f.) – *Mauer der Welt:* Anspielung auf die
        sog. große chinesische Mauer, deren Errichtung Gegenstand
        der Erzählung *Beim Bau der Chinesischen Mauer* ist. – *Ge-
        biß:* Vgl. *Ein altes Blatt* (E 156 f.).

ZUR FRAGE DER GESETZE

(Ende Oktober 1920)

Vgl. die Einleitung zur *Gemeinschaft* (Datierung) und zu dem Stück
Beim Bau der Chinesischen Mauer (Gegenstandsbereich); Titel von den
Herausgebern.
D: *Die literarische Welt* 7, Nr. 13 (27. 3. 1931), S. 3.

B 91   *die man nicht kennt:* Es war Kafkas Grundüberzeugung, daß
        die geistigen Gesetze und psychischen Mechanismen, die das
        Leben eines Menschen bestimmen, unerkennbar seien. (Vgl.
        H 90 f., 93, 336, Br 161 u. F 717) – *Auslegungsmöglichkeiten:*
        Beispiele im *Dom*-Kapitel des *Prozeß*-Romans (P 257 ff.)
        und in den *Forschungen eines Hundes* (B 281 f.). – *Weisheit:*
        Eine Art Begründung für die im vorliegenden Text betonte
        Vermitteltheit der Lebensgesetze gibt Kafka in einer Brief-
        stelle, wo er über die griechische, von ihm dualistisch ver-
        standene Religiosität ausführt: »Sie konnten das entscheidend
        Göttliche gar nicht weit genug von sich entfernt denken, die
        ganze Götterwelt war nur ein Mittel, das Entscheidende sich
        vom irdischen Leib zu halten, Luft zum menschlichen Atem
        zu haben. Ein großes nationales Erziehungsmittel, das die
        Blicke der Menschen festhielt, weniger tief war als das jü-
        dische Gesetz, aber vielleicht demokratischer ... vielleicht
        freier ... vielleicht demütiger ...« (Br 279, am 7. 8. 1920) –
        Volkstradition: Ein vergleichbarer Gegensatz tritt in den

Forschungen eines Hundes auf, wo hinsichtlich der hündischen Lebensregeln (vgl. B 252) eine Diskrepanz zwischen der »Tradition« des Volks und der »Wissenschaft« konstitutiv ist. (B 273 ff.)

B 92   *Material:* Vgl. *Forschungen eines Hundes* B 251: *Material.*

B 93   *hassen wir uns selbst:* Diese Eigenschaft war ein kennzeichnendes Persönlichkeitsmerkmal Kafkas (vgl. F 478 u. den *Brief an den Vater*), das aber auch in Verbindung mit seinem Judentum gesehen werden muß, vgl. Th. Lessing, Der jüdische Selbsthaß, Berlin (1930) u. A. Kuh, Juden und Deutsche. Ein Resumé, Berlin (1921), S. 8 ff.

DIE TRUPPENAUSHEBUNG

(Ende Oktober 1920)

Zur Datierung dieses von Max Brod betitelten Fragments vgl. die Einleitung zu *Gemeinschaft*. Zu dem Motiv der Truppenaushebung könnte Kafka durch Franz Werfels Dramenfragment *Esther, Kaiserin von Persien* angeregt worden sein, das er Ende 1914 kennenlernte (vgl. T 444 f.).
Wichtiger noch war die von Hans Heilmann betreute »Chinesische Lyrik vom 12. Jahrhundert v. Chr. bis zur Gegenwart« (München und Leipzig [1905]; »Die Fruchtschale. Eine Sammlung«, Bd. 1), ein Buch, das Kafka besonders schätzte (vgl. *Beim Bau der Chinesischen Mauer* B 69: *oberste Prüfung*). Dort gibt es nämlich ein Gedicht *Der Rekrutenjäger*. Abends kommt der Werber ins Dorf: »Ein alter Mann, vor einem Hause, sieht ihn/nahen, steigt über die Mauer und flieht;« (S. 61) aber schon ist er gesehen, und »nur die heldenmütige Aufopferung der alten Frau, die seine Anwesenheit im Hause leugnet und sich selbst als Ersatz dem Werber bietet, rettet ihn vor dem Geschick seiner drei Söhne.« (Anm. 65) Weder die Greisin noch die junge Mutter mit dem Kind an der Brust wird verschont, der Greis bleibt einsam und verzweifelt zurück. (S. 61)
D: F. Kafka, Tagebücher und Briefe, Prag 1937, S. 176–179 (Gesammelte Schriften, hg. v. Max Brod in Gemeinschaft mit Heinz Politzer Bd VI).

B 330   *Frösteln:* »Übrigens spielt auch der Herbst mit mir, verdächtig warm, verdächtig kalt ist mir manchmal«. (M 238)

B 331   *Geschlecht:* Vgl. B 295 f.

DIE PRÜFUNG

(1. Novemberwoche 1920)

Zur Datierung dieses von den Herausgebern des Erstdrucks betitelten
Bruchstücks vgl. die Einleitung zu *Gemeinschaft*.
D: BK 135–136.

B 134 *schlafe ein:* Vgl. T 329.

B 135 *Fragen:* »Fragen aber, die sich nicht selbst im Entstehen beantworten, werden niemals beantwortet. Es gibt keine Entfernungen zwischen Fragesteller und Antwortgeber. Es sind
keine Entfernungen zu überwinden. Daher Fragen und Warten
sinnlos.« (T 480, vgl. den *Jäger Gracchus* B 104: *Aufgabe*
u. Br 224)

DER GEIER

(1. Novemberwoche 1920)

Zur Datierung dieses von den Herausgebern des Erstdrucks betitelten
Bruchstücks vgl. die Einleitung zu *Gemeinschaft*.
D: BK 115.

B 113 *Geier:* Dieser Vogel, der als Erzählmotiv schon in der *Be-
schreibung eines Kampfes* belegt ist, ist an einer sehr späten
Briefstelle ein Bild für die inneren Leiden, Ängste und Sorgen
Kafkas, die ihn »überflogen«. (Br 472, vgl. T 105) – *hackte:*
offenbar eine Modifikation des Prometheus-Motivs; in Kafkas
Gestaltung des Mythos ist der Vogel jedoch ein Adler. (Vgl.
H 100) – *zerrissen:* Im Sommer 1917 notiert sich Kafka:
»Falls ich in nächster Zeit sterben oder gänzlich lebensunfähig
werden sollte ... so darf ich sagen, daß ich mich selbst zer-
rissen habe. Wenn mein Vater früher in wilden, aber leeren
Drohungen zu sagen pflegte: Ich zerreiße dich wie einen
Fisch ... so verwirklicht sich jetzt die Drohung von ihm un-
abhängig.« (H 131 f., vgl. F 458)

DER STEUERMANN

(Mitte November 1920)

Im Ms titellos, zur Datierung vgl. die Einleitung zur *Gemeinschaft*.
D: BK 119.

DER KREISEL

(Ende November 1920)

Zur Datierung des Stücks vgl. die Einleitung zu *Gemeinschaft*.
Der Text veranschaulicht Kafkas erkenntnistheoretische Position: Solange der Kreisel sich dreht, menschliches Handeln in konkreten Le-
benssituationen sich also vollzieht, sind diese Phänomene der distan-
zierenden Betrachtung eines außerhalb dieses Zusammenhangs stehenden Betrachters entzogen und können von ihm höchstens belauert
werden. Greift der den Lebensfluß Betrachtende aber in dessen Ablauf
mit seinen Erkenntnismitteln ein, zerstört er diesen selbst, so daß er
seine Absichten nicht erreichen kann. (Vgl. den *Bau* B 187: *Witterung*)
Kafka gebraucht den Vorstellungszusammenhang jedoch noch in einem spezielleren Sinne zur Darstellung seines ambivalenten Verhältnisses Felice gegenüber: »Die innere Stimme verweist mich ins Dunkel und in Wirklichkeit zieht es mich zu Dir, das ist nichts zu Verein-
barendes, und wenn wir es doch versuchen, trifft es mit gleichen
Schlägen Dich und mich ... In jedem zweiten Brief werde ich dafür beängstigende Anknüpfungen finden, und dieser schreckliche Kreisel in mir wird wieder in Gang gebracht sein.« (F 458, vgl. B 118:
Peitsche, den *Bericht für eine Akademie* E 194: *Peitsche* u. die *Forschungen eines Hundes* B 255: *man prügelt*)
D: *Jüdischer Almanach auf das Jahr 5694*, Prag 1933/34, S. 155 (Titel:
»Der Philosoph und die Kreisel«, die jetzige Überschrift zuerst in:
BK 20).

B 118   *Kleinigkeit:* Über Kafkas Art, die Dinge zu betrachten, berichtet Max Brod in seinem Roman *Zauberreich der Liebe*
(Berlin, Wien, Leipzig 1928), wo der Freund als Garta perso-
nifiziert ist: »Gartas Erlebnisse sind immer lückenhaft, es
wird immer nur das einzelne erfaßt, das allerdings mit liebe-
voller Eindringlichkeit bis in die Tiefe; aber von Vollständigkeit ist nie die Rede ... Garta empfindet es ... als persönliche
Schwäche, als Mangel, daß er nicht auch für das vollständige
Erfassen ausreicht«. (FK 109 f.) – *Peitsche:* Möglicherweise
kommt neben der Alltagserfahrung (Kinder, die mit Schnur-
peitschen Holzkreisel in Bewegung hielten, gehörten zu Kafkas
Zeiten zum selbstverständlichen Straßenbild) auch ein literarisches Vorbild in Frage. In S. Kierkegaards *Entweder-Oder*
(Kafka las das Buch Anfang 1918, vgl. Br 224) wird in einem
Diapsalmatum der Zweifler als ein Gepeitschter bezeichnet:
»er hält sich auf der Spitze wie ein Kreisel, kürzere oder längere Zeit, je nachdem die Schläge der Peitsche fallen. Stehen
kann er so wenig wie der Kreisel.« (*Entweder-Oder*, übersetzt
v. Chr. Schrempf, Wiesbaden [1953], S. 8)

KLEINE FABEL

(Ende November/Anfang Dezember 1920)

Das in der Handschrift unbetitelte Stück ist im sogenannten Konvolut B überliefert, das nach Papierart und -format Konvolut A gleicht (vgl. auch die Einleitung zu *Heimkehr, Das Stadtwappen* u. Sy 69). Wenn man von der naheliegenden Annahme ausgeht, daß die Datumsangabe, die A eröffnet, vorgenommen wurde, als noch keine Seite der Konvolute A, B und C beschrieben war, die ursprünglich wohl ein Heft bildeten, dann muß B etwas jünger sein als A, das bis Ende November 1920 reicht (vgl. die Einleitung zu *Gemeinschaft*). Andererseits endete die produktive Phase dieses Jahres spätestens Mitte Dezember, als sich Kafka zur Abreise nach Matliary fertig machte (vgl. Br 283). Zwischen den beiden zuletzt genannten Terminen muß die *Kleine Fabel* entstanden sein.
D: BM 59.

B 119   *enger:* Anfang 1920 schrieb Kafka an Minze Eisner: »die Welt ist zwar groß und weit ... aber um keine Haarbreite größer als man sich sie selbst zu machen versteht. In der Unendlichkeit, in der Sie die Welt jetzt sehn, ist doch neben der Wahrheit eines mutigen Herzens auch die Täuschung der 19 Jahre.« (Br 258 f., vgl. *Poseidon* B 98: *vor dem Ende*)

ERSTES LEID

(Januar/Februar 1922)

Der Text ist auf einem losen Blatt aus dem 12. Tagebuchheft überliefert, das bis 29. 2. 1920 als solches benützt wurde; aufgrund der Papierverhältnisse ist nachweisbar, daß dieses Blatt das 15. im Heft war. (Vgl. Sy 68 u. 71) Da die Erzählung unter möglichster Ausnutzung des Randes und überhaupt sehr gedrängt niedergeschrieben wurde, muß angenommen werden, daß Kafka in Papiernot war, das Blatt also schon aus dem nicht mehr vorhandenen Heft mit seinen noch dreißig leeren Seiten herausgerissen worden war und zufällig herumlag, als Kafka Schreibpapier suchte. Da er das 12. Tagebuchheft wahrscheinlich im Oktober 1921 auflöste, als er sämtliche Tagebücher Milena zur Lektüre übergab (T 542), wäre als terminus post quem für die Entstehung dieser Termin anzusetzen, ungefähr der 1. Mai des folgenden Jahres jedoch als terminus ante quem, denn zu diesem Zeitpunkt etwa sandte er das Manuskript (offensichtlich diese von Kafkas Hand geschriebene Druckvorlage, eine Abschrift also des Originals, ist teilfaksimiliert in: »Autographen aus aller Welt«, Katalog 597 der Firma J. A. Stargardt, Marburg 1971, S. 57) an die Redaktion des *Genius*, den Hans Mardersteig, ein Freund und Mitarbeiter von Kafkas seitherigem Verleger Kurt Wolff, herausgab. Schon in Werbebriefen vom 3. 11. 1921 und 1. 3. 1922 hatte Wolff Kafka aufgefordert, ihm weitere Arbeiten zur Publikation zu überlassen. (Vgl. BV 54 ff.) Eine noch genauere zeitliche Eingrenzung der Entstehungszeit ist aufgrund der ziemlich sicher feststehenden Tatsache möglich, daß Kafkas literarische Produktion in dieser Schaffensphase erst im Januar oder Februar 1922 einsetzte und, soweit es sich nicht um das *Schloß* handelt, bis zum Sommer in einem einzigen braunen Quartheft erhalten ist (vgl. meine Arbeit »Kafka in neuer Sicht«, Stuttgart (1976), S. 356 ff.). Man kann deswegen annehmen, daß *Erstes Leid* der erste Text ist, der in dieser Schaffensperiode entstand. Offenbar hatte Kafka, von seiner unberechenbaren Inspiration überrascht, das erwähnte Quartheft noch gar nicht angelegt und griff auf der Suche nach Schreibpapier zu dem zufällig auf dem Schreibtisch herumliegenden Einzelblatt. Für diese Datierung sprechen auch die gleich zu erwähnenden motivischen Parallelen zum Text, die sich in Tagebucheintragungen vom Januar und Februar 1922 finden.

Die Erzählung thematisiert, keineswegs nur oder vorwiegend auf literarischer Ebene, Kafkas Eingeschränktheit und Menschenferne in den letzten Jahren seines Lebens: die von ihm vertretene Grundthese nämlich, ihm sei nichts geschenkt, alles, Vergangenheit, Gegenwart und Zukunft, müsse erst und immer erworben werden (M 247 f.), so daß jeder Augenblick in unbedingter Anspannung mit der Erschaffung der Lebensvoraussetzungen verbracht werden muß (T 20 u. 555). Am 18. 2. 1922 bringt er diese Gegebenheiten in folgenden mit der Bildlichkeit der Erzählung verwandten Vorstellungszusammenhang: »Theaterdirektor, der alles von Grund auf selbst schaffen muß, sogar die Schauspieler muß er erst zeugen. Ein Besucher wird nicht vorgelassen, der Direktor ist mit wichtigen Theaterarbeiten beschäftigt. Was ist es? Er wechselt die Windeln eines künftigen Schauspielers.« (T 574) Ein sachlich gleichwertiger Veranschaulichungsbereich ist, schon seit 1910, der Junggeselle, über den es im Tagebuch heißt: »ihm gehört nur der Augenblick, der immer fortgesetzte Augenblick der Plage, dem kein Funken eines Augenblicks der Erholung folgt ... er hat nur so viel Boden, als seine zwei Füße brauchen, nur so viel Halt, als seine zwei Hände bedecken, also um so viel weniger als der Trapezkünstler im Varieté, für den sie unten noch ein Fangnetz aufgehängt haben.« (T 21) Wird diese Klage ins Positive gewendet, wie nach dem Ausbruch der Tuberkulose im Jahre 1917, so kann formuliert werden: »Das Glück begreifen, daß der Boden, auf dem du stehst, nicht größer sein kann, als die zwei Füße ihn bedecken.« (H 83, vgl. Br 195 f. u. M 68) Damit ist die Bedeutung der Bildlichkeit und ihre Bewertung im ersten Teil der Erzählung klar: Es wird eine auf den jeweiligen Daseinsmoment eingeschränkte Existenzform dargestellt, traditions- und besitzlos, außerhalb der menschlichen Gemeinschaft und nur auf das zweifellos Faßbare in sich selbst beschränkt.

Eben diese Isolation aber wurde Kafka, besonders während seines Aufenthalts in Spindlermühle (27. 1. 1922 – 17. 2. 1922), äußerst fragwürdig. (Vgl. T 565 f. u. Br 415) So schrieb er dort gleich am Ankunftstag: »Man kann ein Leben nicht so einrichten wie ein Turner den Handstand.« (T 563, vgl. E 244: »Nur diese eine Stange in den Händen – wie kann ich denn leben!«) Trapezkünstler und Turner verkörpern einen identischen Sachverhalt. Läßt dieser, der tatsächlich nicht mehr Boden zur Ausübung seines »Berufes« braucht, als seine beiden Hände bedecken, nur einen Augenblick in seiner Anspannung nach, das Gleichgewicht zu halten, mißlingt die Übung und damit die von ihm gewählte Lebensform, die Kafka Metapher der seitherigen eigenen war. Läßt aber jener die Turnstange los, an der er sich sozusagen ununterbrochen festhält – er ist nichts weiter als ein umgekehrter Handsteher –, fällt er, wie Kafka, wenn er nicht literarisch aktiv war, ins Nichts (vgl. F 65 ff. u. Br 191). Bleibt er also, um »seine Kunst in ihrer Vollkommenheit bewahren« zu können, »Tag und Nacht« auf dem Trapez (E 241), so schreibt Kafka über seine Arbeit: »das Dasein des Schriftstellers ist wirklich vom Schreibtisch abhängig, er darf sich eigentlich, wenn er dem Irrsinn entgehen will, niemals vom Schreibtisch entfernen, mit den Zähnen muß er sich festhalten.« (Br 386)

Der Wunsch des Trapezkünstlers nach einer zweiten Stange, der, wie sein Weinen zeigt, keineswegs auf die vom Impresario geäußerten pragmatischen Gegebenheiten zurückgeht, kann mit Kafkas am 24. 1. 1922 geäußerten Verlangen in Verbindung gebracht werden, knapp neben sich zu stehen: »es würde mir genügen, den Platz, auf dem ich stehe, als einen andern erfassen zu können.« (T 561) Denn wenn man bedenkt, daß die Stange in den Händen des Künstlers wesensmäßig identisch ist mit dem auf Fußgröße eingeschränkten Lebensplatz, dessen Ausmaß in der eben zitierten Tagebuchnotiz als unbefriedigend erscheint, so ist ein zweites Trapez tatsächlich so etwas wie ein neben dem Künstler liegender Ort, der als etwas anderes in des Wortes ursprünglicher Bedeutung »erfaßt« werden kann, was sachlich wohl als eine Art Umfangerweiterung innerhalb der weiterhin feststehenden gemeinschaftsfernen Lebensform deutbar ist, die eine gewisse Entlastung im unaufhörlichen Ringen um Lebensgrundlagen verschaffen soll.

Kafka, der die geplante Veröffentlichung am liebsten gleich wieder rückgängig gemacht hätte, fand die Geschichte, »der gegenüber ein unbefangener Mensch nicht im Zweifel sein kann« (Br 379), einfach widerlich (Br 375).

D: *Genius. Zeitschrift für werdende und alte Kunst* 3 (1921), hg. v.

C. G. Heise, H. M. Mardersteig, 2. Buch, S. 312 f. (erschienen im Herbst 1922).

E 241   *Trapezkünstler:* Vgl. Br 154 (»eine kühle Gefühlswendung, die sich so eindeutig gibt, als werde sie auf dem Trapez, und sei es auch das höchste, vollführt und nicht im Herzen«) u. E 189, wo der Ex-Affe über diesen Berufsstand äußert: »Sie schwangen sich, sie schaukelten, sie sprangen, sie schwebten einander in die Arme, einer trug den anderen an den Haaren mit dem Gebiß. ›Auch das ist Menschenfreiheit‹, dachte ich, ›selbstherrliche Bewegung.‹ Du Verspottung der heiligen Natur! Kein Bau würde standhalten vor dem Gelächter des Affentums bei diesem Anblick.« – *Vervollkommnung:* Als Antwort auf Max Brods These, Kafkas Vollkommenheitsstreben mache ihm das Erreichen der Frau unmöglich, antwortet dieser: »Zwar ist das Vollkommenheitsstreben nur ein kleiner Teil meines großen gordischen Knotens, aber hier ist jeder Teil auch das Ganze und darum ist es richtig, was Du sagst.« (Br 295) – *Diener:* Kafka über die Zeit in Matliary: »Ich verkehre eigentlich nur mit dem Mediziner ... will jemand etwas von mir, sagt er es dem Mediziner, will ich etwas von jemandem, sage ich es ihm auch.« (Br 323) – *Sonne:* Kafka Ende März 1921 aus Matliary: »es waren jetzt 7 vollkommene Tage mit unaufhörlicher Sonne, mit Nacktliegen im Wald«. (Br 311, vgl. 165, 312 u. 331; es gab dort auch eine eigene Liegehalle im Wald, vgl. 304) Entsprechendes weiß Kafka aus Zürau zu berichten: »Ich habe ... einen großartigen Sonnenplatz zum Liegen. Eine Anhöhe oder vielmehr eine kleine Hochebene in der Mitte eines weiten halbkreisförmigen Kessels, den ich beherrsche. Dort liege ich wie ein König, mit den begrenzenden Höhenzügen in gleicher Höhe etwa. Dabei sieht mich infolge vorteilhafter Anlage der nächsten Umgebung kaum irgend jemand ...« (Br 169) In derartigen Aussagen ist das besonnte, hochgelegene und menschenabgeschiedene Trapez in der Zirkuskuppel deutlich präfiguriert.

E 242   *wenig Verständliches:* Über sein Verhältnis zu anderen während des in der vorigen Anmerkung beschriebenen Sonnenbadens in Zürau schreibt Kafka: »Nur sehr selten steigen am Rand meiner Hochebene ein paar oppositionelle Köpfe auf und rufen: ›Gehns vom Bänkerl runter!‹ Radikalere Zurufe kann ich wegen des Dialekts nicht verstehn.« (Br 169, vgl. 187: »Meine Beziehungen zu den Menschen hier sind so lokker«.) – *lästig:* In seinen letzten Lebensjahren wollte Kafka möglichst ohne Unterbrechung Liegekur an Liegekur reihen, vgl. M 238 (»Soll ich schon aus diesem Zimmer fort, dann will ich mich möglichst schnell auf den Liegestuhl in Grim-

menstein werfen«) und Br 291. Tatsächlich kann ja auch der
auf sein Trapez beschränkte und dort ruhende Künstler mit
Kafkas Liegestuhldasein insofern in Verbindung gebracht
werden, als der Autor diese Lebensform 1921 und ungefähr
zum Zeitpunkt der Niederschrift der Erzählung mit einer
»auf zwei Zimmer der elterlichen Wohnung und die Türschwel-
le zwischen ihnen« eingeschränkten »Weltgeschichte« vergleicht (Br 314, vgl. T 575), die auch sonst gelegentlich als
Bild für die Probleme des Individuums erscheint (Br 288 f. u.
323); im Sommer 1922 dann wird der Gedanke erneut auf-
gegriffen und der nun endgültig festgestellte Einschränkungs-
prozeß in seinen verschiedenen Phasen entfaltet (Br 282 u.
386). – *Gepäcknetz:* Zufällig ist belegt, daß Kafka 1919 sich
wegen seiner Schwäche auf einer Bahnreise eines Schlafwagens
bediente. (M 243)

E 244   *eine Stange:* »Eine heikle Aufgabe, ein Auf-den-Fußspitzen-
Gehn über einen brüchigen Balken, der als Brücke dient, nichts
unter den Füßen haben, mit den Füßen erst den Boden zusam-
menscharren, auf dem man gehn wird, auf nichts gehn als auf
seinem Spiegelbild, das man unter sich im Wasser sieht, mit
den Füßen die Welt zusammenhalten, die Hände nur oben in
der Luft verkrampfen, um diese Mühe bestehn zu können.«
(H 313; Artistik, Eingeschränktheit und die Notwendigkeit,
den Boden, den man betreten will, erst zu erstellen, lassen die
Passage als innerlich verwandt mit der im *Ersten Leid* dargestellten Problematik erscheinen) Vgl. F 76: »Müßte ich mich
nicht auf dem einzigen Fleck, wo ich stehen kann, mit allem
einsetzen, was ich habe?« – *Kinderstirn:* Als lebensgeschichtliche Entsprechung beim Autor wäre anzuführen, daß Kafka
von ausgesprochen ephebenhaftem Aussehen war. Vgl. dazu
F 80, FK 76, *Forschungen eines Hundes* B 250: *kindhafte
Wesen* u. einen vom März 1913 stammenden Brief an Felice:
»krank bin ich nicht, man sieht mir eigentlich nichts an, nur
eine Falte über der Nase habe ich«. (F 338)

DER AUFBRUCH

(Februar 1922)

Ohne Titel in einem braunen Quartheft überliefert, das in der Folge
auch *Fürsprecher,* den *Hungerkünstler* (vgl. die Einleitung zu dieser
Erzählung) und die *Forschungen eines Hundes* enthält; aus diesen Relationen ergibt sich die vorgeschlagene Datierung.

D: In verkürzter Form (bis »... das ist mein Ziel«) in BK 116 (so noch B 114).

H 389   *weg von hier:* Das Motiv hat Kafka aus einer ostjüdischen Erzählung übernommen, in der es heißt: »Hinauf auf den ersten besten Wagen! Der Fuhrmann dreht sich zu mir und fragt: ›Wohin?‹ ›Wohin du willst, nur weit, weit fort von hier!‹ – antwortete ich. ›Wie lange?‹ ›So lange das Pferd es aushält‹«. (J. L. Perez, Messias' Zeit, in: J. L. P., Aus dieser und jener Welt, Wien u. Berlin 1919, S. 83, vgl. meine Arbeit »Motiv und Gestaltung bei Franz Kafka«, Bonn 1966, S. 55, W 259 u. die Einleitung zum *Nächsten Dorf)*

H 390   *ungeheuere:* Vgl. *Forschungen eines Hundes* B 284: *weit fort.*

FÜRSPRECHER

(Februar 1922)

Der titellose Text folgt, nur durch ein Fragment von einer Druckseite Länge vom *Aufbruch* getrennt, im braunen Quartheft auf diese Erzählung (vgl. die Einleitung zum vorigen Stück), mit der er also fast zeitgleich ist.
D: BK 137–139.

B 138   *Sekunde:* Vgl. den *Jäger Gracchus* B 102: *Drehung* und die Einleitung zum *Ersten Leid.* – *Weg:* Vgl. *Die Abweisung* B 84: *Verirrt, Gibs auf!* B 115: *nicht finden,* meine Arbeit »Motiv und Gestaltung bei Franz Kafka«, Bonn 1966, S. 62 ff. (über Kafkas Weg-Begriff) u. B. Beutner, Die Bildsprache Franz Kafkas, München 1973, S. 325 ff. (dort eine Zusammenstellung metaphorischer Wendungen in lit. Texten).

EIN HUNGERKÜNSTLER

(Februar 1922)

Allgemeine Erwägungen zu Kafkas Schaffensweise, das Einsetzen einer produktiven Phase Anfang 1922, die Tatsache, daß der *Hungerkünstler* im sogenannten braunen Quartheft, das in chronologischer Reihenfolge den Niederschlag dieser literarischen Arbeit enthält, noch im ersten Drittel überliefert ist, der Umstand ferner, daß die Erzählung spätestens im Juni 1922 in der Redaktion der *Neuen Rund-*

schau vorlag (vgl. Br 379), also nicht erst kurz vorher entstanden sein wird, da Kafka gewöhnlich einige Zeit verstreichen ließ, bis er einen Text seinen Freunden vorlas oder gar ernsthaft an eine Veröffentlichung dachte – solche Indizien lassen vermuten, daß der *Hungerkünstler* noch im Februar dieses Jahres konzipiert wurde. Dazu würde auch passen, daß Kafka während seines Aufenthalts in Spindlermühle (27. 1.–17.2.1922) äußere und innere Anregungen für seine Thematik erhielt: Wenn dem Text in der Handschrift ein kleines Bruchstück vorhergeht, in dem aus der kollektiven Optik eines Theaterunternehmens eine schöne und wirkungsvolle Vorführung, »Ritt der Träume« betitelt, beschrieben wird, so könnte dies ein Reflex der Tatsache sein, daß Kafka in der fraglichen Zeit mit einer Schauspielergesellschaft zusammentraf, deren Gespräche um Phänomene ihres Berufs gekreist haben mögen. (T 565 f.) Wenn der Dichter, der gerade in Spindlermühle Bürger einer anderen, einsamen, menschenfernen Eigenwelt zu sein glaubte (T 563 f., 566 f.), am 10. 2. 1922 notiert: »nur vorwärts, hungriges Tier, führt der Weg, zur eßbaren Nahrung, atembaren Luft, freiem Leben, sei es auch hinter dem Leben« (T 572), so entspricht diese sozusagen auf einer anderen Daseinsebene liegende Essensmöglichkeit ungefähr der Schlußphase der Erzählung, wo die Titelfigur, in einen Käfig gesperrt, in der Nähe der Zirkustiere lebend – bei der vom Impresario verordneten Unterbrechung des Hungerns hatte sie gewöhnlich wie ein wildes Tier an den Gitterstäben gerüttelt – die Auffassung vertritt, sie habe nur gehungert, weil sie auf der Welt nicht die ihr schmeckende Speise habe finden können, sonst hätte sie sich vollgegessen wie jeder andere. (E 267) Damit nun kommt wiederum überein, daß Kafka im Januar 1922 sich darüber klar wird, wegen eigener Initiative (T 561 f.) und »aus Vaters Schuld« aus der menschlichen Gemeinschaft vertrieben worden zu sein (T 564). Ist dieser Punkt sachlich mit dem zitierten Erzählzug aus dem *Hungerkünstler* vergleichbar, so seine Veranschaulichung sogar mit der Zentralmetapher des dichterischen Textes. Seine »Hauptnahrung«, bemerkt der Dichter am 29. Januar, komme nicht aus der empirischen Welt, in der er als Vertreter nur »Komödianten« habe (also gewissermaßen Hungerkünstler), sondern »von andern Wurzeln in anderer Luft«. (T 566)

Schließlich läßt Kafkas an Bewußtlosigkeit erinnernder Zustand in Spindlermühle (T 564 u. 570) und seine Unfähigkeit, mit Menschen zu konversieren (T 571), an den Ohnmachtsanfall des Künstlers beim Verlassen des Käfigs denken, während dem der Impresario mit dem Publikum plaudert (E 260).

Kafka fand die Erzählung »erträglich« (Br 379), ein bei seiner üblichen Selbstverurteilung hohe Wertschätzung ausdrückendes Urteil, das auch darin seine Bestätigung findet, daß er sie zusammen mit seinen selbständigen Publikationen (außer der *Betrachtung*) in einem seiner Testamente von seiner sonstigen literarischen Selbstverurteilung ausnahm (vgl. P 317) und sie in der sehr angesehenen *Neuen Rundschau* im Oktober 1922 erstmals publizierte (S. 983–992), wo Brod durch einen im November 1921 erschienenen, Kafka gewidmeten Essay schon den Boden geebnet hatte (vgl. meinen Aufsatz »Kafka und ›Die neue Rundschau‹«, in: Jahrbuch der Dt. Schillergesellschaft 12 [1968], S. 110 f.).

E 255   *Magerkeit:* »ich bin der magerste Mensch, den ich kenne«. (F 65) Vgl. E 260: *Knochenbündel* u. *Forschungen eines Hundes* B 253: *magerer.*

B 256   *Fleischhauer:* Kafkas Vater war der Sohn eines Fleischhauers, was, wie eine unpublizierte Stelle in einem an Milena gerichteten Brief nahelegt, einer der Gründe war, die dem Dichter das Fleischessen verleideten, vgl. auch M 230 u. S 17. In einer von Kafka nicht publizierten Erweiterung der Erzählung, die zwischen Oktober 1923 und März 1924 entstanden sein muß, wird bezeichnenderweise berichtet, wie der Hungerkünstler von einem ehemaligen Freund seiner Kindheit, einem »Menschenfresser«, besucht wird. (Vgl. J. M. S. Pasley, Asceticism and Cannibalism: Notes on an Unpublished Kafka Text, in: Oxford German Studies 1 [1966], S. 102 ff., dort S. 105 f. die fragliche Passage, E 265, *In der Strafkolonie* E 207: *Sachverhalt* u. B 110)

E 257   *Wanderleben:* Vgl. den *Bau* B 176: *Wanderer. – glücklichsten:* »Mein Verhältnis zu den Speisen und Getränken, die ich selbst niemals oder nur in Not essen und trinken würde, ist nicht so, wie man es erwarten sollte. Ich sehe nichts lieber essen als solche Dinge. Wenn ich an einem Tische mit 10 Bekannten sitze und alle trinken schwarzen Kaffee, habe ich bei diesem Anblick eine Art Glücksgefühl. Fleisch kann um mich dampfen, Biergläser können in großen Zügen geleert werden ... Würste ... können ... aufgeschnitten werden ... alles das ... tut mir ... überaus wohl ... es ist ... die Ruhe, die gänzlich neidlose Ruhe beim Anblick fremder Lust«. (F 259 f.) – *Zuschauer sein:* dahinter im Manuskript, von Kafka wieder gestrichen: »Das gab ihm selbst denjenigen gegenüber, welche ihm völlig vertrauten, eine eigentümlich überlegene Stellung; es bildete sogar für manche den Hauptreiz der Vorführung. Es lockte sie, nahe zum Gitter sich zu drängen und in die trüben, förmlich mit baldiger Verlöschung drohenden Augen des Hungerkünstlers zu sehen, deren Anblick er niemandem entzog, der sich sichtlich darum bewarb; ja er suchte selbst unter der bunten Zuschauermenge Blicke, die sich in die seinen zu versenken Lust hatten. Dann ergab sich ein Frage- und Antwortspiel der Augen. Der Zuschauer fragte: ›Hast Du wirklich schon so lange gehungert?‹ Der Hunger-

künstler antwortete: ›Allerdings, genau so lange habe ich gehungert und werde noch lange hungern. Daß Du es nicht begreifen kannst, verstehe ich; es ist unbegreiflich.‹ Der Zuschauer: ›Und Du solltest das Unbegreifliche ausführen können?‹ Der Hungerkünstler: ›Ja, ich.‹ Der Zuschauer: ›Nun,
es ...« (J. M. S. Pasley, Asceticism and Cannibalism, S. 104 f.)
Zum Problem vgl. *den Bau* B 187: *Witterung.*

E 258   *wie leicht:* Vgl. *Forschungen eines Hundes* B 251: *Appetit*
u. 277: *völlig fasten.* – *Vierzig:* Mose, Elia und Jesus fasteten
diese Zeitspanne in der Wüste, die für Kafka ein Bild seiner
menschenfernen Isolation darstellte. (Vgl. T 564 f. u. FK
97 f.)

E 260   *Boden:* Die Wirkung, die von Milenas Vorschlag ausging,
Kafka solle sie von Prag aus in Wien besuchen, beschreibt
dieser so: »dann fängt der Boden hier wirklich zu schaukeln
an und ich lauere darauf, ob er mich auswirft.« (M 172) Vgl.
T 566: »ich bin ... ausgewiesen, habe, da ich doch Mensch
bin und die Wurzeln Nahrung wollen, auch dort ›unten‹ ...
meine Vertreter ... die mir nur deshalb genügen können ...
weil meine Hauptnahrung von andern Wurzeln in anderer
Luft kommt«. – *Knochenbündel:* Kafka zu Dora Diamant über
sich als Kind und seinen Vater in der Badeanstalt: »Du mußt
dir das richtig vorstellen, der ungeheure Mann mit dem kleinen ängstlichen Knochenbündel an der Hand« (FK 180), vgl.
H 168 (»ein kleines Gerippe«).

E 261   *Traurigkeit:* Vgl. die *Forschungen eines Hundes* B 240: *trau-*
rig, FK 71 u. 285 f.

E 265   *immer kleiner:* Vgl. FK 148 u. E 184 f.

E 266   *fühlt:* Vgl. Goethe, *Faust* I, V. 534: »Wenn ihr's nicht fühlt,
ihr werdet's nicht erjagen«.

E 267   *herumwerfen:* In einer in Kafkas Bibliothek befindlichen Studie über Leopard und Panther (gewöhnlich nenne man, heißt
es dort, die stärkere Tigerart Panther, die schwächere Leopard) wird ein in Gefangenschaft geratenes Tier beschrieben:
»Es erlangte bald seine ganze Kraft und Geschmeidigkeit wieder und gewährte in dem Wechsel seiner wilden Sprünge und
seiner behenden Bewegungen in der Tat ein sehr schönes
Schauspiel. Er wand den Leib unaufhörlich seit- und auf-
wärts, so daß man seine Bewegungen denen einer kriechenden
Schlange zu vergleichen geneigt war.« (Th. Zell, Majestäten
der Wildnis. Löwe, Tiger, Jaguar und Panther in Lebensbildern, [Köln 1912] [»Schaffstein's Grüne Bändchen« Nr. 29],
S. 75, vgl. 69 u. W 263) Kafka über einen Vetter, dessen Lebenskraft er bewunderte: »Wenn dieser Robert ... ins Wasser
sprang und sich dort herumwälzte mit der Kraft eines schönen wilden Tieres, glänzend vom Wasser, mit strahlenden

Augen ... das war herrlich.« (FK 180, vgl. den *Bericht für eine Akademie* E 193: *greife ich*)

E 268 *Glut:* Vgl. *Kinder auf der Landstraße* E 26: »Feuer im Mund, wie Tiere in den Tropen«.

FORSCHUNGEN EINES HUNDES

(Juli 1922)

Das sogenannte braune Quartheft, in dem der größere Teil der unbetitelten (vgl. H 454) Erzählung überliefert ist (nämlich bis »Ich werde, wenn er« (B 271), Fortsetzung, genau anschließend, im 13. Tagebuchheft, das mit dem 15. 10. 1921 beginnt), muß ungefähr auf Frühjahr/Sommer 1922 datiert werden. (Sy 72 f.) Ins Einzelne gehende Erwägungen zu Kafkas Produktionsverhältnissen im Jahr 1922 lassen jedoch den Schluß zu, daß die Erzählung wahrscheinlich zwischen dem 5. und 14. oder dem 20. und 31. Juli dieses Jahres entstanden ist. (Zur Begründung vgl. meine Untersuchung »Kafka in neuer Sicht«, Stuttgart [1976], S. 352 ff.) Der Dichter weilte zu dieser Zeit in Planá an der Luschnitz in der Sommerwohnung seiner Schwester Ottla.

Offensichtlich ist der Text Fragment geblieben (die Ergebnisse der Forschungen zur »Musikwissenschaft« und zur »Lehre von dem die Nahrung herabrufenden Gesang« sind nicht mehr dargestellt), doch kann allzuviel nicht mehr geplant gewesen sein, denn Kafka ging, wahrscheinlich im September oder in den darauf folgenden Wochen in Prag, an eine stilistische Bearbeitung der Erzählung, die bis B 246 reicht; sie ist auch für den Anfang des Textes teilweise Grundlage der Editionen. (Vgl. B 350 u. Sy 74) Dem vermuteten Zeitpunkt der Entstehung gingen Ereignisse voraus, die eine Änderung der Verhältnisse des Dichters und damit eine Unterbrechung der Arbeit am autobiographischen *Schloß*-Roman bewirkten, dessen thematische Prämissen ganz in der zeitlich vorhergehenden Lebensphase wurzeln, in der die Beziehung zu Milena völlig dominierte. Am 1. Juli 1922 wurde Kafka pensioniert, weil sein Gesundheitszustand so schlecht war, daß die Ärzte eine Besserung höchstens noch von mehrjährigen Kuren erwarteten. Dieser Sachverhalt mußte einen großen Einschnitt in Kafkas Leben bedeuten und die Erkenntnis nach sich ziehen, daß alle Versuche, sich in der menschlichen Gemeinschaft fester zu verankern, vollständig und unwiderruflich gescheitert waren. Dies wiederum verlangte die Retrospektion, die Suche nach den Ursachen und die Rechtfertigung des ehemaligen Verhaltens.

Dazu kam ein seelischer Zusammenbruch Kafkas am 4. und 5. Juli, wo er sich seiner Unfähigkeit bewußt wurde, Planá zu verlassen, um einen mit seinem Freund Oskar Baum abgesprochenen Urlaub in Deutschland anzutreten. (Vgl. Br 381 ff.) Außerdem machte Kafka in Planá spezifische Erfahrungen, die in die Erzählung Eingang fanden und im Einzelkommentar angeführt werden. Schließlich ist zu erwähnen, daß der Dichter, der ein Hundeliebhaber gewesen zu sein scheint, in seiner Sommerresidenz einen Hund zur Verfügung hatte – er gehörte der Vermieterin –, mit dem er spazierengehen konnte. (Vgl. Br 29, 172, 276, 413, T 583 u. die untere Abb. in: M. Brod, Der Prager Kreis, Stuttgart, Berlin, Köln, Mainz [1966], gegenüber S. 49)

Die Grundidee und Bildlichkeit der Erzählung verdankt ihre Entstehung freilich vor allem weiteren Zusammenhängen: Hier ist zunächst E. T. A. Hoffmanns Novelle *Nachricht von den neuesten Schicksalen des Hundes Berganza* zu nennen, die, in der Nachfolge einer Geschichte aus den *Novelas Ejemplares* (1613) des Cervantes geschrieben, einen sprechenden Hund zur Hauptfigur hat. (Vgl. auch die Einleitung zum *Bericht für eine Akademie*) Wie seine Vorgänger gibt Kafka eine Lebensgeschichte, zu der er sich auch von seiner eigenen Situation her gedrängt fühlte. Gleich die zweite Eintragung in dem erwähnten braunen Quartheft lautet: »Das Schreiben versagt sich mir. Daher Plan der selbstbiographischen Untersuchungen. Nicht Biographie, sondern Untersuchung und Auffindung möglichst kleiner Bestandteile. Daraus will ich mich dann aufbauen, so wie einer, dessen Haus unsicher ist, daneben ein sicheres aufbauen will, womöglich aus dem Material des alten.« Wenig später findet sich unter den Eintragungen des Hefts ein Fragment, in dem ein sprechender Hund im Mittelpunkt steht. (H 388, vgl. 391 ff.) Es darf als Vorform der *Forschungen eines Hundes* gelten.

Was hier das Dialogische betrifft – bei Cervantes und Hoffmann sind Gesprächspartner des Tiers vorhanden –, so wird dieses Moment bei Kafka zwar zurückgedrängt, ist aber durchaus noch vorhanden, ja die Bauform des Textes ist ohne Kenntnis seiner Tradition gar nicht begreifbar: Obwohl die Gesprächssituation aufgegeben ist – sie ist wegen der zu thematisierenden Isolierung des Erzählers von der Hundeschaft als fiktive Erzählvoraussetzung wenig brauchbar –, finden sich doch Wendungen, die die ganze Erzählung weniger als innere Reflexion des Hundes, sondern vielmehr als eine auf ein Du gerichtete Rede stilisieren. (Vgl. B 241, 248, 251, 256 u. 284)

Ein drittes Kennzeichen der Tradition war, daß die Menschenwelt, auch satirisch und ironisch (solche Züge sind gleichfalls bei Kafka mehrfach zu belegen), von einer Außenseiterposition her, die innere Distanz schafft, kritisiert werden soll. Da Kafka aus perspektivtechnischen Gründen, denen aber ganz bestimmte erkenntnistheoretische Postulate zugrunde liegen (dazu meine Arbeit »Motiv und Gestaltung bei Franz Kafka«, Bonn 1966, S. 188 ff.), den Umkreis der Hundeschaft nicht durchbrechen will, wird das kritische Element in die Bildebene verlegt, d. h. diese selbst ist ein Gleichnis für das

Menschliche, wie schon Max Brod erkannte (vgl. B 350 f.), wobei der Blickpunkt von außen durch einen Hund repräsentiert wird, der sich am weitesten von der Volksgemeinschaft entfernt hat. (Kafkas Verhältnis zu seinen Vorlagen ist ausführlicher dargestellt in »Motiv und Gestaltung bei Franz Kafka«, S. 150 ff.)

Die erwähnten Zusammenhänge und außerordentlich zahlreiche Motiventsprechungen zu Kafkas Lebensgang, auf die im Einzelkommentar verwiesen wird, legen es nahe, die *Forschungen eines Hundes* als kritische Auseinandersetzung Kafkas mit sich und seiner Umwelt zu verstehen.

Über das Gesagte hinaus lassen sich noch Affinitäten Kafkas zur Hundemetaphorik feststellen, die die Wahl dieses Vorstellungszusammenhangs als Erzählidee und die Übernahme von Motiven aus Hoffmanns Berganza-Geschichte plausibler machen. Unter den vielen bei Kafka vorkommenden Tierbildern (dazu K.-H. Fingerhut, Die Funktion der Tierfiguren im Werke Franz Kafkas. Offene Erzählgerüste und Figurenspiele, Bonn 1969) ist die Hundemetaphorik sehr häufig. Stehen jene, neben anderem, zur Veranschaulichung von Menschenferne allgemein (vgl. T 444: »Und wie irgendein gänzlich von Menschen losgetrenntes Tier . . .«), so assoziiert sich diese gerne mit einer richtungslosen, stagnierenden und nichtig-unsicheren Daseinsform, die den wahrhaften Lebensmittelpunkt nur umkreist. (Vgl. z. B. T 339: »so leben, wie man muß, nicht so hündisch umlaufen« und Br 164: »ich fasse sie, aber kann sie nicht halten. Ich umlaufe und umbelle sie, wie ein nervöser Hund eine Statue«) Liegt schon deswegen im Hundebild eine Repräsentation der eigenen beklagten Lebensform Kafkas (vgl. F 424: »Ich bin kein Mensch«), so wird dies noch verstärkt durch die Tatsache, daß Hunde, deren Begattung häufig in der Öffentlichkeit beobachtet werden kann, im Volksmund als besonders geil gelten; im *Schloß* ist von den »hündisch lüsternen Gesellen« die Rede. (S 345) Denn Kafka klagte sich, gerade auch in der Spätzeit, sexueller Gier an. (Vgl. T 554, 578 f. u. M 182 f.) Diese Eigenschaft und Schamlosigkeit sind wichtige Elemente in den *Forschungen eines Hundes*.

Noch bedeutender vielleicht ist der Zusammenhang zwischen Hund und Judentum. Wie sehr diese abwertende Verbindung heute noch im Bewußtsein ist, lehrt die Rezeptionsgeschichte der *Forschungen eines Hundes* in Israel: Hugo Bergmann, ein Schulfreund und Klassenkamerad Kafkas, hatte anläßlich einer hebräischen Übersetzung des Textes im Jahr 1971 in einem Aufsatz einige Merkmale der Erzählung im Sinn des Zionismus gedeutet und erhielt darauf von drei Schriftstellern Briefe, in denen diese ihr Befremden über die von Kafka gewählte Bildlichkeit zum Ausdruck brachten. Bergmanns Kommentar: Er habe in seiner »Deutung der Hunde als Symbole des Menschen und des Juden, eine Assoziation berührt, die in der jüdischen Seele vorhanden ist, und an die Kafka sicherlich nicht gedacht hat.« (H. Bergman, Franz Kaf-

ka und die Hunde, in: Mitteilungsblatt der Irgun Olej Merkas Europa
40, Nr. 34/35 [3. September 1972], S. 4) Trotz Bergmanns Hinweis auf
gemeinsame Schulerfahrungen, die durch ein sehr positives Hundebild gekennzeichnet sind (Bernhardinerhunde, Selbstaufopferung und
Treue des Hundes), ist der zweite Relativsatz im Zitat unrichtig.
Denn die fragliche pejorative Verbindung von minderwertiger jüdischer Existenz und Hundeleben ist bei einem derart zur Selbstquälerei und seine jüdische Herkunft herabsetzenden Schriftsteller wie
Kafka ohnehin wahrscheinlich (vgl. F 478 u. M 286: »Für den Juden Kafka war die Liebe zu einer Nichtjüdin offenbar ein großes,
tragisches, von seelischen und atavistischen Komplexen schwer bela-
stetes Problem, das sich unter anderem in furchtbaren Ausbrüchen der
Selbsterniedrigung als Jude äußerte«), auch ausdrücklich belegt (vgl.
H 331 u. 171) und zieht außerdem teilweise die sonst bekannten positiven Eigenschaften des Tiers in seinen Bann (vgl. F 351 f.: »Daß
ich im günstigsten Falle darauf beschränkt bleiben werde, wie ein
besinnungslos treuer Hund Deine zerstreut mir überlassene Hand zu
küssen, was kein Liebeszeichen sein wird, sondern nur ein Zeichen
der Verzweiflung des zur Stummheit und ewigen Entfernung verurteilten Tieres.« S. auch H 76 u. K.-H. Fingerhut, Die Funktion der
Tierfiguren im Werke Franz Kafkas, bes. S. 45 f. u. 215 f.)
D: BM 77–130.

B 240   *verändert:* »Unruhe daraus, daß mein Leben bisher ein ste-
hendes Marschieren war, eine Entwicklung höchstens in dem
Sinn, wie sie ein hohlwerdender, verfallender Zahn durch-
macht.« (T 560, am 23. 1. 1922, vgl. F 376) – *zurückdenke:*
Viele Tagebucheintragungen der Jahre 1921 und 1922 haben
eine retrospektive Tendenz. – *inmitten der Hundeschaft:*
»Um so aufgeschlossener war Franz für Schauspiele, Rezitationen. Wie viele Abende verbrachten wir gemeinsam in
Theatern, Kabaretts, ferner auch in Weinstuben bei schönen
Mädchen. Es ist nämlich auch die Meinung, die in Kafka so
etwas wie einen Wüstenmönch und Anachoreten sieht, völlig
falsch. Zumindest für seine Studienzeit gilt das nicht.« (FK 103,
vgl. 41 ff. u. F 178, wo Kafka sich im Blick auf die ersten
Berufsjahre als »Bummler« bezeichnet) – *Unbehagen:* »Die Entwicklung war einfach. Als ich noch zufrieden war, wollte ich
unzufrieden sein und stieß mich mit allen Mitteln der Zeit
und der Tradition, die mir zugänglich waren, in die Unzufriedenheit«. (T 561) »Das gemeinschaftliche, gewissermaßen das
öffentliche Leben wurde mir ... zugänglich gemacht, die
Leistung, die man als Beteiligung von mir verlangte, hätte ich
nicht gut, aber leidlich zustandegebracht ... trotzdem lehnte
ich ab.« (T 547) Und F 190: »auch haben mir die Gruppen,
in denen ich gelebt habe, keine große Freude gemacht«. –

Anblick: Kafka Anfang September 1922 über Prag als Stadt: »ich fliehe sie ja nur, weil ich ihr nicht gewachsen bin, weil mich die paar winzigen Zusammenkünfte, Gespräche, Anblicke, die ich dort habe, fast ohnmächtig machen.« (Br 412) – *halfen mir:* Kafka Ende Januar 1921 an Max Brod: »Du hast mir in den letzten Tagen viel geholfen« (Br 370) und im Sommer 1920 an Milena: »Milena unter den Rettern!« (M 135) – *traurig:* typisch für Kafkas letzte Lebensjahre, vgl. Br 407, T 544, 550 u. E 261. – *müde:* Kafka über die in Matliary verbrachte Zeit: »vor allem aber steigerte sich die Müdigkeit, ich liege stundenlang im Liegestuhl in einem Dämmerzustand, wie ich ihn als Kind an meinen Großeltern angestaunt habe.« (Br 303, vgl. 311, 373 f. u. unten *Ruhe*) – *kalten:* »ich bin imstande, Dich ... kalten Herzens zu quälen, kalten Herzens die Verzeihung der Qual anzunehmen.« (F 424 f., vgl. H 163) – *ängstlichen:* Kafka Anfang 1921 an Max Brod: »Du unterstreichst ›Angst wovor‹. Vor so vielem, aber auf der irdischen Ebene vor allem Angst davor, daß ich nicht hinreiche, körperlich nicht, geistig nicht, die Last eines fremden Menschen zu tragen«. (Br 297, vgl. H 166: »Ich war ein ängstliches Kind«) – *rechnerischen:* Kafka klagte sich selber einer rechnerischen Geisteshaltung an, vgl. die Einleitung zu dem Stück *Poseidon.* – *Erholungspausen:* Anspielung auf die langen Phasen der Abwesenheit von Prag – und damit von Büro, Familie, Freunden und meist auch dem Schreiben –, die Kafkas angegriffene Gesundheit notwendig machten und die ihm auch innerlich entsprachen. (Vgl. dazu F 362 u. meinen Aufsatz »Kafka und seine Schwester Ottla«, in: Jahrbuch der Dt. Schillergesellschaft 12 [1968], bes. S. 441 ff.) – *Ruhe:* Selbstaufforderung am 18. 1. 1922: »Gib dich zufrieden, lerne ... im Augenblick zu ruhn ... Er ist nicht schrecklich, nur die Furcht vor der Zukunft macht ihn schrecklich. Und der Rückblick freilich auch.« (T 553, vgl. B 258) – *Folgerungen:* »Ich kann aus Eigenem nicht den Weg gehn, den ich gehen will, ja ich kann ihn nicht einmal gehn wollen, ich kann nur still sein, ich kann nichts anderes wollen, ich will auch nichts anderes.« (M 248, vgl. 68 u. Br 195 f.) – *Anlage:* »es ist eine Erkrankung des Instinkts ... ich finde entsprechend meiner Lebenskraft keine Möglichkeit oder doch die Möglichkeit mich zu flüchten, allerdings in einem Zustand, der es dem Außenstehenden ... unverständlich macht, was hier noch gerettet werden soll«. (Br 317, vgl. H 164 u. 41, Nr. 24)

B 241 *zurückgezogen:* wie der Autor selbst seit etwa 1912, vgl. Br 428 u. F 618. – *einsam:* »Im Grunde ist doch die Einsamkeit mein einziges Ziel, meine größte Lockung, meine Möglichkeit ... Und trotzdem die Angst vor dem, das ich so liebe.«

(Br 415, vgl. B 284: *Verlassenheit* u. T 424) – *Untersuchungen:* Hier denkt Kafka besonders an seine literarische Arbeit: »dieses Schreiben ist mir in einer für jeden Menschen um mich grausamsten ... Weise das Wichtigste auf Erden ... Das hat mit dem Wert des Schreibens ... gar nichts zu tun, den Wert erkenne ich ja übergenau, aber ebenso auch den Wert, den es für mich hat«. (Br 431) – *Lebensweise:* Kafka an Max Brod: »Du sagst, daß Du meine Stellung nicht verstehst.« (Br 290, vgl. 317, T 198 f. u. 316) – *Sonderbarkeiten:* Kafka wendet das Wort auch auf sich selbst an. (F 616 u. M 224) – *vielerlei Arten:* Tatsächlich gibt es allein über 400 Haushundrassen, die teilweise hoch spezialisiert sind. E. T. A. Hoffmann schreibt in der Berganza-Erzählung: »Gott der Herr hat die Menschen gar mannigfaltig geschaffen. Die unendliche Varietät der Doggen, der Spitze, der Bologneser, der Pudel, der Möpse, ist gar nichts gegen das bunte Allerlei der spitzen, stumpfen, aufgeworfenen, gebogenen Nasen; gegen die zahllose Variation der Kinne, der Augen, der Stirnmuskeln; und ist es möglich, die Summe der unterschiedlichen Sinnesarten, sonderbaren Ansichten und Meinungen nur zu denken?« (*Fantasie- und Nachtstücke,* München [1962], S 105) – *veredeln:* ironisch gebrochener Hinweis auf die für Zionisten und Antisemiten selbstverständliche Dominanz des Jüdischen im westeuropäischen Geistesleben. Anläßlich der Lektüre von H. Blühers »Secessio judaica«, die Kafka innerlich aufwühlte und zu polemischen Gegenäußerungen veranlaßte (vgl. T 582 f. u. Br 380), schrieb sein Freund Felix Weltsch, daß auch Wirtschaft, Sozialismus, Wissenschaft und andere Gebiete Lebensprobleme seien, die einer spezifisch jüdischen Lösung zugeführt werden müßten: »wie kommen wirklich die Anderen dazu, sich da hineinpfuschen zu lassen; denn es ist doch Tatsache, daß wir Juden der europäischen Wirtschaft, Presse, Wissenschaft, Sozialismus etc. *unser* Gepräge gegeben haben!« (H. Bergman, Ein Brief von Felix Weltsch, in: Max Brod. Ein Gedenkbuch 1884–1968, hg. v. H. Gold, Tel-Aviv 1969, S. 102)Vgl. B 242: *zerstreut.*

B 242   *vergessen:* »Wir Zionisten sind stolz darauf, die Vergangenheit des jüdischen Volkes zu neuem Leben zu erwecken. Aber wie wenig wissen wir von dieser Vergangenheit! Schon zu dem, was hundert Jahre hinter uns liegt, sind die Fäden gerissen.« (M. Brod, Im Kampf um das Judentum, Wien, Berlin 1920, S. 101) Vgl. H 199 f., E 269 u. F 700. – *Beisammensein:* Das Ostjudentum war für Kafka Ideal einer durch Lebensgesetze und Glaubenspraxis geregelten Gemeinschaft (F 697 u. 700): »es ist *ein* Volk« (M 221), dessen Schriftsteller »Volkserzählungen« bringen (J 151). Durch die Berührung mit einem Kol-

lektiv von Volksgenossen, besonders natürlich ostjüdischen, ergeben sich für Kafka Anknüpfungsmöglichkeiten (F 694 ff.),
die einen »Halt des Volkstums« (Br 282) und »Volksgefühl«
(M 240) vermitteln. Vgl. *Gemeinschaft* H 314: *Beisammensein, Beim Bau der Chinesischen Mauer* B 71: *Brust an Brust*
u. E 276. – *zerstreut:* »die Gebiete, auf denen wir aus wirtschaftlichen Rücksichten zerstreut leben müssen, sind zu groß«
(E 279), vgl. J 153: »Ich fragte nach der Bedeutung des Wortes ›Diaspora‹. Kafka sagte, daß dies die griechische Bezeichnung für die Zerstreuung des jüdischen Volkes sei. Hebräisch
heißt es ›Galut‹ . . . Das jüdische Volk ist zerstreut, wie eine
Saat zerstreut ist. Wie ein Saatkorn die Stoffe der Umwelt
heranzieht, sie in sich aufspeichert und das eigene Wachstum
höher führt, so ist es Schicksalsaufgabe des Judentums, die
Kräfte der Menschheit in sich aufzunehmen, zu reinigen und
so höher zu führen.« Vgl. B 241: *vielerlei Arten* u. die
übernächste Anmerkung. – *gelingt es uns:* Der offensichtliche
Geselligkeitstrieb des Hundes ist ein Erbe seiner Wolfsahnen,
die in Rudeln unter einer strengen Rangordnung leben. An
Felice schreibt Kafka, der Zionismus sei, »wenigstens in einem
äußern Zipfel, den meisten lebenden Juden erreichbar«. (F 675,
vgl. 725 u. H 121) Kuh schreibt über die jüdische Wesensart: »Ein welterkältetes Herz mag sich an dem Dunst, den
Mitleid, Rührung, Betreuung, Witz und Furcht spinnt, immerhin erwärmen. Aber wie bald spürt es, daß selbst der
Frost enttäuschten Weltdrangs wahrer und reiner ist als eine
Brutluft vervielfältigter Einsamkeit! Wie riecht doch die Wärme nach einem einzigen, gesellig-beklommenen Leib!« (»Juden
und Deutsche. Ein Resumé«, Berlin [1921], S. 23, vgl. B 253:
diese Antwort) – getrennt: In Übereinstimmung mit national-
jüdischen Theoretikern macht Kafka für den Substanzverfall
des modernen assimilierten Westjudentums die Aufgabe des
dörflichen Siedlungsverbandes und den Übergang zum Stadt-
leben in der Vereinzelung und unter artfremden Wirtsvölkern
verantwortlich. (Vgl. meine Arbeit »Motiv und Gestaltung
bei Franz Kafka«, S. 17 ff., F 712, M 46, H 199 f. u. 131) –
schwierige Dinge: In einem Brief an Felice vom 16. 9. 1916
spricht Kafka vom »dunklen Komplex des allgemeinen Judentums, der so vielerlei Undurchdringliches enthält«. (F 699)

B 243   *Anführer:* Hinsichtlich der Einschätzung und Propagierung
der Schauspielertruppe, die im Herbst 1911 und im folgenden
Winter in Prag gastierte, kam Kafka eine entscheidende Schlüs-
selstellung zu: Er, der durch Presseverlautbarungen, Empfehlungsschreiben und einen von ihm organisierten Rezitationsabend J. Löwys seinen neuen Freunden zu helfen suchte, war
der einzige im geistigen Leben Prags, der den ostjüdischen

Schaupielern und den von ihnen gespielten jiddischen Volksstücken vorbehaltlos gegenüberstand. (Vgl. meine Arbeit »Motiv und Gestaltung bei Franz Kafka«, S. 2 ff.) – *Hundegesellschaft:* Literarisch beeinflußt ist die im Text folgende Darstellung der sieben Musikhunde von Hoffmanns *Berganza*-Ge-
schichte. In Anlehnung an eine Novelle des Cervantes (*Gespräch zwischen Cipion und Berganza, den Hunden des Auf-
erstehungshospitals, das da liegt in der Stadt Valladolid vor
dem Campo-Tore*), der am Schluß Berganza mit einer Hexe
zusammentreffen läßt, die ihn verzaubert, muß Hoffmanns
Titelfigur im Anschluß an dieses Abenteuer »unaufhaltsam in
die Nacht hinein« laufen, bis er ein weit in die Ferne leuchten-
des Feuer bemerkt. (Vgl. B 243: »Ich war damals lange durch
die Finsternis gelaufen ... sah auf und es war überheller Tag«)
»Plötzlich sah ich mich umgeben von sieben riesenhaft großen dürren alten Weibern; siebenmal glaubte ich die ver-
maledeite Cannizares zu sehen, und doch war es wieder
keine, denn eine stets wechselnde Varietät in diesen ver-
schrumpften Gesichtern ... machte das Bekannteste fremd, das
Fremdeste bekannt. Sie fingen einen kreischenden Gesang an,
indem sie sich wilder und wilder mit wunderlichen Gebärden
um den Kessel drehten, daß die ... zerrissenen Gewänder ihre
gelbe ekelhafte Nacktheit kaum deckten ...« (*Fantasie- und
Nachtstücke*, S. 87, vgl. 86) Es waren häßliche Tiere, »die ineinander, durcheinander fuhren, und miteinander ringend sich
verzehrten«. Berganza springt in die Versammlung hinein,
aber »ächzend und schreiend« verschwindet die Erscheinung »auf einem blutroten Lichtstrahl«. Das Abenteuer hat
Folgen, die zu wissen nötig sind, um die Existenz des Hundes
zu begreifen. (*Fantasie- und Nachtstücke*, S. 88, vgl. 91)
Die Einleitung des außergewöhnlichen Erlebnisses, seine Stellung im Kontext der Erzählung, Bedeutung, Gegenstand und
Art der Kunstübung, Schamlosigkeit des Geschehens, das geheimnisvolle Verschwinden der Gruppe und das engagierte
Eingreifen des Beobachters, dessen zukünftiges Leben von dem
Gesehenen entscheidend geprägt wird, war nicht ohne Einfluß auf Kafkas Darstellungsweise, die aber gleichzeitig für
diese Szene autobiographisches Material verwendet, nämlich
Reminiszenzen an das Auftreten der ostjüdischen Schauspieler. Wie vielfach bei andern Erzählungen läßt sich also
auch hier feststellen, daß Kafka die Umsetzung der darzustellenden Gegebenheiten in Sprache selbst im Falle eigenen
Erlebens nur vermittels vorgeprägter sprachlicher Einheiten
zu leisten vermochte. (Vgl. auch B 246: *Lärm*) – *sieben Hunde:*
Im Herbst 1911 und im folgenden Winter entdeckte Kafka
durch den Kontakt zu der ostjüdischen Schauspieltruppe die

Welt des Judentums und damit seine eigenen Lebenskonflikte. Es vollzieht sich der Umschwung vom passiven, undifferenzierten, antizionistisch und assimilatorisch eingestellten »Kind« (F 155, vgl. »ich war noch ein ganz junger Hund«) zum gesellschaftskritischen Denker, Interpreten seiner Familiensituation und seiner Inspiration gemäß literarisch Schaffenden. (Vgl. meinen Aufsatz »Kafka und seine Schwester Ottla«, S. 405 ff.) Auffällig ist, daß sich in einem biographischen Aufsatz des Schauspielers J. Löwy, den Kafka für den Druck redigieren wollte, eine vergleichbar schicksalsbestimmende Szene aus dem gleichen Lebensbereich findet: Als der junge, im traditionellen Judentum erzogene Mann von der Existenz eines jüdischen Theaters in Warschau erfuhr, beschloß er, den verbotenen Ort zu besuchen: »Das hat mich ganz verwandelt ... Die ganze Nacht habe ich vor Aufregung nicht geschlafen, das Herz sagte mir, daß auch ich einst im Tempel der jüdischen Kunst dienen, daß ich ein jüdischer Schauspieler werden soll.« (H 158, vgl. Br 173 u. B 250: »Mit jenem Konzert aber begann es.«) Im Tagebuch werden acht Schauspieler genannt, einer davon scheint sehr jung gewesen zu sein (vgl. T 192); in der Erzählung wählt Kafka in Anlehnung an Hoffmanns Erzählung die magische Zahl sieben.

B 244 *Lebenselement:* Der Ich-Erzähler in *Josefine* meint: »Und Pfeifen allerdings kennen wir alle, es ist die eigentliche Kunstfertigkeit unseres Volkes, oder vielmehr gar keine Fertigkeit, sondern eine charakteristische Lebensäußerung.« (E 269 f.) In seiner *Rede über die jiddische Sprache* sagte Kafka seinen Prager Zuhörern: »Ganz nahe kommen Sie schon an den Jargon, wenn Sie bedenken, daß in Ihnen außer Kenntnissen auch noch Kräfte tätig sind und Anknüpfungen von Kräften, welche Sie befähigen, Jargon fühlend zu verstehen ... Bleiben Sie ... still, dann sind Sie plötzlich mitten im Jargon. Wenn Sie aber einmal Jargon ergriffen hat – und Jargon ist alles, Wort, chassidische Melodie und das Wesen dieses ostjüdischen Schauspielers selbst –, dann werden Sie Ihre frühere Ruhe nicht mehr wiedererkennen. Dann werden Sie die wahre Einheit des Jargons zu spüren bekommen, so stark, daß Sie sich fürchten werden, aber nicht mehr vor dem Jargon, sondern vor sich.« (H 425 f.)
Erscheint in diesen Zusammenhängen Musik (Josefines, der Hunde und der jiddisch sprechenden Schauspieler) als Ausdruck für bewußt gelebtes jüdisches Wesen, für das jiddischer Gesang und hebräische Lieder (vgl. den Kommentar zu *Josefine, die Sängerin, oder Das Volk der Mäuse*) exponiert stehen und so Kafkas Bildlichkeit teilweise konstellierten,

so sind andererseits das Pfeifen der Mäuse in *Josefine*, die Geringschätzung der Musik durch ihre Volksgenossen (E 268) und die vom sonstigen Leben nicht geschiedene Musik, die der Ich-Hund erwähnt (eine Formulierung, die auf die Lebensform der Assimilation hinweist, wo Jüdisches nur als Glaubensbekenntnis, nicht als kulturelles Phänomen, Wesensart oder Volkstum auftritt), als die sich vor allem im sprachlichen Bereich veranschaulichenden Erinnerungsfetzen an die ehemalige jiddische Muttersprache zu verstehen.

Von daher nun wieder konnte Kafkas fehlende Begabung für Musik (T 189, M 154), die er als »Erbstück« seiner väterlichen Vorfahren bezeichnete, das ihm »einigen Halt« gebe (vgl. M 178) – »musikalische Menschen verstehn bedeutet ja schon fast Unmusikalität« – (unveröffentlicht hinter M 76 Z. 6), bildhaft in seine Erzählwelt integriert werden, ist es doch gerade die »Unmusikalität« der Mäuse (E 281), die ihre Faszination durch die Sängerin bedingt, ist es doch der musikalische Dilettantismus des Forschenden, der seine Erregung durch singende Hunde mitverursacht.

Die Verwendungsart der Metapher wurde weiterhin durch die Briefe Kafkas an Milena gefördert, wo der Begriff Musikalität in ganz spezifischer Bedeutung auftritt: Er steht dort als Bild für die Problematik westjüdischer Seinsweise (vgl. M 203, 215 f. u. 137: »Ich verstehe nicht Musik, aber diese Musik verstehe ich leider besser als alle Musikalischen«) und deren literarischer Gestaltung (vgl. M 101, 117 f. 214 u. T 576). Vgl. auch folgende Stelle aus der *Verwandlung:* »War er ein Tier, da ihn Musik so ergriff? Ihm war, als zeige sich ihm der Weg zu der ersehnten unbekannten Nahrung.« (E 130) – *Andeutungen:* Über Hermann Kafkas Religiosität schreibt Kafka im *Brief an den Vater:* »zum Weiter-überliefert-werden war es gegenüber dem Kind zu wenig, es vertropfte zur Gänze, während Du es weitergabst. Zum Teil waren es unüberlieferbare Jugendeindrücke, zum Teil Dein gefürchtetes Wesen. Es war auch unmöglich, einem vor lauter Ängstlichkeit überscharf beobachtenden Kind begreiflich zu machen, daß die paar Nichtigkeiten, die Du im Namen des Judentums mit einer ihrer Nichtigkeit entsprechenden Gleichgültigkeit ausführtest, einen höheren Sinn haben konnten.« (H 200) – *Alles war Musik:* Tagebucheintrag über die Schauspieler: »Die Melodien sind lang, der Körper vertraut sich ihnen gerne an. Infolge ihrer gerade verlaufenden Länge wird ihnen am besten durch das Wiegen der Hüften, durch ausgebreitete, in ruhigem Atem gehobene und gesenkte Arme, durch Annäherung der Handflächen an die Schläfen und sorgfältige Vermeidung der Berührung entsprochen.« (T 81)

B 245 *wolligen Art:* Vgl. B 264: *Fell.* – *älter:* Kafka hatte zeitlebens ein ephebenhaftes Aussehen. (Vgl. z. B. T 134 u. B 250: *kindhafte Wesen*) – *ähnlicher Art:* Vgl. B 287: *Wald.* – *überhand:* Kafka über eine jiddische Theatervorstellung: »Zuzeiten griffen wir ... nur deshalb in die Handlung nicht ein, weil wir zu erregt, nicht deshalb, weil wir bloß Zuschauer waren.« (T 93) – *hündische Verbindung:* Kafka über eine jüdische Schauspielerin: »Bei manchen Liedern, der Ansprache ›jüdische Kinderlach‹, manchem Anblick dieser Frau, die auf dem Podium, weil sie Jüdin ist, uns Zuhörer, weil wir Juden sind, an sich zieht ... ging mir ein Zittern über die Wangen.« (T 81) – *besinnungslos:* In der *Nachricht von den neuesten Schicksalen des Hundes Berganza* fällt der Erzähler nach der nächtlichen Szene mit den sieben alten Weibern in »Ohnmacht« und kann nach dem Wiedererwachen »keine Pfote regen«. (E. T. A. Hoffmann, Fantasie- und Nachtstükke, S. 89)

B 246 *unanknüpfbar:* »Bei den ersten Stücken konnte ich denken, an ein Judentum geraten zu sein, in dem die Anfänge des meinigen ruhen und die sich zu mir hin entwickeln und dadurch in meinem schwerfälligen Judentum mich aufklären und weiterbringen werden, statt dessen entfernen sie sich, je mehr ich höre, von mir weg.« (T 234) – *Lärm:* Kafka über den ostjüdischen Schriftsteller J. Gordin: »der Lärm dieses Judentums klingt dumpfer und daher wiederum weniger detailliert.« (T 117, vgl. B 282: *Lärm*)

B 247 *Zurufe:* Kafka über eine der von ihm verehrten ostjüdischen Schauspielerinnen: »Sie hat die ganze Vorstellung geleitet wie eine Hausmutter. Sie hat allen eingesagt, selbst aber niemals gestockt; sie hat die Statisten belehrt, gebeten, endlich gestoßen, wenn es sein mußte«. (T 145) – *bedingungslos:* Zu den kennzeichnenden arteigenen Triebhandlungen des Hundes gehören die Begrüßungszeremonien. – *Gesetz:* gewiß auch im Blickpunkt auf die jüdischen Zeremonialgesetze formuliert, vgl. T 549: »Die freie Verfügung über eine Welt unter Mißachtung ihrer Gesetze. Die Auferlegung des Gesetzes. Glück dieser Gesetzestreue.« (T 549) Und: »das Halten der Gebote ist nichts Äußeres, im Gegenteil der Kern des jüdischen Glaubens«. (F 700, vgl. B 281: *Gesetzeslücken* u. den *Bau* B 186: *viele Feinde*) – *Unanständigste:* Es gab Vorwürfe der Prager Juden gegenüber der Schauspieltruppe in dieser Richtung, vgl. T 88, 100, 182 u. B 268: *früheren Generationen;* s. auch H 198 f.

B 248 *alte Hunde:* »Wir Juden werden aber schon alt geboren.« (J 53) Und: »Ich bin so alt wie das Judentum, wie der Ewige Jude.« (J 218) – *Ton:* Vgl. P 91: »er hörte nur den Lärm, der alles erfüllte und durch den hindurch ein unveränderlicher hoher Ton, wie von einer Sirene, zu klingen schien.«

B 250 *Ich lief umher:* spiegelt Kafkas öffentliches Eintreten für die ostjüdische Schauspieltruppe. Kafka sorgte z. B. durch Zeitungsartikel, die er veranlaßte, für Publizität und warb durch ein Rundschreiben bei den zionistischen Vereinen in Böhmen für die Truppe, vgl. F 763, T 242 u. J. Hlavácová, Franz Kafkas Beziehungen zu Jicchak Löwy, in: Judaica Bohemiae 1 (1965), S. 75 ff. – *kindhafte Wesen:* Im Gegensatz zu Tieren mit Wildhundcharakter verhalten sich alle höher domestizierten Hunde zu ihrem Herrn so, wie es die jungen zu den älteren tun. »Diese ein Leben lang andauernde ›Kindlichkeit‹ und ›Jugendanhänglichkeit‹ ist bei den meisten Haushunden die eigentliche Quelle ihrer Herrentreue. Man hat diese auch bei anderen Haustieren zu findende Kindlichkeit treffend ›Domestikations-Infantilismus‹ genannt – ein Stehenbleiben also auf höherer Jungtierstufe.« (Grzimeks Tierleben. Enzyklopädie des Tierreiches, Bd. XII, [Zürich 1972], S. 222) Über sich selbst sagte Kafka im Januar 1922, er sei »ohne Entwicklung jung bis zum Ende, richtiger als jung ist der Ausdruck konserviert« (T 559), Kuh über die Juden: »Sie altern und bleiben Knaben«. (»Juden und Deutsche«, S. 37, vgl. B 245: *älter,* 271: *unartiges Kind,* den *Bau* B 214: *mit kindlichen Spielen, Josefine* E 280: *Kindlichkeit,* E 54 u. 244) – *durchzubrechen:* Zum Begriff vgl. B 218, P 294, Br 129 u. 309.

Daß die Begegnung mit der ostjüdischen Theatergruppe auch Kafkas literarischen Durchbruch einleitete, ist wahrscheinlich, weil er im Winter 1911/12 und den darauffolgenden Monaten die erste Fassung des *Verschollenen* niederschrieb (F 332), weil ferner das im September 1912 entstandene *Urteil,* das stark von den gesehenen jüdischen Theaterstücken beeinflußt ist (vgl. die Einleitung zu dieser Erzählung), von Kafka selbst als Durchbruch zu wahrem Schreiben angesehen wurde (vgl. M 214: »damals brach die Wunde zum erstenmal auf«) und weil er in der literarischen Produktion seit 1912 ganz bewußt seine Lebenskonflikte darzustellen trachtete, wobei der Vorgang des Schreibens selber ein Moment in dem Prozeß war, auf diese Weise die Probleme auch zu bewältigen (vgl. Br 392 u. H 202 f.). – *einen großen Teil meiner Kindheit:* Entsprechend heißt es von Josef K. im *Prozeß,* es sei noch etwas Kindisches in ihm, weil er die Fürsorge des eigenen Vaters »niemals erfahren« habe und »bald vom Hause fortgekommen« sei (P 289), und der Wir-Erzähler in *Josefine* berichtet über das Mäusevolk: »Wir haben keine Jugend, wir sind gleich Erwachsene« (E 281).

Vgl. B 259, ▸30 u. E 55. Als autobiographischer Hintergrund läßt sich namhaft machen, daß Kafka, dessen Eltern ganztägig im Geschäft waren, ungeeignetem Erziehungspersonal ausgeliefert war. (F 193) Das langsam sich entwickelnde Kind wurde überdies vom Vater unterdrückt und aus der äußeren Welt vertrieben. (H 165 u. T 564) So mußte sich Kafka seine Lebensbedingungen »mit Kinderkraft im Mannesalter« (H 185) erkämpfen. In übersteigerter Form erscheint der Sachverhalt auch als Aphorismus im Tagebuch: »Noch nicht geboren und schon gezwungen zu sein, auf den Gassen herumzugehn und mit Menschen zu sprechen.« (T 577) Dahinter steht aber als übergreifender historischer Zusammenhang die Analyse, die Anton Kuh dem zeitgenössischen jüdischen Literatentum – Kafkas *Verwandlung* wird als Demonstrationsobjekt angeführt (S. 25) – zuteil werden läßt und von Kafka übernommen wurde, und zwar bis in die Einzelformulierungen hinein (vgl. »Juden und Deutsche«, S. 39 f. mit Br 336 f. u. FK 275). Wie in Kafkas Deutung ist Karl Kraus, auf typische Weise in seinem Reifungsprozeß gestört (S. 37), der Repräsentant der Generation: »Er mußte schreiben tagaus, tagein, anklagen aus Notwehr und das Lebenswerk eines unendlichen Plädoyers abspulen«. (S. 39 f.)

B 251   *Material:* Über seine Lebensproblematik schreibt Kafka 1921: »das Material ist so ungeheuer groß geworden im Lauf der Zeit«. (Br 296 f., vgl. M 50 u. *Zur Frage der Gesetze* B 92: *Material*) – *verzweifeln:* Kafka über seine Lungenkrankheit: »es gibt ... überhaupt kein Verständnis solchen Dingen gegenüber, weil es keinen Überblick gibt, so verwühlt und immer in Bewegung ist die riesige, im Wachstum nicht aufhörende Masse. Jammer, Jammer ...« (Br 161) – *untersuchen:* »Früher, als ich noch weniger Überblick über mich selbst hatte und glaubte, keinen Augenblick die Welt außer Acht lassen zu dürfen, in der kindischen Annahme, dort sei die Gefahr und das Ich werde sich schon von selbst ohne Mühe und Zögern nach den Beobachtungen einrichten, die ich drüben gemacht hatte ...« (F 307) – *wovon sich die Hundeschaft nährt:* Ziel ist, nach einer späteren Aussage des Erzählers, in das »Wesen der Hunde einzudringen« (B 289), was gut zu einem Aphorismus Kafkas paßt: »Alle Wissenschaft ist Methodik im Hinblick auf das Absolute.« (H 70) Man wird also hier nicht nur an Kafkas Schaffen zu denken haben, das freilich auch der Selbsterkenntnis diente (vgl. meinen Aufsatz »Kafkas literarische Urteile«, in: Zeitschrift für deutsche Philologie 86 [1967], S. 242 ff. und die »Einführung« zum vorliegenden Kommentar), sondern an seine Bemühungen um ein Verständnis seiner Lage überhaupt, zu denen auch die Auseinandersetzung mit

dem andern Geschlecht und die Beschäftigung mit dem Judentum gehört. – *Appetit:* An Milena berichtet Kafka, er werde
zu Hause »ohne jeden Hunger überfüttert« (M 125, vgl. 70:
»ich zahle die Pension, kann aber nicht essen«), was ihm ein
Bild für seine allgemeine Unfähigkeit war, sich im äußeren Leben zurechtzufinden: »diese Unmöglichkeit besteht auch tatsächlich, diese Unmöglichkeit des Essens u. s. w., nur daß sie
nicht so grob auffallend ist wie die Unmöglichkeit des Hei-
ratens.« (Br 296, vgl. 188, 405 u. B 178)

B 252   *Mache alles naß:* Ausgangspunkt der Vorstellung ist das Hunden angeborene Markieren des Reviers durch Harnen an
Bäumen und Ecksteinen.

B 253   *diese Antwort:* Vgl.: »Sehe ich die Fundamente unseres Lebens
... und erwarte noch immer, daß auf meine Fragen hin alles dies beendigt, zerstört, verlassen wird?« (B 257, vgl. 256:
Dach) Der Gedankengang spiegelt Anton Kuhs Kritik am
Zionismus: »Er bejaht, was verneinenswert, hält für kostbar,
was zerstörungswürdig: Familie, Ehe und den Gott der Ra-
che ... Darum sagt seine Werbung auch: Kommt zurück – zurück in die warme Stube! ... wie willst du dich uns
entziehen? Gedenkst du noch des heimatlichen Speisenge-
ruchs? Warst du nicht selbst ein braver Mitesser und Mitbe-
ter? – Und glaubst davon zu können? Nutzloses Trachten!«
(»Juden und Deutsche«, S. 26, vgl. B 256) – *wer Speise hat:*
eine jedem Hundekenner vertraute Tatsache, die vielleicht auch
durch E. T. A. Hoffmanns *Lebens-Ansichten des Katers Murr*
konstelliert ist – Kafka las den Roman gern vor (J. P. Hodin,
Erinnerungen an Franz Kafka, in: Der Monat 1, 8/9 [Juni
1949], S. 94) –, wo der Erzähler äußert: »In den Wissenschaf-
ten fand ich Trost und Beruhigung« (E. T. A. Hoffmann, Die
Elixiere des Teufels. Lebens-Ansichten des Katers Murr, München [1961], S. 345). Einmal will Murr einen Heringskopf
seiner Mutter bringen, frißt ihn aber dann selber auf. Da lernt
er einsehen, was Appetit heißt. Es sei Frevel, der Natur zu
widerstreben. Jeder suche sich seine Heringsköpfe; die andern, vom richtigem Appetit geleitet, werden die ihrigen
schon finden. (S. 334 ff.)
Hinter dem Motiv steht eine ganz bestimmte Ausdeutung westjüdischer Lebensverhältnisse: Die unsichere Stellung der Juden unter den Menschen »würde es über alles begreiflich machen, daß sie nur das zu besitzen glauben dürfen, was sie in
der Hand oder zwischen den Zähnen halten«. (M 46 f.) In
dem nur wenig älteren *Brief an den Vater* erscheint die angedeutete Möglichkeit als Realität. Kafka schreibt dort über
seine älteste Schwester: »Besonders ihr Geiz war mir abscheulich, da ich ihn womöglich noch stärker hatte. Geiz ist ja ei-

nes der verläßlichsten Anzeichen tiefen Unglücklichseins; ich war so unsicher aller Dinge, daß ich tatsächlich nur das besaß, was ich schon in den Händen oder im Mund hielt oder was wenigstens auf dem Wege dorthin war«. (H 191) Die Eßgesetze der Hundeschaft spiegeln also jüdisches Besitzdenken, in dessen Analyse Kafka wahrscheinlich von Anton Kuh beeinflußt war. Dieser war der Meinung, aufgrund der urzeitlichen Ereignisse habe sich die Liebeskraft der Juden in »Ermunterung zum Essen« verwandelt. Essen sei »der Vorausgewinn eines unsicheren Paktes mit dem Himmel«. Deswegen habe im Ritual der Glaube kulminiert, »dem der Besitz alles war und die Beziehung nichts . . .« (»Juden und Deutsche«, S. 22, 50 u. 23. Näheres zur Beziehung zwischen Kafka und Kuh in meiner Arbeit »Kafka in neuer Sicht«, Stuttgart [1976], S. 381 ff.) – *Raserei:* Appetit und Besitzergreifung schließen auch das sexuelle Moment mit ein, vgl. Br 317: »Ich rede nicht von den glücklichen, in dieser Hinsicht glücklichen Zeiten der Kindheit . . . später aber war es so, daß der Körper jedes zweiten Mädchens mich lockte« und T 554: »das Geschlecht drängt mich, quält mich Tag und Nacht«; sogar Kafkas Schreibverlangen kann hier mitgesetzt sein: »Ich habe einen solchen Hunger nach meiner Arbeit, daß er mich schlaff macht«. (F 620, vgl. B 251: *wovon sich die Hundeschaft nährt*) – *magerer:* Kafka über seine Jugend: »Ich mager, schwach, schmal . . . ein kleines Gerippe« (H 168). Vgl. den *Hungerkünstler* E 255: *Magerkeit.*

B 254 *liebend:* Vgl. H 182 u. F 99 f.

B 255 *man prügelt:* In einem Brief an Milena erklärt Kafka, er quäle sich nur, »um aus dem verdammten Mund das verdammte Wort zu erfahren«. Die darin liegende Dummheit habe er einmal so ausgedrückt: »Das Tier entwindet dem Herrn die Peitsche und peitscht sich selbst, um Herr zu werden, und weiß nicht, daß das nur eine Phantasie ist, erzeugt durch einen neuen Knoten im Peitschenriemen des Herrn.« (M 244)

B 256 *entscheidenden Dinge:* Was wissen, so fragt Anton Kuh, die Juden von ihrer Sendung? »Mit klarem Auge – nichts. Instinktiv – alles.« (»Juden und Deutsche«, S. 50, vgl. B 253: *wer Speise hat*) – *Dach:* Vgl. die »Fundamente unseres Lebens« u. die »Arbeiter beim Bau« (vgl. B 72, 315 u. die Einleitung zum *Stadtwappen*). Vorbild sind vermutlich wieder Formulierungen Kuhs: »Was von der einen Seite Baugrund scheint, ist also von der andern bloß das Dach.« (S. 20) Und: Der Urvolk-Glaube »entspringt dem begreiflichen Bedürfnis, ein Volkstum ohne Boden vorerst in die methodische Tiefe zu bauen.« (S. 30) – *ganze Wahrheit:* Seit dem Sündenfall gibt es das Wissen vom Guten und Bösen, das menschliches

Erkenntnisstreben evoziert. (B 212) Dieser Wille, zum ewigen
Leben gelangen zu wollen, schließt ein bestimmtes Handeln
mit ein, zu dem die Kraft aber nicht mitgegeben ist. So ist das
Hindernis für ein Leben, wo der Mensch »einem höchsten Gericht« zu entsprechen trachtet (F 755), die eigene Schwäche,
die er zerstören müßte, also letztlich sich selber. Weil er sich
davor fürchtet, will er die Erkenntni$ rückgängig machen und
erfindet Motivationen, die ein hoffnungsvolles Weiterleben ermöglichen. – *schweigst selbst:* Vgl. FK 343.

B 257   *Blut:* »Nun stamme ich aber aus meinen Eltern, bin mit ihnen und den Schwestern im Blut verbunden ... achte es ...
im Grunde mehr, als ich weiß.« (T 514, Vgl. E 276 u. F 123) –
ohne die anderen: »Das, was man ist, kann man nicht aus-
drücken, denn dieses ist man eben; mitteilen kann man nur
das, was man nicht ist, also die Lüge. Erst im Chor mag eine
gewisse Wahrheit liegen.« (H 343) – *Knochen:* »Dieses Wahr-
reden ist also kein sehr großes Verdienst ... ich suche immerfort etwas Nicht-Mitteilbares mitzuteilen, etwas Unerklär-
liches zu erklären, von etwas zu erzählen, was ich in den
Knochen habe und was nur in diesen Knochen erlebt werden
kann. Es ist ja vielleicht im Grunde nichts anderes als jene
Angst, von der schon so oft die Rede war, aber Angst ausge-
dehnt auf alles, Angst vor dem Größten wie Kleinsten, Angst,
krampfhafte Angst vor dem Aussprechen eines Wortes. Allerdings ist diese Angst vielleicht nicht nur Angst, sondern auch
Sehnsucht nach etwas, was mehr ist als alles Angsterregende.«
(M 249) – *Gift:* Über Gegebenheiten, aus denen ihm die Min-
derwertigkeit westjüdischer Lebensformen veranschaulicht und
die Berechtigung seines Selbsthasses bestätigt wurden, schreibt
Kafka: »Nicht deshalb bedrücken sie mich etwa, weil sie
jüdisch sind und weil, wenn einmal diese Schüssel auf den
Tisch gestellt ist, jeder Jude sich seinen Teil zu nehmen hat aus
der gemeinsamen abscheulichen, giftigen, aber auch alten und
im Grunde ewigen Speise...« (M 122 f., vgl. E 173, 180,
Br 161 u. 453, wo Kafka über den Steglitzer Rathausplatz
schreibt: »aus den ersten Zeitungsseiten, die dort aushängen,
sauge ich das Gift, das ich knapp noch ertrage, manchmal
... augenblicksweise auch nicht ertrage«)

B 258   *unruhigen Fragen:* »Es ist die Unruhe, die Wellenunruhe, die
nicht aufhören wird, solange die Schöpfungsgeschichte nicht
rückgängig gemacht wird.« (Br 212) – *Ruhe:* Vgl. B 240: *müde* u. *Ruhe.* – *Lunge:* Infolge der Fähigkeit des Hundes zu
hecheln ist dieses Organ bei ihm besonders gut durchblutet.
Angesichts Kafkas rasch fortschreitendem Lungenverfall eine grausige Ironie. – *Fehler:* Das fragt sich Kafka auch im
Tagebuch. (Vgl. T 543, 561 f. u. 564) – Dora Diamant, mit

der Kafka in Berlin zusammenlebte, erinnert sich, Kafka habe in einem an sie gerichteten Brief von »technischen Fehlern« des Menschen im Umgang mit sich selber gesprochen, die er auch in Tolstois Ringen um Selbstbefreiung gefunden habe. (J. P. Hodin, Erinnerungen an Franz Kafka, in: Der Monat 1, Nr. 8/9 [Juni 1949], S. 95) Da sich die erwähnte Auseinandersetzung mit dem Russen auf Kafkas Lektüre der Erzählung *Der Tod des Iwan Iljitsch* bezieht (vgl. aber FK 147), die Ende 1921 erfolgte (vgl. T 551 u. Br 371), sich jedoch natürlich im März 1924 angesichts des eigenen erahnten Todes erinnerungsmäßig reaktivierte, kann davon ausgegangen werden, daß die fragliche Kategorie während der Niederschrift der *Forschungen eines Hundes* im Sommer 1922 sich schon artikuliert hatte. – *lebenslustig:* Auch Josef K. will »die kurzen Abende und Nächte als junger Mensch genießen« (P 155), vgl. M 182 f.: »in der ersten Meraner Hälfte machte ich gegen meinen offenen Willen Tag und Nacht Pläne, wie ich mich des Stubenmädchens bemächtigen könnte«. – *Genüsse:* »Als es in meinem Organismus klar geworden war, daß das Schreiben die ergiebigste Richtung meines Wesens sei, drängte sich alles hin und ließ alle Fähigkeiten leer stehn, die sich auf die Freuden des Geschlechtes, des Essens, des Trinkens, des philosophischen Nachdenkens, der Musik zuallererst, richteten. Ich magerte nach allen diesen Richtungen ab.« (T 229) – *vergrub:* »Ich brauche zu meinem Schreiben Abgeschiedenheit, nicht ›wie ein Einsiedler‹, das wäre nicht genug, sondern wie ein Toter.« (F 412)

B 259 *wenig gelernt:* »mein unfaßbares Nichts von Kenntnissen«. (M 145, vgl. H 204 u. F 400) – *Selbständigkeit:* Gemeint ist sicherlich nicht die äußere Lebensform, die bei Kafka durch eine besonders große Abhängigkeit von seiner Umwelt gekennzeichnet war, sondern seine Denkweise. (Vgl. FK 51) – *systematischen Lernen:* Vgl. B 289: *Prüfung, Beschreibung eines Kampfes* B 90: *nur in so hinfälligen Vorstellungen,* B 74 u. E 177. – *auf mich allein:* K. im *Schloß:* »ich, ganz allein auf mich angewiesen« (S 365). Es ist die Grunderkenntnis des späten Kafka, nicht in eine Lebensgemeinschaft eingebettet zu sein und gleichsam vorgängig an deren Lebensmustern zu partizipieren, sondern sich in jedem Augenblick erst alle Lebensvoraussetzungen schaffen zu müssen. (Vgl. M 247 f. und meine Arbeit »Kafka in neuer Sicht«, S. 265 ff.) Auch im literarischen Bereich ist seine Lage durch den Mangel jeglicher verbindlichen Überlieferung ausgezeichnet: Erzählgegenstände, Baugesetze, Formulierungen und Einzelmotive sind nicht als Erfahrungsschatz vorgegeben, sondern erscheinen in fremder Gestalt immer erst im Schaffensprozeß, wo

sie dann mühsam den eigenen existentiellen Problemen an-
verwandelt werden müssen. (Vgl. dazu meinen Aufsatz »Der
Jäger Gracchus. Zu Kafkas Schaffensweise und poetischer
Topographie«, in: Jahrbuch der Dt. Schillergesellschaft 15
[1971], bes. S. 439 f.) – *in meiner Lage:* »Ich glaube nicht, daß
es Leute gibt, deren innere Lage ähnlich der meinen ist, immerhin kann ich mir solche Menschen vorstellen, aber daß um
ihren Kopf so wie um meinen immerfort der heimliche Rabe
fliegt, das kann ich mir nicht einmal vorstellen.« (T 544) – *kein
Haarbreit:* In einer Eintragung der *Er*-Reihe, wo Kafka von
sich in der dritten Person spricht, heißt es: »So weit war er
also von diesen Ausflüglern, aber damit doch auch wieder sehr
nahe und das war das schwerer Begreifliche. Sie waren doch
auch Menschen wie er, nichts Menschliches konnte ihnen
völlig fremd sein, würde man sie also durchforschen, müßte
man finden, daß das Gefühl, das ihn beherrschte und ihn
von der Wasserfahrt ausschloß, auch in ihnen lebte, nur daß es
allerdings weit entfernt war, sie zu beherrschen, sondern nur
irgendwo in dunklen Winkeln geisterte.« (H 420, vgl. B 285:
auch nicht, Das Urteil E 53: *Verbindung, Eine Kreuzung*
B 109: *keinen einzigen Blutsverwandten* u. F 419 f.)

B 260 *Mischung:* »Ich habe eine Eigentümlichkeit, die mich von allen
mir Bekannten nicht wesentlich, aber graduell sehr stark unterscheidet. Wir kennen doch beide ausgiebig charakteristische
Exemplare von Westjuden, ich bin, soviel ich weiß, der west-
jüdischeste von ihnen . . .« (M 247)

B 263 *auf den Kissen:* Realistischer Ausgangspunkt für die Vorstellung von den Lufthunden sind offenbar Schoßhunde, die
auf Kissen herumgetragen werden. (Vgl. T 396) Für eine solche Deutung spricht ihre Kleinheit, ihre durch Zuchtwahl zustande gekommene Künstlichkeit, ihr ansprechendes (»sie sind
ja nicht viel mehr als ein schönes Fell«) und gepflegtes (»über-
sorgfältig frisiertes Gebilde«) Äußeres, der ihnen bescheinigte
Nahrungsüberfluß (»besonders gut genährt«), die Tatsache,
daß sie einzeln auftreten, ihre »fast unerträgliche Geschwätzigkeit«, die als biologisch funktionsloses Gebell zu interpretieren ist, und der Zweifel an ihrer Fortpflanzungsfähigkeit,
der als Anspielung auf die bei solchen Hunden gelegentlich vorgenommene Unfruchtbarmachung angesehen werden kann.
Funktionsmäßig stehen die Lufthunde offensichtlich für eine
unwirkliche, unsinnige, gemeinschaftsferne und nicht mit den
Grundlagen des Lebens verbundene Existenzform, deren Paradigma für alle nationalbewußten Juden, denen auch Kafka
zuzurechnen ist (vgl. meinen Aufsatz »Franz Kafka und die
Wochenschrift ›Selbstwehr‹«, in: Deutsche Virteljahrsschrift
für Literaturwissenschaft und Geistesgeschichte 41 [1967],

S. 283 ff.), die westjüdische bodenferne Vereinzelung in den Städten war. Max Nordau hatte deswegen die Juden als »Luftmenschen« bezeichnet. (H. Bergman, Franz Kafka und die Hunde, S. 4) Ein weiteres Vorbild mochte für Kafka der erste Band von M. J. bin Gorions »Sagen der Juden« sein, den er besaß (vgl. W 256), denn dort ist von der »Bevölkerung der Luft« die Rede: »An dem Menschen ist es zu wissen ... daß es keinen freien Raum gibt zwischen dem Himmel und der Erde, sondern ist alles voll von Scharen und Mengen; ein Teil von ihnen sind rein, voller Gnade und Milde; ein Teil aber sind unreine Geschöpfe, Schädiger und Peiniger; alle fliegen sie in der Luft herum«. (Frankfurt/M. 1913, S. 348)

So ist es kein Wunder, daß Kafka die fragliche Bildlichkeit in den *Briefen an Milena* zur Deutung seiner eigenen Lebensform benützt: Er sei »in großer Höhe«, habe »eigentlich immer gleichzeitig beide Füße in der Luft« und zeitweilig gar nicht gewußt, wie hoch er über seiner Erde »schwebt«. (M 55, 67 u. 227) Als zu vollbringende Lebensaufgabe erscheint dann in den Lebenszeugnissen die Vorstellung, sich im Boden verwurzeln zu müssen. (Br 335 u. T 553)

Im einzelnen wird nun diese Lebensform durch die Gestalt des westjüdischen Literaten illustriert, der gleichsam die westjüdische Entwurzelung in potenzierter Form verkörpert. Schon W. Emrich, der die Lufthunde als Chiffre des schönen Scheins deutet (»Franz Kafka«, Bonn 1958, S. 164 ff.), und K.-H. Fingerhut, der hier dargestellt sieht, daß die Beschäftigung mit der Kunst das lebendige Ich mehr und mehr zu einer bloßen Fiktion werden lasse (»Die Funktion der Tierfiguren im Werke Franz Kafkas«, S. 154), sind im Prinzip auf einer richtigen Spur, nur daß sie ihre Auffassungen ungenügend begründen, die gesellschaftlichen Weiterungen des Problems übersehen und den Beispielfall Literatur mit dem durch ihn veranschaulichten Problem verwechseln.

Kafka spricht von seinem »immer unwirklicher« werdenden, »aus den Lüften« herbeigezogenen Schreiben (F 337), nach längerer Arbeitspause ziehe er die Worte »wie aus der leeren Luft« (T 190) und habe überhaupt als Schriftsteller, dessen unlebendiges, schemenhaftes Dasein in immer neuen Wendungen unterstrichen wird, keinen Boden unter den Füßen (Br 384 f.). Und Ende Juli 1922, zu der Zeit also, wo die *Forschungen eines Hundes* konzipiert wurden, heißt es über die Sehweise einer antisemitischen Literaturgeschichte: »und wenn Wassermann ... sein Leben lang die Nürnberger Gegend von einem Ende zum andern durchpflügt, sie wird ihm nicht antworten, schöne Zuflüsterungen aus der Luft wird er für ihre Antwort nehmen müssen.« (Br 400) An allen diesen Stel-

len ist also der Bereich der Luft abgewertet, Erdverbundenheit
ihm entgegengestellt, die dem jüdischen Schriftsteller man-
gelt. Zwischen seiner Lebensform und der der Lufthunde
gibt es sogar spezifische Übereinstimmungen:
Ein solches zwar durch »Einförmigkeit, Gleichmäßigkeit«
(T 364, vgl. B 263: »öde«) ausgezeichnetes, aber in »Eitelkeit
und Genußsucht« (Br 385, vgl. B 263: »um den Preis der
Bequemlichkeit«; dieser Begriff auch T 364) gründendes Dasein »erhält« Kafka (Br 384, vgl. B 261: »gut genährt«), der
»in der bequemen Haltung des Schriftstellers« »untätig« zusieht – »denn was kann ich anderes als schreiben« –, wie sein
Ich zerstört wird. Entsprechend »ruhen« die Lufthunde, die
nicht »hochmütig«, sondern aufgrund ihrer Lage »der Mit-
hunde besonders bedürftig« sind. (B 260 u. 262) Durch »unerträgliche Geschwätzigkeit« – von ihren Gedanken können sie
sich selbst unter Anstrengung nicht »losreißen« (B 263) – müssen sie von ihrer Lebensweise »ablenken, sie vergessen machen«. (B 262) Auf der Ebene der Lebenszeugnisse formuliert:
Es ist die erste Voraussetzung des Schriftstellertums, in völliger Selbstvergessenheit erzählen zu wollen, das Leben eines
solchen Menschen ist so sehr vom Schreibtisch abhängig, daß
er sich nie von ihm entfernen darf. (Br 385 f.)
Gerade der Wortreichtum und das Geschrei besonders expres-
sionistischer Autoren wie z. B. A. Ehrenstein, J. R. Becher
oder Werfel war für Kafka, übrigens in Übereinstimmung mit
Anton Kuh, der die Wortfülle jüdischer Literaten – es sind
»Luftgaukler« – als »Tiraden der Selbstflucht« und »Zuviel an
Wort« deutet (»Juden und Deutsche«, S. 9, 41 u. 110), eine
Ausweichbewegung vor den eigentlichen Lebensproblemen.
(Vgl. J 120, 132, Br 333 u. B 262: »eine fast unerträgliche Geschwätzigkeit« mit den *Elf Söhnen* E 175: *Schwätzer*) Dabei
ist freilich wieder zu beachten, daß gerade solches Verhalten
letztlich jedem Erkenntnissuchenden eignet: »Wie groß der
Kreis des Lebens ist, kann man daraus erkennen, daß einerseits
die Menschheit, soweit sie zurückdenken kann, von Reden
überfließt und daß andererseits Reden nur dort möglich ist,
wo man lügen will.« (H 343)

B 264   *für meine Art:* »Die schönen kräftigen Sonderungen im Judentum. Man bekommt Platz. Man sieht sich besser, man beurteilt sich besser.« (T 346) – *Mittelstand:* Seinem Vater gegenüber spricht Kafka von der für diesen »maßgebenden allgemeinen Söhnebehandlung des jüdischen Mittelstandes«.
(H 203, vgl S 291: »wir Bürgermädchen« u. B 84: »wir bürgerlichen Leute«) – *Bewegung:* Bis zum Ausbruch der Lungentuberkulose im Jahr 1917 unternahm Kafka täglich große
Spaziergänge, im Sommer pflegte er zu rudern und viel zu

schwimmen. – *Kopfhaltung:* Kafka über sich selbst: »Ein klares, übersichtlich gebildetes, fast schön begrenztes Gesicht. Das Schwarz der Haare, der Brauen und der Augenhöhlen dringt wie Leben aus der übrigen abwartenden Masse.« (T 342) – *Fell:* Kafka hatte zur Zeit der Niederschrift der Erzählung graumeliertes Haar. (Vgl. T 500, M 50 u. FK 70) Vielleicht sollen die geringelten Haarspitzen auf die ostjüdische Haartracht anspielen. (Vgl. A. Kuh, Juden und Deutsche, S. 6: »unser Kraushaar«)

B 265   *mit meinen Fragen:* »Warum ist das Fragen sinnlos? Klagen heißt: Fragen stellen und warten, bis Antwort kommt. Fragen aber, die sich nicht selbst im Entstehen beantworten, werden niemals beantwortet. Es gibt keine Entfernungen zwischen Fragesteller und Antwortgeber. Es sind keine Entfernungen zu überwinden. Daher Fragen und Warten sinnlos.« (T 480) Vgl. den *Jäger Gracchus* B 104: *Aufgabe.* – *Selbstüberwindung:* Für den Verkehr mit Felice etwa gilt, daß Kafka seine Briefe »nicht so sehr in Hoffnung auf Antwort als in Erfüllung einer Pflicht« gegen sich selbst schrieb. (F 47, vgl. T 365) – *gescheitert:* Unter dieser Kategorie betrachtete Kafka nie seine literarische Arbeit, wohl aber den Abbruch seiner Beziehungen zu Felice beim Ausbruch der Lungenkrankheit im Jahr 1917. (Vgl. F 756 f.) – *artverwandelnd:* wahrscheinlich Hinweis auf die Assimilation, die Anton Kuh als den Versuch beschreibt, »aus der Haut des Judentums in eine unbekannte, noblere zu fahren«. (»Juden und Deutsche«, S. 45)

B 266   *Hinterbein:* Auch Gregor (E 94), Josefine (E 288), der Fuhrmann Gerstäcker (S 25), Jeremias (S 338) und Erlanger (S 395) haben dieses Gebrechen. Vgl.: »Daß Leute, die hinken, dem Fliegen näher zu sein glauben als Leute, die gehn.« (H 272, vgl. T 484) – *seit langem:* In Matliary verkehrte Kafka nur mit Robert Klopstock (Br 323), in Planá nur mit seiner Schwester Ottla (Br 413), brieflich auch mit seinen Prager Freunden, besonders natürlich mit Max Brod, der seit seiner Kindheit an einer Wirbelsäulenverkrümmung litt und verwachsen war (vgl. M. Brod, Streitbares Leben 1884–1968, München, Berlin, Wien [1969], S. 25 ff.). – *gebildet:* Kafka bezeichnete Klopstock, der ebenfalls lungenkrank war (Br 318 f.) – auch dieser Krankheitsbefund könnte im Hinken veranschaulicht sein –, als »sehr strebend, klug, auch sehr literarisch«. (Br 302)

B 267   *eingerichtet:* Kafka an Max Brod im September 1922: »... vorausgesetzt, daß man überhaupt davon reden kann, daß ich mein Leben ›eingerichtet‹ habe ...« (Br 415) – *von selbst verläuft:* Kafka an Oskar Baum Anfang Juli 1922: »lebe ich

hier in meinem Zimmer weiter, vergeht ein Tag regelmäßig
wie der andere ... die Sache ist schon im Gang, die Hand der
Götter führt nur mechanisch die Zügel, so schön, so schön ist
es, unbeachtet zu sein ...« (Br 382) – *vergraben:* Im Frühjahr
1922 bemerkt Kafka: »So viel Ruhe wie ich brauche gibt es
nicht oberhalb des Erdbodens.« (Br 274) Kafka schrieb, nachdem er die erste Niederschrift der Erzählung beendet hatte,
als Beginn eines neuen Erzählfragments nieder: »Ich wollte
mich im Unterholz verstecken, mit der Hacke bahnte ich mir
ein Stück Weges, dann verkroch ich mich und war geborgen.«
(Vgl. meine Arbeit »Kafka in neuer Sicht«, S. 301 f. u.
M 225, wo Kafka schreibt, er wolle »Stille, Dunkel, Sich-
Verkriechen«) – *Fortschritt:* Vgl. *Das Stadtwappen* B 94:
Fortschritte u. B 268: *Urväter.*

B 268   *überlastet:* Vgl. den *Jäger Gracchus:* »Es ist so lange her. Wie
soll ich denn das in diesem übervollen Gehirn bewahren.«
(B 338, vgl. 101) – *hündisch:* Für derartige Wortspiele gibt
es schon in der Vorlage Beispiele: Der Erzähler sagt zu Berganza: »Sie waren, sozusagen, ganz auf dem Hund gekommen« (*Fantasie- und Nachtstücke*, S. 80, vgl. E 272: »mäuschenstill«). – *Geschichten:* gewiß die biblische Schöpfungs-
und Sündenfall-Geschichte, denen Kafka in seiner Zürauer
Zeit viele Betrachtungen widmete, vor allem aber die Erzählung vom Turmbau zu Babel, die er als Bild eigener Lebensprobleme ansah (vgl. meine Arbeit »Kafka in neuer Sicht«,
S. 118 f.) und im *Stadtwappen*, an einer Stelle auch im
Bau der Chinesischen Mauer, literarisch gestaltete. – *Bau:*
Vgl. M 218 f. (»Und das ist ja gewiß etwas Lästerliches, so auf
einen Menschen zu bauen, und darum schleicht ja auch dort
die Angst um die Fundamente«), T 574 (»Die Macht des
Behagens über mich, meine Ohnmacht ohne das Behagen. Infolgedessen ist alles was ich baue, luftig, ohne Bestand«), B 269
(»schon schien es ihnen berauschend schön«) u. B 268: *Urväter.* – *Gekröse:* »Affen denken mit dem Bauch«. (E 188, vgl.
auch die übernächste Anmerkung) – *unschuldiger:* Anton
Kuh spricht davon, daß die Juden den Ehrgeiz hätten, das
älteste Volk zu sein: »Die Ältesten sind die Schuldigen, und
die Schuldigen sind auserwählt, die Welt zu entsühnen. Ihr
eigener Ausspruch jedoch bezichtigt sie dieser Erstlingsschuld.«
(»Juden und Deutsche«, S. 21) – *Urväter:* zentrale Ge-
schichtsspekulation des späten Kafka. Im *Stadtwappen* wird
die erste Menschengeneration dargestellt, die glaubt, die Arbeit am Turmbau, die das Leben auf das göttliche Gesetz aus-
richten würde (zur ursprünglich positiven Intention des Bauens und zu weiteren Einzelheiten vgl. meine Arbeit »Motiv und
Gestaltung bei Franz Kafka«, S. 41 ff.), könne von späteren

Generationen schneller und kräftesparender gebaut werden, weil Wissen und Baukunst der Menschen inzwischen Fortschritte gemacht hätte. (Vgl. B 267: »Gewiß, die Wissenschaft schreitet fort, das ist unaufhaltsam ... Es ist so, als wenn man jemanden deshalb rühmen wollte, weil er mit zunehmenden Jahren älter wird und infolgedessen immer schneller der Tod sich nähert.« Dazu wieder B 251: *wovon sich die Hundeschaft nährt* und die nächste Anmerkung) Diese Ansicht führte zur Lähmung der Kräfte, zu Kampfsucht und zu der Auffassung, der Himmelsturmbau sei sinnlos. Schon die erste Generation hatte sich also in der irrigen Annahme, jederzeit mit dem Bau beginnen zu können, innerlich zu weit von der Aufgabe entfernt, sie war vom wahren Wege abgeirrt. (Vgl. B 94 f.) Bei völliger Verschiedenheit der Bildlichkeit herrscht eine Strukturidentität mit dem *Neuen Advokaten,* wo es über den Weg nach Indien heißt, schon zu Alexanders des Großen Zeit »waren Indiens Tore unerreichbar, aber ihre Richtung war durch das Königsschwert bezeichnet. Heute sind die Tore ganz anderswohin und weiter und höher vertragen ... viele halten Schwerter, aber nur, um mit ihnen zu fuchteln, und der Blick, der ihnen folgen will, verwirrt sich«. (E 145, vgl. dort: *fuchteln*) Das Verhältnis von sicherer Richtungsangabe zu verwirrendem Fuchteln hinsichtlich des wahren Lebenswegs in der Abfolge der Generationen entspricht der Sehweise der *Forschungen eines Hundes,* wo das lebenermöglichende Wort in der Urzeit nahe war, »auf der Zungenspitze« schwebte – freilich ist es niemandem gelungen, die Urhunde zum Sprechen zu bringen –, während man es heute selbst in der Tiefe des Gekröses nicht fände, und wo genau wie im *Stadtwappen* auf die geistige Veränderung angespielt ist (vgl. B 269: »daß die Seele sich früher wandelt als das Leben«), die das Abirren vom »Kreuzweg« irreversibel macht (wegen der besonderen Bildlichkeit der Erzählung mußte Kafka das Turmbau-Motiv auf den Lebensumkreis der Hundeschaft übertragen, vgl. B 273: *richtigzustellen).* Im *Bericht für eine Akademie* wird die Kulturleistung des Affen darauf zurückgeführt, daß er nicht eigensinnig an seinem »Ursprung, an den Erinnerungen der Jugend« festgehalten habe. (E 184) Kräfte und Wille reichen nicht mehr hin, um zum Ausgangspunkt der Entwicklung »zurückzulaufen«. (E 185) Bezeichnenderweise faßt Kuh die geschichtliche Entwicklung des jüdischen Geistes im Begriff des Abirrens. (»Juden und Deutsche«, S. 53, 57, 59 u. 62)

B 269   *verfinsterten:* Nach Anton Kuhs Auffassung ist der Jude einsam und damit »der dunkeln Ferne des Todes übergeben«. (»Juden und Deutsche«, S. 19) Vgl. Br 130, 396, wo Kafka über seinen Vater sagt, und zwar Ende Juli 1922: »sein unruhiger, aus sich selbst hilfloser, verfinsterter Geist« u. B 270: *Dunkel.* – *zurückzukehren:* Vgl. T 561 (»Die Entwicklung war einfach. Als ich noch zufrieden war, wollte ich unzufrieden sein und stieß mich mit allen Mitteln der Zeit und der Tradition, die mir zugänglich waren, in die Unzufriedenheit, nur wollte ich zurückkehren können«) u. J 146 (»Immer mehr und mehr jüdische junge Leute kehren zurück nach Palästina. Das ist eine Rückkehr zu sich selbst, zu den eigenen Wurzeln, zum Wachstum«). – *Geschichtsverlaufes:* Nimmersatte Neugier habe die Juden dazu getrieben, schreibt Kuh im »Epilog« seines Kafka sehr interessierenden Buches »Juden und Deutsche«, in der Vorzeit der Schöpfung über die Schulter zu sehen: »War es Übermut oder Auftrag – sie zerbrachen die Schale, um den Kern zu finden. Und hier komme ich auf anderem Weg zur früheren Legendendeutung: sie zerbrachen das ›Du‹. Jählings schloß sich um jeden der Sarg seiner Einsamkeit und sprang nicht mehr auf. Denn jenes Wort, das den Menschen als Hülle der Gemeinschaft gegeben war, es wurde, in Millionen Teile zersplittert, zu ihrer Einzelzelle, allenfalls zu einer Notbrücke der Beziehung, die aber mit dem ersten unweigerlichen Schritt, den die Scham über sie setzt, im Augenblick wieder einbricht.« Gerade die Bejaher des Lebens haben es am schwersten, seinen »Verlockungen« auszuweichen, »sie irren am weitesten vom Weg ab«. Dieses Abirren wird interpretiert als sich zerwühlendes Selbstbefragen (vgl. Br 212, B 270: *Dunkel* u. T 550: »Unentrinnbare Verpflichtung zur Selbstbeobachtung«), wobei die eigene Blutstimme überschrien wird, weil der wahre Kern des Daseins, die Liebe, beim Sündenfall zerbrochen wurde. Heute gilt demnach: »...wer die Waffe verliert, hat die Richtung seines Auftrags verloren.« (»Juden und Deutsche«, S. 111, 92, 72, vgl. B 268: *Urväter*) – *Anhauch:* Vgl. H 76: »Eine stinkende Hündin, reichliche Kindergebärerin, stellenweise schon faulend, die aber in meiner Kindheit mir alles war...«

B 270   *Genosse:* T 548 f.: »Was verbindet dich mit diesen ... Körpern enger als mit irgendeiner Sache: ... Etwa daß du von ihrer Art bist; aber du bist nicht von ihrer Art, darum hast du ja diese Frage aufgeworfen.« – *mißlungen:* »Was hast du mit dem Geschenk des Geschlechtes getan? Es ist mißlungen, wird man schließlich sagen, das wird alles sein.« (T 553 f., vgl. B 265: *gescheitert*) – *Dunkel:* Kafka im Oktober 1917 an Max Brod über seine Lebensproblematik: »Wenn ich das durchzudenken suche, komme ich mir förmlich wie ungeboren vor, selbst ein Dunkles, jage ich im Dunkeln.« (Br 178, vgl. T 561: »Mein Leben ist ein Zögern vor der Geburt.«) – *Gedränge:* »Ich kann Dir irgendwie nichts mehr schreiben, als das was nur uns, uns im Gedränge der Welt, nur uns betrifft. Alles Fremde ist fremd. Unrecht! Unrecht!« (M 88, vgl. E 28 u. T 372: »in mir das Gedränge, in der Tiefe«)

B 271 *unartiges Kind:* Br 313: »daß ich umherirre wie ein Kind in den Wäldern des Mannesalters« u. H 185: »den Kampf um das äußere Leben ... den müssen wir uns erst spät, mit Kinderkraft im Mannesalter erkämpfen.« Vgl. B 250: *kindhafte Wesen. – hinauswollen:* Über den Generationenkonflikt schreibt Kafka 1921: »der ... Vater ... ist ja nur ein älterer Bruder, auch ein mißratener Sohn, der bloß kläglich versucht, seinen jüngeren Bruder eifersüchtig im entscheidenden Kampf zu beirren, mit Erfolg allerdings.« (Br 291) – *verwirrt:* T 581: »Ist er mit jemandem zu zweit, greift dieser zweite nach ihm und er ist ihm hilflos ausgeliefert.« M 233 f.: »Allein lebe ich noch, kommt aber ein Besuch, tötet er mich förmlich, um mich dann durch seine Kraft wieder lebendig machen zu können, aber soviel Kraft hat er nicht.«

B 273 *Spruch, Tanz und Gesang:* Hier ist wohl die jüdische religiöse Überlieferung gemeint, die im Westjudentum nur von der Orthodoxie ernst genommen wurde, vgl. B 275: *Luftsprung. – richtigzustellen:* An dieser Stelle liegt vielleicht eine versteckte Kritik am politischen Zionismus vor, dessen Ziel die Kolonisation Palästinas – Kafka interessierte sich sehr dafür (vgl. F 58 u. 121 f.) – und die Errichtung eines jüdischen Nationalstaates war, der aber in der Regel dem traditionellen Kultus ablehnend gegenüber stand. (Vgl. zu diesen Zusammenhängen meinen Aufsatz »Franz Kafka und die Wochenschrift ›Selbstwehr‹«, S. 291 ff.) Denn wenn es im Text heißt, nach wissenschaftlicher Auffassung sollten »jene Zeremonien nur dem Boden« dienen, so spiegelt sich darin die von Kafka abgelehnte Auffassung vieler Zionisten, die sich nur auf die alten Zeiten beriefen oder den Tempeldienst empfahlen, weil sie glaubten, das nationale Streben ihrer Mitbrüder, also die Sehnsucht nach dem eigenen Land, werde dadurch beflügelt. (F 697 u. 700) Da Kafka aber der Auffassung war, daß der jüdische Glaube integraler und wichtigster Bestandteil einer heilen Gemeinschaft sei, läßt er das Hundevolk, entsprechend der Bildlichkeit des Turmbau-Motivs, sich bei seinen Ritualen in die Höhe richten und so die Eigenständigkeit der »Zaubersprüche« anschaulich werden.

B 274 *niemals tiefer:* Vgl. H 207 u. F 700: »ich erinnere mich noch, wie ich als Kind in der fürchterlichen Langweiligkeit und Sinnlosigkeit der Tempelstunden förmlich ertrunken bin«. – *scharrte:* »und wenn Wassermann Tag für Tag um 4 Uhr morgens aufsteht und sein Leben lang die Nürnberger Gegend von einem Ende zum andern durchpflügt, sie wird ihm nicht ant-

worten, schöne Zuflüsterungen aus der Luft wird er für ihre
Antwort nehmen müssen.« (Br 400, Juli 1922, vgl. Br 215
Z. 24 f.) Es wird also jetzt Kafkas erklärter Versuch beschrie-
ben, durch Schreiben einen sicheren Stand im Leben zu gewin-
nen und sich so einer Ehe würdig zu erweisen. (Vgl. F 66 u.
T 249) Für eine solche Auslegung des Experiments spricht
nicht nur die Art und Weise seiner Durchführung: Kafka
brauchte ja zum Schreiben Selbstversenkung und grabartige
Abgeschiedenheit (F 250), und die im Folgenden beschriebenen
Forschungsergebnisse ähneln den Resultaten seines literarischen
Schaffens (vgl. auch T 269); aber man muß auch bedenken,
daß er in den Jahren 1912 bis 1917 durch eine weitgehende
Beziehungslosigkeit zur Orthodoxie ausgezeichnet war (Br 137,
T 204 f. u. F 620) und sein Mangel an Gemeinschaftsgefühlen
ihm immer bewußt wurde (FK 100 f., T 131 u. 325), was dem
Verzicht auf »Volksgesänge« und »Sprungtänze« entspräche,
die doch ein gewisses Maß an sozialer Interaktion voraussetzen.
Andererseits zeichnet Kafka in diesen Jahren eine bemerkenswerte, freilich, wie seine schon erwähnte Kritik zeigt, ambivalente Nähe zum Zionismus aus (vgl. T 352, F 598 u. 698),
was wiederum zur Bodennähe des forschenden Hundes paßt. –
gering: Entsprechend war Kafkas Urteil über sein Schaffen,
das ihn qualitativ und quantitativ meist nicht befriedigte.
(Vgl. Br 98, 127, 156, 159) – *niemand sonst neben oder über
mir:* Anschließend eine längere, von Kafka wieder getilgte Passage der Erzählung, wo Hinweise auf die Jugendentwicklung
des Erzählers gegeben werden, die sehr an Kafkas im *Brief
an den Vater* dargelegte Auffassung von der eigenen Kindheit erinnern. (Vgl. B 351 f.) – *doch wieder:* Aus vielen Belegen in Kafkas Lebenszeugnissen geht hervor, daß er sich
seiner Inspiration, deren Auftreten und Intensität er nicht beeinflussen konnte, passiv ausgeliefert sah. (Vgl. den *Bau* B 182:
Eingangslabyrinth) – *Aufstellungen:* »Ich habe mir einmal
im einzelnen eine Aufstellung darüber gemacht, was ich dem
Schreiben geopfert habe«. (F 65, vgl. T 229) Im weiteren Sinn
muß das Tagebuchführen als ein solches Bilanzieren verstanden werden, denn hier wird zuzeiten genau der jeweilige
Stand bzw. die Fähigkeit zur literarischen Arbeit vermerkt,
vgl. H 220 u. T 440: »Das Tagebuch ein wenig durchge-
blättert. Eine Art Ahnung der Organisation eines solchen
Lebens bekommen.« – *Unbestimmte:* »... daß ich, wenn ich
einmal, außer durch Schreiben und was mit ihm zusammenhing, glücklich gewesen sein sollte (ich weiß nicht genau,
ob ich es war), ich dann gerade des Schreibens gar nicht fähig war, wodurch dann alles, es war noch kaum in der
Fahrt, sofort umkippte ... Woraus aber nicht auf grundle-

FORSCHUNGEN EINES HUNDES 287

gende eingeborene ehrenhafte Schriftstellereigenschaft zu
schließen ist.« (Br 392)

B 275   *Vorbereitung:* Kafka über das Schreiben: »Nun waren meine
Kräfte seit jeher jämmerlich klein«. (F 65, vgl. B 259: *auf
mich allein*) – *Experiment:* Dieser Ausdruck paßt am besten
zu Kafkas Versuch, durch Tischlerei (T 560) und Gärtnerarbeit seine Neurasthenie zu heilen, ihm das höllische Büroleben
erträglich zu machen (F 358 u. T 303), denn einige, unter
ihnen wohl der Vater (vgl. K. Wagenbach, Franz Kafka in
Selbstzeugnissen und Bilddokumenten, [Reinbek 1964], S.
111 ff.), hatten ihn deswegen für verrückt erklärt. – *Luftsprung:* »Dies ist eine klare Beschreibung des dreimaligen
›Springens‹ der Juden in der Synagoge beim Sanctus-Gebet.
Das dreimal Aufspringen der Juden in der Synagoge bei der
Wiederholung des ›dreimal heilig‹ (Jesaias 6,3) im täglichen
Gebete ist von ›aufgeklärten‹, das heißt verständnislosen, Juden
oft zum Gegenstand von Witzen gemacht worden. Kafka
nimmt es toternst.« (S. H. Bergman, Erinnerungen an Franz
Kafka, in: Universitas. Zeitschrift für Wissenschaft, Kunst und
Literatur 27, Heft 7 [1972], S. 749 f.) – *die Nahrung verfolgte:*
Zur paradoxen Stilform vgl. Parallelbeispiele wie M 42 u. H 82
(»Ein Käfig ging einen Vogel suchen«). Sachlich könnte da-
mit mustergültig sich vollziehendes Schreiben gemeint sein,
insofern Kafka seinen Schaffensdrang als objektives, ihn be-
drängendes Gegenüber empfand (T 293 u. 589: »so viel kommt
über mich ... Was für eine Macht dieses über mich bekommen
hat«), nach langer Arbeitspause »die Worte wie aus der leeren
Luft« zu ziehen glaubte (T 190) u. beklagte, daß der Roman
Der Verschollene ihm »noch immer nicht folgen« wolle
(F 178).

B 277   *völlig fasten:* Als empirischer Ausgangspunkt für dieses Motiv
mochten einmal Geschichten von Hunden gelten, die nach dem
Verlust ihres Herrn gleichsam Hunger-Selbstmord begangen
hätten. Solche Fehldeutungen beruhen immerhin auf der
Tatsache, daß Hunde nach dem Verschwinden ihres Herrn
tagelang schlecht ans Futter gehen. (»Grzimeks Tierleben«,
Bd 12, S. 227) Dann könnte das biblische Vorbild eingewirkt
haben, wo Mose, Elia und Jesus vierzig Tage nahrungslos in
der Wüste zubrachten; dies ist nämlich auch die Zeitspanne, die
der Hungerkünstler in der gleichnamigen Erzählung zunächst
nicht überschreiten darf. (E 258 ff.) Schließlich pflegte Kafka
selbst aus gegebenem Anlaß zu fasten (vgl. F 280), und dieser
Begriff ist insofern auf seine Lebensweise anzuwenden, als er
die Opfer bedenkt, die er seiner literarischen Arbeit zu bringen
gewillt war: »Als es in meinem Organismus klar geworden
war, daß das Schreiben die ergiebigste Richtung meines We-

sens sei, drängte sich alles hin und ließ alle Fähigkeiten leer
stehn, die sich auf die Freuden des Geschlechtes, des Essens,
des Trinkens, des philosophischen Nachdenkens, der Musik
zuallererst, richteten. Ich magerte nach allen diesen Richtungen ab.« (T 229, vgl. F 65 u. den *Hungerkünstler* E 258: *wie
leicht*) So muß das Hungern des Forschenden vor allem für Lebensphasen Kafkas stehen, wo sich dieser vollständig von Felice und seinen Freunden zurückzog, um ganz seiner nächtlichen (F 618: »so lange wach bleiben, als es die Kräfte oder
die Angst vor dem nächsten Vormittag ... erlaubt«) Arbeit
zu leben, was besonders im zweiten Halbjahr 1914 und im
Winter 1916/17 der Fall war. Sind auch dieser extremen Konzentration auf die literarische Produktion immerhin noch soziale Implikationen eigen – es ist »Hilfsmittel« in der Beziehung zu Felice (F 618) und ganz allgemein ein »Herumarbei-
ten in der Welt« (Br 320) –, was dem hoffnungsvollen Warten des fastenden Hundes genau entspricht, so war dies etwa
in den zwei Monaten des Jahres 1913 (Sept./Okt.) nicht der
Fall, wo der schreibunfähige Dichter glaubte, gar »nicht mehr
auf der Welt« zu sein (Br 122). Derartige Zeitabschnitte sind
mit den extremem Schreiben gewidmeten in der Erzählung zu
der sich an entlegenem Ort vollziehenden Fastenperiode ver-
schmolzen. Die asketischen Fähigkeiten, derer sich Kafka Felice gegenüber ausdrücklich rühmt (F 444), finden ihren systematischen Niederschlag in einer wahrscheinlich Ende 1920
entstandenen Betrachtung (vgl. Sy 68 f.), die sich auch auf die
Forschungen eines Hundes beziehen läßt: »Die Unersättlichen
sind manche Asketen, sie machen Hungerstreiks auf allen Ge-
bieten des Lebens und wollen dadurch gleichzeitig folgendes
erreichen:
1. eine Stimme soll sagen: Genug, du hast genug gefastet, jetzt
darfst du essen wie die andern und es wird nicht als Essen an-
gerechnet werden.
2. die gleiche Stimme soll gleichzeitig sagen: Jetzt hast du so
lange unter Zwang gefastet, von jetzt an wirst du mit Freude fasten, es wird süßer als Speise sein (gleichzeitig aber wirst
du auch wirklich essen),
3. die gleiche Stimme soll gleichzeitig sagen: Du hast die Welt
besiegt, ich enthebe dich ihrer, des Essens und des Fastens
(gleichzeitig aber wirst du sowohl fasten als essen).
Zudem kommt noch eine seit jeher zu ihnen redende unabläs-
sige Stimme: Du fastest zwar nicht vollständig, aber du hast
den guten Willen und der genügt.« (H 334 f.)
Der erste Punkt ist von Kafka selbst auf dem ethischen Sektor
veranschaulicht worden: »Wenn ich mich auf mein Endziel
hin prüfe, so ergibt sich ... daß ich ... danach strebe ...

daß ich durchaus allen wohlgefällig würde ... so wohlgefällig, daß ich, ohne die allgemeine Liebe zu verlieren, schließlich, als der einzige Sünder, der nicht gebraten wird, die mir
innewohnenden Gemeinheiten offen, vor aller Augen, ausführen dürfte.« (F 755 f.) Der zweite kann in Kafkas Auffassung
wiedergefunden werden, Alleinsein und Fixierung aufs Schreiben seien weitgehend zwanghaft, und der dritte scheint in seiner
Meinung durch, er, dessen Streben nach Vollkommenheit deutlich hervortritt, habe trotz fraglicher literarischer Erfolge die
Verpflichtung, sich für einen höheren Zweck zu quälen und
dem Gemeinschaftsleben zu entsagen. – *Verlockung:* Kafka gebraucht den Begriff für den literarischen (T 162) und den erotischen (M 51 f.) Bereich. – *etwas anderes:* läßt sich wieder mit
der Literatur und mit Frauen verifizieren: »Ich habe einen
solchen Hunger nach meiner Arbeit«. (F 620) Und: »später
aber war es so, daß der Körper jedes zweiten Mädchens mich
lockte«. (Br 317, vgl. T 554)

B 278 *Ast:* In einer jüdischen Sage, die Kafka bekannt war, heißt es
von einem Rabbi: »Er studierte Tag und Nacht göttliche Wissenschaft. Wenn er viele Wochen lang nicht geschlafen hatte,
spürte er große Müdigkeit, doch er fürchtete, sich aufs Bett
zu legen, um nicht einzuschlafen. Er hatte auf dem Tische vor
sich ein Glas Wasser stehen und pflegte seine Stirne auf das
Glas zu stützen, um sich wach zu halten«. (A. Eliasberg, Sagen
polnischer Juden, München 1916, S. 155, vgl. W 254) Dazu
kommt eine persönliche Determinante Kafkas: z. B.
bin ich im Bureau vollständig zusammengeklappt. Den Kopf
hatte ich voll Schlafsucht ... wo ich mich anlehnte, dort
blieb ich auch lehnen, in meinen Lehnsessel fürchtete ich mich
zu setzen, aus Angst nicht mehr aufstehn zu können, vom Federhalter benutzte ich nur das untere Ende, um es mir beim
Lesen von Akten in die Schläfen zu drücken und mich so wach-
zuhalten«. (F 200 f.) Vgl. auch M 208. – *unternehmen:* Kafka
hatte z. B. Angst, daß ihn Milena in seiner Abgeschiedenheit
in Matliary oder in Spindlermühle aufsuchen würde. (Br 316 f.
u. T 567) Auch Besuche von Freunden sah er ungern, wenn er
fern von Prag zur Erholung weilte, alte Lebensprobleme wurden dabei zu sehr reaktiviert. (Vgl. Br 182, 222 ff. u. 297)
Schon in den Jahren 1912 bis 1917 hatte er sich äußerlich weitgehend von ihnen gelöst. (Vgl. F 267 u. 618)

B 279 *Behaglichkeit:* Vgl. F 176 (»bleibe faul zurückgelehnt in einem schwachen Behagen, als gehe es ans Verbluten«) u. T 574
(»Die Macht des Behagens über mich, meine Ohnmacht ohne
das Behagen ... Dabei verfolgt mich das Behagen seit jeher
... es schafft sich um mich von selbst oder ich erreiche es
durch Betteln, Weinen, Verzicht auf Wichtigeres«). – *selten*

genug: trifft auch auf Kafka selber zu; eine ausführliche Würdigung des Sachverhalts in meiner Arbeit »Kafka in neuer Sicht«, S. 189 ff.

B 280   *böse:* »Nicht verzweifeln, auch darüber nicht, daß du nicht verzweifelst. Wenn schon alles zu Ende scheint, kommen doch noch neue Kräfte angerückt... Kommen sie nicht, dann ist hier alles zu Ende, aber endgültig.« (T 309) »Ich ... halte mich, der ich im Alleinsein schon verzweifle, wieder an.« (T 321) Am 23. August 1917 schrieb der Dichter an Ottla: »Ich habe in der letzten Zeit wieder fürchterlich an dem alten Wahn gelitten, übrigens war ja nur der letzte Winter die bisher größte Unterbrechung dieses 5jährigen Leidens.« (O 40) – *der Weg:* Ausdruck von Kafkas Auffassung im Jahr 1921 und 1922, daß er in einer andern, eigenen, menschenleeren, wüstenartigen Welt lebe, die sich gegensätzlich zur »ackerbauenden« und von Frauen bewohnten verhalte. Sie ermöglicht ihm Atem, also Lebensmöglichkeit, freie Entfaltung seiner Bewegungsenergie: »nur vorwärts, hungriges Tier, führt der Weg zur eßbaren Nahrung, atembaren Luft, freiem Leben, sei es auch hinter dem Leben.« (T 572, vgl. 563 f., 564 f., 566 f. u. 568) – *wühle:* Ausdruck von Kafkas Selbstquälerei, vgl. F 478. – *Mannesjahre:* Zwischen Sommer 1917 und Frühjahr 1922 war Kafka, von einer Zeitspanne im Herbst 1920 abgesehen, nicht als Schriftsteller tätig und fühlte sich auch innerlich nicht als solcher. Für seine Lebensauffassung beispielsweise in der Zürauer Zeit legt folgendes Zeugnis seiner ihn in diesem Dorf versorgenden Schwester Ottla beredtes Zeugnis ab: »Falls möglich, kann er bis zum Ende des Krieges in Zürau bleiben und dann sich ein kleines Häuschen kaufen, irgendwo auf dem Dorf und dazu eine kleine Landwirtschaft. Vielleicht nur einen Garten und ein Feld für Kartoffeln, damit er eine Beschäftigung hat. Das ist tatsächlich alles, was er sich jetzt wünscht.« (»Kafka und seine Schwester Ottla«, S. 455, vgl. den *Bau* B 216: *Mannesalter*) – *geringer:* »... daß es mir vielleicht immer in gleicher Weise schlecht gegangen ist ... daß aber meine Widerstandskraft viel größer war und immer, immer kleiner wird«. (F 376) – *Erwartung:* »Du hast auch recht, wenn Du das, was ich jetzt getan habe, in eine Reihe stellst mit den alten Dingen ... Anders ist nur, daß ich schon Erfahrung habe, daß ich mit dem Schreien nicht erst warte, bis man die Schrauben zur Erzwingung des Geständnisses ansetzt, sondern schon zu schreien anfange, wenn man sie heranbringt, ja schon schreie, wenn sich in der Ferne etwas rührt«. (B 226 f.)

B 281   *Vorversuchen:* »Ich habe seit paar Tagen mein ... ›Manöver‹-Leben aufgenommen, wie ich es vor Jahren als für mich zeit-

weilig bestes entdeckt habe ... wachbleiben, solange es geht
... die eigentliche Beute steckt doch erst in der Tiefe der
Nacht ... dieses Im-Dienst-Sein ist gut auch ohne alle Ergebnisse. Es wird auch keine haben, ich brauche ein halbes
solches Jahr, um mir erst ›die Zunge zu lösen‹ und dann ein-
zusehn, daß es zuende ist«. (M 208 im Hinblick auf die Ende
August 1920 einsetzende Schreibphase, die mit den Verlo-
bungsjahren verglichen wird) – *Drohend:* Über die »Fa-
milienerziehung«, unter der er selber so sehr gelitten hatte,
schrieb er 1921, die den Forderungen der Eltern nicht entsprechenden Kinder würden nicht etwa ausgestoßen, »sondern
verflucht oder verzehrt oder beides. Dieses Verzehren geschieht nicht körperlich wie bei dem alten Elternvorbild in
der griechischen Mythologie (Kronos, der seine Söhne auffraß,
– der ehrlichste Vater), aber vielleicht hat Kronos seine Methode der sonst üblichen gerade aus Mitleid mit seinen Kindern vorgezogen.« (Br 345) Außerdem ist hier anzuführen,
daß Kafka die Ehe (für ihn Paradigma weltverhafteten
Lebens, vgl. H 216 f.) für das erstrebenswerteste Gut auf Erden hielt (vgl. H 216 u. Sy 46), also unbewußt der vom Vater repräsentierten traditionellen jüdischen Auffassung folgte,
die er einmal als Talmudzitat im Tagebuch festhält: »Ein
Mann ohne Weib ist kein Mensch.« (T 174) Asketische Welt-
flucht liegt dem Judentum fern. Max Brod schrieb in seinem
von Kafka stark beachteten Werk *Heidentum, Christentum,
Judentum* (2 Bde, München 1920), »daß das Judentum sich
niemals am Diesseits, an der Natur, am guten Tun, an Gemein-
schaftsarbeit und allem Elan des Geistes desinteressiert erklärt
hat, daß es also in dieser Hinsicht stets ›weltlich‹ war.«
(Bd 1, S. 17) Vgl. auch den Ausspruch Simon bar Jochais, den
Brod als Beleg in diesem Zusammenhang zitiert und auslegt,
er wurde ihm durch Kafka vermittelt, der ihn oft anzuführen pflegte. (Vgl. FK 233) Das Hungern ist also tatsächlich,
wie der Hund im Folgenden nach und nach erkennt, als
Bild für grundsätzlichen Weltentzug mit der jüdischen Tradition unvereinbar. – *beuge ich mich:* Anläßlich einer Auseinandersetzung mit seinem Vater notiert er sich: »Ich ... fühle
beim Vater wie immer in solchen äußersten Augenblicken das
Dasein einer Weisheit, von der ich nur einen Atemzug erfassen kann.« (T 139) – *Gesetzeslücken:* Im Januar 1922 stellte
Kafka für sich als Gesetz auf, sich zu nichts zu zwingen, das
er schon seit der Zürauer Zeit zu befolgen trachtete (bezogen auf das Schreiben taucht der Gedanke schon 1912 auf, vgl.
T 269), er verlangte von sich »Furchtlosigkeit, ruhende, offen
blickende, alles ertragende.« Auf den ihn quälenden Ge-
schlechtstrieb angewendet bedeutet das, daß eine schnell und

nah und willig sich darbietende »Gelegenheit« zwar ergriffen
werden darf, aber die sich dabei einstellenden ungünstigen Be-
gleitgefühle nicht überwunden werden und jede Klage über
das Ausbleiben solcher Chancen unterbleiben soll. Als Mit-
telding zwischen zwanghafter Aktivität und dem Ergreifen
bereitliegender Möglichkeiten gilt das Herbeilocken einer
passenden Situation, die vom formulierten Gesetz zwar nicht
verboten wird, einer Gesetzesverletzung aber bedenklich ähnlich sieht. (T 554, vgl. Br 195 f.) – *mit der Frage:* Kafka imi-
tiert hier das talmudische Streitgespräch, in dem die Antwort
auf eine polemisch vorgetragene Position »besonders gern als
Gegenfrage oder als Bildwort oder als beides zugleich« gegeben wird. (R. Bultmann, Die Geschichte der synoptischen Tradition, 5. Aufl., Göttingen 1961, S. 42) Auch für jüdische
Witze ist dieses Merkmal typisch. (Vgl. S. Freud, Der Witz
und seine Beziehung zum Unbewußten, [Frankfurt/M. 1960],
S. 39 ff.) Eine vergleichbar allegorisierende, den Text sinn-
widrig atomisierende Ausdeutungsweise findet sich auch im
Prozeß bei der Auslegung des Stücks *Vor dem Gesetz* (P 257 ff.)
und im *Schloß* bei K. s. Versuch, Klamms ersten Brief zu verstehen (vgl. bes. S. 39 mit 105); beidesmal fühlt man sich an
die altjüdische Disputierweise erinnert. Vgl. den Kommentar zu *Gibs auf!*

B 282 *Verlockung:* Vgl. B 241: *einsam.* – *überall Lärm:* Der Ausdruck »Lärm der Welt« ist in Kafkas Lebenszeugnissen eine
feste Formel für die ihn störenden Äußerungen des empirischen Lebens. (Vgl. z. B. Br 328, 377 u. M 142, auch B 210,
im *Bau,* verwendet Kafka den Ausdruck). – *durch mein Hungern:* »Aber es ist auch nicht der Lärm hier, um den es sich
handelt ... sondern mein eigenes Nichtlärmen.« (Br 328) –
Schweigen: »... daß infolge der Dichte der Welt jeder über-
wundene Lärm von einem neuen erst zu überwindenden in unendlicher Reihe abgelöst wird.« (Br 388) Vgl. M 250: »Ich
gehöre eben in die stillste Stille«.

B 283 *größten Lärm:* »Wie habe ich mich gestern nach Stille gesehnt,
nach vollkommener, undurchdringlicher Stille. Glaubst du,
daß ich sie jemals haben werde, solange ich Ohren zum Hören und einen Kopf habe, der den unentbehrlichen Lärm
des Lebens in Überfülle selbst vollführt.« (F 691 f.) Das Schreiben ist in diesem Zusammenhang ein Teil des Lebens. (T 74 f.)
Vgl. auch den *Bau* B 197: *Zischen* u. die *Erste lange Eisenbahnfahrt* E 309: *Lärm.* – *Zusammenbrechen:* Kafka am
16. 1. 1922 im Tagebuch: »Es war in der letzten Woche wie
ein Zusammenbruch, so vollständig wie nur etwa in der einen Nacht vor zwei Jahren ... Alles schien zu Ende und
scheint auch heute durchaus noch nicht ganz anders zu sein.«

(T 552) Vier weitere Zusammenbrüche, zwei davon unmittelbar vor dem Beginn der Arbeit an der Erzählung, ereigneten sich im Sommer 1922 in Planá. (Vgl. Br 413)

B 284 *unendlich weit fort:* Vgl. H 333 f. (»mache ich einen Schritt vom Weg, bin ich gleich tausend Schritt im Wald«), Br 379, am 30. 6. 1922 (»An einem solchen lärmvollen Tag ... komme ich mir wie aus der Welt ausgewiesen vor, nicht einen Schritt wie sonst, sondern hunderttausend Schritte«), M 154, u. S 17. – *Verlassenheit:* »Die Einsamkeit, die mir zum größten Teil seit jeher aufgezwungen war, zum Teil von mir gesucht wurde ... wird jetzt ganz unzweideutig und geht auf das Äußerste. Wohin führt sie? Sie kann, dies scheint am zwingendsten, zum Irrsinn führen ... die Jagd geht durch mich und zerreißt mich.« (T 552 f., vgl. 424 u. B 241: *einsam*) – *Bürger der Lüge:* »Fragst Du mich, ob es immer wahrhaftig war, kann ich nur sagen, daß ich keinem Menschen gegenüber bewußte Lügen so stark zurückgehalten habe ... als gegenüber Dir. Verschleierungen gab es manche, Lügen sehr wenig, vorausgesetzt, daß es überhaupt ›sehr wenig‹ Lügen geben kann. Ich bin ein lügnerischer Mensch, ich kann das Gleichgewicht nicht anders halten«. (F 755) An Felix Weltsch schrieb er, ebenfalls zu Beginn des Züraer Aufenthalts: »daß um die ›Lügen‹ der Schein der tiefen Wahrheit zu sehn ist, kann den Lügner nicht trösten.« (Br 179) Vgl. B 257: *ohne die anderen* u. E 278. – *nur von mir:* Ende Januar 1922 erkennt Kafka, er sei »nicht von den Menschen verlassen ... sondern von mir in Beziehung auf die Menschen, von meiner Kraft in Beziehung auf die Menschen«. (T 566, vgl. B 285: *auch nicht*) – *ausgebrochen:* J. Winkelman parallelisiert die Einzelheiten dieses Schwächeanfalls richtig mit Kafkas Lungenkrankheit (»Kafka's ›Forschungen eines Hundes‹«, in: Monatshefte für deutschen Unterricht, deutsche Sprache und Literatur 59 [1967], S. 207). Kafka beschreibt das erste Auftreten der Krankheit im Sommer 1917 wie folgt: »Vor etwa drei Jahren begann es bei mir mitten in der Nacht mit einem Blutsturz. Ich stand auf ... ging im Zimmer herum ... immerfort Blut.« (M 12, vgl. 160, H 131 u. F 753)

B 285 *Blick:* Über Milena schrieb ihre Freundin M. Buber-Neumann: »Man wurde gefangengenommen von den starken, blauen, durchdringenden Augen«. (»Kafkas Freundin Milena«, München [1963], S. 86, vgl. M 227) Auch die weiteren Einzelheiten der Begegnung mit dem singenden Hund sind vorwiegend durch Kafkas Milena-Erlebnis bestimmt. – *kann jetzt nicht:* Kafka vertrat die Auffassung, derart unlöslich an seine Angst gekettet zu sein, daß Milena nicht zu ihm finden und er sich nicht mit ihr verbinden konnte. (Vgl. M 113 u.

196 f.) – *kümmere dich nicht:* Unmittelbar vor seinem entscheidenden Zusammentreffen mit Milena in Wien schrieb ihr Kafka: »die ganze Nacht antwortete ich Dir, klagte Dir, suchte Dich von mir abzuschrecken, verfluchte mich.« (M 7², vgl. 68 f.) – *auch nicht:* »Ich habe meinem Sinn nach keine Verwandten und keine Freunde, kann sie nicht haben und will sie nicht haben«. (F 425, vgl. B 284: *nur von mir* u. B 259: *kein Haarbreit*) – *liebend:* Die Initiative in der Beziehung zwischen Kafka und Milena, auch in erotischer Hinsicht, ging von dieser aus. Sie wollte mit Kafka zusammenleben, ohne jedoch ihren Mann endgültig verlassen zu können. Für Kafka aber wäre nur eine Eheschließung ein Weg aus lebensferner Isolation in die Gemeinschaft gewesen. – *Entsetzen:* Über Kafkas Angst vor geschlechtlicher Vereinigung, die dieser beim Wiener Zusammentreffen an den Tag legte, schrieb Milena an Max Brod: »Ich habe seine Angst eher gekannt, als ich ihn gekannt habe. Ich habe mich gegen sie gepanzert, indem ich sie begriffen habe ... Wenn er diese Angst spürte, hat er mir in die Augen gesehn ...« (FK 203, vgl. B 287: *sprengte*) – *wunderbar:* Milena hatte sich in Kafka, den sie in einem Feuilleton als unermeßlich edel bezeichnete, »verfangen«, und ihre Zuneigung fiel ihm »in den Schoß«. (M 30 u. 40) – *in Ruhe:* Anfang 1921 bat Kafka die Geliebte: »nicht mehr zu schreiben und zu verhindern, daß wir einander jemals sehn.« (Br 295, vgl. M 250, 252 u. 254) – *Macht:* Vgl. M 151.

B 286　*Jäger:* In einem der ersten an Milena gerichteten Briefe schreibt Kafka: »Und verlangen Sie nicht Aufrichtigkeit von mir, Milena. Niemand kann sie mehr von mir verlangen als ich und doch entgeht mir vieles, vielleicht entgeht mir alles. Aber Aufmunterung auf dieser Jagd muntert mich nicht auf, im Gegenteil, ich kann dann keinen Schritt mehr tun, plötzlich wird alles Lüge und die Verfolgten würgen den Jäger.« (M 42, vgl. zum Jäger-Bild auch meinen Aufsatz »Der Jäger Gracchus«, S. 419 f.) – *Schrecken:* »Es ist ein Ausbruch und geht vorüber ... aber die Kräfte, die ihn hervorrufen, zittern immerfort in mir, vorher und nachher, ja mein Leben, mein Dasein besteht aus diesem unterirdischen Drohen, hört es auf, höre ich auch auf ... War es nicht immer da, seitdem wir einander kennen, und hättest Du nach mir auch nur flüchtig hingesehn, wenn es nicht da gewesen wäre?« (M 226, die Schlußfrage wurde von Kafka unterstrichen)

B 287　*Angst und Scham:* Seine Beziehung zu Milena sah Kafka anfangs so: »Einer liegt im Schmutz und Gestank seines Sterbebettes und es kommt der Todesengel ... und blickt ihn an. Darf der Mann überhaupt zu sterben wagen? Er dreht sich

um, vergräbt sich nun erst recht in sein Bett«. (M 31) Und
später: »Es ist etwa so: Ich, Waldtier ... lag irgendwo in einer schmutzigen Grube (schmutzig nur infolge meiner Gegenwart, natürlich), da sah ich Dich draußen im Freien ... kam
näher ... es kamen die ... Aussprachen über die ›Angst‹ ...
ich hatte den Traum-Schrecken (irgendwo, wo man nicht hin-
gehört, sich aufzuführen, als ob man zuhause sei) ... ich mußte zurück ins Dunkel, ich hielt die Sonne nicht aus, ich war
verzweifelt, wirklich wie ein irregegangenes Tier, ich fing zu
laufen an, wie ich nur konnte ...« (M 223 f.) – *diese Welt:*
Zu der Vorstellung, Milena könne ihn vielleicht in Spindlermühle besuchen, bemerkt Kafka Ende Januar 1922: »ich wäre
abgestürzt in eine Welt, in der ich nicht leben kann.« (T 567,
vgl. Br 330 u. B 280: *der Weg*) – *außer mir:* Über seine erste
Begegnung mit Milena sagt Kafka: »ich vergaß alles, vergaß
mich ganz und gar«. (M 223) – *sprengte:* Über Milenas Zuwendung war Kafka entsetzt, »so entsetzt im gleichen Sinn,
wie man von den Propheten erzählt, die ... hörten wie die
Stimme sie rief und sie waren entsetzt und wollten nicht ... und
hatten eine gehirnzerreißende Angst und hatten ja auch schon
früher Stimmen gehört und wußten nicht, woher der fürchterliche Klang gerade in diese Stimme kam – war es die Schwäche
ihres Ohrs oder die Kraft dieser Stimme – und wußten auch
nicht ... daß die Stimme schon gesiegt hatte und einquartiert
war ... also so lag ich da, als Ihre zwei Briefe kamen.« (M
40 f.) – *Wald:* Hier ergeben sich verschiedenartige Assoziationen, die sich möglicherweise überlagern und damit auch die
Wirkung der unwiderstehlichen Melodie auf den Erzähler mitbestimmt haben. In Planá etwa ging Kafka jeden Abend allein
in den Wald (Br 414), doch war dieser auch Kulisse der glück-
haften Wiener Begegnung mit Milena (M 81: »der gemeinsame
Wald«, vgl. 106 u. 148 f.). Daß diese beiden überdies durch die
Vorstellung vom »Waldtier« (M 223) nahegelegten Schauplätze
sich mit dem Begriff der Musik verbunden haben, mag auf
erzählimmanenter Ebene damit erklärt werden, daß ein dem
Erscheinen der Musikhunde vergleichbares Ereignis dargestellt
werden sollte, und indem Milena für den innerlich unbedarf-
ten Dichter die Fülle der Welt verkörperte, konnte sie sich
gleichsam als »Musik der Welt« darstellen (B 291, vgl.
B 282: *überall Lärm*). Gewissermaßen als Bindeglied zwischen
der ostjüdischen Schauspieltruppe und Milena konnten einzelne ostjüdische Persönlichkeiten dienen, die für Kafka durch
Sprache und Lebensart Volksverbundenheit exemplarisch dar-
stellten. Während der Kriegsjahre begegneten ihm beispielsweise der hebräische Dichter Abraham Grünberg, ein galizi-
sches Flüchtlingsmädchen, zu dem er Zuneigung faßte (FK

136 f.), und, 1916 in Marienbad, wo er mit Felice Bauer zum
ersten und einzigen Mal Vertrautheit erlebte, der Belzer
Rabbi. Einsame Wälder bildeten auch diesmal den Hintergrund des Geschehens. (Vgl. Br 142 u. F 666 f. S. auch F 423)ʹ
In den Lebenszeugnissen Kafkas, die von den erwähnten Begegnungen berichten, stimmen wichtige Einzelheiten mit der
fraglichen Szene in *Forschungen eines Hundes* überein: Es
sind dies die Fremdheit und die äußere Erscheinung des Begeg-
nenden, seine Reinheit, Neugierde, Fürsorge und gleichzeitige
Feindseligkeit dem Ich-Erzähler gegenüber sowie die Bewun-
derung dieses Partners, das erotische Element der Beziehung,
andererseits die Verwirrung und Ohnmacht des Ich-Erzählers,
sein geschärftes Erkenntnisvermögen, dann auch die neue Lebenskraft als Folge des Zusammentreffens und daß dieses zur
Beschäftigung mit dem Lebensbereich des fremden Hundes
führt. (Die Einzelbelege in meinem Aufsatz »Kafkas Hebräischstudien«, S. 545 f.) Auf einer gewissen Ebene der Betrachtung kann also der singende Hund als der gestaltgewordene
Anlaß betrachtet werden, der während der Jahre 1915–1917
vom Ostjudentum auf Kafka ausging und seine dann einsetzende Beschäftigung mit der hebräischen Sprache auslöste;
diese war der Versuch, sich durch Verwirklichung im Sprachlichen wieder in die jüdische Gemeinschaft einzugliedern. Daß,
auch in der Sache, Ähnlichkeiten zu der Art und Weise bestehen, wie Kafka Milena sah, leuchtet ein, waren ihm doch
Ostjudentum und Tschechentum darin verwandt, daß beider
Vertreter in Volksgemeinschaften lebten, tragfähige Daseins-
grundlagen hatten und also Lebensideale repräsentierten. Von
daher erklärt sich auch Kafkas Interesse am Tschechischen in
seiner Spätzeit. (Vgl. M 9, 15, 22 f. 173 u. T 551) – *Ankunft:*
Das Wiener Zusammentreffen mit Milena fand auf der Rückreise Kafkas von Meran nach Prag statt; er versuchte es möglichst geheim zu halten.

B 288 *Musik der Hunde:* Offenbar sind Kafkas Bemühungen um
die hebräische Sprache gemeint, die im Frühsommer 1917, also
ungefähr gleichzeitig mit dem Ausbruch der Tuberkulose, einsetzen und bis in Kafkas Todesjahr hinein fortgesetzt werden.
Für diese Zuordnung spricht weiterhin vor allem die Tatsache, daß der Lärm der sieben Musikhunde als jüdische Wesensart gedeutet werden kann, die sich besonders im jiddischen und hebräischen Lied exponiert. (Vgl. B 244: *Lebenselement*) Drittens endlich paßt die anfängliche Fremdheit des
Hundes gegenüber der Musik bestens zur mangelnden Sprach-
begabung Kafkas (FK 107) und zum »Antizionismus« (T 560)
der Frühzeit, wie ja überhaupt der des Hebräischen Kundige,
unter Westjuden in der Regel der Talmudgelehrte, durch den

Begriff der Exklusivität vorzüglich gekennzeichnet ist. – *in allen Hunden:* Tatsächlich zeigen die Lebenszeugnisse Kafkas, wie er seit 1911 auf alles Jüdische genauestens achtgab.

B 289 *Grenzgebiet:* Möglicherweise ist Kafkas Beschäftigung mit jüdischer Literatur und Tradition gemeint. (Vgl. B 275: *Luftsprung*) – *Prüfung:* Die Jurastudenten in Prag, zu denen Kafka gehörte,waren verpflichtet, mindestens ein Semester Philosophie zu belegen. Die daran anschließend zu absolvierende Prüfung, auf die er sich zusammen mit Hugo Bergmann vorbereitete, bestand Kafka nicht. (S. H. Bergman, Erinnerungen an Franz Kafka, S. 745, vgl. F 400) – *Denkkraft:* Vgl. B 259: *systematischen Lernen.*

B 290 *Freiheit:* Der Begriff meint in Kafkas Spätzeit die Möglichkeit, in lebensferner Isolation der eigenen Wesensart gemäß leben zu dürfen. (Vgl. Br 161, 185, 189, T 572)

DAS EHEPAAR

(Spätherbst 1922)

Im sogenannten schwarzen Quartheft II tradiert (ohne Titel), und zwar noch vor einem Briefentwurf, der auf Dezember 1922 datiert werden kann. (Vgl. M. Pasley/K. Wagenbach, Datierung sämtlicher Texte Franz Kafkas, in: J. Born u. a., Kafka-Symposion, Berlin [1965], S. 74) Für Mitte November dieses Jahres belegt Kafkas Tagebuch literarische Arbeit. (T 584) Daraus ergibt sich die Datierung.
D: BM 66–73.

B 124 *N.:* im Ms immer K. – *Vorzimmer:* in Prag wohnlich eingerichteter Flurgang, vgl. E 87 f.

B 128 *Sessel:* In Prag gewöhnlicher Stuhl; sind Seitenlehnen vorhanden, spricht man von einem Lehnstuhl (vgl. B 125 u. 127) oder auch einem Lehnsessel. Ein Sessel nach hochdeutschem Sprachgebrauch heißt in Prag Fauteuil. – *die gleiche Hand:* Vgl. T 551 (20. 12. 1921): »Besser zu durchdenken: Raabe im Sterben, als ihm seine Frau über die Stirn strich: ›Das ist schön.‹«

B 129 *Abendzeitung:* Vgl. *Die städtische Welt* T 48: *mit großen Augen.*

B 130 *Kinderzeit:* Vgl. *Forschungen eines Hundes* B 250: *einen großen Teil meiner Kindheit* u. E 279.

GIBS AUF!

(EIN KOMMENTAR)

(Dezember 1922)

Das von Kafka mit dem Titel *E. Kommentar* versehene Stück (ein Faksimile mit, allerdings fehlerhafter, Transkribierung in: H. Politzer, Parable and Paradox, Ithaca/New York [1962], gegenüber S. 1) findet sich im schwarzen Quartheft II in unmittelbarem Anschluß an einen Briefentwurf, der auf Dezember 1922 zu datieren ist (vgl. die Einleitung zum vorigen Stück) und mit dem es offenbar innerlich zusammenhängt. In diesem Konzept führt Kafka als Begründung für seine Unfähigkeit, Einwände gegen Werfels *Schweiger* in Anwesenheit des Autors vernünftig zum Ausdruck zu bringen, geistige Schwäche und Ohnmachtszustände an. Seine schriftliche Erklärung nun, in der er Werfels auf der Lehre Freuds beruhende Deutung des dramatischen Geschehens problematisiert, gipfelt in dem Satz: »Das Judentum bringt seit jeher seine Leiden und Freuden fast gleichzeitig mit dem zugehörigen Raschi-Kommentar hervor, so auch hier.« (H 278, vgl. FK 49) Kafka war dieser den Editionen des Talmud beigedruckte Text bekannt, weil er den *Traktat Berachot* in der zweisprachigen Ausgabe von E. M. Pinner studierte (Berlin 1842; freundliche Mitteilung H. Bergmanns in einem Brief an den Verfasser vom 15. 3. 1966). Es liegt also nahe, das in der Handschrift unmittelbar folgende und wohl mit *Ein Kommentar* zu betitelnde Stück als ironisch-spielerischen Versuch zu verstehen, sich jüdischer Denkweise dadurch zu unterwerfen, daß in literarischer Transponierung eine den Auslassungen Raschis vergleichbare Exegese des an Werfel gerichteten Schreibens erfolgt, in der sich die dort angesprochene Orientierungslosigkeit im literarischen Urteilen (vgl. H 276 f.) auf anderer Ebene wiederholt. (Vgl. E. Standaert, Gibs auf. Ein Kommentar zu dem methodologischen Ausgangspunkt in Heinz Politzers Kafka-Buch, in: Studia Germanica Gandensia 6 [1964], S. 149 ff.)
D: Unter dem Titel »Die Auskunft« in: *Jüdischer Almanach auf das Jahr 5694*, Prag 1933/34, S. 156 f.

B 115   *leer:* Vgl. folgendes Erzählfragment: »Das Charakteristische der Stadt ist ihre Leere. Der große Ringplatz zum Beispiel ist immer leer... Der große Bazar ... ist immer leer... Es ist meine alte Heimatstadt und ich irre langsam, stockend durch ihre Gassen.« (H 291 f.) – *Bahnhof:* Dieses Ziel und der Schrecken über die wider Erwarten fortgeschrittene Uhrzeit auch in den *Hochzeitsvorbereitungen auf dem Lande.* (H 20 f.: »Die Bahnhofsuhr schlug, es war dreiviertel sechs. Raban blieb stehn, weil er Herzklopfen verspürte, dann ging er rasch...«) – *daß es schon:* In der Handschrift fehlt »es«

(Austrazismus). – *Schrecken:* Vgl. T 552 (16. 1. 1922): »Die Uhren stimmen nicht überein, die innere jagt in einer teuflischen oder dämonischen oder jedenfalls unmenschlichen Art, die äußere geht stockend ihren gewöhnlichen Gang. Was kann anderes geschehen, als daß sich die zwei verschiedenen Welten trennen«. – *Schutzmann:* reichsdeutsche Form für das in Prag gebräuchliche »Polizeimann«. – *nicht finden:* Vgl. *Fürsprecher* B 138: *Weg.* – *wandte:* Vgl. *Hochzeitsvorbereitungen auf dem Lande:* »Verdrießlich fragte er einen Nachbarn, der ein wenig tiefer im Flur stand, nach der Zeit. Der führte ein Gespräch und noch in dem Gelächter, das dazu gehörte, sagte er: ›Bitte, vier Uhr vorüber‹ und wandte sich ab« (H 10), die Zweitfassung der *Beschreibung eines Kampfes:* »Vorläufig aber lachte ich ihm stumm mit offenem Munde ins Gesicht, schaute dann solange weg, bis das Lachen nachgelassen hatte, brachte die Augen noch einmal zurück, konnte mir aber nicht helfen, mußte gleich von neuem lachen und wandte mich wieder ab« (B 115) u. *Entlarvung eines Bauernfängers* E 30: *drehte mich.*

VON DEN GLEICHNISSEN

(Ende 1922/1. Halbjahr 1923)

Das titellose Stück, das in seiner Gedankenführung stark an talmudische Disputationsformen und ostjüdische (chassidische) Gleichnisse erinnert, ist im gleichen Quartheft tradiert, das auch die beiden vorhergehenden Texte enthält, nur daß Kafka das lange nicht vollgeschriebene Heft herumdrehte und von hinten her zu beschreiben begann. Aufgrund dieser Tatsache wohl und wegen der Schriftart datieren M. Pasley und K. Wagenbach in der auch hier vorgeschlagenen Weise (vgl. Sy 74).
D: BM 36 f.

B 96   *Sage:* Tatsächlich geht die sogenannte ätiologische Sage von einem rätselhaften Phänomen in der Natur oder dem vom Menschen geschaffenen Bereich aus, das durch eine Erzählung genetisch hergeleitet wird. – *Unerklärlichen:* Nach Kafkas Auffassung ist die Wahrheit unerkennbar, vgl. H 48 u. 343.

EINE KLEINE FRAU

(Mitte Oktober/Mitte November 1923)

Nach dem Zeugnis von Kafkas Gefährtin in seiner Berliner Zeit, Dora Diamant, ist diese Erzählung in der Steglitzer Wohnung Miquelstraße 8 entstanden und durch die Vermieterin veranlaßt. (Vgl. J. P.
Hodin, Erinnerungen an Franz Kafka, in: Der Monat 1, Nr. 8/9
[1949], S. 92 u. Br 460 f.: »... ein ungeheures Ereignis: ich werde am
15. November übersiedeln. Ein sehr vorteilhafter Umzug wie mir
scheint. (Ich fürchte mich fast, diese Sache, die meine Hausfrau erst
am 15. November erfahren wird, zwischen ihren über meine Schultern
hinweg mitlesenden Möbeln aufzuschreiben, aber sie halten, wenigstens einzelne, zum Teil auch mit mir.)« Kafka wurde gekündigt,
vgl. Br 462. Das gespannte Verhältnis zur Vermieterin und eine gewisse Heimlichtuerei, die den Brief kennzeichnen, kommen auch in
der Erzählung zum Ausdruck. Erlebnisse mit andern Wirtinnen mögen
mit eingeflossen sein. (Vgl. die Einzelkommentierung E 247: *Frauenschlauheit*) Kafka wohnte seit seiner Anreise aus Prag am 24. September in der Miquelstraße. (Br 447) Da es äußerst unwahrscheinlich ist,
daß er, besonders nach monatelanger Schreibunterbrechung, sofort
nach der Ankunft in Berlin-Steglitz willens oder imstande gewesen
sein sollte, mit literarischer Arbeit zu beginnen oder gar eine größere
Erzählung fertigzustellen, da weiterhin angenommen werden kann,
daß die Produktion erst wieder einsetzte, als sich seine inneren Ängste
erneut regten, was erst seit Mitte Oktober der Fall war (Br 451), und
weil schließlich erstmalig für die vierte Woche dieses Monats ausdrücklich bezeugt ist, daß Kafka schrieb (Br 453), kommen als Entstehungszeit am ehesten die vier Wochen zwischen Mitte Oktober und
dem Umzugstermin in Frage.
D: F. Kafka, Ein Hungerkünstler. Vier Geschichten (Reihentitel:
Die Romane des XX. Jahrhunderts), Berlin 1924, S. 15–30.

E 245 *Hüften:* Vgl. E 250. – *Frauenschlauheit:* Über seine »Hausfrau« in Planá äußert Kafka am 11. 9. 1922: »... wir kommen in ein kleines Gespräch, sie ist (eine komplizierte Erscheinung), nachdem sie bisher formell freundlich, aber kalt,
böse hinterlistig gegen uns gewesen ist, in den letzten Tagen,
vollständig unerklärbar, offen, herzlich, freundlich zu uns
geworden«. (Br 413) – *Gericht:* Vgl. H 193, 277 u. F 755.

E 247 *Lupe:* An Milena schreibt Kafka, »daß Scherz und Ernst zwar
an sich leicht zu unterscheiden sind, aber bei Menschen, die
so bedeutend sind, daß das eigene Leben von ihnen abhängt,
ist das doch auch wieder nicht leicht, das Risiko ist doch so
groß, man bekommt Mikroskop-Augen, und wenn man die einmal hat, kennt man sich überhaupt nicht mehr aus.« (M 63 f.)

E 248 *weißstrahlenden:* Zur Bedeutung der Augenfarben bei Kafka
vgl. meine Arbeit »Kafka in neuer Sicht«, Stuttgart (1976),
S. 182 ff.

E 251 *Veränderungen:* Über seine Zeit in Planá schreibt Kafka:
»... lebe ich hier in meinem Zimmer weiter, vergeht ein Tag
regelmäßig wie der andere ... die Sache ist schon im Gang, die
Hand der Götter führt nur mechanisch die Zügel ... Nun aber
diesen schönen Gang der Dinge verlassen ... die Welt in
Aufruhr bringen ... das ist schrecklich.« (Br 382)

E 252 *Sessel:* Vgl. *Das Ehepaar* B 128: *Sessel. — Entscheidung:* Kafka an Max Brod: »wenn es nicht zahllose Möglichkeiten der
Befreiung gibt, besonders aber Möglichkeiten in jedem Augenblick unseres Lebens, dann gibt es vielleicht überhaupt keine ... durch den augenblicklichen Fehltritt ist nur der Augenblick verloren, nicht alles.« (Br 192, vgl. H 83; zum Hintergrund dieser Stellen meine Arbeit »Motiv und Gestaltung
bei Franz Kafka«, Bonn 1966, S. 66 ff. Nicht immer nimmt
Kafka diese Position ein, vgl. den *Jäger Gracchus* B 102:
Drehung)

E 253 *Verwandtschaft:* Den lebensgeschichtlichen Hintergrund erhellt ein mit der Entstehung der *Kleinen Frau* ungefähr zeit-
gleicher Brief an Ottla, in dem Kafka es ablehnt, daß außer
der Schwester andere Prager Familienmitglieder ihn in seinem
neuen Domizil besuchen: »Du weißt, in welchem Tone man
manchmal, offenbar unter dem Einfluß des Vaters, von meiner Angelegenheit spricht. Es ist nichts böses, aber es ist Prag,
wie ich es nicht nur liebe, sondern auch fürchte. Eine derartige
noch so gutmütige, noch so freundschaftliche Beurteilung unmittelbar zu sehen und zu hören, wäre mir wie ein Herüberlangen Prags hierher nach Berlin, würde mir leid tun und die
Nächte stören.« (O 137, vgl. *den Bau* B 187: *Witterung*) –
Klette: Samenkopf der Klettenpflanze, dessen haarige stachel-
artige Fortsätze sich an Fell oder Kleidung festhaken; zur Art
der Bildlichkeit vgl. H 202 u. S 409.

DER BAU

(November/Dezember 1923)

Dora Diamant, mit der Kafka in Berlin vom 24. September 1923 bis
zu seiner Rückkehr nach Prag im März des Folgejahres zusammenlebte, berichtet in ihren Erinnerungen an den Dichter: »Eine seiner
letzten Erzählungen, ›Der Bau‹, ist in einer einzigen Nacht geschrieben worden. Es war Winter; er begann früh am Abend und war gegen Morgen fertig, dann arbeitete er wieder daran.« (J. P. Hodin, Er-

innerungen an Franz Kafka, in: Der Monat 1 [1949], Nr. 8/9, S. 92)
Aus der etwas widersprüchlichen Formulierung hat man wohl zu schließen, daß der erste, fünfundzwanzig Druckseiten umfassende Teil
(bis B 197: »... hier in tiefem Schlaf.«) der knapp doppelt so umfangreichen Erzählung in einem Arbeitsgang entstand und anschließend
Dora vorgelesen wurde, die dann das Vorhandene vielleicht schon als
vollendetes Werk mißverstanden hatte, vielleicht sogar, weil die
zweiundzwanzig Seiten lange Fortsetzung noch gar nicht geplant war.
(Eine Parallele zu solcher Auffassung bietet die Entstehungsgeschichte
der *Verwandlung*, vgl. die Einleitung zu diesem Text)
Tatsächlich belegen die Briefe Kafkas für seine erste Berliner Zeit
noch literarische Arbeit (vgl. Br 452 f.), doch wurde sein Gesundheitszustand um den Jahreswechsel herum so schlecht, daß von da an in
Berlin eine Produktion größeren Ausmaßes unwahrscheinlich ist. (Vgl.
J. P. Hodin, Erinnerungen an Franz Kafka, S. 94, FK 176 u. Br 471 f.)
So bleibt das Spätjahr 1923 als wahrscheinlichster Entstehungstermin
des Fragments: »The manuscript ends at the foot of an page in the
middle of a sentence. There was therefore more of the story, which
must have been destroyed or lost. So we have no reason to doubt the
testimony of Dora Diamant that Kafka brought it to a conclusion«.
(F. Kafka, *Der Heizer. In der Strafkolonie. Der Bau*. With Introduc-
tion and Notes by J. M. S. Pasley, Cambridge 1966, S. 152, vgl. B 350)
Pasleys Edition beruht auf der Handschrift Kafkas, doch enthält sie
einige Unrichtigkeiten, die von H. Henel aufgezeigt wurden. (»Das
Ende von Kafkas ›Der Bau‹«, in: Germanisch-Romanische Monatsschrift N. F. 22 [1972], Heft 1, S. 3 ff.) Die sich durch diese
Arbeiten gegenüber Brods Ausgabe ergebenden Textverbesserungen
wurden im Folgenden berücksichtigt. Neben den *Forschungen eines
Hundes* ist der *Bau* die andere große autobiographische Erzählung
der Spätzeit. (Zu diesem Punkt bes. W. H. Sokel, Franz Kafka – Tragik und Ironie. Zur Struktur seiner Kunst, München, Wien [1964],
S. 370 ff., H. Politzer, Franz Kafka, der Künstler, [Frankfurt/M.
1965], S. 451 ff. u. K.-H. Fingerhut, Die Funktion der Tierfiguren im
Werke Franz Kafkas. Offene Erzählgerüste und Figurenspiele, Bonn
1969, S. 189 ff., dort auch Übersicht über die verschiedenen interpre-
tatorischen Ansätze) Abgesehen von zahlreichen durch Kafkas Lebensgang und dessen Deutung konstellierten Einzelmomenten, über die der
Einzelkommentar Aufschluß gibt, ist hier darauf zu verweisen, daß die
Vorstellung vom einsam in einer unterirdischen Höhle lebenden Waldtier schon in Kafkas Lebenszeugnissen als Bild für die eigene Existenzform belegt ist: Kafka sitzt in seiner »stillen Wohnung« – am liebsten wäre er »im innersten Raume eines ausgedehnten, abgesperrten
Kellers« (F 250) – und sucht sich in seine literarische Arbeit »einzu-
graben« (F 626), oder er sieht es als Aufgabe an, sich »in ein Loch
zu verkriechen« (F 647). Er krümmt sich »auf dem Waldboden wie
die Tiere« (F 381), ist ein in dunkler Grube lebendes »Waldtier«

(M 223) und läuft herum oder sitzt versteinert da, »so wie es ein verzweifeltes Tier in seinem Bau tun müßte« (Br 390).
D: BM 77–130.

B 173   *eingerichtet:* Vgl. Br 415 (11. 9. 1922): »vorausgesetzt, daß
man überhaupt davon reden kann, daß ich mein Leben ›eingerichtet‹ habe«. – *sterblich:* Pasley verweist auf Schillers
Don Carlos (I, 6): »Hier ist die Stelle, wo ich sterblich bin.«
(S. 151) – *Schnauze:* Br 452 (Ankunftsstempel 25. 10. 1923)
schreibt Kafka über das Jahr 1911, daß damals »die bösen
Mächte, in gutem oder schlimmem Auftrag, erst die Eingänge
leicht betasteten, durch die sie einmal einzubrechen sich schon
unerträglich freuten.« – *auch wirklich dieses:* Ms »auch dieses
wirkliche«.

B 174   *Rechnungen:* Kafka klagte sich selbst einer »Berechnungskunst«
an, die das Risiko des Lebens vorsehen wolle; sie war ihm
Ausdruck eines tief in ihm verwurzelten beamtenmäßigen
Sicherungsbedürfnisses. (T 510, vgl 338, 574, Br 158, 160,
F 483, H 165, FK 146 f. und die Einleitung zu *Poseidon*) –
im Innersten meines Hauses: Ms »im Innersten meines Baues«.
– *Feinde:* Ms »Feind«.

B 175   *Hoffnung:* »da ... wir also ganz der Unsicherheit, aber auch
der unbegreiflich schönen Mannigfaltigkeit ausgeliefert sind,
ist die Erfüllung der Hoffnungen und insbesondere solcher
Hoffnungen das immer unerwartete, aber dafür immer mögliche Wunder.« (Br 398, vgl. den *Landarzt* E 146: *Schweinestalles*) – *Stille:* Kafka im November 1923 an Valli: »in Wirklichkeit ist es aber sehr still um mich, übrigens niemals zu
still.« (Br 462, vgl. 374: »So viel Ruhe wie ich brauche, gibt
es nicht oberhalb des Erdbodens.«) Und etwas später: »...
wenn man so in der Stille lebt«. (FK 176) Vgl. auch F 691 f.
(»Wie habe ich mich gestern nach Stille gesehnt, nach vollkommener, undurchdringlicher Stille«), B 197: Zischen u.
die *Forschungen eines Hundes* B 283: größten Lärm. – *gleich
auch zwischen meinen Zähnen:* Ms »gleich zwischen meinen
Zähnen auch«. – *Rieseln:* Am 14. 9. 1923 schrieb Kafka:
»Was mich betrifft ... jeden Tag irgendein größerer Mangel, es rieselt im Gemäuer, wie Kraus sagt.« (Br 446, vgl.
T 563 Z. 22)

B 176   *Alle hundert Meter:* Ms »Alle hundert Meter etwa.« Wenn
sich das Tier auch sowenig wie das Insekt in der *Verwandlung*
eindeutig zoologisch identifizieren läßt, so spricht doch andererseits einiges dafür, daß man sich ein dachsartiges Lebe-
wesen vorzustellen hat. Dieses Tier lebt einsiedlerisch (B 190 f.),
verläßt bei bestimmten Wetterbedingungen monatelang seinen Bau nicht (B 180 f. u. 184 Z. 2 ff.) und schläft dann

meist (B 176 Z. 10). Der Dachs bevorzugt besonders einsame
Gegenden (B 185 f.), lebt gern in Wäldern und Buschdickich-
ten (B 184 Z. 23 f. u. 189 Z. 1 f.), und zwar auf trockenem,
sandigem Boden (B 177 Z. 13 u. 211 Z. 25 f.). Neben Insekten,
Würmern und Schnecken (B 178, Z. 4 f. u. 197 Z. 31) verzehrt
er kleine Säugetiere (B 179 Z. 16) sowie alle lebenden (B 184
Z. 26 ff.) und toten (B 181 Z. 2 ff. u. 189 Z. 29 f.) Tiere, die er
bewältigen kann. Dabei wühlt er auch den Boden auf oder
wendet Kampen um (vgl. B 204: »ich werfe die Klumpen in
die Höhe, daß sie in allerkleinste Teilchen zerfallen, aber die
Lärmmacher sind nicht darunter«). Sein Bau, den er sehr
reinlich hält, kann einen Durchmesser bis zu 30 Metern
haben. Der bis zu fünf Meter tief liegende Kessel (B 201
Z. 17, vgl. 196 Z. 15 f.) steht durch zahlreiche verzweigte Röh-
ren, die als Ein- und Ausgänge sowie als Luftschächte dienen (B 175) und durch zahlreiche Schlafplätze erweitert sind
(B 176), mit der Außenwelt in Verbindung. Das Sammeln der
Vorräte – der Dachs zehrt im Winter von seinem Fett –
erinnert an den Hamster. Vgl. auch B 183: *verdünne*. – Schlaf:
Kafka Anfang Oktober 1923 an Max Brod: »... unmerklich,
untätig verfliegen mir die Tage.« (Br 449, vgl. *Forschungen
eines Hundes* B 240: *müde* u. F 280) – *Zieles des Hausbesitzes:* Vor diesem Satz hat Kafka einen Passus gestrichen, in dem das Tier erklärt, etwas Baumeistermäßiges
sei schon immer in seinem Blut gewesen und es habe schon
als Kind Labyrinthpläne gezeichnet. (H. Henel, Das Ende
von Kafkas »Der Bau«, S. 14) Das Haus war für Kafka be-
vorzugtes Bild zur Darstellung seiner Lebensprobleme. Anläßlich einer Überlegung, daß er nicht hinreiche, die Last
eines andern Menschen in einer Ehe zu tragen, schreibt er:
»Es ist ja so, wie wenn meine Lebensaufgabe darin bestanden hätte, ein Haus in Besitz zu nehmen.« (Br 297) Entsprechend heißt es an anderer Stelle, man müsse, wolle man
richtig leben, nur auf den Selbstgenuß des Schreibens verzichten und »einziehn in das Haus, statt es zu bewundern und zu
bekränzen«. (Br 385, vgl. 333, 444 u. H 388) So bezeichnet
Kafka dann seine Lebensferne als brüchiges Gebäude (Br 421,
vgl. 409 u. F 595) oder elenden Verschlag, der dauernd repa-
riert werde (Br 388, vgl. M 173, 218 f., T 512 u. H 114).
Das Motiv des Hauses taucht in der Spätzeit Kafkas auch als
Erzählmotiv auf (vgl. H 266 f. u. 272) und ist in einem im
Manuskript dem *Bau* unmittelbar vorhergehenden Fragment
derart gestaltet, daß die Figur K. »ein kleines altes klägliches
Haus« als das seinige in Besitz nimmt und umbauen will
(H 385, vgl. Sy 75). Wenn sich Kafka im Herbst 1923 und im
darauffolgenden Winter zum erstenmal in seinem Leben als

selbständiger Hausherr fühlen konnte (vgl. Br 447: »Eröffnung des Hauses«), weil er seinem seit 1912 verhaltenen
Wunsch nachgab, Prag verließ (vgl. T 489 u. FK 131 ff.) und
mit Dora Diamant in einer gemeinsamen Wohnung zusammenlebte – er wollte sie sogar heiraten (FK 181) –, so darf
man das hausbesitzende Tier als Sinnbild für die damalige
Lage Kafkas auffassen, und das um so mehr, als Dora, die den
Bau bezeichnenderweise eine »autobiographische Geschichte«
nannte, überliefert hat, der Dichter habe sie im »Hauptplatz«
verkörpert gesehen (J. P. Hodin, Erinnerungen an Franz Kafka, S. 92, vgl. B 176: *Hauptplatz*). – *schrecke:* »auch hier
Lärm, der aus dem Schlaf schreckt und den Kopf verwüstet«.
(Br 376, vgl. F 271) – *Stille:* Kafka im November 1923 an
seine Schwester Valli: »in Wirklichkeit ist es aber sehr still
um mich, übrigens niemals zu still.« (Br 462) – *Wanderer:*
Bis zu seiner Übersiedlung nach Berlin fühlte sich Kafka un-
behaust, im Frühjahr 1922 schrieb er an Robert Klopstock:
»Was will man auf der Wanderschaft, in der Bettlerschaft
mit so großen Dingen« (wie einer erklärten Freundschafts-
bindung). (Br 430, zur Umdatierung des Briefes vgl. meine
Arbeit »Kafka in neuer Sicht«, S. 346 ff.) So führt auch
der Hungerkünstler ein »Wanderleben« (E 257), und der
Landvermesser K. –»wie war er durch die Tage gewandert,
ruhig, Schritt für Schritt!« (S 17) – bezeichnet sich als »Wan-
derbursch« (S 242) und erscheint im Dorf mit Rucksack und
Knotenstock (S 8). – *Blätterhaufen:* Der Erzähler der *Forschungen eines Hundes* wälzt sich auf »Waldstreu« hin und
her. (B 282) – *zwischen Hindämmern und bewußtlosem Schlaf:*
Fortsetzung im Ms zunächst »durchlebte ich die wahren Freuden des Lebens« (vgl. M 16: »Zunächst aber jedenfalls sich in
einen Garten legen und aus der Krankheit, besonders wenn es
keine eigentliche ist, so viel Süßigkeit ziehn, als nur möglich
ist. Es ist viel Süßigkeit darin«), dann, der zitierten Passage
des endgültigen Textes vorausgehend: »auf der Himmelslei-
ter« (vgl. den *Jäger Gracchus* B 102: *Treppe*). Zur Gesamtvor-
stellung B 176: *Schlaf.* – *Hauptplatz:* Da der Altstädter Ring,
wo Kafka vom November 1913 bis Juli 1914 und seit 1918
wohnte, wenn er in Prag weilte, den natürlichen Mittelpunkt
Prags darstellt und da der Dichter in seiner Zürauer Zeit
(September 1917–April 1918) am Rande des dortigen Dorf-
platzes wohnte (vgl. T 529 u. Br 186), suchte er, wie seine auf
Reisen gemachten Tagebucheintragungen zeigen, an andern
Orten dieses Zentrum wieder und verdichtete alle seine derartigen Raumerlebnisse im *Bau* literarisch zum Burgplatz
(B 177 Z. 24), zumal sich auch spätere Domizile dieser Raum-
vorstellung fügten: Er liege, schreibt er seiner Schwester Ottla

aus Matliary, im Liegestuhl am Rande eines Häuschens, »vor
der Hütte ist eine Waldwiese, groß etwa wie $^1/_3$ des Zürauer
Ringplatzes, ... ringsherum alter Fichtenwald, hinter der
Hütte rauscht der Bach. Hier liege ich schon seit 5 Stunden,
heute ein wenig gestört, gestern und vorgestern ganz allein ...
Übrigens, wenn jeder Nachmittag so wäre und die Welt mich
hier ließe, ich bliebe hier solange, bis man mich mit dem Liegestuhl forttragen müßte.« (O 126)
Unter ähnlicher Optik sieht Kafka seinen Berliner Lebensbereich: Sein Potsdamer Platz sei der Steglitzer Rathausplatz,
dort vollziehe sich ein kleiner Verkehr, »aber dann verlasse ich
diese Öffentlichkeit und verliere mich, wenn ich noch die
Kraft dazu habe, in den stillen herbstlichen Alleen. Meine
Straße ist die letzte annähernd städtische, dann löst sich alles
in den Frieden von Gärten und Villen auf, jede Straße ist ein
friedlicher Gartenspazierweg oder kann es sein.« (Br 453) Es
zeigt sich in diesen Beispielen, wie die Topographie der Le-
benskreise sich in der Gestalt des Baus spiegelt – vom Burgplatz gehen strahlenförmig zehn Hauptgänge aus (vgl. B 193:
Zehn) – und wie ihre klimatischen Besonderheiten und deren
Ausnutzung durch den Dichter in der Schilderung der Lebensweise des Tieres wiederkehren.

B 177   *Einigemal:* Ms »einige male«. – *auf den Rücken:* Ms »auf dem
Rücken«. – *Ich konnte es ja tun, weil:* Ms »konnte es ja tun,
da«. – *Leerarbeit:* Ms »Mehrarbeit«. – *planmäßig:* Ms »plan-
gemäß«. – *blutig:* Vgl. B 292: »Sein eigener Stirnknochen verlegt ihm den Weg, an seiner eigenen Stirn schlägt er sich die
Stirn blutig.« (Vgl. T 546 u. B 182: *Eingangslabyrinth*) – *Festigkeit:* Ms »Festigung«. – *mir zugestehen wird:* Ms »mir
vielleicht zugestehn wird«.

B 178   *Gleichgültigkeit:* Vgl. *Forschungen eines Hundes* B 251: *Appetit.* – *beim Aufschrecken:* Ms »bei Aufschrecken«.

B 179   *was immer man:* Ms »was man immer«. – *gnadenweise:* Vgl.
F 755 f. u. H 334 f. – *diesmal nicht hinreichen:* Ms »diesmal
hinreichen«. – *ein gewisser Trost:* Ms »ein großer Trost«.

B 181   *was ich liebe:* Ms »was ich habe«. – *Überrennung:* Vgl. P 272:
»Die Logik ist zwar unerschütterlich, aber einem Menschen,
der leben will, widersteht sie nicht.« – *revidieren:* Als Robert
Klopstock Kafkas Vorschlag ablehnte, ein antisemitisches Buch
zu besprechen, kommentiert der Dichter seine Idee wie folgt:
»Mit meinem Vorschlag wollte ich ... nicht zu einem in jedem Fall entscheidenden Wettkampf auffordern ... sondern
nur ... zur beiläufigen Feststellung der Kräfteverhältnisse,
zur Revidierung der eigenen Bestände, also zu einer Arbeit des
Ausruhns, zu einer Arbeit, die immer gemacht werden kann
und für die gar keine Zeit ist in dem glückselig-verzweifel-

ten, morgendlichen Zustand, in dem Sie sich befinden«.
(Br 380 f.) Als Kafka Anfang November 1917 aus Prag nach
Zürau zurückkam, wollte er »eine gelegentliche Revision« seiner »Bestände« vornehmen. (Br 193) – *verlassen:* Kafkas ein-
sames, naturverbundenes Leben in Meran, Matliary, Planá,
Schelesen und Berlin und die Hilfe, die ihm dabei Klopstocks
ärztliche Kunst, die ganz auf ihn abgestimmte Haushalts-
führung Ottlas und Doras bedeuteten, und schließlich die
jeweils dazwischenliegenden Monate in Prag wiederholten,
äußerlich gesehen, das Zürauer Lebensmuster noch mehrmals:
Obwohl dieser Zeitabschnitt durch einige Pragreisen unterbrochen war, fühlte sich Kafka aller menschlichen Bindungen enthoben (Br 187: »das ist schon gar kein Erdenleben
mehr«) und konnte sich darauf beschränken, die »Umrisse«
seines bisherigen auf sich selbst eingeschränkten Wesens »mit
voller Entschiedenheit« zu leben (Br 196 u. 235). Andererseits bestanden die Abhängigkeit von der Familie und die
Furcht davor ebenso weiter wie die geistigen Verbindungs-
linien, die weniger als reale Begebenheit denn als innere Bedrohung greifbar waren; sogar das Büro wirkte in diesem Sinne ein. Diese inneren und äußeren Lebensbedingungen blieben
in den folgenden Jahren konstant, wo sich Kafka auch ihrer
immer wieder bewußt wurde: In den Milena-Briefen faßt er
den Beginn seines Meraner Erholungsurlaubs im Bild eines
Waldtieres, das im Dunkel einer schmutzigen Grube liegt,
bis es Milena »draußen im Freien« entdeckt, näher kommt und
sieht, wie es ängstlich, aber trotzdem glücklich, stolz, frei und
mächtig in dieser »neuen und doch heimatlichen Freiheit« lebt
(vgl. das gehobene Lebensgefühl des Tiers außerhalb seines
Baus – B 184 f.). Doch ist, wie bei dem jagenden Baubewoh-
ner, das entstandene Hochgefühl nicht von Dauer. Der Glaube, sich in Milenas Bereich, der nicht der arteigene war, so
aufführen zu können, als ob man zuhause sei, wich in den
Qualen der Beziehung zu ihr der Erkenntnis, in den lichtfer-
nen Wald zurückzukehren und sich verkriechen zu müssen.
(Vgl. M 223 ff. u. die Einzelkommentare zu *Forschungen eines Hundes*, bes. zu B 285 ff.) Nicht als ob im *Bau* eben dieses
Verhältnis dargestellt würde, wenn beschrieben wird, wie das
Tier widerwillig den Bau verläßt, um im offenen Wald zu jagen, und wie es manchmal von dem Gefühl beseelt ist, überhaupt
nicht mehr in seine Behausung zurückkehren zu brauchen, bis
es schließlich, den unlöslichen Zusammenhang mit dieser er-
kennend und das freie Leben als Dauerform ablehnend, wieder
in sie hinuntersteigt. Denn eine solche direkte Ineinssetzung
von einmaligen biographischen Einzelphänomenen und Er-
zählzügen wird eben durch die Tatsache unglaubhaft, daß

der Wechsel zwischen weltfernem Leben in einer dauernd von der Welt angefochtenen Stille und sich bescheidender Eingeschränktheit einerseits und einer intensiveren Lebensart, die kurzfristig hinreißt und gleichsam mit Lebensfülle sättigt und beunruhigt andererseits, noch auf weitergehende Erfahrungen Kafkas zurückgeführt werden kann: Er interpretiert nämlich Zürau und seine diesen Aufenthalt unterbrechenden Prager Reisen als sich regelmäßig wiederholende Abfolge zweier Lebensphasen, in denen Berauschungszustände mit ernüchternder Bescheidung, erzeugt durch ländliche Abgeschiedenheit, miteinander abwechseln. (Vgl. Br 174, 181 f., 191, 193, 233 u. 234 f.: »nach der letzten Fahrt kam ich förmlich wie vollgetrunken an, so als wäre ich in Zürau beispielsweise zu dem Zweck, um nüchtern zu werden und machte, wenn ich erst auf dem Wege zur Nüchternheit wäre, immer gleich die Fahrt nach Prag, um mich vorzeitig wieder vollzutrinken«) Als weiteres Analogon kommt der Aufenthalt in Planá in Betracht, wo sich Kafka als verzweifeltes, von Lärm bedrohtes Tier in seinem Bau deutet. (Br 390) Auch hatte er große innere Schwierigkeiten, dieses Domizil zeitweilig zu verlassen (vgl. Br 381 ff.), betonte aber die Notwendigkeit, von Zeit zu Zeit zu dem unregelmäßigen Leben in Prag zurückzukehren (Br 395, vgl. B 181: »die Notwendigkeit zeitweiliger Ausflüge sehe ich ein«), um den Wert Planás besser erkennen und würdigen zu können (Br 412, vgl. B 193: »dann weiß ich genau, daß hier meine Burg ist«), was zu dem Ergebnis führt: »Diese Einteilung, ein paar Tage in der Stadt, ein paar Monate auf dem Lande, wäre die für mich vielleicht richtige.« (Br 405) Offenbar hat Kafka also aus diesen drei Lebensphasen und anderen Einzelerfahrungen (vgl. z. B. auch F 618 u. 626), deren Strukturgleichheit er erkannte, ein Modell zweier alternierender Seinsweisen abstrahiert, das im Bild des in und außerhalb seiner Behausung lebenden Tieres den immer wiederkehrenden Mechanismus veranschaulichen sollte, der das Leben Kafkas seit dem Jahr 1917 beherrschte. (Weitere Einzelheiten in meinem Aufsatz »Kafka und seine Schwester Ottla«, S. 441 ff.)

B 182 *Eingangslabyrinth:* Daß Kafka hierbei auch an sein literarisches Schaffen dachte, ist naheliegend. H. Politzer schreibt: »Auf beinahe allegorische Art und Weise ist ›Der Bau‹ mit Kafkas eigenem literarischen Werk identisch. Da auch diese Geschichte einen Teil seines Werks bildet, reflektiert sie sich unaufhörlich selbst... Die Vokabeln ›Erstlingswerk‹ und ›Exemplar‹ verweisen auf die literarische Natur dieses Baus, die einzige Natur, die der Schriftsteller Kafka gelten ließ.« (»Franz Kafka der Künstler«, S. 452 f., vgl. B 182 u. 180) Die »gewisse Empfindsamkeit«, die der Erzähler seinem »Erst-

lingswerk« entgegenbringt, war bei Kafka jedenfalls hinsichtlich des *Urteils*, das einen Durchbruch zum bedeutenden Autor bedeutete, und der *Betrachtung*, seiner ersten Buchveröffentlichung, jederzeit vorhanden. Jenes Werk war ihm der
Inbegriff glückhafter Inspiration (vgl. T 293 f.), an diesem
beanstandet er die »kleinen Winkelzüge« (F 83). Noch näher
dem Labyrinthcharakter ist eine Aussage aus dem Jahr 1920
über den *Heizer*, der Kafka aus der Retrospektive heraus als
Jugendwerk par excellence erschien (J 53, vgl. T 539 f); er
spricht dort, durchaus in Anlehnung an den Handlungsgang
der Geschichte (vgl. A 9 f.), von den »unterirdischen, finstern,
niedrigen, häßlichen« Gängen der Erzählung, die »fast
endlos« seien (M 48). Obwohl Kafka die *Betrachtung* qualitativ minderwertig fand (vgl. F 180 u. P 317), war sie ihm
»aber immerhin doch noch immer ein Stück« von ihm selbst
(F 218), wie er überhaupt, freilich nur zuzeiten der Beziehung
mit Felice und dann wieder 1922 (vgl. Br 431), vorgab, mit
seinem Schreiben identisch zu sein: »meine Geschichten sind
ich« (F 226, vgl. 179), heißt es Anfang 1913, und noch 1922
wird die literarische Arbeit mit einem »unsichern aber doch
vollständigen« Haus verglichen (H 388). Entsprechend glaubt
das Tier, wenn es sich außerhalb des Baus befindet – also nicht,
wie Kafka im Blick auf sein Schaffen formuliert, in die Arbeit eingetaucht (F 176) oder »eingekrochen« (T 422) ist –,
nicht vor seinem Haus, sondern vor sich selbst zu stehen.
(B 185, vgl. 193 f.) Wenn sich dieses nun gegen seinen »Erbauer
und Besitzer abschließt, ja förmlich verkrampft« (B 193),
so erinnert das daran, daß Kafka die entstehenden Werke auf
ähnliche Weise als selbständiges Gegenüber empfand (vgl.
F 555 f.) und etwa schreibt, eine angefangene Erzählung ver-
schließe sich ihm völlig (F 129), weise (F 207) oder schüttle
ihn ab (T 336), oder besiege ihn (F 271). Und der »Pein« des
»Gebilde(s)«, in dem sich das Tier augenblicksweise sogar verirrt (B 183, vgl. M 47 [Kafka erzählt Milena eine ihn betreffende Anekdote und glaubt, die Geliebte an der Hand hinter
sich durch die unterirdischen Gänge des *Heizers* zu führen]:
»Ich habe mich ein wenig verirrt, aber es tut nichts, denn Sie
sind vielleicht mitgegangen und nun sind wir beide verirrt«,
M 224: »ich war verzweifelt, wirklich wie ein irregegangenes
Tier«, H 109 u. meine Arbeit »Kafka in neuer Sicht«,
S. 322, wo diesem Motiv im *Schloß* nachgegangen wird),
entspricht außerdem der »Widerwille«, mit dem Kafka den
von Milena übersetzten *Heizer* durchsah (M 15); er gründet
darin, »daß man sein Leben nochmals mit dem Blick der Erkenntnis durchnehmen muß, wobei das Schlimmste nicht die
Durchsicht der offenbaren Untaten ist, sondern jener Taten,

die man einstmals für gut gehalten hat.« (M 21) Diese Motivierung ergibt eine zusätzliche Parallele zwischen einer literarischen Anfängerarbeit und dem Erstlingswerk des Tiers, denn dieses hält das Eingangslabyrinth, das ihm früher »die Krone aller Bauten schien« – Kafka hielt den *Heizer* für seine beste Arbeit (vgl. F 291 u. T 305) –, für eine kleinliche Bastelei ohne Existenzberechtigung (vgl. B 182 u 184).

Es wäre aber ganz verkehrt, das Eingangslabyrinth (und damit den gesamten Bau) nur als Bild für Kafkas literarische Tradition anzusehen, zumal diese gerade in den beiden Lebensabschnitten Kafkas, wo sie einen höchsten Wert darzustellen scheint, nur als Mittel zur Bewältigung ganz anderer Lebenskonflikte dient: So will Kafka, wie er im Dezember 1912 in einer Formulierung schreibt, die an den *Bau* erinnert– der Burgplatz ist »das Ergebnis allerschwerster Arbeit meines Körpers in allen seinen Teilen« (B 176 f.) –, Felicens »erdachte, erschriebene, mit allen Kräften der Seele erkämpfte Nähe« genießen (F 204), und im Frühjahr 1922 bezeichnet er sein Schreiben als Schutz im Kampf gegen übersteigerte Neurasthenie (Br 374). Es verwundert also nicht, wenn Kafka, der sich einmal als »unzusammenhängende Konstruktion« versteht (F 306), hinsichtlich der Willensfreiheit die Auffassung vertritt, jeder könne auf einem »zwar wählbaren, aber jedenfalls derartig labyrinthischen Weg« so existieren, »daß er kein Fleckchen dieses Lebens unberührt läßt.« (H 50, vgl. E 211, F 722 u. T 466) Er sieht sogar ganz allgemein in der Spätzeit sein Dasein unter dem Gesetz des Labyrinths: »da wir doch nur auf einem Weg sind, welcher erst zu einem zweiten führt und dieser zu einem dritten u. s. f. und dann noch lange nicht der richtige kommt und vielleicht gar nicht, wir also ganz der Unsicherheit ausgeliefert sind« (Br 398), braucht scheinbares Mißlingen nicht verzweifelt zu machen. Unter solcher Sehweise wird dann auch das Verhalten Milena gegenüber gedeutet. Von ihren Feuilletons angezogen, sei er ihr näher gekommen, »auf einem Weg, auf dem man immer glücklicher weitergeht, bis man in einem hellen Augenblick erkennt, daß man ja gar nicht weiterkommt, sondern nur in seinem eigenen Labyrinth noch umherläuft, nur aufgeregter, verwirrter als sonst.« (M 28) Und Dora Diamant meint über Kafkas Daseinsgefühl: »Er hatte das Leben als ein Labyrinth erfahren, aus dem er keinen Ausweg erblicken konnte. Immer gelangte er nur bis zur Verzweiflung.« (J. P. Hodin, Erinnerungen an Franz Kafka, S. 92 f.) Zusammenfassend wäre also zu sagen, daß das Eingangslabyrinth aufgrund seiner Lage und Bauform (vgl. B 181: »kleines Zickzackwerk« mit F 330 u. M 27: »das Zick-Zack-Laufen der Hunde, während der Herr querdurch geht ... genau dort, wo der Weg führt«) zwar vorwiegend mit dem Material seines Schreibens auf seine mangelnde Lebensgestaltung und Orientierungslosigkeit vor allem seiner Anfänge verweist (vgl. auch *Forschungen eines Hundes* B 243: *sieben Hunde*), daß aber die mit seinem Schaffen verbundenen Probleme nur Paradigma eines sein ganzes Wesen umgreifenden Sachverhalts sind (vgl. dazu auch B 263: *auf den Kissen*).

B 182 f. *Mit all dem:* Ms »Mit dem allen«.

B 183 *so geschieht das:* Ms »so geschieht es«. – *verdünne:* Kafkas Auffassung in der Spätzeit, nichts geschenkt zu bekommen, sondern sich alle Lebensgrundlagen, Gemeinschaftsbindungen und literarischen Gegebenheiten selbst und allein erarbeiten zu müssen, erscheint bildhaft gern als körperliche Nacktheit oder Mangel an Bekleidung (vgl. *Forschungen eines Hundes* B 259: *auf sich allein* u. den *Bericht für eine Akademie* E 185: *schinden*). So ist es naheliegend, daß Kafka das Tier, dessen einziger Besitz der selbsterschaffene Bau ist, sich seiner Lage mithilfe dieses, jetzt freilich auf Tierebene übertragenen Vorstellungsbereichs in dem Augenblick bewußt werden läßt, wo es seine Behausung verläßt. – *kahlem:* Ms »kahlen«. – *solche Gefühle:* Ms »solche ungesunde Gefühle«. – *an meinem Bart:* Ms »an meinen Barthaaren«. Wie in der *Verwandlung* (vgl. E 71: *Ungeziefer*), den *Forschungen eines Hundes* (vgl. B 241: *vielerlei Arten*, 242: *gelingt es uns*, 250: *kindhafte Wesen*, 252: *Mache alles naß*, 253: *wer Speise hat*, 258: *Lunge* u. 263: *auf den Kissen*), aber auch in *Josefine* wählt Kafka im *Bau* eine wirklich vorkommende Tierart als Ausgangspunkt, deren besondere Lebensformen die eigene Problemlage zu spiegeln vermögen. Ausdehnung der Anlage und die Tatsache, daß Ratten als Nahrung genannt sind (B 173, 176 u. 179), weisen auf ein großes Tier, wahrscheinlich auf einen Dachs. A. Brehm schreibt über ihn: »Den vollendeten Schein eines selbstsüchtigen, mißtrauischen, übellaunischen und gleichsam mit sich selbst im Streite liegenden Gesellen erweckt der Dachs ... Er ist allerdings ein menschen- und tierscheuer Einsiedler und dabei ein so bequemer und fauler Gesell, wie es nur irgendeinen geben kann.« (»Die Säugetiere.« Neubearbeitet v. C. Heck u. M. Hilzheimer, Bd 3, Leipzig 1922, S. 345; »Brehms Tierleben. Allgemeine Kunde des Tierreichs«, 3. Neudruck der 4. Aufl.) Das Tier lebt außerhalb der Paarungszeit ganz für sich allein »und hält weder mit seinem Weibchen noch mit anderen Tieren Freundschaft.« (S. 347, vgl. B 190 f. u. 218) Das Ausfahren des Tiers, das Barthaare, starke Krallen (B 207 u. 212) und Zähne besitzt (vgl. S. 350: »wenn er sich einmal verbissen hat, läßt er nicht sogleich los« mit B 189 u. 218), erinnert an das B 184 geschilderte Verlassen des Baus:

»Dann rückt er äußerst vorsichtig mit dem halben Kopfe aus
der Röhre, sichert einen Augenblick und taucht wieder unter.
Dies wiederholt sich oft mehrmals, bis der geheimnisvolle
Bergbewohner sich höher aus der Röhre heraushebt, einen
Augenblick noch mit Gehör und Nase die Umgebung prüft
und dann, gewöhnlich trottend, den Bau verläßt.« (S. 347; die
Wendung »Geheul meiner Feinde« B 183 erinnert daran, daß
der Gegner des Dachses vor allem der auch in seinen Bau ein-
dringende Jagdhund ist, vgl. auch B 176: *Alle hundert Meter*)

B 184   *zusammengewachsen:* Ms »zusammenzuwachsen«. – *heute:*
Die Zeitschichtung in der Erzählung ist sehr eigenartig:
Die Erzählpräsentia sind Ausdruck der Tatsache, daß geäußerte (vgl. B 174, 177, 186, 209, 211 u. die Einleitung zu
Forschungen eines Hundes) Gedanken des Tiers als Erzähler-
gegenwart vorgestellt werden, aber so, daß die während des
Erzählens dauernd sich ergebenden Standortveränderungen
des Tiers jeweils in dem Augenblick, in dem sie geschehen, mit
in die Darstellung einbezogen werden. Das Tier befindet sich
zunächst auf dem Weg zu einem seiner Plätze, legt sich dort
eine Weile nieder (B 175 f.), geht dann zum Burgplatz weiter
(B 177: »hier«) und nähert sich schließlich dem Ausgang.
Während dieser Revision der Behausung (B 181) erzählt es,
indem es die einzelnen Vorgänge der Handlungsschicht als
iteratives Geschehen verallgemeinernd in ihren wesentlichen
Merkmalen vorstellt. Das heißt für das »heute« der fraglichen
Stelle, daß das Tier die allgemeinen Bemerkungen über das
Verlassen des Baus in dem Augenblick vorbringt, wo es als
Erzähl-Ich denselben verläßt. Anders ausgedrückt: Ein sich
gleichartig wiederholendes Ereignis aus dem Lebensgang des
Berichtenden geschieht während des Berichts als ungeraffter,
präsentischer und einmaliger Ablauf. Während dann im Folgenden die kritischen Momente im Lebenszyklus des Baube-
wohners (das eigentliche Hinaussteigen und die Rückkehr in
den Bau) im echten Präsens der Reportage gegeben werden, ist
das Leben im Freien wieder im Reflexionspräsens erzählt, wobei die weithin unverkürzten Gedanken des sich im Moment
des Erzählens außerhalb seiner Behausung befindlichen Tiers
(B 192) durch erzählerische Kunstgriffe als typische Situationen
stilisiert werden, die jedem Verlassen des Baus eignen. Nachdem das Tier sein Eigentum wieder betreten und sich auf einem seiner Lieblingsplätze zum Schlaf ausgestreckt hat, ist
das übliche Verhaltensmodell einmal durchschritten und der
erste Teil der Erzählung beendet. (Näheres, auch zum B 197
Z. 27 beginnenden zweiten Teil des *Baus*, in meiner Arbeit
»Motiv und Gestaltung bei Franz Kafka«, Bonn 1966,
S. 341 ff.) – *spielen?:* Ms »spielen.«

B 185 *es macht mir eine:* Ms »es macht mir aber eine«. – *Freude und:* Ms »Freude, mehr noch«. – *Gespenster:* Dieser bei Kafka häufige, auch im *Schloß* vorkommende (S 409) Begriff steht für seine inneren Ängste und nächtlichen skrupulösen Berechnungen, die ihn zu vernichten drohten. (Vgl. F 358, 376, T 569 u. M 260) Wesentlich für den vorliegenden Zusammenhang ist, daß ihm diese Dinge nach einigen Wochen der Ruhe auch in Berlin zu schaffen machten (vgl. M 272, Br 451: »Schlimmer ist allerdings, daß in der allerletzten Zeit die Nachtgespenster mich aufgespürt haben, aber auch das ist kein Grund zur Rückfahrt; soll ich ihnen erliegen, dann lieber hier als dort, doch ist es noch nicht so weit«), und eine Erinnerung Dora Diamants, die diese Mitte Oktober 1923 geschriebene Briefstelle etwas konkretisiert: »Hin und wieder sagte er: ›Ich möchte wohl wissen, ob ich den Gespenstern entkommen bin!‹ Unter dieser Bezeichnung faßte er alles zusammen, was ihn vor seiner Ankunft in Berlin gequält hatte.« (J. P. Hodin, Erinnerungen an Franz Kafka, S. 92) Von daher gesehen ist die zweite Oktoberhälfte der frühestmögliche Zeitpunkt für die Niederschrift der Erzählung. Vgl. auch B 187: *Witterung.* – *abseitsliegend:* Im Frühjahr 1913 schrieb Kafka an Felice: »Nichts fiele mir z. B. leichter, als in Prag wohnen und meine Verwandten überhaupt nicht zu sehn ... Mein Streben wäre also vorläufig eine Wohnung möglichst am Rande der Stadt, so recht unzugänglich«. (F 408) – *habe ... der Verkehr:* Ms »habe – der Gesamtplan legte mir allerdings darin gewisse Einschränkungen auf –, der Verkehr«. – *einer Woche:* Ms »etwa einer Woche«.

B 186 *weiterreißt:* Kafka über sich selbst im Mai 1922: »Ist er mit jemandem zu zweit, greift dieser zweite nach ihm und er ist ihm hilflos ausgeliefert. Ist er allein, greift zwar die ganze Menschheit nach ihm, aber die unzähligen ausgestreckten Arme verfangen sich ineinander und niemand erreicht ihn.« (T 581) – *viele Feinde:* Br 390 (12. 7. 1922): »überall Feinde«, vgl. Br 292 (Januar 1921) an Max Brod: »noch ein Nachtrag, damit Du siehst, wie der ›Feind‹ vorgeht, es sind ja gewiß innere Gesetze, aber es sieht fast wie nach äußeren Gesetzen eingerichtet aus.« – *Gegnerschaft:* »Im Kampf zwischen dir und der Welt sekundiere der Welt.« (H 44) Und: »sonst aber geht die Welt ihren ungeheueren Gang durchaus gegen mich.« (F 349, vgl. 107, 142 u. 169)

B 187 *Witterung:* Die Passage wird aus Kafkas erkenntnistheoretischer Position verständlich, die in folgendem Aphorismus bildhaft verdichtet ist: »Wirklich urteilen kann nur die Partei, als Partei aber kann sie nicht urteilen.« (H 86) Daß die Partei sich selbst nicht erkennen kann, ist nicht nur eine Frage ihrer Parteilichkeit, die im elementaren Lebenswillen gründet (vgl. *Forschungen eines Hundes* B 256: *ganze Wahrheit*, 284: *Bürger der Lüge* und 181: *Überrennung*), sondern auch innerhalb der Partei gilt, daß Selbstbeobachtung, distanzierte Betrachtung den eigenen Lebenszusammenhang stören würde, weil (da derjenige, welcher beobachtet, als solcher dem Lebensfluß entnommen ist) gar nicht mehr das beobachtet würde, dem ursprünglich das Interesse galt. Realistische Beobachtung erforderte im *Bau*, daß das Tier sich in unreflektierter Lage befände, was aber nicht der Fall ist. Ist sie aber durchführbar, insofern der Ich-Erzähler außerhalb des Baus und damit dem Wahrnehmungsobjekt entzogen ist, dann wird das Ergebnis ebenfalls unbrauchbar, weil der beobachtende Teil von der Beobachtung ausgeschlossen ist. (Vgl. E 257) Es ist möglich, diese Leerform mit konkretem Inhalt zu füllen: Ein Aspekt der Gegnerschaft des Lebens bestand für Kafka »im möglichen Einwirken Prags auf seine geistige Verfassung, sei es durch Besuche, Briefe, und zwar fremde und eigene, und durch die Vorstellung seiner Abhängigkeit. Noch in Berlin konnte er – ausgenommen Ottla – niemand aus Prag empfangen, weil ihm das damit verbundene Sichtbarwerden der Prager Beurteilung seines Falles, und sei diese noch so freundlich, ›wie ein Herüberlangen Prags‹, vorkäme, das ›die Nächte stören‹ würde. Ungefähr gleichzeitig, auch mit der Entstehung der Erzählung, begründet er sein seitheriges langes Schweigen damit, daß er den Gespenstern, die schon früher ›die Eingänge leicht betasteten, durch die sie einmal einzutreten sich schon unerträglich freuten‹, nicht Grund zu weiteren Angriffen habe bieten wollen. Die darauf bezügliche Szene des *Baus* mutet wie die erzählerische Ausfaltung dieser Briefstelle an. Die einheitliche Vorstellungswelt, der Lebensmomente und Erzähläußerungen gleichermaßen entstammen, läßt es zu, jetzt umgekehrt aus der künstlerischen Gestaltung auf die Auffassungen des Dichters rückzuschließen und das regelmäßige Verlassen des selbstgewählten unterirdischen Hauses als den Versuch zu interpretieren, durch gelegentliches Erleben der Prager Realität den gespenstischen Verkehr durch Briefe und Besuche zu vereiteln. Da er aber Familie, Büro, Freunde und Stadt in der Ausnahmesituation des Besuchers erlebte, konnte er sich über das wirkliche Ausmaß der dem entfernten Erholungssuchenden drohenden Gefahr keine rechte Vorstellung machen – das war nur, aber eben nicht durch ihn selbst, beobachtbar, wenn er im ›Bau‹ war –, was ihm Qualen verursachte und das mühsam errungene Lebensmuster in Frage stellte«. (»Kafka und seine Schwester Ottla«, S. 450 vgl. Br 452 u. *Eine kleine Frau*

E 253: *Verwandtschaft*) – *Gebüsch:* Ms »Gebüsche«. – *ich nicht mehr:* Ms »ich nichts mehr«.

B 188 *berechne:* Ms »berechnete«. – *noch nicht ... hinabgestiegen:* Ms »glücklich, noch nicht in den wirklichen Eingang hinabgestiegen zu sein«.

B 189 *Dornengebüsch:* Vgl. Br 297. – *Schuld:* Kafka lebte in einem dauernden Schuldgefühl, das durch selbstquälerische Neigungen noch verstärkt wurde. (T 449, H 175, 182 f. u. F 478) – *Eingang:* Die »unschuldige Unschuld« seiner früheren Jahre bestand für Kafka darin, daß damals »die bösen Mächte ... erst die Eingänge leicht betasteten, durch die sie einmal einzubrechen sich schon unerträglich freuten.« (Br 452, Ankunftsstempel: 25. 10. 1923) – *wenn er sich doch ... Hinterer:* Ms »wenn er doch sich flink hineinzwängte und schon darin so weit verschwunden wäre, daß nur sein Hinterer«.

B 190 *auf mich allein:* Vgl. B 183: *verdünne.* – *Ängstlichkeit:* Vgl. *Forschungen eines Hundes* B 240: *ängstlichen.* – *Kreisen:* Der Begriff des Umlaufens ist häufig bei Kafka ein Bild für seine unentschlossene, unruhige und stagnierende Lebensweise. Einzelheiten in meinem Aufsatz »Kafka und die Skulpturen«, in: Jahrbuch der Dt. Schillergesellschaft 16 (1972), S. 634 f. Vgl. auch B 194: *Nest, Auf der Galerie* E 154: *im Kreise* u. F 309 f.: »Kannst Du dir ... einen Menschen ... denken ... der mit seinem Lebendigsein nichts anderes leistet, als ein riesiges Loch zu umlaufen und zu bewachen. Mußt Du nicht, Liebste, fast glauben, es schreibe Dir kein Mensch, sondern irgendein falscher Geist?« – *spionierte:* Ms »spioniere«. – *peinlich:* »Seit jeher war es mir peinlich oder zumindest beunruhigend, einen Fremden oder selbst einen Freund in meinem Zimmer zu haben ... ich könnte mich ... nur mit größter Mühe, fast mit Schmerz überwinden, Verwandte oder selbst Freunde in meiner ... Wohnung zu empfangen.« (F 408) Und: »... das Betreten meines Zimmers durch die Befreundetsten war mir ein Schrecken«. (F 412, vgl. E 33)

B 191 *anderen Welt:* »hast du die Schwelle überschritten, ist alles gut. Eine andere Welt, und du mußt nicht reden.« (T 555, vgl. *Forschungen eines Hundes* B 287: *diese Welt*) – *Anfangsgang:* Ms »Anfanggang«.

B 192 *unruhigen Sinn:* Vgl. T 558 ff. – *öffnet:* »Schreiben heißt ja sich öffnen bis zum Übermaß; die äußerste Offenherzigkeit und Hingabe, in der sich ein Mensch im menschlichen Verkehr schon zu verlieren glaubt ... diese Offenherzigkeit und Hingabe genügt zum Schreiben bei weitem nicht.« (F 250, vgl. die Einleitung zum *Urteil*) – *verkriechen:* Kafka als Resümee seiner Beziehung zu Milena: »Stille, Dunkel, Sich-Verkriechen, das weiß ich und muß folgen, kann nicht anders.« (M 225)

B 193   *gefährdeten Zeiten:* Ms »ungefährdeten Zeiten«. – *abschließt:* Vgl. B 182: *Eingangslabyrinth.* – *zugewandt:* Ms »zugewendet«. – *zehn:* Wenn man alle Richtungen berücksichtigt, in die vom Prager Altstädter Ring (dort wohnte Kafka von November 1913 bis Juli 1914 und seit 1918, wenn er in Prag weilte) Straßen abgehen, so kommt man auf zehn. Die von Kafka geschaffene Eigenwelt im *Bau* ist also letztlich ein Abbild früherer Prager Verhältnisse, vielleicht ein Ausdruck dafür, daß der Dichter, mehr als er wahrhaben wollte, auch noch in der Berliner Zeit seiner Heimatstadt verhaftet war. (Vgl. auch B 176: *Hauptplatz* u. 187: *Witterung*) – *Gesamtplatz:* Ms »Gesamtplan«. – *auch diese alle:* Ms »auch alle diese«. – *still und leer:* Vorgängiges Erzählmuster Kafkas, das in den verschiedenartigsten Erzählansätzen wiederkehrt. (Vgl. meinen Aufsatz »›Der Jäger Gracchus‹. Zu Kafkas Schaffensweise und poetischer Topographie«, in: Jahrbuch der Dt. Schillergesellschaft 15 [1971], S. 398 ff.)

B 194   *versickert:* Vgl. E 180: »Wese ... versickerst im dunklen Straßengrund«, F 176: »bleibe faul zurückgelehnt in einem schwachen Behagen, als gehe es ans Verbluten«, T 555: »die gestrigen Feststellungen sind wahr, nur daß das Blut in den Rinnen des Gesetzes versickert« u. T 531: »im Krieg verblutest du.« – *Und was anderes als dies ist denn auch:* Ms »Und was ist denn auch anderes als dies«. – *Nest:* Vgl. B 212: *beobachte* u. den *Jäger Gracchus* B 100: *Taubenschwarm.* – *überwinden, auch:* Ms »überwinden, um«. – *wartete:* Ms »warte«. – *Dauer trennen:* dahinter im Ms gestrichen: »entweder gehe ich dann einmal ohne jede Spur von Unruhe zum Eingang, hebe langsam das Moos, steige langsam hinab, oder aber, wenn ich dies nicht zustande bringen sollte oder wenn es zu lange bis dahin dauert, kommt – wahrhaftig, es kann nicht anders sein – der Bau selbst mich zu holen und die Erde verschlingt mich«. Zum Motiv vgl. B 185 Z. 4 ff. – *Reise:* »Zürau habe ich unenttäuschbar wiedergefunden. Es besonders zu loben, wie es die Wahrhaftigkeit verlangt, ist allerdings jetzt nicht der Augenblick ... Ich habe eben von allem Anfang an von Prag her viel Sauerei in diese Gegend gebracht«. (Br 193) Eine ähnliche Auffassung vertrat Kafka hinsichtlich seines Aufenthalts in Planá 1922: »ich war jetzt fast 4 Tage in Prag und bin wieder hierher in den verhältnismäßigen Frieden zurückgekommen ... Vier Tage im Sommer in der Stadt sind freilich schon sehr viel, länger könnte man sich z. B. gegen die halbnackten Frauen dort kaum wehren«. (Br 405) – *Müdigkeit:* Kafka über sein Schreiben: »erst zwischen den innern Gestalten werde ich wach«. (F 367)

B 196   *ersticken:* »Wie wäre es, wenn man an sich selbst erstickte?

Wenn durch drängende Selbstbeobachtung die Öffnung, durch
die man sich in die Welt ergießt, zu klein oder ganz geschlossen würde? Weit bin ich zu Zeiten davon nicht.« (T 576, am
9. 3. 1922, vgl. B 192: *öffnet*) – *alten Zeiten:* Kafka Ende
Oktober 1923 an Max Brod in Anspielung auf die gemeinsame Urlaubsreise von 1911 (vgl. die Einleitung zu *Die erste*
lange Eisenbahnfahrt): »ich schreibe nichts, aber nicht deshalb
… weil ich nicht nach einer vertrauten Stunde mit Dir verlangen würde, einer Stunde, wie wir sie, so scheint es mir
manchmal, seit den oberitalienischen Seen nicht mehr gehabt
haben.« (Br 452, vgl. die nächste Anmerkung) – *zu geschehen*
pflegt: Kafka über sein Verhältnis zu Max Brod: »ich kann
mich nicht erinnern – wenn es geschehen wäre, könnte ich
mich sehr gut erinnern –, ein großes, zusammenhängendes,
mein ganzes Wesen heraushebendes Gespräch mit ihm geführt zu haben, wie es doch selbstverständlich sich ergeben
müßte, wenn zwei Menschen mit ihrem großen Umkreis ei-
gentümlicher und bewegter Meinungen und Erfahrungen an-
einandergeraten.« (F 401)

B 197   *deine Fragen:* Ms »Du«, wohl zu verbessern in »Deinetwe-
gen«. – *Ich habe wohl:* Im ganzen zweiten Teil, der, so ergeben strukturelle Überlegungen (vgl. B 184: *heute*), an dieser
Stelle beginnt, werden auf der Erzählebene, meist mit einer
kurzen zeitlichen Phasenverschiebung, die Vorgänge reflektiert, die eben als Handlungsgang geschehen. Diese einmaligen, aus dem üblichen Lebenslauf des Tiers herausführenden
Ereignisse können so durchweg mit dem Präsens der Reportage dargestellt werden. – *von selbst sich:* Ms »von selbst
schon sich«. – *Zischen:* Die Schwierigkeit einer Deutung dieses
Phänomens wird naturgemäß durch den fragmentarischen
Charakter der Erzählung sehr erschwert. Immerhin lassen sich
als stoffliche Anregung zunächst Zürauer Erinnerungen erkennen. Bei einer Rückkehr aus Prag Anfang November 1917
bemerkte Kafka »zu bisher nicht nachgeprüfter Tageszeit unerwartet Lärm rings im Hause« (Br 193), und in der Mitte des
Monats bemächtigte sich seiner eine ungeheure Erregung wegen der nachts unvermittelt auftauchenden Mäuse (vgl. die
Wendung vom »Kleinzeug«). Kafkas Mäusefurcht – sein
Gehör hatte sich in den bedrohlichen Nächten »tausendmal
verfeinert« (Br 201) – beruhte auf der für ihn entsetzlichen
Vorstellung, daß die Tiere »die Mauern ringsherum hundert-
fach durchgraben haben und dort lauern, daß sie sowohl
durch die ihnen gehörige Nachtzeit als auch durch ihre Win-
zigkeit so fern uns und damit noch weniger angreifbar sind.«
Diese Angst hänge »mit dem unerwarteten, ungebetenen, un-
vermeidbaren, gewissermaßen stummen, verbissenen, geheim-

absichtlichen Erscheinen dieser Tiere zusammen« (Br 205);
ganz in diesen Kategorien wird am Ende des *Baus* das vom Erzähler vermutete angreifende Tier beschrieben. Dazu kommt
noch, daß Kafka während der ersten Zürauer »Mäusenacht«
zunächst den Hauptlärm vergeblich an einer bestimmten Stelle
zu lokalisieren suchte und deswegen in völliger Hilflosigkeit
den Morgen erwarten mußte (Br 198), was genau zum er-
folglosen Bemühen des immer mehr sich erregenden Tiers
stimmt, die Lärmquelle aufzufinden. Den Zürauer Erfahrungen mögen sich Erlebnisse in Matliary überlagert haben:
»meine angstgeschärften Ohren hören jetzt alles«, heißt es
in einem an Max Brod gerichteten Schreiben (Br 288), hatte er
doch das Gefühl, daß selbst die leisen Stimmen der Mitpatienten
»durch Mauern dringen«: »ich muß mich erst davon erholen,
vorläufig stört mich noch alles, fast scheint es mir manchmal,
daß es das Leben ist, das mich stört; wie könnte mich denn
sonst alles stören?« (Br 293, vgl. 288) Und auch der Aufenthalt in Planá im Sommer 1922 steht unter dem Gesetz der
Geräuschempfindlichkeit: »jeder Augenblick kann Überraschungen bringen, wie es schon manche kleinere gab, und
manchmal schaue ich suchend und erwartungsvoll aus dem
Fenster ... Ich verliere jeden Sinn auch für guten Lärm«.
(Br 391) Mit solchen Vorstellungen verbindet sich im *Bau*
nun offensichtlich die Metapher vom »Lärm der Welt«, die
verschiedenartigste Lärmbelästigung des Dichters, in der Spätzeit besonders, auf einer grundsätzlichen Ebene als feindliche
Einwirkung der Welt interpretiert (vgl. *Forschungen eines
Hundes* B 282: *überall Lärm* u. 283: *größten Lärm*), wobei
offensichtlich auch an den Vater gedacht ist (vgl. E 92 f. u.
einen Brief Kafkas an Ottla, in dem er ein Referat väterlicher
Vorwürfe so einleitet: »Gestern war wieder einmal großer
... Lärm am Abend« – O 49). Es ist nur eine andere Ar-
gumentationsebene, wenn man sagt, das Zischen im *Bau*
sei Ausdruck der inneren Angst des Tieres, die sich immer
wieder manifestiert (vgl. z. B. B 182, 192, 193 f.), vor allem
aber in der Art und Weise sichtbar wird, wie das fremd-
artige Geräusch gedeutet wird; die dem Erzähler naheliegende, aber seine Existenz bedrohende Erkenntnis wird zunächst
durch offensichtlich unsinnige und unwahrscheinliche Schutz-
behauptungen verdrängt und setzt sich erst nach und nach in
seinem Bewußtsein durch. Wie die Geräuschempfindlichkeit
Kafkas Ausdruck seiner Angst vor der Welt ist (vgl. M 70
u. 148), die sich, auch noch in Berlin, gerade durch die Einwirkung Fremder artikulierte (vgl. M 56, 112, Br 398 u. B 187:
Witterung), so stört der Erzähler im *Bau* selbst durch seine
Wesensart den Frieden des Baus (B 179), indem er sich ihm

und seiner Stille gegenüber nicht völlig öffnet (vgl. B 192,
205 u. 210), so daß der entstehende Lärm als Spiegel eigener
innerer Unruhe aufgefaßt werden kann. (Vgl. B 219: *unverändert*, 175: *Stille*, die *Erste lange Eisenbahnfahrt* E 309:
Lärm u. T 482: »Verschiedene Formen der Nervosität. Ich
glaube, Lärm kann mich nicht mehr stören. Allerdings arbeite
ich jetzt nicht. Allerdings, je tiefer man sich seine Grube gräbt,
desto stiller wird es, je weniger ängstlich man wird, desto
stiller wird es.«) – *irgendwie den Verhältnissen des Baues:* Ms
»den Verhältnissen des Baues irgendwie«. – *des Hausbesitzers:*
Ms »des wirklichen, sein Amt ausübenden Hausbesitzers«. –
Zuschüttens: Als es Milena ablehnte, sich Ende Juli 1920 erneut mit Kafka zu treffen – die Zusammenkunft in Wien, die
einer außerhalb des Baus sich vollziehenden Lebensphase des
Kafkas Lebensgang darstellenden Erzählers zugerechnet werden muß, lag vier Wochen zurück –, gestand er ihr dieses
Recht der Verweigerung zwar zu, bemerkte aber über seine
Lage: »es ist nur das, daß man diesen schmalen Weg aus der
dunklen Wohnung hinaus zu Dir mit solcher Freude gegraben
hat und ... diesen Gang, den man so schnell gegraben hat,
langsam zurückwandern und zuschütten muß ... Am Ende
macht man schon wieder neue Gänge, man, alter Maulwurf.«
(M 164 f.) – *immer unverändert dünn klingt es:* Ms »immer
klingt es unverändert dünn«. – *einmal aber:* Ms »einmal eher«.
– *geschehen, daß:* Die folgende Parenthese findet sich im Ms
vor »daß«. – *lieber:* Ms »viel lieber«. – *Eignung:* Ms »Übung«,
vgl. Br 201.

B 200   *ein annähernd gleiches:* widerspricht den physikalischen Ge-
        gebenheiten.

B 201   *es bisher getan:* Ms »bisher getan«. – *eine gegen mich:* Ms
        »irgendeine gegen mich«. – *der Burgplatz war:* im Ms dahin-
        ter »die Feierlichkeit des Ortes«. – *feste Jagd:* Ms »beste
        Jagd«. – *in den Gängen:* Ms »in den Wänden«. – *früheren:*
        Ms »frühen«.

B 202   *Hohlraum:* T 194: »Ich bin von allen Dingen durch einen hoh-
        len Raum getrennt, an dessen Begrenzung ich mich nicht ein-
        mal dränge.« – *geben konnte:* Ms »geben könnte«. – *Rau-
        schen der Stille:* Vgl. H 258.

B 203   *alles dieses Schöne:* Ms »alles diese Schöne«. – *Empfindlich-
        keit:* Kafka fand seine Widerstandskraft hinsichtlich Störun-
        gen gegenüber seinem Meraner Aufenthalt vom Vorjahr deut-
        lich verringert. (Br 302, vgl. F 376)
        In der Folgezeit setzte sich diese Entwicklung fort: »schreit
        mir ... in dieses Außerhalb-der-Welt die Welt grabschänderisch
        herein, komme ich außer Rand und Band ... Eine Kleinig-
        keit genügt, um mich in diesen Zustand zu bringen ... ich

verliere den Glauben daran, daß es noch irgendwo auf der Oberfläche der Erde Ruhe gibt, ich kann nicht wachen, nicht schlafen, selbst wenn einmal ausnahmsweise Ruhe ist, kann ich nicht mehr schlafen, weil ich zu sehr zerrüttet bin ... Da habe ich vor 3 Tagen ... eine ... Waldwiese gefunden ... dort ist es still.« (Br 330 f., vgl. B 176: *Hauptplatz*) Die Art der Lebensform des Tiers (vgl. B 191: »aus einer anderen Welt heraus«), sein Ruhebedürfnis und die Funktion des Burgplatzes als Bollwerk gegen die andrängende, feindlich-lärmende Welt sind in dieser Briefstelle vorgebildet.

B 204   *schließlich keine:* Ms »keine schließlich«. – *Tiere sind und viel:* Ms »Tiere sind viel«.

B 205   *tut mir wohl:* dahinter im Ms »außerdem wandere ich eigentlich aus wenn ich mich in dem neuen Zufallsgraben verliere, was dort mit mir geschieht, geschieht außerhalb des Hauses, das ich gestört hinter mir lasse«; vgl. Br 386, wo Kafka über seine Lebensform ausführt, die Trennung der zum Schriftsteller gewordenen Seele vom wirklichen, empirischen Ich bedeutet: »Mit welchem Recht erschrecke ich, der ich nicht zuhause war, daß das Haus plötzlich zusammenbricht; weiß ich denn, was dem Zusammenbruch vorhergegangen ist, bin ich nicht ausgewandert und habe das Heu allen bösen Mächten überlassen?« – *Was ist denn?:* Ms »Was ist es denn?«

B 206   *dort etwas:* Ms »etwas dort«. – *frißt:* bekanntlich die Regenwürmer. – *ihm im Grunde nicht:* Ms »ihm nicht im Grunde«. – *wenn ich will:* Ms »wann ich will«.

B 207   *kämpfte:* Ms »kämpfe«. – *sie nicht gleich:* »Ms »nicht gleich«. – *in den Hang:* Ms »in den Gang«. – *im Märchen:* Ms »in Märchen«, vgl. T 323 f.

B 208   *unter der Erde:* Ms »unter Erde«. – *flüchtige:* Ms »flüchtigste«.

B 209   *Schritt:* Vgl. Br 431: »... daß wir verzweifelte Ratten, die den Schritt des Herrn hören, nach verschiedenen Richtungen auseinander laufen«. – *Gefühl:* Vgl. H 232: »Der beurteilende Gedanke quälte sich durch die Schmerzen die Qual erhöhend und nichts helfend empor. Wie wenn im endgültig verbrennenden Hause die architektonische Grundfrage zum erstenmal aufgeworfen würde.«

B 210   *sie könne nicht bald genug:* Ms »sie könnte nicht genug bald«. – *wenn ich mir:* Ms »wenn ich nur«. – *Lärm der Welt:* Vgl. B 197: *Zischen* u. *Forschungen eines Hundes* B 282: *überall Lärm.*

B 211   *Ursache vielleicht:* Ms »Ursache wirklich«.

B 212   *gegen die Annahme:* Ms »gegen diese Annahme«. – *bei seinem:* Ms »rings in seinem«. – *beobachtete:* dahinter im Ms: »Und

jetzt wird nun das Geräusch doch stärker die Kreise also enger.« Vgl. B 194: *Nest. – in der Erde:* Ms »an der Erde«.

B 213 von ihrer ungeheuren: Ms »von ihrer offenbar ungeheueren«. –
Nun einen solchen: Ms »Nein, einen solchen«. – *hätte immer
Vorbereitungen treffen:* Ms »immer Vorbereitungen hätte
treffen«.

B 214 *mit kindlichen Spielen:* Vgl. T 561 (»Mein geistiger Nieder-
gang begann mit kindischem, allerdings kindlich-bewußtem
Spiel«), *Erstes Leid* E 244: *Kinderstirn* u. *Forschungen eines
Hundes* B 271: *unartiges Kind.*

B 215 *lief nicht:* Vgl. B 210 Z. 18 ff. – *eroberungssüchtig:* »Ich bin
niemals ein Mensch gewesen, der etwas um jeden Preis durchsetzt.« (Br 100)

B 216 *brach er:* Ms »brach es«. – *Mannesalter:* Vgl. *Forschungen eines Hundes:* »meine ganzen Mannesjahre trennen mich von
jenem Hungern«. (B 280) Verkörpert das Zischen auf einer
bestimmten Ebene die von seinem Innern und Prag ausgehende Bedrohung seiner Verbindung mit Dora Diamant (vgl.
B 176: *Zieles des Hausbesitzes* u. 187: *Witterung*), so ergibt
sich, auch in Übereinstimmung mit der angeführten Parallelerzählung, als 6 bis 13 Jahre zurückliegendes und mit der
Errichtung des Labyrinths ungefähr zeitgleiches (vgl. B 182:
Eingangslabyrinth) Analogon Kafkas Kampf mit Felice, der
auch hinsichtlich der damaligen Lebensweise des Dichters als
Anfangsphase der dann im *Bau* dargestellten Isolierung der
Spätzeit angesehen werden kann. (Vgl. F 618: »Ich sitze oder
liege während der Stunden des Tages, die allein ich als mir
entsprechendes Leben anerkenne, allein in diesen stillen 3 Zim-
mern, komme mit niemandem zusammen, auch mit meinen
Freunden nicht«, T 511: »die schlechte Wohnung ... aus der
du dich nicht rührst« u. die Einleitung zu *Forschungen eines
Hundes*) – ein Kampf, der nach Kafkas Auffassung durch
den Ausbruch der Tuberkulose »abgeblasen« wurde (O 40,
vgl. Br 101). – *als läge:* Ms »als liege«.

B 217 *scheint mir:* Ms »scheint mit mir«.

B 218 *Krallen und Zähne:* Da Kafkas innerer Widerstreit zwischen
dem Wunsch »nach besinnungsloser Einsamkeit« – er wollte
nur sich selbst »gegenüber gestellt sein« – (T 306) und der
Sehnsucht nach einem alltäglichen Leben in der Gemeinschaft
in seinen Lebenszeugnissen gern im Bild des Zweikampfs vorgestellt wird (vgl. F 617, 755, T 511 u. J. Born, »Daß zwei
in mir kämpfen ...«, in: Literatur und Kritik [1968],
Heft 22, S. 105 ff.), ist es naheliegend und folgerichtig im
Sinne der bisher gegebenen Hinweise, den angeblichen Gegner
des Tiers als Verkörperung von Kräften zu deuten, die den
Besitz des Hauses, auf der lebensgeschichtlichen Ebene: des

Hausstandes, bekämpfen. (Vgl. B 300). – *an seinem:* Ms »in seinem«. – *hörbare:* Dies war für Kafka ein Hauptproblem seit der Zeit, als er in Untermiete ein eigenes Zimmer bewohnte, vgl. T 463 ff. u. den *Nachbarn* B 131: *Küche.* – *unverändert:* Ms »unverändert, das«. Über den Schluß können nur Vermutungen angestellt werden. Dora Diamant glaubte sich zu erinnern, daß das Tier in dem stattfindenden entscheidenden Kampf unterliegen werde. (B 350) Wie schon in der vorvorletzten Anmerkung angedeutet, hat man jedoch nicht an einen realen Kampf zu denken, wenngleich eine Stelle wie B 193 f. für einen solchen Ausgang zu sprechen scheint und auch, wie *Der Geier* und *Die Brücke* zeigen, eine Ich-Erzählung so gestaltet werden kann, daß das Ende des Erzählenden darstellbar ist. (Vgl. B 197: *Ich habe wohl* – Präsens der Reportage!) Auch könnte man im Hinblick auf die Biographie des Dichters und seine Furcht, durch eine Rückkehr nach Prag in erhöhte äußere und innere Abhängigkeit von der Familie zu gelangen, zu dem Schluß kommen, das Entsetzen des Tiers habe schließlich so zunehmen sollen, daß es endlich seinen Bau verlassen (vgl. B 188!) und sich ähnlich wie die Titelfigur im *Landarzt* in heimatloser Weite verirrt oder als Wandernder im Wald verloren hätte (vgl. auch die Tatsache, daß Kafka in Berlin mehrfach umziehen mußte, Br 460 u. 475). Gegen die letzte Möglichkeit spricht aber, daß das Tier so mit seinem Bau verwachsen, ja geradezu identisch ist, daß ein Verlassen dieser Behausung, die eine Gefahr des Lebens ja nicht ausschalten würde, wenig wahrscheinlich ist. Gegen die erstgenannte Auffassung läßt sich geltend machen, daß die Argumente, die der Erzähler für die Existenz des Tieres anführt, die allerunglaubwürdigsten, weil nur Ausdruck seiner inneren Angst, sind, daß eine derartige Deutung gar nicht zu den biographischen Äquivalenten dieses Motivs paßt, das doch Objektivationen innerer Schwierigkeiten verkörpert, und daß schließlich der Schlußsatz ein Selbstzitat des Erzählers darstellt, das auf Unveränderlichkeit von Außenwelt, Bau und Zischen verweist, so daß ein Erzählfortschritt im äußeren Sinne nicht mehr recht denkbar ist (zu diesem letzten Punkt H. Henel, *Das Ende von Kafkas* »Der Bau«, S. 19 f.). So bleibt als wahrscheinlichste Lösung, die auch mit dem von Dora Diamant überlieferten Schluß und den angelegten Erzählfäden noch einigermaßen harmoniert, daß das Tier an seiner eigenen Angst zugrunde geht, ohne daß sich der Feind zeigt. (Vgl. B 300)

JOSEFINE, DIE SÄNGERIN, ODER DAS VOLK DER MÄUSE

(März 1924)

Nach Robert Klopstocks Erinnerung ist die Erzählung im März 1924 in Prag entstanden, unmittelbar vor der Reise ins »Sanatorium Wiener Wald« in Nieder-Österreich. »In diesen Tagen schrieb er die Geschichte ›Josefine oder Das Volk der Mäuse‹, und als er eines Abends das letzte Blatt der Geschichte fertiggestellt hatte, sagte er mir: ›Ich glaube, ich habe zur rechten Zeit mit der Untersuchung des tierischen Piepsens begonnen. Ich habe soeben eine Geschichte darüber fertiggestellt‹. Ich habe aber nicht den Mut gehabt, sie von ihm zu verlangen, um sie zu lesen. Noch am selben Abend sagte er mir, daß er ein komisches Brennen im Halse fühle, beim Genießen gewisser Getränke, besonders Fruchtsäfte, und er äußerte seine Besorgnis, ob nicht sein Kehlkopf auch mit angegriffen sei.« (Br 521) Man wird diese Passage nicht so verstehen können, als habe Kafka im Pfeifen der Sängerin die dann für ihn tödliche Kehlkopftuberkulose thematisiert (Entstehungsgeschichte, Hintergrund und wichtige Motive des Textes weisen auf ganz andere Zusammenhänge), vielmehr fühlte er sich überrascht und bestätigt durch die Tatsache, daß das eben Gestaltete seinen Realitätscharakter nachträglich auch noch darin manifestierte, daß sich Analoga in seinem Lebenslauf konstellierten. Als frühere Parallele kommt hier ein Urteil des Autors über die im Winter 1916/17 entstandene *Landarzt*-Geschichte in Frage, wo die Titelfigur bei einem Patienten eine rätselhafte, handtellergroße Wunde in der Hüftgegend bemerkt. (E 151) Am 5. September 1917 nun, nach der Konstatierung eines Lungenspitzenkatarrhs bei Kafka, schrieb dieser an Max Brod: »... ich klage ja nicht ... Auch habe ich es selbst vorausgesagt. Erinnerst Du Dich an die Blutwunde im ›Landarzt‹?« (Br 160) Naheliegend also, daß Kafka, als seine Krankheit in ein neues Stadium trat, wieder nach einer erzählerischen Antizipation suchte. Ganz verkehrt wäre es auch, in Josefines Beruf und ihrem Bemühen, mit Rücksicht auf den Gesang von jeder Arbeit befreit zu werden (E 284), ein Bild für Kafkas künstlerische Existenz und seine Doppelbelastung durch bürgerlichen Beruf und Schreiben zu sehen, denn seit dem 1. Juli 1922 war er pensioniert, konnte sich also, wenn er nur wollte, ganz seiner literarischen Tätigkeit widmen, die er aber, sehr im Gegensatz zur Sängerin, als zwar lebensnotwendige, aber an sich belang- und wertlose Tätigkeit abqualifizierte, die höchstens im ihm unerreichbaren Idealfall möglicherweise ein wahres Wort von Mensch zu Mensch ermögliche (Br 374, 431 u. 453).
Freilich ist nicht zu leugnen, daß Josefines Kunstfertigkeit zuweilen in Kategorien beschrieben wird, die an Aussagen Kafkas über sein Schaffen erinnern. (Vgl. dazu die Einzelkommentierung) Dieser Befund ist aber als Ausdruck dafür zu nehmen, daß gemeinschaftsbil-

dende geistige Manifestationen des Jüdischen, die Kafka schon in den
Forschungen eines Hundes durch den Vorstellungsbereich der Musik
veranschaulicht hatte (vgl. bes. B 244: *Lebenselement* u. B 288: *Musik
der Hunde*), den Bereich der Literatur natürlich mit einschließen. Kafka war, schon seit 1911, als er zum erstenmal persönlich mit dem Ostjudentum in Berührung kam, der Auffassung, eine bewußt national
verstandene Literatur könne der »Veredlung und Besprechungsmöglich-
keit des Gegensatzes zwischen Vätern und Söhnen« dienen und »das
einheitliche Zusammenhalten des im äußern Leben oft untätigen und
immer sich zersplitternden nationalen Bewußtseins« fördern. (T 206)
Hinsichtlich des Namens und Berufs der Titelfigur ergeben sich mancherlei Assoziationen. Man könnte an Josephine Beauharnais denken,
die 1796 Napoleon heiratete und als Kaiserin den Franzosen gegenüber eine dominierende Rolle einnahm, die derjenigen Josefines den
Mäusen gegenüber entsprechen könnte; da Kafka ein großer Verehrer
des Korsen war und vieles über ihn und seine Zeit las, waren ihm diese
Zusammenhänge natürlich gegenwärtig. (Vgl. z. B. F 271 f.)
Erinnert fühlt man sich auch an die musikalische, singende Schwester
Kathi Fröhlichs namens Josephine, die Kafka, dem der Verfasser des
heißgeliebten *Armen Spielmanns* ein »Blutsverwandter« war, aus
H. Laubes Grillparzer-Biographie bekannt sein mußte. (Vgl. F 460,
462, M 101 u. *Franz Grillparzers Lebensgeschichte*, Leipzig [1909],
S. 66) Vor allem aber kommt Eduard Mörikes Gedicht *Josephine* in
Frage, wo die eindringliche Wirkung einer Sängerin beim Hochamt
(d. h. auch bei einer Volksversammlung) beschrieben wird. Ihre Stimme
ist sanft und dem Klang der Flöte verwandt (also auch dem
Pfeifen): »Welch zages Spiel die braunen Augen hatten! Wie barg
sich unterm tiefgesenkten Schatten / Der Wimper gern die rosge
Scham!«Entsprechend fasziniert Josefine, äußerlich von großer Zart-
heit (E 271),ihre Volksgenossen durch ein schüchternes Pfeifen (E 272).
Was das Motiv des Singens betrifft, so muß ferner gesagt werden, daß
Kafka in seiner Berliner Zeit oft mit Max Brods Freundin Emmy Salveter zusammentraf, die Opernsängerin werden wollte (was aber an
mangelnder Begabung in diesem Bereich scheiterte), sich durch die
Musik »erhöht« und, nach Kafkas Meinung, gerettet fühlte. (Br 455 u.
457, über Emmy Salveter vgl. meine Arbeit »Kafka in neuer Sicht«,
Stuttgart [1976], S. 460 ff.) Emmy wirkte damals in einem Kir-
chenkonzert mit, rezitierte vor Kafka und wurde von einem Sprech-
theater engagiert. (Br 457 u. 466) Entscheidender noch für die Genese
der Erzählung war Kafkas Begegnung mit der jungen »Palästinenserin«
Puah Bentovim, die ihn 1923 in Prag im Hebräischen unterrichtete und
noch während seiner Berliner Zeit mehrfach mit ihm zusammentraf.
(Br 440, 453, 456 u. 459) Sie, die als einzige in Prag das Hebräische
als Muttersprache hatte und somit perfekt beherrschte, hielt dort Vorträge und Sprachkurse beim jüdischen Wanderbund »Blau-Weiß« und
war eine Zeitlang Religionslehrerin an der Talmud-Thora-Schule. Na-

türlich trug sie in Zirkeln auch hebräische Lieder vor. Ist schon dies und die Tatsache, daß das Singen im Volkszusammenhang für Kafka ein Bild für sprachliche und damit wesentliche Artikulationen des von ihm als Lebensideal betrachteten Ostjüdischen darstellt (vgl. F 697, M 220 und die *Rede über die jiddische Sprache*), ein starkes Indiz dafür, daß die kleine und junge Puah ein Vorbild für die mädchenhaft-zarte Josefine ist, so wird eine derartige Zuordnung noch durch spezielle Determinanten verstärkt.

Die aufmunternde Wirkung von Josefines Gesang (E 282) kehrt auf der biographischen Ebene in der Ermunterung wieder, die Puahs Auftauchen für Kafka in Berlin im Gefolge hatte (Br 440). Josefines Behauptung, ihr Gesang führe das Volk als solches zusammen und gebe Kraft im Ertragen des Unglücks (E 276), ist zionistische Argumentationsweise, die in Prag damals meist von jungen Leuten vertreten wurde, z. B. im Studenten-Verein »Bar-Kochba«, der jüdischen Variante der Jugendbewegung, die sich im »Blau-Weiß« zusammenfand, und im sogenannten »Mädchenklub« (vgl. Br 248), dem auch Kafkas Schwester Ottla angehörte (vgl. T 352 u. 361 f.). So ist gewiß kein Zufall, daß sich vor allem die ganz Jungen um die Sängerin scharen (E 281), während umgekehrt die Opposition (E 271), realiter also die Orthodoxie, gerade im aufkommenden jüdischen Nationalismus, der Judentum als Volksgemeinschaft deutete, die allergrößte Gefahr für den Fortbestand der assimilierten, also in der Diaspora lebenden (vgl. E 279: *zerstreut*) israelitischen Kultusgemeinde sehen mußte, die Judentum als bloße Religionszugehörigkeit definierte.

Überdies kann Josefines vergebliche Forderung um Arbeitsbefreiung mit Puahs unentgeltlich geleisteter zionistischer Agitationstätigkeit in Verbindung gebracht werden, die ihre akademische Ausbildung, deretwegen sie nach Prag gekommen war, ziemlich beeinträchtigte; denn dieses Berufsziel konnte als Absicht aufgefaßt werden, sich der Kolonisation Palästinas zu entziehen, auf die sich die Prager Volksgenossen, die also gewissermaßen bewußt gewöhnliche »Erdarbeiter« sein wollten (vgl. E 270 u. Br 365: »Erde braucht Palästina, aber Juristen nicht«), gerade intensiv vorbereiteten. Möglicherweise überlappt sich an diesem Punkt Emmy Salveters Lebensmuster mit demjenigen Puahs, denn Kafka lehnt in einem auf Ende Oktober 1923 datierten Brief an Max Brod scharf dessen Erwägungen ab, seine Geliebte wegen der schlechten wirtschaftlichen Lage im Deutschen Reich in die Tschechoslowakei zu holen und sie damit der weiteren musikalischen Ausbildung und dem selbständigen Erwerb des Lebensunterhalts zu entziehen. (Br 457)

Schließlich mag man in Josefines Drohung, die Koloraturen zu kürzen, und in ihrem überraschenden Verschwinden Puahs lockerer werdende Verbindung zu Kafka in Berlin und ihr endgültiges, für ihn so rätselhaftes Fernbleiben wiedererkennen (Br 459: »Pua ... ist ganz

verschollen«). (Zu den Einzelheiten vgl. meinen Aufsatz »Kafkas Hebräischstudien. Ein biographisch-interpretatorischer Versuch«, in: Jahrbuch der Dt. Schillergesellschaft 11 [1967], S. 539 ff.)
Kurz nach seiner Ankunft im Sanatorium »Wiener Wald« Anfang April
1924 schrieb Kafka an Max Brod: »es kostet und wird unter Umständen entsetzliches Geld kosten, Josefine muß ein wenig helfen, es geht
nicht anders. Biete sie bitte Otto Pick an... nimmt er sie, dann schicke
sie bitte *später* der ›Schmiede‹, nimmt er sie nicht, dann *gleich*.«
(Br 480) Pick stand dem Chefredakteur der *Prager Presse*, Arne Laurin, der Kafka ebenfalls kannte (vgl. M 118: »L.« = Laurin), sehr
nahe. Kafka wollte also eine schnelle Publikation der Erzählung erreichen, um mit dem anfallenden Honorar seinen teuren Sanatoriumsaufenthalt besser finanzieren zu können. (Zur Alternativlösung, die
Kafka vorschlägt, vgl. die Bemerkungen zum *Hungerkünstler*-Band)
Tatsächlich erschien die Geschichte unter dem Titel *Josefine, die Sängerin* am 20. 4. 1924 in der *Prager Presse*. (Osternummer 110, Beilage
»Dichtung und Welt«, S. IV–VII, vgl. J. Loužil, Ein unbekannter Zei-
tungsabdruck der Erzählung »Josefine« von Franz Kafka, in: Zeitschrift für deutsche Philologie 86 [1967], S. 317 ff.) Kafka nahm in
Kierling bei Wien – bettlägrig im Sanatorium (vgl. Br 481 u. FK 178)
– das Belegexemplar im Empfang (Br 482) und ließ durch Dora Diamant um Überweisung des Honorars nach Kierling bitten. Als er
dorthin dann nach einigen Wochen die Fahnen des *Hungerkünstler*-
Bandes übersandt bekam, änderte er noch den Titel der Erzählung:
»Die Geschichte bekommt einen neuen Titel. ›Josefine, die Sängerin –
oder – Das Volk der Mäuse.‹ Solche Oder-Titel sind zwar nicht sehr
hübsch, aber hier hat es vielleicht besonderen Sinn. Es hat etwas von
einer Waage.« (FK 179 f.) Das Bild der Waage wird von Kafka öfters
gebraucht, um sein Verhältnis zur Gemeinschaft darzustellen; als
Waagschalen stehen sich dann Weltbezug und Selbstverpflichtung gegenüber. (Vgl. M 131, 236, F 637, 668, Br 183 u. T 564) Auf diesem
Hintergrund wird die Änderung besser verständlich, ist in *Josefine*
doch die Wechselseitigkeit der Beziehung zwischen dem einzelnen und
dem Volksganzen dargestellt, die jetzt schon in der Überschrift deutlich zutage tritt.

E 269   *wer weiß:* Dahinter in D »für«. – *unmusikalisch:* wie Kafka
selbst, vgl. F 333, *Forschungen eines Hundes* B 244: *Alles
war Musik* u. B 288: *Musik der Hunde*. – *stumpfste:* Vgl.
E 267 f., 130 u. F 146. – *Sagen:* dieser Begriff für die alttesta-
mentlichen Überlieferungen B 95 u. H 120. – *niemand:* die
Situation des Westjudentums, wo die etwa für die Thorale-
sungen in der Synagoge notwendige Kenntnis des Hebräischen fast ganz geschwunden war, vgl. Br 330: »...daß unter meinem Balkon ... ein junger halbfrommer ungarischer
Jude im Liegestuhl liegt ... und immer fröhlich den ganzen

Tag Tempelmelodien brummt. (Was für ein Volk!)«. (An anderer Stelle sagt Kafka von diesem Mann, er bringe »aus seiner Kindererinnerung viel Hebräisches herauf« – Br 286) Max Brod berichtet über einen mit Kafka unternommenen Besuch bei einem aus Galizien geflüchteten Wunderrabbi: »Es ist bemerkenswert, daß Franz, den ich zu einer der ›Dritten Mahlzeiten‹ am Sabbatausgang mit ihrem Flüstern und chassidischen Gesang mitnahm, eigentlich recht kühl blieb. Bewegt von den Urlauten eines alten Volkstums war er wohl, sagte aber doch beim Heimgehen: ›Genau genommen war es etwa so wie bei einem wilden afrikanischen Volksstamm. Krasser Aberglauben.‹« (FK 137) Vgl. auch E 291: *Geschichte.*

E 270 *Lebensäußerung:* Gemeint ist offenbar der Jargon, vgl. *Forschungen eines Hundes* B 244: *Lebenselement* u. Br 336: »...so mauscheln wie Kraus kann niemand, trotzdem doch in dieser deutsch-jüdischen Welt kaum jemand etwas anderes als mauscheln kann, das Mauscheln im weitesten Sinn genommen .. nämlich als die ... Anmaßung eines fremden Besitzes, den man ... gestohlen hat ... auch wenn nicht der einzigste Sprachfehler nachgewiesen werden könnte, denn hier kann ja alles nachgewiesen werden durch den leisesten Anruf des Gewissens in einer reuigen Stunde.« – *nicht singt:* Das Problem wird insofern nicht eigentlich entschieden, als unter dem unmittelbaren Einfluß Josefines ihre Exklusivität zugegeben, aus der kritischen Distanz heraus aber geleugnet wird. Das würde heißen, daß theoretisch das Hebräische von den natürlichen Lebensäußerungen des Westjudentums, dem Jargon und seinen Reminiszenzen, qualitativ nicht unterschieden werden kann und keineswegs für das Judentum von konstitutiver Bedeutung wäre. Nur im Erlebnis könne das Hebräische mehr als bloße Erinnerung an alte Zeiten sein. Einer solchen Position entspräche teilweise Kafkas Nähe zur Orthodoxie seit Sommer 1923, die durch eine Briefstelle belegt ist. (Br 470, Einzelheiten dazu in »Kafkas Hebräischstudien«, S. 555 f.) Unter dem Einfluß der Berliner »Hochschule für die Wissenschaft des Judentums« und der Ostjüdin Dora Diamant zeigt sich für Kafka das Judentum als zeitlose, unauflösliche und alle Gefahren überdauernde Größe, die in bestimmten Geisteshaltungen niemals ganz aufgeht. Einige Wochen vor seinem Tode werden für Kafka dadurch auch die nationale Bewegung und ihre Erscheinungsformen zu einer kleinen, bald vergessenen »Episode« der »ewigen Geschichte« seines Volkes (vgl. E 290 f). – *Pfeifen, was:* D »Pfeifen, das«.

E 271 *Frauengestalten:* Tatsächlich war für Kafka Zartheit ein entscheidendes Merkmal der Jüdin; so sagt er z. B. über eine Schwester seiner Braut Felice: »Der Ausdruck ihrer Augen

und deren Verhältnis zur Nase gehört einem Typus jüdischer
Mädchen an, der mir immer naheging. Um den Mund ist dann
eine besondere Zartheit.« (F 339, vgl. M 119)

E 272 *mäuschenstill:* Vgl. *Forschungen eines Hundes* B 286: *hündisch.*
       – *ausgespreizten:* Zur Deutung der Armgeste vgl. E 276 Z. 4 f.
E 273 *Reinheit:* Eine Hauptforderung Kafkas an sich selbst, vgl.
       z. B.: »Zeitweilige Befriedigung kann ich von Arbeiten wie
       ›Landarzt‹ noch haben ... Glück aber nur, falls ich die Welt
       ins Reine, Wahre, Unveränderliche heben kann.« (T 534, vgl.
       569, 320: »In mir selbst gibt es ohne menschliche Bezie-
       hung keine sichtbaren Lügen. Der begrenzte Kreis ist rein«
       u. H 238) – *zu lehren:* Danach in D neuer Absatz. – *sehr*
       unruhig: Ein solcher Zustand galt für Kafka ganz be-
       sonders während seiner Berliner Zeit, wo ihn wirt-
       schaftliche und politische Gegebenheiten (Inflation), der
       eigene Gesundheitszustand und innere Ängste gleicher-
       maßen beschäftigten. (Vgl. Br 446: »jeden Tag irgendein größe-
       rer Mangel«, 448: »... daß ich ... alle Drohungen dieser Stadt
       sich gegen mich vereinigen sehe« u. 451: »...«daß in der al-
       lerletzten Zeit die Nachtgespenster mich aufgespürt haben«) –
       tausend Schultern: Im Oktober 1917 schreibt Kafka an Max
       Brod: »Das, was Du mir als Aufgabe gibst, hätte vielleicht ein
       Engel über dem Ehebett meiner Eltern ausführen können oder
       noch besser: über dem Ehebett meines Volkes, vorausgesetzt,
       daß ich eines habe.« (Br 182 f., vgl. E 282) Später in Berlin,
       wo Kafka durch Dora Diamant, Puah Bentovim und andere
       ostjüdische Mädchen tatsächlich in einer Art Volksverband
       lebte und durch die damit zusammenhängende innere und
       äußere Hilfe einen Rückhalt hatte (vgl. Br 282), war er fähig,
       das Wagnis selbständiger Lebensführung zu tragen (er wollte
       Dora heiraten, vgl. FK 181 f.), so daß jetzt die in der Erzäh-
       lung vorausgesetzte Situation tatsächlich einigermaßen für ihn
       selber zutraf; vgl. dagegen *Forschungen eines Hundes* B 259:
       auf mich allein u. die Einleitung zu *Erstes Leid.* – *vibrierend:*
       Eine vergleichbare Bildlichkeit benützt Kafka, wenn er sein
       Schreiben so kennzeichnet: »Ich will schreiben, mit einem
       ständigen Zittern auf der Stirn« (T 141), an anderer Stelle
       spricht er von »Erschütterungen«, die das Arbeiten auslöst
       (T 74); dabei wurde gerade der Bereich »unterhalb der Brust«
       sensibilisiert: Seine Fähigkeiten »spannten« ihm die Brust
       (T 161) oder verursachten ihm Herzschmerzen (T 486, vgl.
       139). – *entzogen:* »Als es in meinem Organismus klar geworden
       war, daß das Schreiben die ergiebigste Richtung meines Wesens
       sei, drängte sich alles hin und ließ alle Fähigkeiten leer stehn,
       die sich auf die Freuden des Geschlechtes, des Essens, des Trin-
       kens, des philosophischen Nachdenkens, der Musik zualler-

erst, richteten. Ich magerte nach allen diesen Richtungen ab.«
(T 229) – *völlig entzogen:* Vgl. *Forschungen eines Hundes*
B 287: *außer mir.* – *wohnt:* D »wohne«; im Schreiben, berichtet Kafka im Tagebuch, habe er Zustände erlebt, in denen er
»ganz und gar in jedem Einfall wohnte, aber jeden Einfall
auch erfüllte«; dabei sei er an die »Grenzen des Menschlichen überhaupt« gestoßen. (T 57) – *nicht einmal pfeifen:* Eingewirkt haben könnte hier eine jüdische Geschichte, die von
dem verträumten Baßgeiger Abraham erzählt, einem Sonder-
ling, der so unwahrscheinlich schlecht spielt, daß man über ihn
lacht (vgl. E 275 f.). Nachts aber dringen diese Töne ins Herz,
weil die Stimme feierlich mahnender Inbrunst in ihnen liegt.
(J. L. Perez, Des Baßgeigers Gebet, in: J. L. P., Aus dieser
und jener Welt, Wien und Berlin 1919, S. 13 ff.; das Buch war
in Kafkas Bibliothek, vgl. W 259 und die ähnliche Thematik in F. Grillparzers *Armem Spielmann* – M 101)

E 274   *Leib an Leib:* Vgl. *Forschungen eines Hundes* B 242: *Beisammensein* und *Beim Bau der Chinesischen Mauer* B 71: *Brust an
Brust.* – *scheu und atmend:* D »scheu atmend«. – *oft nicht
sehr klarer Zwecke:* Im Sommer 1914 schrieb Kafka an
J. Löwy: »Ich bin in großer Verwirrung und Beschäftigung,
ohne daß es mir oder jemandem sonst vielen Nutzen bringt.«
(Br 129, vgl. B 181: »Zickzackwerk«) – *einzunehmen:* D »ein-
nehmen«.

E 275   *Kehle:* Anspielung auf die sich zur Zeit der Niederschrift der
Erzählung bemerkbar machende Kehlkopftuberkulose Kaf-
kas. Schon im Januar 1924 erwähnt er im Blick auf seinen
Zustand »Kehlkopf- Brust- Zungen- Nasen- und Stirngeheim-
nisse.« (Br 471, vgl. *Forschungen eines Hundes* B 258: *Lunge*)

E 276   *Vaters:* In einem Brief an Minze Eisner, die durch vorbe-
reitende landwirtschaftliche Tätigkeit sich für ein nationaljü-
disch bestimmtes Gemeinschaftswesen vorzubereiten suchte,
schreibt Kafka über die »Großartigkeit« dieses Unternehmens:
»Man kann nicht die Vorstellung abweisen, daß ein Kind verlassen in seinem Spiel irgendeine unerhörte Sessel-Besteigung
oder dergleichen unternimmt, aber der ganz vergessene Vater
doch zusieht und alles viel gesicherter ist als es scheint. Dieser
Vater könnte z. B. das jüdische Volk sein. Dies würde auch
das Ihnen unverständliche, aus eigener Kraft nicht hervorzu-
bringende, fortwährende Sich-Sträuben gegen die Gleichgültigkeit erklären helfen.« (Br 429, vgl. E 285) – *eines Kindes:*
D »seines Kindes«. – *von solchen Dingen:* eine ähnliche Auffassung auch bei Kafka Familie und Mitjuden gegenüber, vgl.
Eine kleine Frau E 253: *Verwandtschaft,* T 316, 350 u. *Forschungen eines Hundes* B 257: *Blut.* – *Kindesdankbarkeit:*
Vgl. H 162.

E 277   *leidensgewohnt:* angesichts des nach dem Ersten Weltkrieg sich
        sehr verstärkenden Antisemitismus, der in Prag auch zu Aus-
        schreitungen führte (vgl. T 582, Br 380 u. die Einleitung zu
        Gemeinschaft), eine Charakterisierung, die Kafka im Blick auf
        die von Verfolgungen bestimmte Geschichte des jüdischen Vol-
        kes vornahm. – *ängstlich:* Vgl. *Forschungen eines Hundes*
        B 240: *ängstlichen* u. 253: *wer Speise hat.* – *vernachlässigen:*
        Vgl. E 291: *Geschichte.* – *Volksversammlung:* Kafka spricht
        in seinen Lebenszeugnissen ganz selbstverständlich von zu er-
        strebender »Volksgemeinschaft« (Br 195) und von »Volksge-
        fühl« (M 240). Gerade in Berlin verstärkte sich sein Bewußt-
        sein beträchtlich, Jude im Sinn der nationalen Erneuerungs-
        bewegung zu sein. Über das Kinderheim in Müritz – eine
        Ferienkolonie, die vor allem aus Ostjuden bestand – schrieb er
        an Milena: »Es zog mich sehr an, es lag auf meinem Wege.«
        (M 268, über Kafkas diesbezügliche Anschauungen handelt
        ausführlicher mein Aufsatz »Franz Kafka und die Wochen-
        schrift ›Selbstwehr‹«, in: Deutsche Vierteljahrsschrift für Li-
        teraturwissenschaft und Geistesgeschichte 41 [1967], S. 283 ff.)
E 278   *verschwätzen wollte:* danach in D neuer Absatz. – *auferlegt:*
        Vgl. B 254 ff.
E 279   *keine Jugend:* autobiographisch determiniert, vgl. *Erstes Leid*
        E 244: *Kinderstirn, Forschungen eines Hundes* B 250: *kindhaf-
        te Wesen* u. *Das Ehepaar* B 130: *Kinderzeit.* – *wie ein Erwach-
        sener:* Vgl. *Forschungen eines Hundes* B 250: *einen großen
        Teil meiner Kindheit,* 250 f. (»das glückselige Leben der jun-
        gen Hunde ... hat für mich nur wenige kurze Monate ge-
        dauert«) u. E 282. – *zerstreut:* Vgl. *Forschungen eines Hundes*
        B 242: *zerstreut* u. H 418.
E 280   *erhebender:* natürlich im Sinne der jüdischen Tradition (vgl.
        1. Mose 1, 28), die auch bei Kafka wirksam ist (vgl. Br 291
        u. H 209 f.). – *keine Schulen:* im Blick auf die Verhältnisse
        in Prag formuliert: Erst 1920 wurde dort eine jüdische Volks-
        schule gegründet – ihre Entwicklung lag Kafka sehr am Her-
        zen –, die wenigstens Hebräisch und jüdische Wissensgebie-
        te zusätzlich in den normalen Stoffplan einbezog. Für die Pra-
        ger Juden gab es also vorher keine Möglichkeit, ihren Kindern
        eine jüdische Ausbildung zuteil werden zu lassen, und sie ha-
        ben auch nach diesem Zeitpunkt, um die Assimilation, die
        Voraussetzung wirtschaftlichen Aufstiegs, nicht zu gefährden,
        kaum von dieser Einrichtung Gebrauch gemacht. (Einzelhei-
        ten in »Franz Kafka und die Wochenschrift ›Selbstwehr‹«,
        S. 294 ff.) Dazu kommt noch, daß Kafka hinsichtlich des Er-
        folgs derartiger Ausbildung grundsätzlich skeptisch war: »et-
        was, was dem Wert der Ostjuden ebenbürtig wäre, läßt sich in
        einem Heim nicht vermitteln, in diesem Punkt versagt in letzter

Zeit sogar die blutsnahe Erziehung immer mehr, es sind Dinge, die sich nicht vermitteln, aber vielleicht, das ist die Hoffnung, erwerben, verdienen lassen.« (F 697) – *Kindlichkeit:* Vgl. E 279: *keine Jugend, Forschungen eines Hundes* B 271: *unartiges Kind* u. Br 417, wo Kafka über die von Prag ausgehende Verlockung sagt: »es ist eine Spur von Kindlichkeit in den Geistern. Diese Kindlichkeit ist aber so sehr gemischt mit Kindischem, Kleinlichem, Ahnungslosem, daß es für den Fremden zwar keine erstrangige, aber doch eine Gefahr bedeutet.« Bezeichnend ist auch, daß die fragliche Eigenschaft den Sekretären im *Schloß* zukommt. (Vgl. S 391, 397 u. die übernächste Anmerkung) – *praktischen:* Kafka greift das traditionelle Urteil über die besondere Geschäftstüchtigkeit der Juden auf, für die Prags Geschäfte (einschließlich das des Vaters) hervorragendes Anschauungsmaterial abgaben. – *töricht:* Vgl. die *Erste lange Eisenbahnfahrt* E 295: *schrullenhafter Komik.*

E 281   *alt:* Vgl. *Forschungen eines Hundes* B 248: *alte Hunde,* 250 (»Ich aber habe dieses kindhafte Wesen behalten und bin darüber ein alter Hund geworden«) u. folgende, von Max Brod überlieferte Aussage Kafkas: »Bis zum 40. Jahre werde ich wie ein Knabe aussehn, um dann plötzlich ein vertrockneter Greis zu werden.« (FK 341) – *Müdigkeit:* An Milena schrieb Kafka: »Und warum sagen meine 38 jüdischen angesichts Ihrer 24 christlichen Jahre: Wie wäre das? ... Du bist 38 Jahre alt und so müde, wie man wahrscheinlich durch Alter überhaupt nicht werden kann.« (M 67) – *zähe:* wieder eines der gängigen Urteile über das Judentum, das sich auch im Tagebuch belegen läßt: »etwas zähes Judentum ist noch in mir« (T 46). – *hoffnungsstarke:* Hinweis auf die jüdische Eschatologie (Messiaserwartung), vgl. H 88 u. 90, wo auf diese Lehre Bezug genommen wird. – *zu alt:* Vgl. B 269. – *Schwere:* Selbstcharakterisierung Kafkas in der Spätzeit. (Vgl. M 228 u. 244) – *unterdrücken:* Vgl. E 278 f. – *Jungen:* Vgl. *Forschungen eines Hundes* B 269: *zurückzukehren.*

E 282   *Bett:* Zur Bildlichkeit vgl. E 273: *tausend Schultern.* – *hier und da:* D »hie und da«. – *stoßend:* D »stockend«. – *Kindheit:* Vgl. E 279 f. – *weiß es nicht:* Vgl. E 270: *Lebensäußerung.* – *und so weiter:* D »usw. usw.«. – *es anders sein:* D »es denn anders sein«.

E 283   *aber doch nicht:* D »aber gewiß nicht«. – *außerhalb:* Vgl. *Forschungen eines Hundes* B 281: *Gesetzeslücken.* – *verziehen:* Vgl. *Forschungen eines Hundes* B 277: *völlig fasten* (Ende der Anmerkung). – *Höchstleistung:* erinnert insofern an Kafka selbst, als dieser, zumindest bis 1917, durch seine Tätigkeit an der »Arbeiter-Unfall-Versicherungs-Anstalt« sehr

an der Entfaltung seiner literarischen Fähigkeiten gehindert
wurde, vgl. T 57 f. (»Habe ich an einem Abend Gutes geschrieben, brenne ich am nächsten Tag im Bureau und kann nichts
fertig bringen«), 447 (»Wieder eingesehn, daß alles bruchstück-
weise und nicht im Laufe des größten Teiles der Nacht (oder
gar in ihrer Gänze) Niedergeschriebene minderwertig ist und
daß ich zu diesem Minderwertigen durch meine Lebensverhältnisse verurteilt bin«) u. die Einleitung zu *Josefine*. – *hört sie:*
D »hört dies«.

E 285   *die öffentliche:* Zu der hier verwendeten Stilform, Attribut-
häufung in der Subjektklammer, die auch sonst in der Erzählung verwendet wird (vgl. E 274 u. 275), wie überhaupt zu derartigen Phänomenen vgl. meine Arbeit »Motiv und Gestaltung bei Franz Kafka«, Bonn 1966, bes. S. 324 u. 307 ff. –
undurchdringlich: Kafka spricht einmal vom »dunklen Komplex des allgemeinen Judentums, der so vielerlei Undurchdringliches enthält«. (F 699) – *väterlich:* Vgl. E 276: *Vaters.*

E 286   *man könnte glauben:* D »könnte man glauben«. – *vom Kampf:*
D »vom Kampfe«. – *für sie selbst:* D »lediglich für sie selbst«.

E 287   *höher hängen:* ein Mechanismus, der Kafkas eigenes Verhalten bestimmte, vgl. Br 317: »Ich kann offenbar, meiner Würde
wegen, meines Hochmuts wegen ... nur das lieben, was ich so
hoch über mich stellen kann, daß es mir unerreichbar wird.«
(Vgl. Br 295, wo davon die Rede ist, daß Kafkas »Nach-Voll-
kommenheit-Streben« ihm »das Erreichen der Frau unmöglich« mache)

E 288   *dem Volk:* D »dem Volke«. – *hinweghört:* Vgl. H 162, 170,
E 276, S 448, 508 u. B 241. – *hinkt:* Vgl. E 94. – *glaubt:* D
»glaubt doch«.

E 289   *auch ein Schauspiel:* D »auch noch ein Schauspiel«. – *letztem:*
D »bestem«.

E 291   *die aber ihrer:* D »die allen ihrer«. – *Geschichte:* Unzutref-
fend ist es, wenn H. Politzer den jüdischen Charakter der
Geschichte, der schon von Max Brod klar erkannt wurde
(FK 249 ff.), mit dem Hinweis leugnet, das Mäusevolk kenne
keine Geschichtsschreibung, während die Juden doch ein sehr
geschichtsbewußtes Volk seien. (»Franz Kafka, der Künstler«,
[Frankfurt 1965], S. 444 ff.) Das Mäusevolk kennt ja Traditionen, nur sind diese verschüttet. (E 269) Diese Lage aber
entspricht genau der Situation des assimilatorisch gesinnten
Westjudentums. Max Brod schrieb darüber: »Wir Zionisten
sind stolz darauf, die Vergangenheit des jüdischen Volkes zu
neuem Leben zu erwecken. Aber wie wenig wissen wir von
dieser Vergangenheit! Schon zu dem, was hundert Jahre hinter uns liegt, sind die Fäden gerissen«. (M. Brod, Bußtag, in:

Im Kampf um das Judentum, Wien/Berlin 1920, S. 101) Bei
der in der Erzählung zutage tretenden Position mag auch mit-
spielen, daß Kafka der Meinung war, sein Lebensschicksal
zeige keine »historische(r) Entwicklung«. (Br 313, vgl. T 560)

EIN HUNGERKÜNSTLER

(1924)

Daß Kafka von dem in Berlin Geschaffenen *Eine kleine Frau* und den
Bau mit sich nach Prag nahm, als er im März 1924 wegen seines
schlechten Gesundheitszustandes ein Sanatorium aufsuchen mußte –
die Manuskripte, die bei Dora Diamant in Berlin verblieben, wurden
später von der Gestapo beschlagnahmt und sind verschollen –, legt
den Schluß nahe, daß er diese Texte zu publizieren gedachte; der
Bau war möglicherweise abgeschlossen, wenn aber nicht, so konnte
der Autor hoffen, das wenige zur Vollendung Nötige in kurzer Zeit
ergänzen zu können. (Vgl. die Einleitung zu dieser Erzählung) Noch
in Berlin sprach Kafka mit dem nahe gelegenen Verlag *Die Schmiede*
– Max Brod hatte ihn mit dessen Leiter zusammengebracht (FK 173)
– die Herausgabe eines Sammelbandes ab, machte die drei ersten dann
im *Hungerkünstler*-Band erschienenen Erzählungen nach seiner Ankunft in Prag druckfertig und schickte sie wahrscheinlich mit der
Bemerkung nach Berlin, das vierte und letzte Stück folge bald. Da
wahrscheinlich das *Genius*-Heft, in dem *Erstes Leid* veröffentlicht
worden war, in Prag lag, konnte er erst dort eine Druckvorlage davon
herstellen. Und was den *Hungerkünstler* betrifft, so findet sich eine
umfangreiche Erweiterung der in der *Neuen Rundschau* im Oktober
1922 veröffentlichten Fassung auf Manuskriptblättern der *Kleinen
Frau* und von *Josefine* (vgl. J. M. S. Pasley, Asceticism and Cannibalism: Notes on an unpublished Kafka Text, in: Oxford German
Studies 1 [1966], S. 105), was beweist, daß diese Passagen erst in
Prag entstanden, und dies doch wohl im Zusammenhang mit den
Druckvorbereitungen zum geplanten Sammelband. Andererseits muß
dieser Vorgang in der zweiten Aprilwoche abgeschlossen gewesen sein,
sonst hätte Kafka Max Brod am 9. dieses Monats nicht bitten können,
das Manuskript der Mäusegeschichte ohne weitere nähere Erklärung
sofort an die »Schmiede« zu schicken, falls die Erzählung in der
Prager Presse nicht publiziert werden könne (vgl. Einleitung zu
Josefine).
Möglicherweise lag es in Kafkas Intention, den *Hungerkünstler*-Band
mit dem *Bau* zu beschließen, er hatte aber vielleicht Schwierigkeiten
mit dem Schluß, weil sich die der Erzählung zugrunde liegende auto-

biographische Situation mit der Rückkehr nach Prag entscheidend geändert hatte, so daß er erlebnismäßig nicht mehr an die Berliner Zeit und das dort Verfaßte anschließen konnte. Da kam – so könnte man sich die merkwürdige Tatsache erklären, daß Kafka erst vom »Sanatorium Wiener Wald« in Nieder-Österreich aus den vierten, den Erzählband komplettierenden Text als Druckvorlage nach Prag schickte – ihm die eben fertiggestellte Mäusegeschichte zu Hilfe. Er beschloß, sie anstelle des *Baus* drucken zu lassen. *Josefine* aber mußte nach Prag gesandt werden, entweder, weil dieser Text so kurz vor der Abreise Kafkas ins Sanatorium fertiggestellt wurde, daß er nicht mehr rechtzeitig abgeschrieben werden konnte, oder aber, weil Kafka zunächst eine Vorveröffentlichung nicht wollte und sich erst unter dem Druck der zu erwartenden finanziellen Belastungen dazu entschloß: Schon bei früherer Gelegenheit sprach er sich für den natürlich jetzt wieder in ganz besonderer Weise gegebenen Fall, daß in naher Zukunft keine größere Arbeit nachfolge, gegen die Veröffentlichung einer Erzählsammlung aus, die nur zum geringeren Teil Unpubliziertes enthielt. (Vgl. Br 151) Die Korrekturen des Todkranken betreffend – Kafka durfte wegen der Kehlkopftuberkulose nicht sprechen –, haben sich Gesprächszettel und Erinnerungen Robert Klopstocks erhalten, der Kafka in Kierling medizinisch und als Freund betreute und zusammen mit Dora Diamant der Adressat dieser seltsamen Korrespondenz ist: »Hier, jetzt, mit diesen Kräften soll ich es schreiben. Jetzt erst schicken sie mir das Material.« (Br 487, vgl. 520) Kafka konnte aber – die Fahnen erreichten ihn erst im Mai (FK 184) – bis zu seinem Tod nur noch die Korrektur des ersten Bogens durchführen (B 519 u. E 320), der *Erstes Leid* und den Anfang der *Kleinen Frau* umfaßt. (Was *Josefine* betrifft, ist also der Druck in der *Prager Presse* der einzig authentische, obgleich in diesem Falle, wie zahlreiche grobe Druckfehler zeigen, niemand Korrektur gelesen hat; weil er es ermöglicht, einige Textentstellungen der späteren Drucke zu korrigieren, wurde er im Einzelkommentar zu *Josefine* auch berücksichtigt.)
Selbst jetzt versagte nicht Kafkas strenger, selbstkritischer Sinn, denn auf einem Gesprächsblatt hat sich die Formulierung erhalten: »Das Schlechte soll schlecht bleiben, sonst wird's noch schlechter.« (Br 487, vgl. die Einleitung zur *Betrachtung* von 1912) Dies mag sich auf das *Erste Leid* beziehen, eine Geschichte, die Kafka im Gegensatz zum *Hungerkünstler* miserabel fand (Br 379), vielleicht aber auch auf die zuletzt genannte Erzählung. Denn wenn es auf einem anderen Zettel heißt: »Ein Drittel aus der Mitte gestrichen« (Br 486), so kann damit eigentlich nur die in Prag kurz zuvor vorgenommene Erweiterung gemeint sein, die also in die Druckvorlage einging, jetzt aber wieder rückgängig gemacht wurde.
Überhaupt scheint dieser Text Kafka wegen seiner offensichtlichen Parallele zu den augenblicklichen Lebensumständen (Nahrungsaufnahme war, wie die Gesprächsblätter zeigen, so gut wie unmöglich)

außerordentlich affiziert zu haben. Zu der Bemerkung: »Es wird mich
zu sehr aufregen, vielleicht, ich muß es doch von neuem erleben«
(Br 487) schreibt Klopstock in allerdings ungenauer Erinnerung des
Korrekturvorgangs: »Kafkas körperlicher Zustand zu dieser Zeit und
die ganze Situation, daß er selbst im wahren Sinne des Wortes verhun-
gerte, war wirklich gespenstisch. Als er die Korrektur beendete, was
eine ungeheure, nicht nur seelische Anstrengung, sondern eine Art
erschütternder geistiger Wiederbegegnung für ihn sein mußte, roll-
ten ihm lange die Tränen herunter. Es war das erste Mal, daß ich eine
Äußerung von Bewegung dieser Art in Kafka miterlebte.« (Br 520 f.)
Die Reihenfolge der vier Geschichten ist, wie immer bei Kafkas Sammelpublikationen, sorgfältig überlegt und von ihm noch auf dem Totenbett arrangiert (vgl. FK 184) und dem Verlag brieflich mitgeteilt
worden (Br 486). Der Band wird mit dem kürzesten Text eröffnet
(Erstes Leid) und schließt mit dem umfangreichsten *(Josefine)*. Auch
entsteht dadurch gewissermaßen eine geschlossene Form, denn jedesmal handelt es sich um jugendhaft wirkende (E 244 u. 276 ff.), von
ihrem Publikum gefeierte Künstler, die keineswegs am Ende den Tod
finden. Weil Kafka vermeiden mußte, daß die beiden sich thematisch
berührenden Erzählungen unmittelbar aneinanderstoßen (sowohl der
Trapez- als auch der Hungerkünstler hat einen Impresario und tritt
im Zirkus auf), stellt er die ganz andersartige *Kleine Frau* dazwischen.
Dadurch ist der erste und dritte Text des Bandes eine Er-Erzählung,
der zweite und vierte gibt jeweils über undurchdringliche weibliche
Titelfiguren Beobachtungen und Überlegungen aus der Außensicht-
perspektive eines kritisch gesinnten Ich- oder Wir-Erzählers.
Auch die Nahtstellen zwischen den einzelnen Geschichten sind durch
Kafkas Arrangement, so gut es eben die unterschiedliche Herkunft und
Entstehungszeit der vier Komplexe zuließ, eingeebnet bzw. profiliert
worden: Arbeitet Kafka beim Zusammentreffen zwischen der *Kleinen Frau* und dem *Hungerkünstler* mit dem Mittel des Kontrastes
(hier gibt es keine übereinstimmenden Motive, und der Wunsch des
Partners der kleinen Frau, sein Leben ruhig und ungestört von der
Welt fortsetzen zu dürfen, wird mit der allgemeinen Teilnahme konfrontiert, die anfangs dem Hungerkünstler zuteil wird), so an den
restlichen Übergängen mit Motivverknüpfungen: Das Motiv des Unglücks, wie es den Trapezkünstler am Ende des Eingangsstücks kennzeichnet, wird in der Unzufriedenheit der kleinen Frau wieder aufgenommen, und das den Schluß des *Hungerkünstlers* bestimmende
Tiermotiv kehrt als Tiererzählung im Anschlußtext wieder. Außerdem sind beide Titelfiguren Ausnahmenaturen, der Hungerkünstler,
weil er keine Nahrung findet, die ihm schmeckt, die Sängerin, weil
sie als einzige der Gesangskunst mächtig ist oder doch sein will. Es
gibt sogar eine enge sprachliche Verknüpfung zwischen beiden Texten: Der Panther ist den Stallbesuchern »eine selbst dem stumpfsten
Sinn fühlbare Erholung« (E 267), und zu Beginn der Mäuseerzählung

wird die These erwogen, die Schönheit von Josefines Gesang sei so groß, »daß auch der stumpfste Sinn ihr nicht widerstehen kann« (E 269).

Ergänzende Angaben und teilweise andere Beurteilung hinsichtlich der editorischen Fragen bei L. Dietz, Kafkas letzte Publikation. Probleme des Sammelbandes »Ein Hungerkünstler«, in: Philobiblon 18 (1974), S. 119 ff.

D: F. Kafka, Ein Hungerkünstler. Vier Geschichten (Reihentitel: Die Romane des XX. Jahrhunderts), Berlin 1924.

PERSONEN- UND WERKREGISTER

Der Autor: Hartmut Binder wurde 1937 geboren. Promotion über »Motiv und Gestaltung bei Franz Kafka« 1965 (als Buch 1966 erschienen). Binder ist Professor für deutsche Sprache und Literatur an der Pädagogischen Hochschule Ludwigsburg. Veröffentlichungen: Herausgeber der »Briefe an Ottla und die Familie« (zusammen mit Klaus Wagenbach) 1974; Kafka in neuer Sicht. Mimik, Gestik und Personengefüge als Darstellungsformen des Autobiographischen. Mit 21 Abbildungen; Kafka-Kommentar zu den Romanen, Rezensionen, Aphorismen und zum Brief an den Vater, beide 1976; Aufsätze zu Kafkas Biographie, Judentum und Ästhetik.